"信毅教材大系"编委会

主　　任	王　乔
副 主 任	卢福财　王秋石　刘子馨
秘 书 长	陈　曦
副秘书长	王联合
编　　委	陆长平　严　武　胡宇辰　匡小平　章卫东
	袁红林　陈富良　汪　洋　罗良清　方志军
	吴志军　夏家莉　叶卫华　陈家琪　邓　辉
	包礼祥　郑志强　陈始发
联络秘书	罗　翔　欧阳薇

信毅教材大系

国际金融实务

● 杨玉凤　李英　主编

Applied International Finance

复旦大学出版社

内容提要

本书立足我国对外经济发展的实际需要，关注国际金融业务发展新动态，注重理论联系实际，突出案例研究。

全书分传统外汇交易篇、衍生金融产品篇和外汇风险管理篇。传统外汇交易篇，主要介绍外汇交易的基础知识，以及三种传统的外汇交易——即期外汇交易、远期外汇交易和外汇掉期交易的运作。衍生金融产品篇，主要介绍金融期货（包括货币期货、利率期货和股指期货）、金融期权（包括货币期权、利率期权和股票期权）、金融互换（包括货币互换和利率互换）、远期利率协议等衍生品的基本交易原理和实际运用。外汇风险管理篇，主要介绍外汇风险管理的基本原理以及外汇风险管理的不同方法。

本书适合作为高等院校金融专业、国际贸易专业和其他涉外专业的本科生教学用书，也可作为各类金融机构从业人员和外贸企业管理人员的学习参考书。

总 序

世界高等教育的起源可以追溯到1088年意大利建立的博洛尼亚大学,它运用社会化组织成批量培养社会所需要的人才,改变了知识、技能主要在师徒间、个体间传授的教育方式,满足了大家获取知识的需要,史称"博洛尼亚传统"。

19世纪初期,德国的教育家洪堡提出"教学与研究相统一"和"学术自由"的原则,并指出大学的主要职能是追求真理,学术研究在大学应当具有第一位的重要性,即"洪堡理念",强调大学对学术研究人才的培养。

在洪堡理念广为传播和接受之际,英国的教育家纽曼发表了《大学的理想》的著名演说,旗帜鲜明地指出"从本质上讲,大学是教育的场所","我们不能借口履行大学的使命职责,而把它引向不属于它本身的目标"。强调培养人才是大学的唯一职能。纽曼关于"大学的理想"的演说让人们重新审视和思考大学为何而设、为谁而设的问题。

19世纪后期到20世纪初,美国威斯康星大学查尔斯·范海斯校长提出"大学必须为社会发展服务"的办学理念,更加关注大学与社会需求的结合,从而使大学走出了象牙塔。

2011年4月24日,胡锦涛总书记在清华大学百年校庆庆典上指出,高等教育是优秀文化传承的重要载体和思想文化创新的重要源泉,强调要充分发挥大学文化育人和文化传承创新的职能。

总而言之,随着社会的进步与变革,高等教育不断发展,大学的功能不断扩展,但始终都围绕着人才培养这一大学的根本使命,致力于不断提高人才培养的质量和水平。

对大学而言,优秀人才的培养,离不开一些必要的物质条件保障,但更重要的是高效的执行体系。高效的执行体系应该体现在三个方面:一是科学合理的学科专业结构;二是能洞悉学科前沿的优秀的师资队伍;三是作为知识载体和传播媒介的优秀教材。教材是体现教学内容与教学方法的知识载体,是进行教学的基本工具,也是深化教育教学改革,提高人才培养质量的重要保证。

  一本好的教材,要能反映该学科领域的学术水平和科研成就,能引导学生沿着正确的学术方向步入所向往的科学殿堂。因此,加强高校教材建设,对于提高教育质量、稳定教学秩序、实现高等教育人才培养目标起着重要的作用。正是基于这样的考虑,江西财经大学与复旦大学出版社达成共识,准备通过编写出版一套高质量的教材系列,以期进一步锻炼学校教师队伍,提高教师素质和教学水平,最终将学校的学科、师资等优势转化为人才培养优势,提升人才培养质量。为凸显江财特色,我们取校训"信敏廉毅"中一前一尾两个字,将这个系列的教材命名为"信毅教材大系"。

  "信毅教材大系"将分期分批出版问世,江西财经大学教师将积极参与这一具有重大意义的学术事业,精益求精地不断提高写作质量,力争将"信毅教材大系"打造成业内有影响力的高端品牌。"信毅教材大系"的出版,得到了复旦大学出版社的大力支持,没有他们卓越视野和精心组织,就不可能有这套系列教材的问世。作为"信毅教材大系"的合作方和复旦大学出版社的一位多年的合作者,对他们的敬业精神和远见卓识,我感到由衷的钦佩。

王 乔
2012 年 9 月 19 日

前 言

随着我国金融业对外开放的进一步推进和我国经济发展层次的不断提升,国内金融业不仅需要"走出去",还要能够"引进来"。"走出去"要求国内各类金融机构及其从业人员必须熟知国际金融市场的各类产品及其运作规则和惯例,而"引进来"则是要把国际上一些先进的金融产品和技术引入国内市场上来。这就不仅需要金融机构从业人员精通这些国际金融产品和技术,同时还要求非金融机构及其从业人员甚至包括普通百姓熟知这些产品和技术,否则就可能掉入"陷阱"或陷入"泥潭"。《国际金融实务》一书,立足我国对外经济发展的实际需要,结合国际金融业务发展的新动态,对目前国际金融市场上一些常见的传统金融产品和衍生金融产品的一般原理和运作规范进行系统介绍,以帮助本书的读者更多、更深地了解各类金融产品(国内金融市场已有的和即将有的)的特点和功能。

本书分传统外汇交易篇、衍生金融产品篇和外汇风险管理篇来对各类金融产品和业务展开介绍。在传统外汇交易篇,主要介绍外汇交易的基础知识,以及三种传统的外汇交易——即期外汇交易、远期外汇交易和外汇掉期交易的运作。在衍生金融产品篇,主要介绍金融期货(包括货币期货、利率期货和股指期货)、金融期权(包括货币期权、利率期权和股票及股指期权)、金融互换(包括货币互换和利率互换)、远期利率协议和票据发行便利的基本交易原理和实际运用。在外汇风险管理篇,主要介绍外汇风险管理的基本原理以及外汇风险管理的不同方法。

本书的编写具有以下特点:

(1) 在体系上力求完整,但侧重于国际外汇市场业务的运作,以避免与其他课程内容的重复,如对衍生产品的定价问题,本书不作讨论,以避免与"金融工程"课程内容相重复。

（2）在内容上由浅入深，循序渐进，从国际金融市场上最基本的传统性外汇业务延伸到当代流行的衍生性金融产品交易。

（3）在编写体例上力求新颖，除了结合大量实例来说明各种业务的实际运用之外，还提供了各种相关案例以及课外阅读材料，每章之后都提供了相配套的思考题和练习题，有助于提高学生的学习兴趣，训练其综合分析能力。

（4）密切联系我国实际，介绍国际金融产品在我国市场上的发展现状。从目前国内同类教材来看，鲜有介绍国际金融产品在我国市场发展状况的内容。本书将在相关章节，紧密结合实际，对我国推出国际金融产品的状况进行介绍。另外，现有教材中，很少有以国内企业为实例来进行业务分析的，本书将更多地将视角转移到国内企业，以国内企业为例来展开分析。

本书适合作为高等院校金融专业、国际贸易专业和其他涉外专业本科生教学用书，也可作为各类金融机构从业人员和外贸企业管理人员的学习参考书。

本书由杨玉凤、李英主编，由杨玉凤设计框架、拟定大纲，并负责全书的统稿。其中第2、3、4、5、6、7章由杨玉凤编写，第1、8、9章由李英编写。

在本书编写过程中，作者得到了姚瑶、林欢和陈雁南等同学的大力帮助，感谢她们在资料收集以及文字输入上所付出的辛勤工作！同时，本书的顺利完稿，离不开江西财经大学金融学院各位领导和同事的大力支持，在此表示衷心的感谢！此外，本书的编写参阅了国内外很多同行专家的著作，他们的成果不仅启发了我们的写作思路，也为我们提供了丰富的参考资料，在此一并表示感谢！

由于时间仓促和水平有限，书中难免有不当和疏漏之处，敬请广大读者批评指正。

杨玉凤
2013年6月

目 录

传统外汇交易篇

第一章 外汇交易基础知识 …… 003
第一节 外汇交易惯例 …… 003
一、外汇交易的参加者 …… 004
二、交易货币 …… 005
三、交易时间 …… 006
四、世界主要外汇市场 …… 007
第二节 外汇交易战略与技巧 …… 010
一、外汇交易战略 …… 010
二、外汇交易员的外汇交易技巧 …… 011
第三节 外汇交易的组织与管理 …… 014
一、外汇交易设备的构成 …… 014
二、外汇交易人员及其素质 …… 017

第二章 即期外汇交易 …… 023
第一节 即期外汇交易概述 …… 024
一、即期外汇交易的概念 …… 024
二、即期交割日的确定 …… 025
第二节 即期外汇交易的程序 …… 026
一、通过路透交易系统进行的直接交易 …… 026
二、通过外汇经纪人进行的间接交易 …… 032
第三节 交叉汇率的计算 …… 033
一、两个已知汇率均采用单位元法标价 …… 033
二、两个已知汇率均采用单位镑法标价 …… 033
三、两个已知汇率采用不同的标价法 …… 034
第四节 即期外汇交易的运用 …… 034
一、一般客户满足货币兑换需要 …… 034
二、银行平衡外汇头寸 …… 035
三、套汇 …… 036
四、投机 …… 038

第五节　我国银行间外汇市场上的人民币外汇即期
　　　　交易 ·· 040
　　一、产品定义 ··· 040
　　二、交易方式 ··· 040
　　三、清算方式 ··· 041
　　四、准入资格 ··· 041
　　五、外汇即期交易示例 ···································· 045

第三章　远期外汇交易 ·· 048
第一节　远期外汇交易的含义与分类 ······················· 049
　　一、远期外汇交易的含义 ································· 049
　　二、远期外汇交易的分类 ································· 049
第二节　远期外汇交易的程序 ································· 051
　　一、询价 ··· 051
　　二、报价 ··· 052
　　三、操作实例 ··· 055
第三节　远期汇率的计算 ······································· 056
　　一、规则日期的远期汇率计算 ··························· 056
　　二、零星交易的远期汇率计算 ··························· 057
　　三、择期交易的远期汇率计算 ··························· 058
　　四、远期交叉汇率的计算 ································· 060
第四节　远期外汇交易的运用 ································· 062
　　一、保值性远期外汇交易 ································· 062
　　二、投机性远期外汇交易 ································· 068
第五节　我国外汇市场上的远期外汇交易 ················· 073
　　一、我国的远期结售汇业务 ······························ 073
　　二、我国银行间远期外汇交易 ··························· 075

第四章　外汇掉期交易 ·· 079
第一节　外汇掉期交易概述 ···································· 079
　　一、外汇掉期交易的含义与特点 ······················· 080
　　二、外汇掉期交易的类型 ································· 080
　　三、外汇掉期交易的作用 ································· 083
　　四、外汇掉期交易的操作程序 ··························· 085
第二节　掉期汇率的计算 ······································· 086
　　一、掉期汇率的含义 ······································· 086
　　二、掉期汇率的计算 ······································· 087
第三节　外汇掉期交易的应用 ································· 093

一、进出口保值 ……………………………………… 093
　　二、对外投资保值 ……………………………………… 094
　　三、银行调整外汇头寸 ………………………………… 096
　　四、调整外汇交易的交割日 …………………………… 100
　　五、进行盈利操作 ……………………………………… 102
　第四节　我国外汇市场上的人民币外汇掉期交易 ……… 106
　　一、外汇掉期交易在我国的推出 ……………………… 106
　　二、中国银行的外汇掉期交易 ………………………… 106

衍生金融产品篇

第五章　金融期货交易 ……………………………………… 117
　第一节　金融期货交易原理 ……………………………… 118
　　一、金融期货交易的含义与特征 ……………………… 118
　　二、金融期货市场的基本功能及结构 ………………… 121
　　三、金融期货交易的基本制度 ………………………… 126
　　四、金融期货交易的程序 ……………………………… 129
　第二节　货币期货交易 …………………………………… 132
　　一、货币期货的含义与合约内容 ……………………… 132
　　二、货币期货行情的识读 ……………………………… 135
　　三、货币期货交易的应用 ……………………………… 137
　第三节　利率期货交易 …………………………………… 147
　　一、利率期货的含义与种类 …………………………… 147
　　二、利率期货合约的内容与报价 ……………………… 149
　　三、利率期货行情表的识读 …………………………… 155
　　四、利率期货交易的应用 ……………………………… 157
　第四节　股票指数期货交易 ……………………………… 165
　　一、股票指数期货的含义与特点 ……………………… 165
　　二、股指期货合约的主要内容 ………………………… 166
　　三、股指期货交易的应用 ……………………………… 168
　第五节　金融期货交易在我国的发展 …………………… 173
　　一、20世纪90年代我国金融期货市场的尝试 …… 173
　　二、我国金融期货市场的最新发展 …………………… 176

第六章　金融期权交易 ……………………………………… 184
　第一节　金融期权概述 …………………………………… 185
　　一、金融期权的含义与特征 …………………………… 185
　　二、金融期权的普通类型 ……………………………… 188

三、影响金融期权价格的主要因素 ………………………… 192
　　四、金融期权交易的基本类型 …………………………… 193
第二节　货币期权交易 …………………………………………… 195
　　一、货币期权的含义 ……………………………………… 195
　　二、场内货币期权合约的内容和货币期权价格的
　　　　识读 …………………………………………………… 196
　　三、场外货币期权交易的操作 …………………………… 197
　　四、货币期权交易的应用 ………………………………… 199
第三节　利率期权交易 …………………………………………… 204
　　一、利率期权的含义 ……………………………………… 204
　　二、利率期权的类型 ……………………………………… 205
　　三、场内利率期权价格的识读 …………………………… 208
　　四、利率期权交易的应用 ………………………………… 210
第四节　股票期权与股指期权交易 ……………………………… 215
　　一、股票期权与股指期权简介 …………………………… 215
　　二、股票期权合约与股指期权合约的设计内容 ………… 217
　　三、股票期权与股指期权交易的应用 …………………… 221
第五节　金融期权在我国的发展 ………………………………… 223
　　一、外汇期权 ……………………………………………… 223
　　二、隐性利率期权产品——结构性存款 ………………… 226
　　三、股指期权筹备工作的新进展 ………………………… 227

第七章　其他衍生金融产品交易 …………………………… 234
第一节　金融互换 ………………………………………………… 235
　　一、金融互换概述 ………………………………………… 235
　　二、利率互换 ……………………………………………… 239
　　三、货币互换 ……………………………………………… 247
第二节　远期利率协议 …………………………………………… 251
　　一、远期利率协议的含义与特点 ………………………… 251
　　二、远期利率协议的基本术语与报价 …………………… 253
　　三、远期利率协议与利率期货、利率互换、利率上限
　　　　及利率下限的比较 …………………………………… 256
　　四、远期利率协议的运用 ………………………………… 257
第三节　票据发行便利 …………………………………………… 258
　　一、票据发行便利的含义 ………………………………… 258
　　二、票据发行便利的优越性 ……………………………… 259
　　三、票据发行便利的成本 ………………………………… 260
第四节　其他衍生金融产品在我国的发展 ……………………… 260

一、利率互换的推出 ·················· 260
二、货币互换的推出 ·················· 264
三、远期利率协议的推出 ············· 267

外汇风险管理篇

第八章 外汇风险管理概述 ·················· 275
第一节 外汇风险的概念和分类 ·················· 276
一、外汇风险的概念 ·················· 276
二、外汇风险的分类 ·················· 276
三、外汇风险的构成要素及相互关系 ·················· 279
四、折算风险与经济风险和交易风险之比较 ········· 280
第二节 外汇风险的识别方法 ·················· 280
一、风险的识别方法 ·················· 280
二、外汇风险的识别方法 ·················· 282
第三节 外汇风险的计量方法 ·················· 284
一、风险的计量方法 ·················· 284
二、外汇风险的计量方法 ·················· 285

第九章 外汇风险的管理方法 ·················· 290
第一节 交易风险的管理方法 ·················· 291
一、货币选择法 ·················· 291
二、货币保值法 ·················· 292
三、调整贸易条件法 ·················· 294
四、提前推后法 ·················· 294
五、金融交易法 ·················· 295
六、BSI 法与 LSI 法 ·················· 297
第二节 经济风险的管理方法 ·················· 298
一、市场营销管理法 ·················· 298
二、生产经营管理法 ·················· 300
三、自然套期保值法 ·················· 301
第三节 折算风险的管理方法 ·················· 301
一、常见的四种会计处理方法 ·················· 302
二、折算风险的管理方法 ·················· 303

参考文献 ·················· 308

传统外汇交易篇

- 第一章　外汇交易基础知识
- 第二章　即期外汇交易
- 第三章　远期外汇交易
- 第四章　外汇掉期交易

第一章 外汇交易基础知识

开篇案例

"双向宝"(个人保证金外汇买卖业务)是指个人客户通过中国银行所提供的报价和交易平台,在事前存入超过建仓货币名义金额的交易保证金后,实现做多与做空双向选择的外汇交易工具,包括"双向外汇宝"和"双向黄金宝"。该产品的特色包括:(1) 支持多种货币。个人外汇买卖交易币种包括美元、欧元、英镑、日元、瑞士法郎、澳大利亚元、加拿大元和港币等8种;个人纸黄金买卖交易货币包括美元金和人民币金。(2) 支持多种交易方式。除即时交易外,提供多种委托挂单交易方式,包括获利委托、止损委托,以及"二选一"委托、追加委托、连环委托方式等,帮助投资者更好地把握国际汇市瞬息万变的行情。(3) 交易方便、安全性高。客户使用中国银行新外汇买卖客户端或网上银行即可在线进行交易,交易时间长,高效、快捷;客户登录需通过三道防线(用户名、密码加动态口令登录),安全性高。为方便广大投资者,中国银行实行24小时交易。交易时间为每周一上午8:00至周六凌晨3:00,除国际公众节假日外,国内节假日照常提供服务。

何谓外汇交易?外汇交易货币有哪些?外汇交易时间如何?交易的策略与技巧有哪些?本章将带大家来解读有关外汇交易的基础知识。

【学习要点】

外汇交易是国际金融实务中最基本、最核心的内容。本章将从介绍外汇交易的基础知识入手,包括外汇交易的国际惯例、外汇交易的基本战略和技巧、外汇交易的组织和管理等方面的内容,以帮助学生初步了解外汇市场及其交易的一些常识性知识。

第一节 外汇交易惯例

外汇交易是指在不同国家的可兑换货币间进行买卖兑换的行为,也就是同时买入一对货币组合中的一种货币而卖出另外一种货币。外汇是以货币对形式进行交易的,例如欧元/美元(EUR/USD)或美元/日元(USD/JPY)。

一、外汇交易的参加者

外汇交易的参加者众多,主要包括各国的中央银行、外汇银行、非银行金融机构、经纪人、公司企业、政府机构以及个人等。为了更好地认识外汇市场的主体活动,可以把外汇交易的参加者概括地分为以下几类。

(一)外汇银行

外汇银行是经中央银行批准可以从事外汇经营活动的商业银行和其他金融机构,其主要业务包括:外汇买卖、汇兑、押汇、外汇存贷、外汇担保、咨询及信托等。全球互联网的迅猛发展也为外汇银行的进一步发展提供了基础。它担当外汇买卖以及资金的融通、筹措、运用与调拨,是外汇市场的主体,90%左右的外汇买卖业务是在外汇银行之间进行的。

(二)外汇经纪人(Broker)和外汇交易员(Dealer)

外汇经纪人是为外汇买卖双方接洽外汇交易、促使买卖双方成交并收取佣金的中间人。外汇经纪人分为两类:一类叫作一般经纪人,他们用自有资金参与买卖中介活动,并承担损益;另一类叫作跑街经纪人,俗称掮客,他们不参与外汇买卖活动,仅凭提供信息收取佣金,代客户买卖外汇。外汇经纪人主要负责提供最新、最可靠、对客户最有利的信息,因此他们拥有庞大的信息网和先进的通信网,善于捕捉并利用信息,开发获利渠道以获取佣金。外汇经纪人在外汇市场上是一支非常活跃的队伍,大型经纪人通常属于全球性机构,为银行提供24小时服务。

外汇交易员是外汇银行中专门从事外汇交易的人员,交易员向客户报价,代银行进行外汇买卖。根据承担工作的责任不同,交易员可分为首席交易员、高级交易员、交易员、初级交易员和实习交易员。

(三)顾客

指外汇市场上除外汇银行之外的公司企业、政府机构和个人。他们是外汇的最初供应者和最终需求者,如从事进出口贸易的企业、进行跨国投融资的国际借贷者,以及有外汇供需的个人等。这部分交易在外汇市场交易中比重不大,但对一国国民经济却会产生实际影响。

(四)外汇投机者(Speculator)

外汇投机者是通过预测汇率的涨跌趋势,利用某种外汇汇率在不同的时间和地点的差异,进行低买高卖、赚取投机价差的市场参与者。外汇投机者对外汇并没有真实的需求,他们参与外汇买卖纯粹是为了寻找因市场障碍而可能获利的机会。外汇投机者通常以风险承担者形象出现在外汇市场上,他们出入于各个外汇市场,频繁地买卖外汇,使各外汇市场的汇率趋于一致、汇率更接近外汇供求状况,因此外汇投机者是外汇市场上不可缺少的力量,投机活动是使外汇市场完善的有效途径。

但外汇投机是把双刃剑,外汇投机者往往操纵巨额资金,对某种货币顺势发动突然袭击,影响这种货币的正常趋势,加剧外汇市场的动荡。如1997年的东南亚金融危机就是很好的例证。

(五)中央银行

中央银行是外汇市场的特殊参与者,是外汇市场的调控者。它进行外汇买卖目的不是为了谋取利润,而是为了监督和管理外汇市场,引导汇率变动方向,使之有利于本国宏观经济政策目标的实现。中央银行一般设立外汇平准基金,专门用于买卖外汇,以实现干预外汇市场的目的。如当外汇市场外汇供大于求时,外汇汇率下跌,中央银行就买进外汇,抛出本币;反之,当外汇供小于求时,外汇汇率上升,中央银行则买进本币,抛出外汇。中央银行还利用利率工具,调整银行利率水平,直接干预远期汇率的决定。中央银行干预外汇市场时,买卖外汇金额非常庞大,而且行动迅速,对外汇市场的供求有很大影响。

当今世界,各国中央银行间的合作不断加强,常常联合行动干预外汇市场,成为外汇市场的领导者,中央银行的货币政策是决定汇率变动的一个重要因素。

阅读链接

外汇实盘交易

外汇实盘交易是大银行之间,以及大银行代理大客户的交易,买卖约定成交后,最迟在两个营业日之内完成资金收付交割。个人外汇交易,又称外汇宝,是指个人委托银行,参照国际外汇市场实时汇率,把一种外币买卖成另一种外币的交易行为。由于投资者必须持有足额的要卖出的外币,才能进行交易,较国际上流行的外汇保证金交易缺少卖空机制和融资杠杆机制,因此也被称为实盘交易。自从1993年12月上海工商银行开始代理个人外汇买卖业务以来,随着我国居民个人外汇存款的大幅增长、新交易方式的引进和投资环境的变化,个人外汇买卖业务迅速发展,目前已成为我国除股票以外最大的金融投资市场。截至目前,工、农、中、建、交、招、光大等多家银行都开展了个人外汇买卖业务。预计银行关于个人外汇买卖业务的竞争会更加激烈,服务也会更加完善,外汇投资者将享受到更优质的服务。国内的投资者,凭手中的外汇,到上述任何一家银行办理开户手续,存入资金,即可通过互联网、电话或柜台方式进行外汇买卖。

二、交易货币

外汇市场上交易最活跃、流动性最大的货币分为以下两类:

一是5种主要货币,这些货币占所有外汇交易的90%,分别是:美元(USD)、欧元(EUR)、日元(JPY)、英镑(GBP)和瑞士法郎(CHF)。美元(USD)是外汇交易最频繁的货币,世界上60%以上的外汇储备都是美元,世界上大多数商品和货币都以美元计值。

二是商品货币,如加拿大元(CAD)、澳大利亚元(AUD)和新西兰元(NZD)是主要的几种交易不太活跃的商品货币。商品货币的波动与商品价格高度相关。

另外还有一些交叉货币对，不以美元交易。最活跃的交叉货币对有：欧元/日元(EUR/JPY)、英镑/日元(GBP/JPY)和英镑/欧元(GBP/EUR)。其余货币被视为次要货币。常见的次要货币有土耳其新里拉(TRY)、南非兰特(ZAR)、墨西哥比索(MXN)、泰铢(THB)和新加坡元(SGD)。次要货币是来自新兴经济体的货币，次要货币流动性不大，交易量小，由于买卖点差大，交易成本高。

在外汇市场上交易货币一般采用国际通用的标准 ISO-4217 货币代码：前两个字符表示这种货币所属国家和地区，第三个字符表示货币单位。表 1-1 列出了一些主要交易货币的三字符代码。

表 1-1　外汇市场上主要交易货币的三字符代码

货币名称	代码	货币名称	代码	货币名称	代码
美元	USD	人民币元	CNY	俄罗斯卢布	SUR
欧元	EUR	澳门元	MOP	挪威克朗	NOK
日元	JPY	新加坡元	SGD	瑞典克朗	SEK
英镑	GBP	新台币	TWD	捷克克朗	CZK
瑞士法郎	CHF	马来西亚林吉特	MYR	匈牙利福林	HUF
澳大利亚元	AUD	泰铢	THB	波兰兹罗提	PLZ
新西兰元	NZD	印度卢比	INR	巴西里亚尔	BRL
加拿大元	CAD	韩国元	KRW	墨西哥比索	MXN
港元	HKD	印尼盾	IDR	南非兰特	ZAR

三、交易时间

全球各外汇交易市场被距离和时间所隔，它们各自独立又相互影响。这些外汇市场以其所在的城市为中心，辐射周边的其他国家和地区。由于所处的时区不同，各外汇市场在营业时间上此开彼关，但一个市场结束后，往往成为下一个市场的开盘的基础。这些市场通过先进的通信设备和计算机网络连成一体，市场的参与者可以在世界各地进行交易，由此形成了全球一体化运作、全天候运行的国际外汇市场。

外汇市场是目前全球最大的金融市场，每日的平均交易量达 4 万亿美元。以北京时间为标准，每天凌晨的时候，从新西兰的惠灵顿开始，直到美国西海岸市场的闭市，大洋洲、亚洲、北美洲各大市场首尾衔接，在营业日的任何时刻，交易者都可以寻找到合适的外汇市场进行交易。

相对于北京时间而言，20:30—24:00（夏令时）是英国伦敦市场和美国纽约市场的重叠交易时段，是各国银行外汇交易的密集区，也是大宗交易最多的时段，市场波动最为频繁。与其他金融市场不同，在正常的外汇市场开市时段，无论是白天还是黑夜，外汇交易者都能够随时对市场波动做出反应。

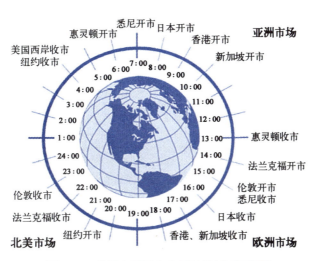

图1-1 世界主要汇市交易时间(北京时间)

四、世界主要外汇市场

外汇市场是指由银行等金融机构、自营交易商、大型跨国企业参与的,通过中介机构或电讯系统联结的,以各种货币为买卖对象的交易市场。它可以是有形的(如外汇交易所),也可以是无形的(如通过电讯系统交易的银行间外汇交易)。据国际清算银行最新统计显示,国际外汇市场每日平均交易额约为1.5万亿美元。

目前,世界上大约有30多个主要的外汇市场,它们遍布于世界各大洲的不同国家和地区。由于国际经济贸易迅速发展、国际金融工具不断创新以及电子通信设备广泛运用,国际外汇市场在规模、分布、构成、交易方式和内容以及市场的稳定性方面都发生了巨大的变化。全球外汇市场从时空上已联成整体,形成国际性外汇大市场。国际外汇市场是一个不分昼夜24小时连续作业的市场,一个市场的汇率波动可以迅速波及其他市场,但每一个市场又都有其自身的不同特点。

(一) 伦敦外汇市场

伦敦目前是全球最大外汇交易中心。伦敦外汇市场是一个典型的无形市场,没有固定的交易场所,只是通过电话、电传、电报完成外汇交易。有250多家外汇指定银行(包括英国的商人银行、清算银行和外国银行设在伦敦的分行)、90多家外汇经纪商,其中有些经纪人还在香港和新加坡设有分支机构。伦敦外汇市场上的交易货币几乎包括所有可兑换货币,规模最大的是英镑兑美元的交易,其次是英镑兑欧元、瑞士法郎以及日元的交易,其交易时间约为北京时间17:00至次日1:00,与纽约外汇市场的交易时间衔接在一起。

由于伦敦外汇市场交易类型齐全,交易结构完备,有十分现代化的电讯网络设备,加上伦敦联系欧洲、亚洲、美洲三大洲,得天独厚,使伦敦外汇市场的交易规模长期以来居世界各大外汇市场之首。

(二) 纽约外汇市场

纽约外汇市场并无固定的交易场所，属于无形市场。纽约外汇市场是重要的国际外汇市场之一，其日交易量仅次于伦敦。外汇交易通过现代化通信网络与电子计算机进行，其货币结算都可通过纽约地区银行同业清算系统和联邦储备银行支付系统进行。经营的业务主要有即期外汇买卖、远期外汇买卖和掉期交易等。交易的货币包括欧元、英镑、瑞士法郎、加拿大元、日元等。

几乎所有的美国银行和金融机构都可以经营外汇业务，如商业银行、储蓄银行、投资银行、人寿保险公司和外汇经纪人等，其中又以商业银行为主。目前，纽约外汇市场主要包括180多家美国商业银行，200多家外国银行在纽约的分支机构、代理行以及代表处。

纽约外汇市场由三部分组成：第一是银行与客户之间的外汇交易市场，第二是纽约银行间的外汇交易市场，第三是纽约各银行与国外银行间的外汇交易市场。其中纽约银行间的外汇交易市场是交易量最大的市场，占整个外汇市场交易量的90%。因此，商业银行在外汇交易中起着极为重要的作用，外汇交易主要通过商业银行办理。

(三) 欧洲大陆外汇市场

欧洲大陆的外汇交易市场由瑞士苏黎世市场、巴黎市场、法兰克福市场和一些欧元区成员国的小规模的市场组成。主要是德国的法兰克福市场。现在它的交易量已经使其成为世界第三大交易市场。交易时间为北京时间14:30—23:00。在交易中比东京市场活跃，汇价的变动也很大。法兰克福外汇市场分为定价市场和一般市场。定价市场由官方指定的外汇经纪人负责撮合交易，分属法兰克福、杜赛尔多夫、汉堡、慕尼黑和柏林五个交易所，它们接受各家银行外汇交易委托，如果买卖不平衡，汇率就继续变动，一直到买和卖相等，或中央银行干预以达到平衡，定价活动方结束，时间大约是中午12:45。外汇经纪人除了撮合当地银行外汇交易外，还随时与各国外汇市场联系，促进德国与世界各地的外汇交易活动。

(四) 东京外汇市场

东京外汇市场是一个无形市场，交易者通过现代化通信设施联网进行交易。东京外汇市场的交易品种比较单一，主要是美元/日元、欧元/日元。从交易货币和种类看，因为日本的进出口贸易多以美元结算，所以东京外汇市场90%以上是美元对日元的买卖，日元对其他货币的交易较少；交易品种有即期、远期和掉期等。即期外汇买卖又分为银行对客户当日结算和银行同业间的次日结算交易。东京外汇市场上即期、远期交易的比重都不高，掉期业务量很大。而其中又以日元/美元的掉期买卖为最大。

(五) 苏黎世外汇市场

苏黎世外汇市场是一个无形市场，外汇交易由银行之间通过电话或电传进行，不通过外汇经纪人或外汇中间商，所有外汇交易都在银行同业之间直接进行，参与的外汇银行有瑞士银行、瑞士信贷银行、瑞士联合银行等，还有外国银行在瑞士的分行、国际清算银行和瑞士中央银行即瑞士国家银行。外汇交易中主要是瑞士法郎对美元的交易，对其他货币通过美元进行交叉买卖，因此瑞士法郎对美元的汇率是苏黎世外汇市场的主要汇率，瑞士法郎对其他货币的汇率采用以美元进行套算。

(六)新加坡外汇市场

新加坡外汇市场是一个无形市场,交易以美元为主,占交易总额的 85% 左右。大部分交易都是即期交易,掉期交易及远期交易合计占交易总额的 1/3。汇率均以美元报价,非美元货币间的汇率通过套算求得。

新加坡外汇市场的主要参与者是外汇银行、外汇经纪人、商业客户和新加坡金融管理局。新加坡外汇市场上,银行间的交易都通过经纪人进行,但外汇经纪人只获准作为银行的代理进行外汇交易,不能以本身的账户直接与非银行客户进行交易。新加坡的银行与境外银行的外汇交易一般直接进行。新加坡金融管理局负责监督和管理外汇银行、干预外汇市场。

(七)香港外汇市场

香港外汇市场是一个无形市场,没有固定的交易场所,交易者通过各种现代化的通信设施和电脑网络进行外汇交易。香港地理位置和时区条件与新加坡相似,可以十分方便地与其他国际外汇市场进行交易。

香港外汇市场由两个部分构成:一是港元兑其他货币的市场,其中包括美元、日元、欧元、英镑、加元、澳元等主要货币和东南亚国家的货币,当然也包括人民币;二是美元兑其他外汇的市场。这一市场的交易目的在于完成跨国公司、跨国银行的资金国际调拨。在香港外汇市场中,美元是所有货币兑换的交易媒介。港元与其他货币不能直接兑换,必须通过美元套购,先换成美元,再由美元折成所需货币。

阅 读 链 接

上海最大规模地下钱庄被破

2003 年 12 月,罗怀韬受新加坡欢裕公司老板指使,至我国江苏省苏州市,租借金鸡湖路某民居作为新加坡欢裕公司的经营场所,在没有获得我国金融管理机构批准的情况下,利用以罗本人名义在苏州市工行、农行等各大银行开设的多个私人储蓄账户,采用境内支付和收取人民币资金、境外收取和支付相应外汇资金的方式,擅自在我国外汇指定银行和中国外汇交易中心及其分中心以外从事新加坡和中国之间外汇(主要是新加坡元)与人民币买卖业务。

2004 年春节后,罗怀韬又受"老板"指使,关闭上述苏州经营场所,转至上海市,与同样受"老板"指使来我国的莫国基一起,租借浦东某民居作为新加坡欢裕公司的经营场所,共同利用以罗、莫等人名义开设的多个私人储蓄账户,从事上述跨国非法买卖外汇业务。

自 2004 年 1 月起至 2006 年 4 月间,罗怀韬、莫国基、李启荣、陈培祥等人共同利用在工行、农行等 11 家商业银行开设的 68 个私人储蓄账户从事跨国非法买卖外汇业务,总金额达 53 亿余元。罗怀韬、莫国基、李启荣、陈培祥的违法所得分别为新加坡元 9.8 万元、8.4 万元、24 万元和 3 万元。

罗怀韬、莫国基、李启荣、陈培祥作为新加坡欢裕公司的职员,在未经我国金融管理机构批准的情况下,擅自在我国法定外汇交易场所外进行跨国买卖外汇业务,故其

国际金融实务

> 行为均已构成非法经营罪。据此,法院一审判处被告人罗怀韬有期徒刑 14 年,并处没收其个人财产人民币 200 万元,驱逐出境。判处被告人莫国基有期徒刑 14 年,并处没收其个人财产人民币 170 万元,驱逐出境。判处被告人李启荣有期徒刑 13 年,并处没收其个人财产人民币 100 万元,驱逐出境。判处被告人陈培祥有期徒刑 9 年,剥夺政治权利 2 年,并处罚金人民币 12 万元。4 名被告人的违法所得予以追缴;从事非法买卖外汇的资金均予没收。

第二节 外汇交易战略与技巧

一、外汇交易战略

(一) 基本面分析与技术分析

基本面分析就是根据经济学的基本理论,对某一外汇的供求关系与价格变动进行分析,寻找出影响外汇供求关系的因素,再根据这些因素的变化来分析判断未来的汇率趋势。包括经济形势、政治因素、军事动态、政府行为、央行政策、市场预期、投机交易、突发事件等因素。基本面分析是导致汇率波动的原始动力,就是说基本面是外汇波动、市场动荡的原因。技术分析是以预测价格未来走势为目的,以图表形态、技术指标等为手段,对市场展开包括归纳、分析、排除、确认、比较、决策、验证等一系列的思维和研究。

基本面分析法着重于对政局政策、经济情况、市场动态等因素进行分析,以此来研究外汇的价格是否合理;而技术分析则是通过图表或技术指标的记录,研究市场过去及现在的行为反应,以推测未来价格的变动趋势,其依据的技术指标是由汇价涨跌或成交量等数据计算而出的。技术分析只关心外汇市场本身的变化,而不考虑会对其产生某种影响的经济、政治等各种外部因素。

(二) 长期经营战略与短期经营战略

经营战略应考量市场短、中、长期趋势的方向,决定将进行的操作是属于哪一种,从而进行操作上的布局。长线的操作方向首重"势",顺着行情所走的方向操作,不要主观地预设顶部与底部。中线的操作较重"量",亦即是市场中量价配合的表现,在中期波段走势之中,量价关系透露出相当重要的讯号,配合技术面的走势分析,作为操作上的参考。在短线的操作方面,重点在于"破",例如久盘之后的突破,纯粹从技术面的角度去寻求最佳的进场点,以短线的技术分析作为进出场的依据。短线交易者需要关注某些货币在特定时点或时间段出现的确定性交易机会。短线交易一定要非常深刻地了解技术面,并善于利用货币对之间强弱幅度的不同寻找结构性交易机会。要熟练掌握相对强弱指数、MACD、K 线理论等主流技术分析方法。

二、外汇交易员的外汇交易技巧

外汇交易技巧是外汇交易员经过大量的外汇交易不断积累的经验。其涉及的内容很多,以下主要从报价、入市、出市等方面进行简单的阐述。

(一) 报价技巧

外汇交易员在报价时通常会同时报出买入汇率(Bid Rate)及卖出汇率(Offer Rate),买入汇率与卖出汇率之间的差异,我们称之为价差(Spread)。买卖价差是报价者承做外汇交易的利润及风险成本。价差愈大,报价者的利润愈大,风险成本愈低,但市场竞争力愈弱。价差愈小,报价者的利润愈低,风险成本愈高,但市场竞争力愈强。因此报价者如何报出一个有竞争性的价格(价差愈小愈有竞争力),而又能赚取利润的汇率买卖价格,便是报价者必须面对的挑战。

通常,报价技术是衡量交易员业务水平高低的重要指标。好的交易员必须对所报价货币的短期价格走势有准确的判断,对本银行的外汇头寸状况、目前市场的预期心理等都有充分的了解,以便在报价时既有利于本银行的利益,又能令交易对手满意,从而完成外汇交易,使银行最终获得买卖价差。

1. 交易员本身已持有的外汇仓位

每位外汇交易员都有被授权的外汇仓位额度,在额度之内,交易员尽其最大可能来赚取利润。为了控制风险,交易员不允许其持有的仓位超过其被授权的仓位额度。交易员报价时必须考虑在目前市场的波动幅度之下,其所报之价格是否对其现有仓位有利。

例如:某日现汇市场欧元对美元的汇率为 1.312 0/25,而某银行交易员持有欧元多头,该交易员报出 18/23 的价格。该银行的报价与市场汇率的买卖价差均为 5 个基本点,具有相同的竞争力,但对外汇交易的买方和卖方来说吸引力是不同的。

从询价方的角度来看,询价方买入欧元的"23"的报价,相对市场的"25"价格是比较有利的,可以节约 2 个点,具有很强的吸引力;从报价方的角度来看,如果询价方以"23"的价格买入欧元,则报价方可以对冲部分或全部欧元多头的风险,如果询价方以"18"的价格卖出欧元,虽然报价方不能对冲欧元多头的风险,但可以立刻以"20"的市场价格平盘,从而获得 2 个点的价差。故该交易员的报价是合理有效的。

2. 对各种货币的短期走势的准确判断

交易员必须对进行报价的货币的极短期走势有准确的预测,在此所谓极短期,可能是 1 小时、5 分钟或 5 秒钟。交易员会随着市场波动状况,随时改变自己的持有部位,以伺机获利。因此对各种货币的极短期走势应有准确的预测,这样才能报出理想的价格。

例如:某日现汇市场欧元对美元的汇率为 1.312 0/25,而该银行交易员预期欧元对美元的汇率将上升,其报出 22/26 的价格;该银行报价的买卖价差比市场的买卖价差小,具有更强的竞争力。

从询价方的角度来看,询价方卖出欧元的"22"的报价,相对市场的"20"价格是比较有利的,可以多赚 2 个点,具有很强的吸引力;从报价方的角度来看,如果询价方以"26"

的价格买入欧元,则报价方可以立刻以"25"的市场价格平盘,从而获得1个点的价差。如果询价方以"22"的价格卖出欧元,即报价方以"22"的价格持有欧元多头,如果欧元的价格走势正如其所预测的那样上升,即可达到看涨欧元的目的。

3. 市场的预期心理

若市场有明显的预期心理,货币的走势就较易往预期的价位波动。交易员必须了解目前市场的预期心理,进而调整本身的持有部位,使本身的部位处于有利的状况。如此报出来的价格才不会违反市场走势,而遭到重大的损失。

如市场预期被报价货币上涨,此时市场的参与者倾向买入被报价货币,以期获取利润。则报价银行应将被报价货币的价格报高,以降低风险或取得有利的部位,因为报价银行卖出被报价货币的价格愈高,则报价者以较低的价格来平仓的几率愈大,赚钱的机会愈多。如某日现汇市场欧元对美元的汇率为1.3120/25,如市场出现欧元升值的预期,交易员就应该根据情况的变换及时调整报价,因为未来其买入欧元的成本将提高,应将欧元的买卖价格提高,如报价为23/28。

如预期被报价币下跌,市场的参与者会倾向卖出被报价币以期获取利润。此时报价者所报出的价格会比市场价格略低,以降低风险或取得有利的部位。由于报价者买入的价格较市场为低,因此报价者有比较大的几率以较高的银行间价格平仓,而赚取利润。如市场出现欧元贬值的预期,交易员就应该根据情况的变换及时调整报价,应将欧元的买卖价格降低,如报价为18/23。

(二) 入市技巧

开盘也叫敞口,就是买进一种货币,同时卖出另一种货币的行为。建立头寸也就是开盘的意思。外汇交易员每次入市时,都需要进行充分的市场研究、缜密的分析,才有可能作出准确的判断,如在什么时候、以什么价格、建立多头还是空头头寸、部位如何等。一旦交易员选择了合适的时机入市,就意味着把握了获利的机会,因此对交易员来说非常重要。以下阐述几种入市技巧。

1. 买涨不买跌,卖跌不卖涨

因为价格上升的过程中只有一点是买错了的,即价格上升到顶点的时候,汇价像从地板上升到天花板,无法再升。除了这一点,其他任意一点买入都是对的。因此,在价格上升时买入盈利的机会比在价格下跌时买入大得多。

在汇价下跌时买入,只有一点是买对的,即汇价已经落到最低点,就像落到地板上,无法再低。除此之外,其他点买入都有是错的。因此价格下跌时卖出的盈利机会更大。

2. "金字塔"加码

"金字塔"加码的意思是:在第一次买入某种货币之后,该货币汇率上升,眼看投资正确,若想加码增加投资,应当遵循"每次加码的数量比上次少"的原则。这样逐次加买数会越来越少,就如"金字塔"一样。这样你的建仓成本在金字塔的底部,也就是平均成本越低,获利的可能性越高,反之,则成本接近上涨顶峰的可能性越大,危险也越大。

(三) 出市技巧

1. 订立止损位

订立止损位是一项重要的投资技巧。由于投资市场风险颇高,为了避免万一投资失误时带来的损失,每一次入市买卖时,我们都应该订下止蚀盘,当市场汇率向不利的方向变动时,一旦亏损达到止损点限额,交易人员就应不问情由,一律斩仓,以避免发生更大的亏损。

止损点限额可分为两部分:一是外汇资金部的止损点限额,这适合于即期外汇交易、远期外汇交易和互换外汇交易等业务,止损点限额既可以按敞口头寸的百分比计算,也可以按每天或每月外汇交易的损失不超过一定金额来确定;二是外汇交易人员的止损点限额,通常按亏损额占交易额的百分比来计算,例如规定每笔交易的亏损额不超过该笔交易额的1‰等。显然,百分比越大,表示容忍亏损的额度越大。当然,不同的外汇交易人员,止损点的限额也不同。

2. 顺势而为,绝不与市场斗

投资外汇买卖,具有很大的风险性。盈亏是必然发生的。买进一种外汇之后,要分析市势的动向,如果市势对自己有利,就耐心等待,争取利润延续,但是,当市势于己不利时,特别是自己已感到市势不对头时,不要太计较得失,坚决出货。

人们在买卖外汇时,常常片面地着眼于价格,而忽视汇价的上升和下跌趋势。当汇率上升时,价格越来越贵,越贵越不敢买;在汇率下跌时,价格越来越低,越低越觉得便宜。因此实际交易时,往往忘记了"顺势而为"的格言,成为逆市而为的错误交易者。

阅读链接

巴菲特投资经典案例——吉列公司

选择股票,真正有决定意义的,是公司久经考验的长期持续竞争优势,这就是巴菲特投资选吉列公司给我们的最大启示。为什么选吉列公司的股票?巴菲特给出了四个理由。

第一,他很熟悉吉列。巴菲特对吉列这么熟悉,因为他是一个男人,要天天刮胡子,他用了吉列剃须刀后感叹:"在现代人类生活中,一切都在发生变化,剃须同样也可以成为一种享受。"他甚至自愿给吉列做广告:"如果你还没有试过吉列新推出的感应刀片,赶紧去买一个来试试!"巴菲特想所有男人都会和他有同感:"每年只要20美元你就可以享受剃须给你带来的舒服体验。现在男人们似乎也越来越懒,一旦他们有了这样的体验后,就不会再选择吉列以外的其他品牌了。"巴菲特简直兴奋得睡不着觉:"每当我在晚上入睡之前,想到明天早晨全世界会有25亿男人不得不剃须的时候,我的心头就一阵狂喜。"

第二,吉列是一个老牌公司。老到什么程度?百年老店。巴菲特发现,"吉列刀片已经有100多年的历史"。

美国人金·吉列于1895年发明了一次性剃须刀片,这是一个划时代的商业发明。巴菲特指出其创新在于:"消费者需要不断更新自己的刀片,所以他们对吉列产品的消费支出也会不断增加。"吉列在1901年创立了美国安全刀片公司,20世纪50年代更名为吉列。早在第一次世界大战之前,吉列就已经成为领导剃须刀行业的跨国

国际金融实务

公司,并一直保持领导地位至今。在消费品领域,几乎没有一个公司能够像吉列那样统治行业如此之久。历经百年风雨而更加强大,如此超级稳定性,让巴菲特不得不心动。

第三,吉列产品不断创新,是名牌中的名牌。巴菲特认为吉列公司最大竞争优势在于创新:"吉列公司持续不断地全力以赴推出更新更好的产品,尽管其现有产品已是市场上的经典。"在其100多年历史中,吉列不断创新出行业第一:剃须刀架、双刀剃须刀、旋转刀头剃须刀、感应剃须刀以及"锋速3"剃须刀。新产品的不断推出使吉列得以保持较高利润率。公司发现,只要产品好,价格高25%还是35%,顾客并不特别在乎。不断创新,才能不断开创蓝海市场,让吉列尽享高利润和高增长。

第四,吉列是剃须行业中的绝对老大。吉列公司多年来一直统治着全球剃须刀市场,在很多国家,吉列已经成为"剃须刀"的代名词。巴菲特用数字分析了吉列的市场地位:"世界上每年剃须刀片消费量为200亿—210亿片。其中30%是吉列生产的,但按市场份额计算,吉列在全球刀片销售额中占了60%。"

巴菲特1989年投资6亿美元买入吉列可转换优先股。1991年转换为普通股,此后一直持股不动,2004年年底市值增长到43亿美元,投资收益率高达6倍以上。2005年1月28日宝洁收购吉列,巴菲特把持股转化为宝洁股票,相当于宝洁总股本的3%。

第三节 外汇交易的组织与管理

一、外汇交易设备的构成

(一) 路透社终端

1951年,德国人保罗·朱利叶斯·路透在伦敦建立了路透社,其后随着电报网络的拓展,将金融服务的范围延伸至各大洲。路透社向商业订户和新闻机构提供了种类繁多的咨询服务,客户来自全球160多家大小交易所和82个国家的3 700多名订户。该社还有1 700多名文字和摄影记者组成的消息网,消息通过卫星和电脑传送到世界各地的199 700多个终端机上。路透社终端机的操作简单方便,其主要设备包括控器、键盘和打印机等,即相当于一套带打印机和显示器交易机联网后,交易员只需启动机器,通过键盘输入自己的终端密码,即可与对方银行联系。全世界参加路透社交易系统的数千家银行,每家银行都有一个指定的代码,如中国银行总行的代码为BCDD。交易员若想与某银行进行交易,在键盘上输入对方银行的代号,叫通后即可询问交易价格,并可与其还价。双方的交易过程全部显示在终端机的荧光屏上,交易完毕后即可通过打印机打印出来。这种由终端机打印出来的文件,即是双方交易的文字记录,也是最重要的交易依据。

路透终端提供的服务主要包括：(1) 即时信息服务。遍布全球的路透社记者将即时的政治、财经、商品等各种新闻汇集到路透社编辑中心，然后再输送到各地的终端。(2) 即时汇率行情。路透终端即时汇率版面，为交易员即时显示世界各大银行外汇买卖的参考数据，值得注意的是，此汇价只为参考价，不是交易者参与市场交易的成交价格。(3) 趋势分析。路透系统中，有许多高级经济学家、银行家、金融专家和分析专家负责每天撰写汇市评论和走势分析，然后输入路透电脑中心。用户可以利用键盘调出所需内容，以做参考。(4) 技术图表分析。路透社为用户提供图表终端机，利用图表终端可以绘出各种技术图表，以帮助用户进行技术分析。(5) 从事外汇交易。通过路透交易机，交易员就可以与系统内任何一家银行交易外汇。路透交易机以电话线连接。在交易结算系统方面，路透社终端具有明显的优势。一旦交易完成，打印机就会把交易记录自动打印出来，便于核对和存档。

(二) 美联社终端

美联社的金融信息服务系统结合了美联社在财经市场上的经验和在提供即时金融数据上的专长。通过个人电脑终端机或地区网络，该系统可以提供有关外汇买卖价、投资组合、外汇数据、经济指标和公司活动等信息。

美联社提供的主要服务包括：(1) 汇率服务，通过该终端，客户可以了解到超过 100 种外币即时汇率报价（包括交叉汇率的报价）。根据各主要金融中心的报价，还可以提供金融期货、欧洲美元、境内金融工具、美国政府债券及黄金市场行情。(2) 外汇市场消息，客户可以通过终端机的屏幕随意选阅所有主要的即时经济新闻，还可以自行取阅每条消息的详细内容。终端机里一般设有警报系统，用以提醒客户注意突发的要闻简报。(3) 期货服务，世界期货市场的即时价格、由市场专家撰写的推荐和评论都可以在信息终端机的屏幕上显示出来。(4) 资本市场服务，这项服务提供全球各资本市场全面性的资信服务，报价的范围包括欧洲债券、政府和境内发行的票据、认股凭证、商业票据和其他资本市场工具。(5) 股票服务，其与亚洲、欧洲、北美洲和大洋洲主要证券和期货交易所直接连接，为客户带来源源不断的市场信息。美联社在世界各地的记者和通讯员网络不断报道有关股票的新闻和价格动向。专家、经纪人和其他专业人士也直接将报价和市场资料输入信息系统。

(三) 德励财经终端

德励财经终端原录属于美国道琼斯公司，现隶属于 Money Line 公司，包括了全世界各大交易中心、数千家外汇银行、经纪人、证券公司、研究机构。该系统 24 小时为用户提供外汇、证券、期货、商品等方面的价格行情，还有市场评论、图标分析、走势预测等文字性的资料，信息内容广泛，多达 6 000 多项。而且，德励财经公司专门租用了通信卫星，以保证信息传送的速度和质量。

(四) 彭博金融信息系统

彭博系统是美国的全球性资讯服务商 Bloomberg 推出的，总部在普林斯顿，致力于为金融及市场人员提供专业财经信息服务，目前已被全球 126 个国家的 260 000 多名金融专业人士广泛采用。它在世界各地设有新闻中心，在全球 200 多家银行和多家金融机构进行信息采集。彭博现在每年的营业收入达到 30 亿美元，其服务价格为每个终端每月1 350美元。彭博财经集团作为一家全球性的信息服务、新闻和传媒公司,它把即时的和过时的新闻、财经资料、定价、交易和通信工具,前所未有地整合在单一的平台上,提供给世界各地的公司、新闻机构、财经和法律专业人员及个人,其客户涉及全球的中央银行、投资机构、商业银行、政府机构、公司及新闻机构,在"财富500强"中,80%的企业都是他们的客户。此外,用户通过彭博终端访问来自交易所的实时报价时需要缴纳额外的费用,这笔费用是支付给提供报价的交易所的。一些新闻机构也通过彭博终端为客户提供付费新闻。彭博终端是该公司的核心产品,也被认为是金融信息服务领域内的领先产品。彭博终端基于客户-服务器架构建立,服务器是一个多处理器的Unix平台,终端用户使用的客户端是一个Windows程序。终端客户还可以使用额外服务Bloomberg Anywhere,这项服务允许客户利用"Citrix客户端"通过网页来访问彭博终端客户端的Windows程序。同时,彭博还提供WAP入口和黑莓程序,以便通过手机来访问客户端。彭博终端的服务器端,基本上是用Fortran和C语言来开发的。

(五) 清算系统

1. SWIFT(The Society for Worldwide Interbank Financial Telecommunication, 环球银行间金融通信协会)

SWIFT是一个由金融机构共同拥有的私营股份公司,按比利时的法律登记注册,由会员行(包括中央银行)和其他金融机构协同管理。SWIFT成立于1973年,由来自15个国家的293所银行出资兴建,目的是促进各国、各银行之间的通信自动化与规范化,快速高效地完成银行间的资金清算,为国际贸易结算提供一个有效的支付平台。该电讯网的业务范围按照电讯内容可分为9大类:(1)客户汇款;(2)头寸调拨;(3)外汇买卖和存贷款业务;(4)托收;(5)证券和债券交易;(6)信用证;(7)特种汇款,如信用卡;(8)借贷记账确认及寄送对账单;(9)文件资料。

SWIFT系统的特点是内容标准化,处理电脑化,服务安全、可靠、迅速。

2. CHIPS(Cleaning House Interbank Payment System, 纽约清算所银行间支付系统)

CHIPS创建于1970年,是由纽约清算所协会经营管理的清算所同业支付系统,主要进行跨国美元交易的清算。该系统的成员由清算用户和非清算用户两类组成。CHIPS是一个净额多边清算的大额贷记支付系统,提供了双边及多边信用限额来控制信用风险。该系统将国内外各大银行的转账编入该系统,主要处理大额转账。CHIPS的转账效率相当高,已实现同日清算。

3. CHAPS(Clearing House Automated Payments System, 清算所自动支付体系)

CHAPS是处理大额同日英镑转移的主要支付体系,属于批发性支付体系。CHAPS清算系统可分为CHAPS英镑(1996年实施该系统)和CHAPS欧元(1999年实施该系统),后者通过其与TARGET(欧洲的欧元清算体系)的联系,便利英国国内与境外交易者之间的欧元批发性支付。CHAPS属于实时全额支付系统,即它可以对支付指令逐一自动地进行处理,所有支付指令均是最终的和不可撤销的。在营业日内,这一过程连续不断进行。在每个营业日结束时CHAPS会进行最终结算。CHAPS一直都是全球最大的全额实时结算系统之一,提供高效、可靠、无风险的支付服务。

> 阅 读 链 接

电子经纪系统

EBS 是"电子经纪系统"的缩写。EBS 公司在 1993 年 9 月由全球规模最大的外汇市场做市银行合作组建,全球 14 家最大的外汇银行(包括:ABN AMRO、JP Morgan Chase、Bank of America、Lehman Brothers、Barclays、S-E-Banken、Citigroup、The Minex Corporation of Japan、Commerzbank、The Royal Bank of Scotland、Credit Suisse First Boston、UBS、HSBC)成立合伙公司,投资 5 000 万美元发展 EBS 交易系统。目前,EBS 是全球最大的外汇及贵重金属交易平台供货商。显然,EBS 是为全球最大的市场——外汇交易市场——提供交易平台的专业公司。在 EBS 即期外汇交易系统上参与真实的外汇市场给 PTC 客户带来更多的流动性,以及通过 EBS Prime Bank 在 EBS 上进行电子交易的诸多优势,如速度快、最佳利率、提交报告以及审计追踪等。

每天,全球 750 个交易大厅的 2 000 名交易人员使用 EBS 即期银行间交易系统在超过 38 个国家完成日均 1 100 亿美元的即期外汇交易,以及 50 万盎司的黄金和 4 百万盎司的白银交易。EBS 即期外汇交易系统使日交易量持续上涨,创造了空前的流动性,而且该系统的设计使用户能够在同一屏幕上看到他们所有的配对货币。中国目前 95% 的外汇存款是美元,而 EBS 在美国、欧洲、日本外汇市场上美元、欧元和日元交易总量中所占的份额均超过 80%。EBS 交易平台上,即期外汇的电子经纪速度缩短为 0.2 秒左右。

二、外汇交易人员及其素质

(一) 外汇交易员

外汇交易员是指从事外汇交易的专门技术人员,主要包括首席交易员、高级交易员、普通交易员、低级交易员、实习生和头寸管理员等。外汇交易部经理或首席交易员对整个交易室负责任,他指挥并协调交易员的一切活动,并向上级领导进行汇报,是交易室的核心。

高级交易员具体负责大宗交易,在首席交易员的指挥下,具体贯彻交易战略、管理货币头寸并对其分管的交易员进行监督管理。另外,高级交易员还直接对每个交易员的头寸盈亏状况负责,具体安排交易的规模及期限的长短,不断地随着市场情况调整头寸,最后向首席交易员汇报。低级交易员直接负责掌握头寸或分管较少的货币,并在交易额度内给予高级交易员以支持。另外,实习生与头寸管理人员则具体负责提供头寸的即时状态,把交易单输入电脑,接电话或操作交易。

外汇交易员也可根据业务划分为:(1) 即期外汇交易员。主要从事相近的几种外汇的交易,如 USD/JPY、USD/EUR,可以进行投机交易,也可以代客买卖。(2) 远期交易员。他们主要对不同货币的利差感兴趣。(3) 货币市场交易员。他可以进行本国货币的交易,也可以进行外汇的交易,通过双向报价,从借入低息货币贷出高息货币中实现盈利。(4) 衍生工具交易员,主要从事各类衍生工具的交易。(5) 公司交易员,在一定意义上是银行的公关代表,根据客户的意愿进行外汇交易,联系公司和银行之间的资金供求,同时也提供信息、意见给客户。

(二) 外汇交易员应具备的基本素质

交易员必备的基本素质主要包括:

(1) 交易员必须具备扎实的经济学和金融学知识。

(2) 交易必须具有很高的英语水平。

(3) 交易员必须具有严格的止损概念。成功的投资者可能有各自不同的交易方式,但止损却是保障他们获取成功的共同特征。世界投资大师索罗斯说过,投资本身没有风险,失控的投资才有风险。止损远比盈利重要,因为任何时候保本都是第一位的,盈利是第二位的,建立合理的止损原则相当有效,谨慎的止损原则的核心在于不让亏损持续扩大。

(4) 交易员必须具有冷静的心态。交易员的心态要成熟,只要大方向没问题,不要太在乎几个点的事,股神也不可能买到最好的价位。有的情况是你买的价位有点不太好,被套,但从理论上和图表分析还会回到你的价位,也许会有1—2个月的时间,那么你这时候就要能耐得住性子,要有个好的心态。

(5) 交易员必须具有果断决策的习惯。交易员应该具备对当前瞬息万变的市场形势做出准确迅速反应的能力,切不可贻误时机。外汇市场是全球市场,相对比较活跃的币种如欧元、英镑等,每日的波动都在几百点,像交叉盘英镑/日元有时候甚至可以波动一千点。所以交易员获取信息的能力和快速反应能力很重要,闻到不利消息,或预感不对即刻平仓观望,或有上涨趋势马上进场获利。否则要不被套要不就会错过买入良机。

(6) 交易员必须具有熟练的计算机操作能力。多位大师都提到在交易中很依赖自己设计的电脑交易系统,电脑交易系统可以避免人为的情绪影响,特别是在市场较为混乱时,还能坚决执行既定的交易计划,使投资者保持前后一致的获胜概率。当然,每个人必须学会开发适合自己的电脑交易系统。

案 例 1-1

法国兴业银行:小交易员捅出的大窟窿

(一) 案例回顾

法国兴业银行创建于1864年5月,当年由拿破仑三世签字批准成立,经历了两次世界大战并最终成为法国商界支柱之一。可就是这样一个创造了无数骄人业绩的老牌银行在2008年年初因一个底层交易员的违规操作而受到了重创,"金字塔"险些瞬间倾塌。

2005年6月,该银行的交易员热罗姆·科维尔躲过了严密的监控系统,开始进行违规越权交易。按照规定,他只有进行对冲头寸的权限,但他凭借对银行监督系统的深入了解,用一系列非法的虚假文件和手段,把银行的钱拿到欧洲股市上搏杀。他的第一次赌博正是发生在他刚刚升为交易员级别的2005年,赌注压在了Allianz SE股指期货,那一票为他赢得了50万欧元的入账。自2007年年初开始法兴银行的该交易员通过股指期货操作对欧洲股市未来的走向投下巨注,"悄然"建立起预计高达500亿—700亿欧元的多头仓位。热罗姆·科维尔开始在欧洲股票指数上使用期货,豪赌欧洲市场将出现持续上升。直到2007年的年末,热罗姆·科维尔的交易还处于盈利水平。

但在2007年圣诞节及2008年新年假期后,市场开始走向了他的对立面。他所交易的巴黎CAC-40指数开始大幅下挫。这意味着他所持的头寸出现了较大损失。2008年1月18日,德国DAX指数下跌超过600点的时候,热罗姆·科维尔可能已经损失了20亿欧元。法兴银行在此方面的损失曾受到了德国方面的警示。同天,法兴银行的一位法务官员发现一笔超过该行风险限制的交易。法兴银行立刻打电话给这笔交易的交易对手进行核实,而接到电话的一方声称他们从来没有进行过这笔交易。科维尔的欺诈行为暴露之时,正值2008年年初欧洲股市暴跌之际。法国兴业银行进行了紧急平仓,整整抛售三天之后将损失定格为49亿欧元。此次欺诈案的规模远远超过了历史上最为臭名昭著的巴林银行倒闭案。

也许与人们想象的正相反,科维尔的动机却并不是为了赚钱。"他想成为一个最杰出的银行交易员,一个最精明的市场玩家。"巴黎检察院公诉人让·克洛德·马林如此评价31岁的科维尔:"这有点像毒品,它的成瘾便会让你陷入漩涡不能自拔……他所做的一切,仅仅是为了满足自己事业上的野心。"

(二) 原因分析

1. 风险管理意识薄弱,金融监管机制有漏洞

近几年,世界经济持续增长,证券市场和石油等大宗商品市场都出现了较强的投机风潮,而在此背景下,一些金融机构和个人的风险管理意识明显放松,席卷全球主要金融市场的美国次贷危机根源即在于此。法兴银行事件中,风险管理意识弱化和监管机制存在缺陷,是酿成危机的重要原因。

2. 银行的风险系统没能发挥作用,未及时觉察违规操作

按照规定,银行的证券或期货交易员实行交易时,都会受到资金额度的严格限制。法国兴业银行内部风控很严,但交易员闯过5道电脑关卡获得使用巨额资金的权限,违规操作近一年没有被发现。事实说明,再强大的安全系统也有漏洞,它给全球金融风险管理敲响了警钟,再严密的规章制度,再安全的电脑软件,都可能存在漏洞、死角,银行系统的安全风控不可掉以轻心。

3. 金融衍生品的巨大风险没有被放大和充分认识

法国兴业银行股指期货投机失败表明,股指期货既有积极一面,也蕴含着巨大的风险,由此可见,衍生期货市场风险控制至关重要。科维尔向警方调查人员供述:"我的操作不复杂,正常的监管就能查出这些交易","在正常的日常交易中,一个交易员

根本无法用正常的投资规模赚那么多钱。这让我相信,只要我能盈利,我的上司就会对我的交易手段和交易金额睁一只眼闭一只眼。""我能赚钱,这正合他们的心意,他们的被动接受促使我继续干下去……但是很快,我发现自己被卷进了一个漩涡,竟然找不到出口。"其中最重要原因是金融衍生交易为银行带了巨大的利润,而忽略了其背后存在的巨大风险。

（三）启示

不论从性质上还是规模上来说,此次事件都堪称"法国历史上最大的金融悲剧"。何以一个从法国三流商学院毕业、年薪不到10万欧元的年轻人能够撼动具有140多年历史的老牌银行的根基,并撬动了欧洲乃至全球股市?法国兴业银行的内部控制到底发生了什么,致使科维尔一个人可以轻易绕过五重安全控制系统,躲过由2 000多人组成的庞大监控队伍,挪用巨额资金在股指期货市场上赌博?

1. 内控制度应得到切实执行

法国兴业银行是一家以内部风险控制制度完善著称的金融衍生产品市场参与机构,相信其应该有严格的内控制度。从事件的最新进展来看,事件得以发生的主要原因应该是内控制度执行没有到位。在事件暴露之前,法国兴业银行的大多数监控系统已自动针对科维尔的各种交易发出了75次警报。然而这些警报没有起到作用,要么是风险监控部门轻易相信科维尔对警报的解释,要么警报在风控系统中转来转去而没有得到最终解决,从而使得科维尔能够继续肆无忌惮地违规操作。因此,具备有效的内控制度是一方面,同时还要确保制度得到切实执行,尤其是一些重点关键控制环节,包括授权复核制度、授信制度、前中后台岗位分离制度、对账制度、制约机制等。

2. 加强金融业风险管理

中国金融行业应进一步加强内部审查程序,使内控部门能够及时并迅速地反馈内控检查中存在的漏洞,以应对可能突发的风险。特别是在市场繁荣之际,更应警惕因盈利而放松正常监管,尤其当整个市场系统性风险加大的情况下,提高风险防范意识。

3. 以正确客观的姿态看待金融衍生品

金融衍生产品自身所具有的杠杆效应以及对未来的不确定性,吸引了包括保值者、投机者、套利者等众多的参与人员,发挥了资金转化、规避风险、资源配置等诸多功能,从而发展了金融市场。股指期货同其他金融衍生产品一样也蕴含了巨大的风险。杠杆风险是与股指期货的保证金交易制度息息相关的。而保证金交易的杠杆放大效应,就是悬在投资者头上的一把达摩克利斯之剑。一般来说,金融衍生产品所产生的高风险,体现在使用者使用不当时对自身的伤害,不属于系统性风险。

4. 应提高金融衍生产品从业人员风险防范意识和职业道德水平

市场自律组织应加强对金融衍生产品从业人员的教育培训,尤其是内部风险控制方面的教育,增强金融衍生产品业务风险控制各环节相关岗位人员的责任感,牢固树立其风险防范意识,提高风险管理水平。同时,应抓紧组织制定相应的从业人员行为准则,规范从业人员业务行为,加强对从业人员的道德约束,增强其敬业精神,培育银行间市场诚信、勤勉、自律、敬业的文化氛围,加强市场文化建设。

此外分析发现,公司的内部控制环境,尤其是激进的企业文化为此次事件的发生埋下了隐患,而管理人员与监控人员置之不理的行为也使其成了科维尔的帮凶。

(资料来源:http://www.sina.com.cn,2010年12月10日,《商学院》)

本 章 小 结

1. 外汇交易是指在不同国家的可兑换货币间进行买卖兑换的行为,也就是同时买入一对货币组合中的一种货币而卖出另外一种货币。外汇是以货币对形式进行交易的。

2. 外汇交易的参与者主要包括各国的中央银行、外行银行、非银行金融机构、经纪人、公司企业、政府机构以及个人等。交易最活跃、流动性最大的货币分为两类:5种主要货币,主要货币分别是:美元(USD)、欧元(EUR)、日元(JPY)、英镑(GBP或STG)和瑞士法郎(CHF)。美元(USD)是外汇交易最频繁的货币;商品货币,如加元(CAD)、澳元(AUD)和新西兰元(NZD)是主要的几种交易不太活跃的商品货币。

3. 全球各大外汇市场在营业时间上此开彼关,它们通过计算机网络连成一体,市场参与者可以在世界各地进行交易,外汇资金流动顺畅,市场间的汇率差异极小,形成了全球一体化运作、全天候运行的统一的国际外汇市场。

4. 基本面分析是对某一外汇的供求关系与价格变动进行分析,寻找出影响外汇供求关系的因素,再根据这些因素的变化来分析判断未来的汇率趋势。包括经济形势、政治因素、军事动态、政府、央行政策、市场心理、投机交易、突发事件等因素。技术分析是以预测价格未来走势为目的,以图表形态、技术指标等为手段,对市场展开包括归纳、分析、排除、确认、比较、决策、验证等一系列的思维和研究。

5. 外汇交易技巧是外汇交易员经过大量的外汇交易不断积累的经验,主要包括报价、入市、出市等方面。

6. 外汇交易员是指从事外汇交易的专门技术人员,主要包括首席交易员、高级交易员、普通交易员、低级交易员、实习生和头寸管理员等。

本章专业词汇

Exchange Transaction	Dealer
Speculator	Bid Rate
Offer Rate	CHIPS
CHAPS	SWIFT

思 考 题

1. 简述24小时外汇交易的含义。
2. 简述外汇交易员的基本素质?

3. 简述外汇交易的入市与出市技巧。
4. 简述外汇交易的基本面分析。
5. 简述外汇交易的技术分析

练 习 题

1. _____不仅是外汇市场的主要参与者,也是外汇市场的实际操纵者。
   A. 中央银行   B. 商业银行
   C. 外汇银行   D. 外汇经纪人
2. 目前世界上最大的外汇交易市场是_____。
   A. 纽约   B. 伦敦
   C. 法兰克福   D. 东京
3. 按照外汇交易的参与者不同,可分为_____。
   A. 银行间市场   B. 顾客市场
   C. 外汇期货市场   D. 外汇期权市场
4. 写出以下交易货币的货币代码:
   英镑(   )   欧元(   )   日元(   )
   美元(   )   加拿大元(   )   瑞士法郎(   )
   澳大利亚元(   )   新西兰元(   )   新加坡元(   )

第二章　即期外汇交易

开篇案例

全球外汇市场的最新发展趋势

国际清算银行(BIS)每隔三年进行一次全球外汇市场和衍生市场交易活动的调查。1998年4月其对外汇市场交易活动进行调查的国家,从1995年的26个增加到43个。BIS的调查结果表明,自1995年4月以来,全球主要外汇市场发生了较大的变化。其中,外汇市场的结构变化更令人瞩目。

1998年4月全球传统的外汇交易工具(即期交易、直接远期和外汇掉期交易)的日均交易量估计为15 000亿美元(参见附表),比1995年4月日均11 900亿美元增长26%,比1992—1995年的增长率45%有明显的下降。

1998年4月,直接远期和掉期交易的市场份额为60%,比1995年4月的56%有所上升,远期交易工具继续保持主导地位。同时,交易商之间的交易继续主导外汇市场,其市场份额为63%,其中跨边界交易的份额为54%。

十年前,即期外汇交易占外汇市场总交易量的59%。目前这一份额却下降到40%。在非美元交易的货币对中,即期交易仍然占70%以上的市场份额。

直接远期交易所占的市场份额最小,相当大的一部分远期交易是与非金融机构客户进行的(36%),当地直接远期交易占62%的市场份额。这一市场特性表明,直接远期交易定位于零售交易且用以满足商业客户规避风险需求。由于直接远期交易的数量和期限标准化程度较低,因此,市场交易主体较少,交易量较小。在小的金融中心,即期外汇交易的重要性各不相同(市场份额在25%—100%之间),较大的金融中心即期外汇交易的市场份额在35%—45%之间。

与1995年相同,1998年4月85%的远期交易是外汇掉期交易。外汇掉期市场大部分是美元市场。在所有掉期交易中,95%的掉期交易与美元相关。长期(超过一年)的远期交易市场份额相对较小,直接远期为4%,掉期交易为1%。

在美国外汇市场上,即期和远期交易平均每笔交易的规模在1992年和1998年之间几乎没有发生任何变化,仍然保持在400万美元左右。与此相对应的是,外汇掉期交易的平均规模由前期的1 500万美元上升至3 100万美元。

伦敦外汇市场上,差不多1/4的即期交易是由电子经纪中介的。尽管有较多的货币对和产品可以交易,但美元对马克和日元的即期交易仍然占有电子经纪交易量的大部分。其他货币对(如英镑/美元、美元/瑞士法郎等)交易量的95%是由单个电子经纪系统来进行的。

在美国,差不多1/3的即期交易是通过自动撮合系统来进行的,1995年其市场份额为10%。即期交易仍然占有自动撮合交易系统市场份额的98%。在东京外汇市场上,经纪公司中介的外汇市场交易份额从1995年的28%上升至36%。通过电子经纪进行的即期交易占即期交易总量的36%,1995年这一比例为12%。

电子经纪起初集中在即期市场的重要货币对的交易上,但现在也进入了其他的市场领域。电子经纪目前在远期市场上有一定的交易量,而利率产品的交易正在开发。可以预计,将来更多的市场主体将会直接与交易对手方安排外汇交易,而不是通过主要交易商和有声经纪来进行交易。电子经纪的发展对未来的市场流动性和交易方式具有重要的作用。

附表　全球外汇市场日均交易量*　　　（单位:亿美元）

类　　别	1989年4月	1992年4月	1995年4月	1998年4月
即期交易**	3 500	4 000	5 200	6 000
远期与互换**	2 400	4 200	6 700	9 000
传统外汇交易总量	5 900	8 200	11 900	15 000
以1998年4月汇率计算的交易量	6 000	8 000	10 300	15 000

注:*调整当地和跨边界交易双重计算后的数据;**包括报告缺口的估计数据。

何谓即期外汇交易?它有何特点?在哪些经济活动中需要应用到即期外汇交易?本章将为各位解读这种主要的传统外汇交易方式。

(资料来源:何尤华、刘正晖,"全球外汇市场的最新发展趋势",《中国外汇管理》,2000年第4期)

【学习要点】

即期外汇交易是外汇市场上一种传统的外汇交易方式,也是外汇市场上一种最基本、最主要的外汇交易方式。本章将在介绍即期外汇交易含义的基础上,重点从外汇银行角度来阐述银行间即期外汇交易的操作流程,并结合实例分别介绍交叉汇率的计算和即期外汇市场上的套汇活动。

第一节　即期外汇交易概述

一、即期外汇交易的概念

即期外汇交易(Spot Exchange Transaction)又称"现汇交易",是指外汇买卖双方成交后在两个营业日内进行外汇交割的一种外汇交易方式。被作为交易标的物的外汇,即称为"即期外汇"或"现汇"。

在理解即期外汇交易的概念时应注意以下要点:

(1) 交割(Deliver)。即外汇交易双方进行货币清算。外汇交易中的交割通常是要求卖方将其卖出的货币通过银行划拨进买方所指定的银行账户,所以"交割日"通常也称为"起息日"(Value Date)。需要强调的一点是,外汇交易中的双方既是买方也是卖方,即买进一种货币的同时也卖出了另一种货币。

(2) 营业日(Working Day)。指办理货币交割的双方银行的工作日。一般除周末及法定节假日外,都为银行的营业日。但在中东地区有些特殊,中东地区的银行星期五休市,星期六营业。

即期外汇交易是外汇市场上最常见也是最主要的一种外汇交易方式,长期以来其交易量一直位居各类外汇交易之首。银行平衡外汇头寸、贸易商进出口结算、个人用汇、套汇等活动都会引起对即期外汇交易的需求。其中,银行之间为平衡外汇交易头寸而发生的同业间即期外汇交易约占整个即期外汇交易的90%以上。

场外进行的即期外汇交易,通常是在外汇银行、外汇经纪人和客户之间通过电话、电传和互联网进行的。

二、即期交割日的确定

凡是交易双方成交后在两个营业日内进行外汇交割的都属于即期外汇交易,这意味着即期外汇交易的交割日有以下三种情况。

(一) 当日交割(Value Today,缩写为 VAL TOD)

即在成交日的当天进行外汇交割,亦称为"T+0"交割。1989年以前在香港做美元兑港元的交易就是当日交割。"T+0"的交割日情况见表2-1。

表2-1 "T+0"的交割日

交易日	星期一	星期二	星期三	星期四	星期五
交割日	星期一	星期二	星期三	星期四	星期五

(二) 隔日交割(Value Tomorrow,缩写为 VAL TOM)

即在成交后的第一个营业日(注意不是成交后的第一天)进行外汇交割,亦称为"T+1"交割。目前在实务中,如果所交易的货币是同一时区的两种货币,如美元与加元,多采用隔日交割。"T+1"的交割日情况见表2-2。

表2-2 "T+1"的交割日

交易日	星期一	星期二	星期三	星期四	星期五
交割日	星期二	星期三	星期四	星期五	下周一

(三) 即期交割(Value Spot,缩写为 VAL SP)

即在成交后的第二个营业日进行外汇交割,亦称为"T+2"交割。这也是一种标准的即期交割日,即在外汇交易实务中,如果没有特别说明,意味着即期外汇交易的交割日都是在成交后的第二个营业日。例如,周一成交的一笔即期外汇交易,正常情况下应在周三进行交割;周二成交的一笔即期外汇交易,正常情况下应在周四进行交割。以此类推,周五成交的一笔即期外汇交易,正常情况下应在下周二进行交割。"T+2"的交割日情况见表2-3。

表2-3 "T+2"的交割日

交易日	星期一	星期二	星期三	星期四	星期五
交割日	星期三	星期四	星期五	下周一	下周二

需要注意的是,如果即期交割期内遇到交割银行休假,则要将交割日往后顺延一个营业日。具体操作时,区分几种不同的情况:

(1) 若成交后的第一个营业日遇交割银行休假,则将交割日往后顺延一个营业日,但美国的交割银行除外。

例如,周一做了一笔英镑兑日元的即期交易,若周二恰逢英国或日本的法定节假日,那么交割日就要延迟到周四,而不是在周三。但如果交易的货币是英镑兑美元,那么即使周二是美国交割银行的休假日,交割日仍为周三。

(2) 成交后的第二个营业日,无论遇到哪国的交割银行休假,都要将交割日往后顺延一个营业日。

例如,周一做了一笔英镑兑美元的即期交易,正常情况下,即期交割日应为周三,若是周三恰逢英国或美国的法定节假日,则交割日延至周四,而无法在周三办理交割。

(3) 若交割货币非交易地货币,那么在交割期内交易地的银行休假不影响交割日。

例如,周一在伦敦进行美元兑日元的交易,即使周二或周三遇到英国的银行休假,交割日仍为周三,因为伦敦只是交易地,而美元和日元的交割是通过在美国的银行和在日本的银行来完成的。

第二节 即期外汇交易的程序

在即期外汇交易市场上,银行同业间的即期外汇交易约占整个即期外汇交易的90%以上。下面以银行间即期外汇交易为例,介绍两种银行间即期外汇交易的基本程序:一种是通过路透交易系统来进行的直接交易;另一种是通过外汇经纪人来进行的间接交易。

一、通过路透交易系统进行的直接交易

对于加入了路透交易系统的各家银行而言,可以借助于路透交易机来进行与其他

银行间的即期外汇交易。一般分为询价、报价、成交、证实、交割等环节。

(一) 询价(Asking Price)

询价是即期外汇交易的起点,即发起即期外汇交易的一方(通常称为询价方)向报价银行询问某种货币的即期汇率。

通常是由询价方交易员通过路透交易机的键盘输入报价行的路透交易系统代号(四个英文字母),呼叫该银行,待叫通后,荧光屏上即开始显示双方对话内容,然后开始询价。

询价时应注意以下问题:

1. 指明交易币种,但不要透露出是想买进还是想卖出

询价方在询价时,要指出准备交易的货币币种(一般是报出非美元的币种),但是不要暴露出是想买进还是想卖出的意图,否则报价方可能会故意抬价或压价。一般询价表示为:

SP JPY PLS

【请问美元/日元的即期汇率报价】

若是通过电话交易,则表示为:"What's your spot USD against JPY, please?"

2. 采用国际标准的三字符货币代码

为了提高外汇市场的交易效率,国际标准化组织对各国货币都规定了一个 ISO 代码,该代码由三个英文字母组成。详见表1-1。

3. 为便于报价方准确报价,询价方通常要报出交易金额

所报交易金额一般为基准货币的金额,通常以100万为基本单位,以"Million"表示,可缩写为"MIO",亦可省略。如:

SP JPY 5 MIO

【表示500万美元兑日元的即期汇率】

SP GBP 5 MIO

【表示500万英镑兑美元的即期汇率】

若要表示报价货币的交易金额则要采用另一种表示方式,如:

SP JPY FOR JPY 5 MIO

【表示500万日元兑美元的即期汇率】

(二) 报价(Quotation)

当报价行接到询价后,要求立即做出报价。报价表示报价方愿意按某种汇率与对方进行外汇交易,它对报价方具有法律约束力。

报价是外汇交易的关键环节,它关系到外汇买卖双方是否能够成交,并直接影响到报价方在外汇市场上的竞争力和风险收益。因此在外汇交易中,报价方的交易员要特别注意报价问题,既要遵守一般的报价惯例,同时也要掌握和运用一些报价技巧。

1. 报价惯例

(1) 采用以美元为中心的报价方法。目前国际外汇市场上普遍采用"单位元"报价法,即以美元作为基准货币,报出1美元等于多少其他货币,如:USD1=CHF0.937 3,

USD1＝JPY101.40，USD1＝CAD1.019 5，USD1＝SGD1.254 7，等等。但是英镑、澳大利亚元、新西兰元、欧元等货币则采用"单位镑"报价法，即以美元作为标价货币，报价为GBP1＝USD1.553 1，EUR1＝USD1.319 7，AUD1＝USD0.943 4，NZD1＝USD0.786 1。

(2) 采用双向报价，通常只需报出汇率的后两位数。

① 所谓"双向报价"，即要同时报出买入汇率和卖出汇率。由于询价方在询价时没有透露交易方向，所以报价方在报价时必须要同时报出买入汇率和卖出汇率。需注意的一点是，报价方所报的买入汇率和卖出汇率都是就基准货币而言，即单位元法报价中，是指报价方买、卖美元的汇率，而在单位镑法报价中，则是指报价方买、卖非美元货币的汇率。

② 汇率一般用5位数字表示，基本单位称为"点"。汇率每变动一个单位，就称该汇率变动了一个点。如USD/CHF汇率由USD1＝CHF1.024 3变为0.937 3，则称USD兑JPY下跌了870点。根据惯例，汇率的最后两位数称为"小数"(Small Figure)，前面三位数称为"大数"(Big Figure)。由于在外汇市场每日的交易中，汇率的小数变化非常活跃，而大数相对稳定，一般交易员对市场汇率的大数都比较清楚，因而在报价时无需过多重复，只需报出汇率的小数(后两位数)即可。

(3) 先报买入汇率、后报卖出汇率，而且买入汇率一般低于卖出汇率。按照惯例，报价方要先报买入汇率、后报卖出汇率。由于报价方在外汇交易中要赚取价差，通常是低价买进、高价卖出，所以报价方报出的两个汇率总是"前小后大"，即买入汇率要低于卖出汇率。

注意：

① 有时为吸引更多的客户、增加交易量，报价方也可能报出差价为零的"任选价"(Choice Price)，即买入汇率与卖出汇率相同。若报价方报出的是"任选价"，则询价方必须接受报价，而不能拒绝成交。

② 在仅报汇率的后两位数时，可能出现"前大后小"的情况，这并不意味着买入汇率要高于卖出汇率，而是意味着卖出汇率的大数要大于买入汇率的大数。如USD/CHF报价为0.939 3/00，斜杠前面的0.939 3为报价方买美元的汇率，斜杠后面的"00"实为"0.940 0"，是报价方卖出美元的汇率，其大数为"0.94"，而非"0.93"。

③ 买卖差价的大小视询价人而定。一般银行同业间的差价较小，通常在1‰—2‰之间；对普通客户的报价价差则较大，通常在2‰—5‰之间。正因如此，所以一般要求询价方在询价时报出交易金额或自报家门，如"Bank of China Calling Spot EUR Please"。

(4) 报价方必须遵守"一言为定"的原则，对所报出的汇率要承担以此汇率成交的责任。在做出报价后，只要询价方表示愿意按报价进行交易，报价方就必须按此报价成交，不得反悔或更改报价。

2. 报价技巧

在外汇交易中，报价是关键。对于询价方而言，报价是否具有吸引力，决定其成交的意愿。报价的吸引力首先取决于买卖差价的大小，买卖差价越小，对询价方越有吸引力。对于报价方而言，应询价方要求报出买卖汇率时，并不知道询价方的交易方向，因此买卖差价实际构成了报价方承担风险的报酬,买卖差价越大,报价方获利的机会越大,但其报价的竞争力就越差,即对询价方的吸引力会越小;买卖差价越小,报价对询价方的吸引力会越大,但是也意味着报价方承担的风险越大,获利减少。故在报价时,报价方需要根据市场条件和自身情况,在盈利机会(差价趋大)和竞争力(差价趋小)之间找到平衡:既要提供富有竞争力的报价来吸引询价方交易,又要通过报价来保护自己,以便在承担风险的同时获取相应的盈利。

在实务操作中,报价方可以运用以下主要技巧。

(1) 根据市场汇率的走势来确定报价的买卖差价。一般而言,当市场汇率走势平稳时,为吸引客户进行交易,可缩小所报的买卖差价;反之,当市场汇率波动频繁且波幅较大时,为避免承担过多的风险,可扩大所报的买卖差价。

例如,USD/CHF 市场汇率为 0.934 0/50,如果报价方预测近期内 USD/CHF 不会有太大的变动,则可通过缩小所报的买卖差价,来吸引客户,以扩大交易量,如可报 "0.934 4/48",从而使得买入价和卖出价都比市场价优惠。如果报价方觉得市场风险太大,不希望成交,则可扩大所报的买卖差价,如可报"0.933 5/55",从而使买价和卖价都比市场价差,难以吸引客户成交。

(2) 根据汇率变化方向确定报价与市场汇率的差价。汇率的变化方向主要是指上升或下跌,当报价方认为汇率将上升时,可使报价略高于市场汇率(一般指市场上上一笔交易的成交价或市场上核心成员的买价或卖价),以吸引询价方卖出,从而获得低价位头寸;反之,当报价方认为汇率将下跌时,可使报价略低于市场汇率,以吸引询价方买入,从而抛出高价位头寸。

例如,USD/CHF 的市场汇率为 0.934 0/50,若报价方认为 USD/CHF 将上升,希望大量买入 USD,那么可报"0.934 5/55",使得买价比市场汇率优惠,吸引询价方按 0.934 5 将 USD 卖给报价方,可比市场价高出 5 个点,而这个价比报价方在市场上买入 USD(0.935 0)要低 5 个点。反之,若报价方认为 USD/CHF 将下跌,希望大量卖出 USD,则可报"0.933 5/45",使得卖价比市场汇率低 5 个点,从而吸引询价方按 0.934 5 与报价方成交。而对于报价方而言,卖出 USD 的价位是 0.934 5,比在市场上卖出要高出 5 个点。

(3) 根据所持有的外汇头寸状况确定报价。报价方在报价时,除了可运用以上所述技巧外,还需要根据自身所持有的外汇头寸状况来确定报价。一般而言,当持有外汇多头头寸时,应尽量卖出一部分多头外汇,以避免外汇汇率下跌而遭受损失,因此报价时可使买价和卖价略低于市场价;反之,若是持有外汇空头头寸,则应尽量买进一部分空头外汇,以避免外汇汇率上升而遭受损失,因此报价时可使买价和卖价略高于市场价。

除此之外,报价员还应根据国际经济、政治及军事最新动态的变化调整报价。因为交易货币所在国家及西方主要国家(如美国、日本、德国、英国等)的经济繁荣或萎缩、财政的盈余或赤字、国际收支的顺差或逆差、政治军事动荡与稳定等,都会引起外汇行市的动荡不安,所以报价员在进行报价时必须时刻关注并以此调节本行的报价。

(三) 成交(Done)或放弃(Nothing)

按照外汇市场交易惯例,通常要求询价方在接到报价后的数秒钟内做出是否成交的表示,而不能待价太久,否则报价方马上就会以"My Risk"来取消报价。如果询价方还想交易的话,就必须重新询价,可用"ANY CH(Change)"询问新的报价。

1. 询价方对报价满意的处理

若询价方对报价满意,则要在数秒钟内做出成交的表示,即告知交易方向。

通常以 Buy、Take、Mine 等表示买入,以 Sell、Give、Yours 等表示卖出。还有一种更为简单的表示交易方向的方法,即以报价方的报价来表示交易方向:用报价方的买价来表示卖出;用报价方的卖价来表示买入。注意:此处的交易方向都是就基准货币而言。

2. 询价方对报价不满意的处理

若询价方对报价不满意,则可能会出现两种情况:

(1) 对报价不满意,但希望报价方再重新报一次价。可以先用"My Risk"来表示原来的报价不再有效,并在数秒钟内用"ANY CH"请求报价方再次重新报价。

(2) 对报价不满意,并且不想重新询价。可用"TKS NTH"或"SORI NTH"表示谢绝成交,即放弃交易。

(四) 证实(Confirmation)

由于上述的询价、报价和成交都是在快速而简捷的过程中进行的,大量使用了缩写和行话,不利于日后的清算工作和查询,因此在报价方做出交易承诺之后(通常是回答"Ok Done"或"Agreed"),交易双方还必须将交易的详细内容,进行一次完整的重复叙述。

证实的内容必须包括以下五个方面,缺一不可。

1. 交易汇率

在报价中通常只报了汇率后两位数,为避免日后交割时在汇率的前三位大数上出现不必要的纠纷,所以在证实中必须将大数和小数全部列明,而不能只列小数。

2. 交易币种

必须清楚表明交易中买入了何种货币、卖出了何种货币。通常由报价行单方面表述即可。

3. 交易金额

需明确是哪一种货币的交易金额。

4. 起息日

详细说明起息日的年、月、日。

5. 银行账户

交易双方把各自买入货币所存入的银行账户告知对方,便于对方办理货币的转账。

【例 2-1】 2013 年 6 月 10 日 A 银行(询价行)与 B 银行(报价行)通过路透交易机进行一笔即期外汇交易。

A: SP CHF 5 MIO PLS

【请问 500 万美元/瑞士法郎的即期汇率报价】

B：86/89

【86/89】

A：86

【我卖出美元】

B：OK Done. At 0.938 6 I Buy USD 5 MIO AG CHF VAL Jun 12, 2013 My USD to B Bank NY for A/C 1 234 567 TKS N BI

【同意成交。在 0.938 6 的价位上我买进 500 万美元卖出瑞士法郎，起息日 2013 年 6 月 12 日，我的美元请划入我行纽约分行，账号 1234567，谢谢，再见】

A：OK Agreed. My CHF to A Bank Zurich for A/C 7654321 TKS for the Deal N BI

【同意证实内容。我的瑞士法郎请转入我行苏黎世分行，账号 7654321，谢谢你的交易，再见】

(五) 交割(Deliver)

这是即期外汇交易的最后一个环节，即在交易双方交易员将交易的文字记录交给交易后台后，由后者在交割日根据交易要求，将自己所卖出的货币划入对方所指定的银行账户。

阅 读 链 接

中国四家银行将用路透交易系统进行外汇交易

中国四家最大的银行 2006 年 2 月 20 日签订协议，将通过路透的电子交易系统来进行外汇交易。该协议将使之获得路透全球"交易商-交易商"外汇交易系统的大约 40 对交易货币的及时行情。

根据协议，中国银行(Bank of China)、交通银行(Bank of Communications)、中国建设银行(China Construction Bank)和中国工商银行(Industrial and Commercial Bank of China)获得路透全球"交易商-交易商"交易系统的大约 40 对货币的交易及时行情。此前，中国国内银行只能通过中国外汇交易系统的"交易商-银行"交易平台进行非人民币货币对的外汇交易。该交易平台最多只有十个做市商且流动性远不及路透的全球交易系统。

此举措是美国国会对中国汇率问题不断升级的不满的一种回应。美国财政部长斯诺(John Snow) 2 月初暗示，美国财政部可能将在其贸易和外汇的最新报告中正式指控中国为"外汇操纵国"。美国交易部(US Department of Trade)称，在 2005 年美国同中国的双边贸易赤字增长 24.5%，至 2 016 亿美元时，中国已经同意自 2005 年 7 月将人民币对美元汇率上调 2.1%后，再将人民币升值 0.8%。

20 日的举措也可看为中国朝人民币汇率自由化迈出的另一小步，这也使中国对其国内银行的外汇交易的控制有所放松。外汇分析师称，"这显示汇率市场正在进一步开放，中国可以说'不要再抱怨了，我们正在按我们自己步骤前进'"。

> 然而,同时有迹象显示中国的银行和出口商还没有对一天可能达到1‰变化的人民币汇率做好准备。FX Strategy 的全球总裁 Tony Norfield 称,周一(20日)中国国内的远期外汇交易市场只成交了5笔生意,即便如此,这也比过去活跃多了。Norfield 称,"5笔已经是相当高的数字了,许多时间只有一两笔成交,中国的国内银行系统还很不成熟"。
>
> 12个月的离岸非交割的人民币远期汇率为7.6955,较20日的汇率8.0475升值了4.4‰。在这种情况下,有成千上万的中国出口商希望能规避远期外汇风险。
>
> (资料来源:http://finance.sina.com.cn,2006年2月21日,世华财讯,许娜编译)

二、通过外汇经纪人进行的间接交易

外汇经纪人(FX Broker)亦称外汇经纪商,是指介绍客户进行外汇交易的中介人。其本身并不买卖外汇,只是连接外汇买卖双方,促成交易。外汇经纪人的收入是靠收取外汇买卖点差和手续费来获得的,他们自身不承担交易风险。

通过外汇经纪人来进行的银行间即期外汇交易,主要采用两种方式。

(一) 银行向经纪人询价

银行根据自己的需要或客户的需要,通过路透交易机、电传或电话,直接呼叫经纪人请其报价。在得到经纪人报价后,银行若觉得合适,当即拍板决定买入或卖出某种外汇及其金额,交易便告成功。之后,经纪人通知该银行,此笔交易的交易对手是谁,双方相互交付货币,经纪人开出佣金收取通知书。一般情况下,经纪人对购买行报出的汇率会高于出售者对其报出的汇率,差额就是经纪人的佣金。

(二) 经纪人主动报价

通常外汇经纪人是根据上一个市场的收市价和银行客户的订单,主动频繁地向各家外汇银行报价,一旦银行觉得经纪人的报价对自己有利或符合自己的某种需要,便表示买入或卖出。因此,经纪人报价都是实价,是以银行和客户的订单为依据的。具体操作:银行或客户订下买卖基准,通过电话、电传或计算机系统(AMS)等把订单交给经纪人;经纪人从已经收到的一系列报价中,选出最高买价和最低卖价匹配起来,组成一种交易价差最小的综合性双向报价,它可能由不同银行的买卖价构成,然后经纪人向其客户通报这种综合报价,这种报价是市场上最好的价格,也是最具竞争力的报价。

通过经纪人达成外汇交易的最大优点是,可以使交易双方处于匿名状态并得到最好的成交价格。首先,双方银行可以保持匿名状态。对大银行而言,买卖外汇的数量一般都很大,其交易往往影响甚至决定着外汇市场上汇率的走势;而就小银行而言,如果直接进入银行间市场进行交易,由于竞争力不强,往往得不到对自己有利的汇率。其次,各银行都将自己的汇率报给经纪人,而经纪人通常是将最高买价和最低卖价组合成报价,所以从经纪人那里得到的汇率应是当时市场上最好的汇率。同时,通过经纪人成交还省去了分别向其他各银行询价比较的时间,降低了交易成本。

第三节 交叉汇率的计算

由于在外汇市场上采用的是以美元为中心的报价方法,如果交易双方买卖的是非美元币种,如欧元兑英镑、日元兑瑞士法郎、港元兑欧元等,就需要以美元为中介来进行汇率的套算。这种以美元(第三种货币)为中介而推算出来的另两种非美元货币的汇率即为交叉汇率(Cross Rate)或套算汇率。交叉汇率的计算可以分为以下三种情况。

一、两个已知汇率均采用单位元法标价

两个已知汇率均采用的是单位元法,即在两个已知汇率中美元均为基准货币,计算两种标价货币的交叉汇率采用交叉相除。所谓交叉相除,即要用两个已知汇率中的买价与卖价分别相除,被除数为交叉汇率中的标价货币的汇率,除数为交叉汇率中的基准货币的汇率。商小的为交叉汇率的买价、商大的为交叉汇率的卖价。

【例2-2】 已知 USD/CHF=0.923 5/40,USD/HKD=7.754 9/56,计算 CHF/HKD 的交叉汇率。

解:两个已知汇率均采用的是单位元法,交叉汇率的计算要采用交叉相除。在要求计算的 CHF/HKD 交叉汇率中,CHF 为基准货币,HKD 为标价货币,所以计算交叉汇率时要用 USD/HKD 的买价和卖价分别除以 USD/CHF 的卖价和买价。商小的为交叉汇率的买价、商大的为交叉汇率的卖价。结果如下:

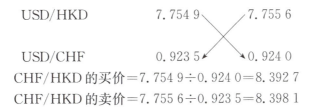

CHF/HKD 的买价=7.754 9÷0.924 0=8.392 7
CHF/HKD 的卖价=7.755 6÷0.923 5=8.398 1

答:CHF/HKD 的交叉汇率为 8.392 7/81。

二、两个已知汇率均采用单位镑法标价

两个已知汇率均采用的是单位镑法,即在两个已知汇率中美元均为标价货币,计算两种基准货币的交叉汇率采用交叉相除。所谓交叉相除,还是要用两个已知汇率中的买价与卖价分别相除,被除数为交叉汇率中基准货币的汇率,除数为交叉汇率中标价货币的汇率。商小的为交叉汇率的买价、商大的为交叉汇率的卖价。

【例2-3】 已知 GBP/USD=1.548 7/90,AUD/USD=1.033 5/38,计算 GBP/AUD 的交叉汇率。

解:两个已知汇率均采用的是单位镑法,交叉汇率的计算要采用交叉相除。在要

求计算的 GBP/AUD 交叉汇率中,GBP 为基准货币,AUD 为标价货币,所以计算交叉汇率时要用 GBP/USD 的买价和卖价分别除以 AUD/USD 的卖价和买价。商小的为交叉汇率的买价、商大的为交叉汇率的卖价。结果如下:

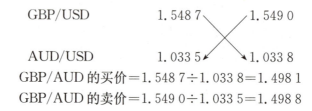

GBP/AUD 的买价＝1.548 7÷1.033 8＝1.498 1
GBP/AUD 的卖价＝1.549 0÷1.033 5＝1.498 8

答:GBP/AUD 的交叉汇率为 1.498 1/88。

三、两个已知汇率采用不同的标价法

在已知的两个汇率中,一个采用单位元法标价,另一个采用单位镑法标价,即美元在一个汇率中为基准货币、在另一个汇率中为标价货币,计算交叉汇率采用同边相乘,即买价与买价相乘、卖价与卖价相乘。

【例 2-4】 已知 USD/CHF＝0.923 5/40,GBP/USD＝1.548 7/90,计算 GBP/CHF 的交叉汇率。

解:在已知的两个汇率中,USD/CHF 汇率采用的是单位元法,而 GBP/USD 的汇率采用的是单位镑法,计算 GBP/CHF 的交叉汇率采用同边相乘,即用 GBP/USD 汇率的买价乘以 USD/CHF 汇率的买价得到 GBP/CHF 的交叉汇率买价、用 GBP/USD 汇率的卖价乘以 USD/CHF 汇率的卖价得到 GBP/CHF 的交叉汇率卖价。结果如下:

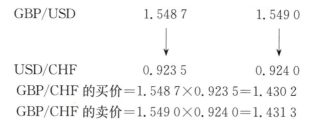

GBP/CHF 的买价＝1.548 7×0.923 5＝1.430 2
GBP/CHF 的卖价＝1.549 0×0.924 0＝1.431 3

答:GBP/CHF 的交叉汇率为 1.430 2/13。

第四节 即期外汇交易的运用

一、一般客户满足货币兑换需要

一般客户是指除银行以外的所有公司、企业和个人,包括进出口商、投资者、投机者、套汇者等所有外汇交易者。这些客户参与即期外汇业务主要是为了满足因进出口

和国际劳务活动、对外直接投资和间接投资而引起的货币兑换需求,具体而言,涉及进出口商的贸易结算、跨国公司资金的国际流动、跨国公司和其他经济实体为防范汇率风险的外汇抛补以及个人外汇买卖兑换的需要等。

由于上述经济活动,客户经常需要将一种货币兑换成另一种货币,这就会引起客户与银行之间的即期外汇交易。例如,某进出口公司根据商务合同的要求,需要对外支付美元,可以通过即期交易,向银行卖出人民币、买入美元,以满足对外支付美元的需求。又如,某投资公司从国外收到一笔欧元投资收入,通过即期外汇交易将欧元卖给银行,换成人民币收入。

二、银行平衡外汇头寸

在外汇业务中,对于银行来讲,由于客户买进的外汇金额与卖出的外汇金额不可能完全相等,这就会导致银行的外汇买卖余额不相等,出现超买或超卖的情况。银行在外汇业务经营中,经常会出现外汇买进数量和外汇卖出数量不相等的情况,形成敞口头寸(Open Position)。所谓敞口头寸,是指由于没有及时抵补而形成的某种货币买入过多或某种货币卖出过多。前者形成"多头头寸"(Long Position),后者形成"空头头寸"(Short Position)。无论是多头头寸还是空头头寸,敞口头寸都会暴露在汇率波动的风险之中。因此,外汇银行在外汇业务经营中必须就其所持有的外汇头寸状况随时根据市场汇率的变动而做出相应调整,尽量使得敞口头寸为零,即尽可能保持外汇头寸的平衡状态:若出现某种货币的多头头寸,就要尽快将超买部分在即期外汇市场抛出;若面临某种货币的空头头寸,就要尽快将超卖部分在即期外汇市场补进。

【例2-5】 某外汇银行在一天之内做了6笔EUR/USD的即期交易。交易情况如下:

买入 EUR 2 000 000 汇率 1.327 2
买入 EUR 4 000 000 汇率 1.327 5
卖出 EUR 2 000 000 汇率 1.329 3
卖出 EUR 3 000 000 汇率 1.329 5
买入 EUR 3 000 000 汇率 1.328 8
卖出 EUR 3 000 000 汇率 1.329 6

问:若该行以外汇市场收盘汇率1.327 3/77来平衡头寸,其盈亏状况如何?

分析:收盘时该行的外汇头寸情况如表2-4所示。

表2-4 外汇头寸表

EUR		汇率	USD	
买入	卖出	(EUR/USD)	买入	卖出
2 000 000		1.327 2		2 654 400
4 000 000		1.327 5		5 310 000

续表

	EUR		汇率	USD	
	买 入	卖 出	(EUR/USD)	买 入	卖 出
		2 000 000	1.329 3	2 658 600	
		3 000 000	1.329 5	3 988 500	
	3 000 000		1.328 8		3 986 400
		3 000 000	1.329 6	3 988 800	
合计	9 000 000	8 000 000		10 635 900	11 950 800
	多头 1 000 000				空头 1 314 900

由表2-4可见,收盘时该行的外汇头寸为:EUR多头100万,美元空头131.49万。为避免EUR汇率下跌而给100万的EUR多头带来损失,该行应尽快将EUR多头抛出而补进USD空头。以市场收盘汇率1.327 3/77平盘,EUR100万相当于USD132.73万(=1 000 000×1.327 3)。因此,以美元计价,抛售100万EUR多头可获利1.24万USD。

三、套汇

套汇(Arbitrage)是指利用同一种货币在不同外汇市场、不同交割时间上的汇率差异进行低买高卖,从中套取差价利润的一种交易活动。利用同一种货币在不同外汇市场上的汇率差异而进行的套汇称为地点套汇;利用同一种货币在不同交割时间上的汇率差异而进行的套汇称为时间套汇。通常所说的套汇是指地点套汇,包括直接套汇和间接套汇。

(一) 直接套汇(Direct Arbitrage)

所谓直接套汇,是指利用两个不同外汇市场上某种货币之间的汇率差异,进行低买高卖以赚取汇差收益的行为。又称为"两地套汇"或"两角套汇"。

【例2-6】 某日外汇市场行情如下:

伦敦市场　GBP1=USD1.625 0/60
纽约市场　GBP1=USD1.628 0/90

问:在伦敦市场和纽约市场能否套汇获利?

分析:在两地市场上,我们可以直接判断出在伦敦市场上的GBP/USD汇率要相对低于纽约市场上的GBP/USD汇率,因此可通过在伦敦市场上买进GBP(GBP1=USD1.626 0),再在纽约市场上卖出GBP(GBP1=USD1.628 0)来从中获取汇差收益。不考虑其他费用的情况下,1英镑可获利0.002美元。

(二) 间接套汇(Indirect Arbitrage)

所谓间接套汇,是指利用三个或三个以上外汇市场上某种货币的汇率差异,进行低买高卖以赚取汇差收益的行为。常见的为"三地套汇"或"三角套汇"。

【例2-7】 某日市场行情如下：

$$东京市场：USD/JPY=100.50/60$$
$$纽约市场：GBP/USD=1.6320/30$$
$$伦敦市场：GBP/JPY=165.10/20$$

三地套汇中，首先需要判断在三个外汇市场上是否存在汇差。若不存在汇差，则无套汇获利的机会。判断三地市场上是否存在汇差，可以采用以下两种不同的方法。

1. 连乘法

首先将三个市场上的汇率都转换成同一种标价方法（直接标价法或间接标价法），然后采用连续相乘，根据连乘结果来判断市场是否存在汇差。如果连乘结果等于1，说明市场不存在汇差；反之，则意味着三地市场上存在汇差，可以进行三地套汇。

如在上例中，先将东京市场、纽约市场和伦敦市场上的汇率都变成同一种标价方法，鉴于东京市场和纽约市场都是直接标价法，为减少计算量，只需将伦敦市场上的汇率转换成直接标价法，即表示成：JPY/GBP=1/165.20—1/165.10，然后根据三个市场上的汇率（就买价来看）列出连乘式，可得：

$$100.50\times\frac{1}{165.20}\times1.6320=0.9928 \qquad (2-1)$$

从式(2-1)可知，连乘结果不等于1，说明市场存在汇差，可以进行三地套汇。但是如果按照式(2-1)所反映的套汇顺序（先在东京市场卖美元买日元，再在伦敦市场卖日元买英镑，最后在纽约市场卖英镑买美元）来套汇的话，则会出现损失，即先在价低的市场上卖出了美元，然后在价高的市场上买进了美元，必亏无疑。因此，应该将套汇顺序做一调整，即先从纽约市场卖美元买英镑，再在伦敦市场卖英镑买日元，最后在东京市场卖日元买美元，按此套汇顺序可得连乘式：

$$\frac{1}{1.6330}\times165.10\times\frac{1}{100.60}=1.004993 \qquad (2-2)$$

式(2-2)说明按此顺序在三地市场套汇，1美元可获利0.004993美元（不考虑其他费用的情况下）。

2. 套算汇率法

在三个市场中选择其中一个作为基本市场，然后根据另外两个市场套算出交叉汇率，再将套算出的交叉汇率与基本市场的汇率进行比较，若套算出的交叉汇率与基本市场的汇率相同，说明市场不存在汇差，不可套汇；若不同，说明市场存在汇差，可进行三地套汇，并且可直接选择在汇率高的市场上卖出某种货币，然后再从汇率低的市场买进该货币，以获取汇差收益。

在【例2-7】中，若以东京市场为基本市场，则可根据纽约市场和伦敦市场上的汇率套算出：USD/JPY=101.10/23。与东京市场上USD/JPY=100.50/60相比，USD/JPY的套算汇率更高，因此若以美元进行套汇，那就应先在纽约市场上卖美元买英镑，再在伦敦市场上卖英镑买日元,最后在纽约市场上卖日元买美元,最终 1 美元可获利 0.004 993 美元(不考虑其他费用的情况下)。

四、投机

利用即期外汇交易还可进行外汇投机。即根据对未来市场汇率变动的预测,通过低买高卖即期外汇来获得汇差收益。现汇投机可采用以下两种做法。

(一) 做多头

预测某种货币即期汇率将上升时,可先在即期外汇市场买进该种货币现汇,等到市场即期汇率出现上涨时,再将该货币以市场即期汇率出售,从中获取汇差收益。

【例 2-8】 当前外汇市场上 AUD/USD 的汇率是 0.946 6/68。在澳大利亚公布 6 月西太平洋/墨尔本消费者信心指数升至 102.2 后,澳大利亚消费者信心大为好转,提振澳元兑美元快速走高。目前汇价逼近 5 日均线及 0.95 关口,短线若能有效升破并站稳,有望暂缓近期的持续下行态势。某投机者于是以 0.946 8 的汇价买入 1 000 000 澳元。

若 AUD/USD 汇率升至 0.952 5/29,该投机者可以 0.952 5 卖出 AUD,在不考虑其他费用的情况下获利为:

$$(0.952\ 5 - 0.946\ 8) \times 1\ 000\ 000 = 5\ 700 (USD)$$

(二) 做空头

预测某种货币即期汇率将下跌时,可先在即期外汇市场卖出该种货币现汇,等到市场即期汇率出现下跌时,再以低价买进该货币现汇,从中获取汇差收益。

【例 2-9】 当前外汇市场上 USD/JPY 汇率为 96.51/55。鉴于有关美联储逐步减少资产购买的争论不断,而日本央行将继续保持宽松货币政策以实现经济中的通胀,市场预期日元/美元或有可能进一步下跌。于是某投机者以 96.55 的汇价卖空日元 12 500 000。若 USD/JPY 变为 99.10/13,该投机者可以 99.10 补进日元,在不考虑其他费用的情况下获利为:

$$\frac{12\ 500\ 000}{96.55} - \frac{12\ 500\ 000}{99.10} = 3\ 331.38 (USD)$$

> **阅读链接**
>
> **"安倍交易"索罗斯狂赚 10 亿 借 QE 各国开打"货币战争"**
>
> "我们把做空日元潮,称为安倍交易。"一位宏观经济型对冲基金经理调侃道。他所说的安倍交易,即去年年底安倍晋三当选日本首相后,推出的将通胀目标提高至 2%,以及 2014 年实施开放式购债等量化宽松货币政策,引发索罗斯基金、绿光资本、Third Point 等全球大型对冲基金集体押注日元贬值,其中索罗斯基金过去 4 个月通

过做空日元赚取近10亿美元。尝到甜头后,这些对冲基金意犹未尽——虽然上周G20财长会议声明强调抑制竞争性货币贬值,他们却已瞄准下一个做空对象——英镑。

上述对冲基金经理指出,尽管没人愿意承认自己正投身一场各国货币竞相贬值的"战争",但每家对冲基金都渴望从中赚取超额收益。

索罗斯基金做空日元

索罗斯基金做空日元狂赚10亿美元引起同行们的"羡慕嫉妒恨",其幕后操盘手亦迅速浮出水面。一位接近索罗斯基金的人士透露,主导做空日元的,正是索罗斯基金管理公司(SFM)首席投资官Scott Bessent。

"上任初期,他便预测日元会贬值。"上述人士称,当时9级地震引发日本调整核能产业,转而进口大量原油用于发电,Bessent认为日本原油进口激增,必将令其经常账户从盈余转为赤字。此前日本贸易顺差数据是支撑日元坚挺的重要因素。但在安倍晋三当选日本首相前,日元汇率受益于"避险货币概念"而异常坚挺,Bessent一直在等待最佳的做空机会。去年10月他前往日本调研,在得知"渴望"日元进一步量化宽松的人当选首相几率最大后,他开始押注日元贬值。

"其实绿光资本、Third Point 等也在同一时期做空日元。"上述人士透露,不过Bessent前往日本除了印证日元大幅贬值概率的高低,也在寻找自身做空日元的对手盘。当他发现大量日本资金从澳元高息资产撤回国内时,感觉"对手盘"已经来临。考虑到索罗斯基金大手笔做空日元会引发日本金融监管部门"注意",Bessent的主要策略是通过日元利差交易放大杠杆融资,大量买进押注日元贬值与日股上涨的衍生品投资组合。前述人士透露,Bessent主要做空的日元头寸,集中在执行价格为90—95区间的日元看跌期权,并以杠杆融资买涨日股作为"掩护"。

截至2月20日18点,美元/日元汇率逼近93.35,过去四个月涨幅接近20%,令索罗斯基金今年以来投资收益率接近5%。按其240亿美元资产测算,总收益接近12亿美元。前述人士指出,其中还包括索罗斯基金去年四季度减持60万股SPDR黄金信托ETF的投资收益。记者了解到,减持黄金ETF同样是索罗斯基金做空日元的一项步骤。一旦各国央行决定联手抑制日元过度贬值,引发各家银行提高日元空头头寸的保证金额度,从黄金ETF套现的资金能确保索罗斯基金延续做空日元的庞大头寸。

英镑——下一个做空目标

美国商品期货交易委员会(CFTC)最新数据显示,截至2月12日当周,IMM外汇投机客的英镑净空头头寸增至16 776口(62 500英镑为1口),是2012年6月以来的最高值。做空英镑投机潮涌的主要原因,是英国经济增长面临衰退风险、惠誉标普开始威胁降低英国信用评级,让国际大型对冲基金经理们纷纷预期即将在7月上任的英国央行行长马克·卡尼(Mark Carney)将力推英镑量化宽松。

上述对冲基金经理表示,对冲基金针对英镑宽松政策而掀起沽空英镑潮,也有一个新名称——卡尼交易。只是,相比对冲基金可以借助日元利差交易隐藏做空日元

> 意图,对冲基金做空英镑必然面临欧洲金融监管部门对内幕交易及持仓限制的严格监管。目前除了投机客直接在外汇市场建立英镑空头头寸,包括索罗斯基金在内的全球主要对冲基金将采取减持英国国债、买进押注英国国债收益率上涨的衍生品等方式变相做空英镑。
>
> "如果各国央行不对各国货币借量化宽松而竞争性贬值的行为进行干预,对冲基金沽空英镑的力量不会低于沽空日元。"他直言,目前索罗斯基金投资日本市场的资金仅占其全球组合的10%,在欧洲市场的投资比重则接近20%—30%。
>
> (资料来源:陈植,《21世纪经济报道》,2013-02-21)

第五节 我国银行间外汇市场上的人民币外汇即期交易

一、产品定义

人民币外汇即期交易指银行间外汇市场会员以约定的外汇币种、金额、汇率,在成交日后第2个工作日或第2个工作日以内交割的外汇对人民币的交易。

中国人民银行授权中国外汇交易中心于每个工作日上午9:15对外公布当日人民币对美元、欧元、日元、英镑和港币中间价,作为当日银行间外汇市场以及银行柜台交易即期汇率的中间价。

人民币兑美元汇率中间价的形成方式是:中国外汇交易中心于每日银行间外汇市场开盘前向所有人民币外汇市场做市商询价,并将全部做市商报价作为人民币兑美元汇率中间价的计算样本,去掉最高和最低报价后,将剩余做市商报价加权平均,得到当日人民币兑美元汇率中间价,权重由中国外汇交易中心根据报价方在银行间外汇市场的交易量及报价情况等指标综合确定。

人民币兑欧元、日元、英镑、港币、澳元、加元等汇率中间价由中国外汇交易中心分别根据当日人民币兑美元中间价与上午9时国际外汇市场欧元、日元、英镑、港元、澳元、加元等货币兑美元汇率套算确定。

目前我国银行间市场上人民币外汇即期交易的币种包括:USD、HKD、JPY、EUR、GBP、MYR、RUB、AUD、CAD。

二、交易方式

目前我国银行间市场上人民币外汇即期交易可采用竞价交易和询价交易两种方式。

竞价交易(Anonymous)也称匿名交易,指交易双方通过外汇交易系统匿名报价,系统按照"价格优先、时间优先"的原则进行匹配,达成交易,交易达成后双方通过集中清算模式进行清算的交易模式。

询价交易(Bilateral)指有双边授信关系的交易双方,通过外汇交易系统双边直接协商交易要素达成交易,交易达成后通过双边清算模式或其他模式进行清算的交易模式。

三、清算方式

与即期交易的两种方式相对应,目前我国银行间市场上人民币外汇即期交易的清算方式也采用了两种方式:竞价交易采用集中清算,询价交易采用双边清算。

集中清算(Centralized Settlement)指外汇交易达成后,第三方作为中央清算对手方分别向交易双方独立进行资金清算。在银行间外汇市场的竞价交易模式中(包括人民币外汇交易和外币对交易),中国外汇交易中心作为中央清算对手方与交易双方按集中清算模式进行资金清算。

双边清算(Bilateral Settlement)指外汇交易达成后,由交易双方按交易要素直接进行资金清算。

【例2-10】 2013年9月16日,机构A和机构B达成一笔美元兑人民币即期交易,机构A以6.121 2的价格向机构B买入USD10 000。

双边清算:

2013年9月18日,机构A向机构B支付CNY61 212,同时机构B向机构A支付USD10 000。

集中清算:

2013年9月18日,机构A向中央清算对手方支付CNY 61 212,同时中央清算对手方向机构A支付USD10 000;机构B向中央清算对手方支付USD10 000,同时中央清算对手方向机构A支付CNY61 212。

四、准入资格

符合相关资格条件、向交易中心提交书面申请,获得批准并完成备案(如需)的银行、非银行金融机构或非金融企业,具有人民币外汇即期交易资格。

相关资格条件如下:

(一) 银行

经中国银监会批准设立,具有外汇业务经营权的银行及其分支机构,可向中国外汇交易中心(以下简称"交易中心")申请人民币外汇即期会员资格,进入银行间即期外汇市场交易。

(二) 非银行金融机构

非银行金融机构符合以下条件的,可以向交易中心申请人民币外汇即期会员资格,进入银行间即期外汇市场交易:

(1) 具有主管部门批准的外汇业务经营资格;

(2) 具有经国家外汇管理局批准的结售汇业务经营资格;

(3) 财务公司本外币注册资本金或营运资金之合不低于等值 5 亿元人民币；
(4) 保险公司注册资本金不低于 10 亿元人民币或等值外汇，证券公司、信托公司、财务公司等注册资本金不低于 5 亿元人民币或等值外汇，基金管理公司注册资本金不低于 1.5 亿元人民币或等值外汇；
(5) 具有 2 名以上从事外汇交易的专业人员；
(6) 具备与银行间外汇市场联网的电子交易系统；
(7) 自申请日起前两年内没有重大违反外汇管理法规行为；
(8) 国家外汇管理局规定的其他条件。

（三）非金融企业

非金融企业符合以下条件的，可以向交易中心申请人民币外汇即期会员资格，进入银行间即期外汇市场交易：
(1) 上年度经常项目跨境外汇收支 25 亿美元或者货物贸易进出口总额 20 亿美元以上；
(2) 具有 2 名以上从事外汇交易的专业人员；
(3) 具备与银行间外汇市场联网的电子交易系统；
(4) 自申请日起前两年内没有重大违反外汇管理法规行为；
(5) 国家外汇管理局规定的其他条件。

（四）需集中办理集团内部成员资金入市的非银行金融机构集团

(1) 对于需集中办理集团内部成员资金入市交易的非银行金融机构集团，其注册资本金按集团境内所有成员汇总计算，由集团一级法人或其授权机构统一申请银行间即期外汇市场会员资格。
(2) 对于集团不统一申请即期外汇市场会员资格的非银行金融机构，可独立申请银行间即期外汇市场会员资格，但不得为集团内其他成员办理入市交易。

（五）需集中办理集团内部成员资金入市的非金融企业集团

(1) 对于需集中办理集团内部成员资金入市交易且没有下设财务公司的非金融企业集团，应对集团内部外汇资金实行集中管理，其贸易总额和经常项目跨境外汇收支规模按集团境内所有成员汇总计算，由集团公司一级法人统一申请银行间即期外汇市场会员资格；
(2) 对于下设财务公司的非金融企业集团，应由财务公司申请会员资格，入市资格条件和申请程序按非银行金融机构办理，集团内部成员资金入市交易均由财务公司集中办理，集团公司不得重复申请银行间即期外汇市场会员资格。

阅读链接

银行间外汇市场人民币外汇即期交易规则

第一章　总则

第一条　为规范银行间外汇市场人民币外汇即期交易秩序，维护人民币外汇即期市场会员(以下简称"会员")的合法权益,根据《中华人民共和国外汇管理条例》、《银行间外汇市场管理暂行规定》(银发〔1996〕423号)及《中国人民银行关于加快发展外汇市场有关问题的通知》(银发〔2005〕202号,以下简称《通知》)等法规,制定本交易规则(以下简称"本规则")。

第二条 人民币外汇即期交易(以下简称"即期交易")指会员以约定的外汇币种、金额、汇率,在成交日后第二个工作日或第二个工作日以内交割的外汇对人民币的交易。

第三条 银行间外汇市场实行会员制管理,中国外汇交易中心(以下简称"交易中心")为会员之间的即期交易提供电子交易系统(以下简称"交易系统")和其他相关服务。

第二章 会员资格

第四条 本规则所称会员指符合相关条件、向交易中心提交书面申请,获得批准,可在交易中心提供的交易系统内从事即期交易的银行、非银行金融机构或非金融企业。

第五条 依法设立、具有主管部门批准的外汇业务经营资格的银行及其分支机构可向交易中心提出会员资格申请。

第六条 符合《通知》第一条相关条件的非金融企业和非银行金融机构可按《通知》规定的程序向交易中心提出会员资格申请。

第七条 会员应遵守银行间外汇市场其他有关规定。

第三章 交易要素

第八条 银行间外汇市场即期交易每周一至周五开市,周六、周日及其他中国境内法定假日不开市。

第九条 会员应授权经交易中心培训并获得资格证书的交易员代表其在交易系统内从事即期交易活动,并对该交易员的行为负责。

第十条 交易员应遵守交易系统的有关规定,自觉维护市场秩序。对违反规定的交易员,依其情节不同,交易中心有权给予口头警告、书面通报、直至取消其交易员资格的处分。

第十一条 会员应配备与银行间外汇市场联网的电子交易系统。

第十二条 会员如因设备或通信线路故障等原因,无法正常交易或生成成交单,可按照《银行间外汇即期交易系统应急方案》进行应急交易。

第十三条 如遇不可抗力,交易中心报主管机构备案后可宣布全部或部分暂停交易。

第十四条 会员可通过交易中心的交易系统进行竞价交易或询价交易。

第四章 竞价交易

第十五条 竞价交易采取分别报价、撮合成交方式。交易系统对买入报价和卖出报价分别排序,按照价格优先、时间优先的原则撮合成交。

(一)当买入报价和卖出报价相同时,成交价即为买入价或卖出价。

（二）当买入价高于卖出价时，成交价为买入价和卖出价中报价时间较早的一方所报的价格。

（三）当两笔报价中一笔为市价时，以有价格的一方的报价为成交价。

（四）当两笔报价均为市价时，以前一笔最新成交价为成交价。

（五）当一笔报价成交了部分金额，剩余的金额继续参加撮合排序。

第十六条　交易员应在规定的价格浮动范围内进行报价。

第十七条　竞价交易达成后，交易系统生成的即期竞价交易成交单、结算清单等同于成交合同，具有法律约束力。

第十八条　竞价交易的资金清算

（一）竞价交易通过交易中心集中清算。用于清算的外汇和人民币资金应在规定的时间内办理交割入账。

（二）外汇资金清算通过境外商业银行办理，人民币资金清算通过中国人民银行的"中国现代化支付系统"办理。

（三）清算资金迟延到账的，交易中心有权提出警告、通报、直至暂停交易，同时要求迟延方支付逾期息。

第十九条　竞价交易的开市时间为北京时间 9:30—15:30。

第五章　询价交易

第二十条　询价交易的币种、金额、汇率等由交易双方协商议定，但双方的协定不应与《通知》和本规则相关规定相冲突。

第二十一条　询价交易达成后交易员必须将有关交易要素录入交易系统，由交易系统生成成交单。

第二十二条　交易双方在交易系统中已确认的成交单等同于成交合同，具有法律约束力，交易双方不得擅自变更或者解除。交易双方也可视实际情况需要，就违约条款、债权债务抵消、不可抗力条款以及其他需进一步明确的事项签订补充合同。

第二十三条　询价交易的交割与结算由交易双方协商议定，但双方的协定不应与《通知》和本规则相关规定相冲突。

第二十四条　询价交易的开市时间为北京时间 9:30—17:30。

第六章　信息披露

第二十五条　交易中心根据外汇市场主管机构的授权负责即期交易的日常统计、市场监控和相关信息披露。

第二十六条　交易双方恶意串通，为达到其不正当目的而故意违约的，由交易中心予以公告。

第二十七条　会员可通过交易系统查询竞价交易和询价交易的相关信息。

第二十八条　交易中心可通过主管机构授权的官方媒体对社会发布即期交易相关信息。

第七章　附则

第二十九条　交易中心按有偿原则为会员提供交易系统和相关服务。

第三十条 本规则由交易中心负责解释。

第三十一条 本规则自发布之日起实施。

2005年12月29日

(资料来源：中国外汇交易中心网站，http：//www.chinamoney.com.cn/fe/Info/2358022)

五、外汇即期交易示例

【例2-11】 2013年9月16日，机构A通过外汇交易系统与机构B达成了一笔美元兑人民币即期询价交易。机构A为发起方。约定机构A以USD/CNY=6.121 1的价格向机构B卖出USD 10 000 000。

涉及的交易要素如表2-5所示。

表2-5 人民币外汇即期交易要素

发起方	机构A	报价方	机构B
成交日	2013-09-16	交易模式	询价交易
货币对	USD/CNY	价格	6.121 1
交易货币	USD	对应货币	CNY
交易货币金额	USD 10 000 000	对应货币金额	CNY 61 211 000
交易方向	机构A卖出USD买入CNY；机构B买入USD卖出CNY		
期限	SPOT	起息日	2013-09-18
清算模式和方式	双边全额清算		

本 章 小 结

1. 即期外汇交易(Spot Exchange Transaction)又称"现汇交易"，是指外汇买卖双方成交后在两个营业日内进行外汇交割的一种外汇交易方式。被作为交易标的物的外汇，即称为"即期外汇"或"现汇"。即期交割日有当日交割(T+0)、隔日交割(T+1)和即期交割(T+2)三种情况。国际外汇市场上通常采用即期交割(T+2)，即交易双方在成交后的第二个营业日进行外汇交割。

2. 从银行间交易来看，即期外汇交易可以通过路透交易系统直接进行，也可以通过外汇经纪人间接进行。银行间通过路透交易系统直接进行的即期外汇交易可以分为询价、报价、成交、证实和交割五步。其中，报价环节是关键，因为报价合理与否决定着交易是否能够达成。在报价时，报价行交易员既要遵循一些报价惯例，又要灵活运用一些报价技巧。银行间通过外汇经纪人进行的间接交易可以分为银行向经纪人询价和经纪人主动报价两种。

3. 若在外汇交易中涉及两种非美元货币的交易时，就要进行交叉汇率的计算。交叉汇率的计算通常会遇到三种情况：(1)两个已知汇率都是单位元法标价，交叉汇率计算采用交叉相除；(2)两个已知汇率都是单位镑法标价，交叉汇率计算采用交叉相除；(3)两个已知汇率中，一个采用单位元法标价，另一个采用单位镑法标价，交叉汇率计算采用同边相乘。

4. 即期外汇交易可以用于贸易商办理进出口结算、银行间平衡外汇头寸、套汇和投机。

本章专业词汇

Spot Exchange Transaction   Open Position
Value Today   Long Position
Value Tomorrow   Short Position
Value Spot   Direct Arbitrage
Choice Price   Indirect Arbitrage
Cross Rate

思 考 题

1. 何谓即期外汇交易？其交割日有哪几种情况？
2. 即期外汇交易中交易员需遵循哪些报价惯例？
3. 即期外汇交易中交易员可运用哪些报价技巧？
4. 什么是交叉汇率？如何计算交叉汇率？

练 习 题

1. 如果即期交易日是2012年11月30日(星期五)，那么隔日交割日是_____。
   A. 2012年11月30日   B. 2012年12月1日
   C. 2012年12月2日   D. 2012年12月3日

2. 若即期交易日是2013年1月4日(星期五)，那么正常情况下的标准即期交割日是_____。
   A. 2013年1月4日   B. 2013年1月5日
   C. 2013年1月7日   D. 2013年1月8日

3. 如果即期交易日是2013年1月4日(星期五)，那么VAL TOM是_____。
   A. 2013年1月4日   B. 2013年1月5日
   C. 2013年1月6日   D. 2013年1月7日

4. 当前某银行的即期汇率报价为：USD/JPY 95.26/30；USD/CHF 1.509 1/00。你将以_____卖出瑞士法郎买入日元。
   A. CHF1=JPY63.086   B. CHF1=JPY63.113
   C. CHF1=JPY63.150   D. CHF1=JPY63.124

5. 当前某银行的即期汇率报价为：GBP/USD1.552 6/30；USD/CHF 1.509 1/00。你将以_____卖出英镑买入相应的瑞士法郎。

A. GBP1=CHF2.343 0   B. GBP1=CHF2.344 4
C. GBP1=CHF2.343 6   D. GBP1=CHF2.345 0

6. 当前的市场即期汇率是：USD/HKD=7.770 5/10；USD/JPY=80.62/67，你将以_____卖出港币买入日元。

A. HKD1=JPY10.374   B. HKD1=JPY10.375
C. HKD1=JPY10.380   D. HKD1=JPY10.382

7. 2013年6月12日A银行向B银行询价做5 000万USD兑CHF的即期交易。B银行报价16/26，A银行对报价不满意，要求B银行重新报价。B银行重新报价18/24。A银行决定向B银行卖出美元。若以路透交易机为交易工具，两行交易员如何进行交易？试写出交易流程。

8. 某日路透机显示下列市场汇率：

纽约市场上　1美元=0.924 4/47瑞士法郎

伦敦市场上　1英镑=1.564 4/49美元

苏黎世市场上　1英镑=1.449 6/02瑞士法郎

某套汇者以100万英镑进行套汇，试计算其套汇利润（不考虑其他费用）。

9. 当前USD/HKD市场汇率为7.763 5/45。

(1) 当AUD/USD=0.946 7/71时，求AUD/HKD的交叉汇率。

(2) 当EUR/USD=1.330 7/11时，求EUR/HKD的交叉汇率。

(3) 当USD/CHF=0.923 4/39时，求CHF/HKD的交叉汇率。

(4) 当USD/JPY=96.31/35时，求JPY/HKD的交叉汇率。

(5) 当USD/CNY=6.133 5/55时，求HKD/CNY的交叉汇率。

10. 当前AUD/USD市场汇率为0.946 7/71。

(1) 当EUR/USD=1.330 7/11时，求EUR/AUD的交叉汇率。

(2) 当NZD/USD=0.793 2/37时，求NZD/AUD的交叉汇率。

(3) 当GBP/USD=1.566 8/82时，求GBP/AUD的交叉汇率。

第三章 远期外汇交易

> **开篇案例**
>
> 工业与信息产业部的数据显示,2007年我国造船完工量占世界市场份额的23%。2008年1—6月份,我国造船完工量1 024万载重吨,同比增长36%,占世界市场份额进一步提高到26%。但目前人民币汇率波动已经成为影响我国船舶企业生产经营的重要因素之一。船舶行业专家分析,以我国船舶工业现有手持订单金额计算,人民币每升值一个百分点,我国造船业就会蒙受近20亿元的损失,防范汇率风险已经成为船舶制造企业经营的重中之重。
>
> 江苏熔盛重工集团造船项目(以下简称熔盛造船)是江苏省"十一五"规划的重点项目。目前公司船舶接单总量排全国第三,全部为海外订单,主要有希腊、挪威、瑞典、荷兰、韩国等国家和地区。2006年到2008年3月底累计收汇16.7亿美元。
>
> 2008年3月上旬,熔盛造船预计2008年12月11日将通过南通中行收汇1 000万美元,并预计到时该行即期汇率为1美元兑换6.6元人民币。但该行2008年3月7日美元9个月远期结售汇汇价为1美元兑换6.642 5元人民币,该公司当天与当地中行签订了9个月美元远期结汇合同,固定了9个月后收入1 000万美元的人民币收入,不仅锁定了未来收入和既定利润,而且还为公司争取了超过未来以即期汇率结汇所得的425 000元人民币的可能收益。
>
> (资料来源:谢仁艮,"船舶企业防范汇率风险实证分析——江苏熔盛重工集团之调查",《中国外汇》,2008年第11期)
>
> 何谓远期外汇交易?它与即期外汇交易有何不同?它具有哪些用途?本章将带大家来解读有关远期外汇交易的内容。

【学习要点】

远期外汇交易是有效的外汇市场中不可缺少的组成部分。在国际外汇市场上,远期外汇交易也是一种传统的外汇交易方式,是有效管理外汇风险的工具之一。本章在介绍远期外汇交易的概念和分类的基础上,重点介绍远期外汇交易的操作流程和不同远期汇率的计算,以及远期外汇交易在保值、投机和套利中的实际运用。最后结合我国实际,介绍我国外汇市场上远期外汇交易的发展状况。

第一节 远期外汇交易的含义与分类

一、远期外汇交易的含义

远期外汇交易(Forward Exchange Transaction)又称"期汇交易",是指交易双方成交后,按合约规定的汇率于未来某日期进行实际交割的外汇交易。

对于远期外汇交易含义的理解,注意从以下方面来把握。

(一) 远期外汇交易不同于即期外汇交易

首先,交割日不同,即期外汇交易是在成交后的两个营业日内进行交割;而远期外汇交易的交割发生在成交后的第二个营业日之后。其次,汇率不同,即期外汇交易采用的是即期汇率,而远期外汇交易采用的是远期汇率。

(二) 远期合约(Forward Contract)

远期合约是远期外汇交易中买卖双方所达成的交易协议。它是一种非标准化的协议,但协议须约定交易币种、交易汇率、远期期限等内容。双方签订合约后,无需立即支付外汇或本国货币,而是延至将来某个时间。但协议一经确定,双方必须如期履行,不能随意违约。若有一方因交易对方违约而遭受损失,可向违约者索取补偿金。补偿金相当于其受损金额。

(三) 远期期限

即远期合约到期的期限。远期合约的期限有长有短,常见的有1个月、2个月、3个月、6个月及9个月,也有1年及1年以上的,长的甚至可达5年乃至7年,但在实务中1年以上的远期期限较少,常见的远期期限多为1年以内。

(四) 保证金

远期外汇交易中客户需向外汇银行缴存一定数量的押金或抵押品。当汇率变化不大时,银行可用押金或抵押品来抵补应负担的损失。当汇率变化使客户的损失超过押金或抵押品时,银行就应通知客户加存押金或抵押品,否则,合同就无效。客户所存的押金,银行视其为存款予以计息。

二、远期外汇交易的分类

按照远期交割日的不同情况,可以将远期外汇交易分为固定交割日的远期外汇交易和选择交割日的远期外汇交易。

(一) 固定交割日的远期外汇交易

交易双方在达成远期外汇交易协议时,就已确定远期交割的具体日期。这种交割日又分为规则日期的交割日和不规则日期的交割日。

1. 规则日期的交割日

远期外汇交易双方成交后,按标准的整月来确定交割日期,如成交后的 1 个月、2 个月、3 个月、6 个月等。需要注意的是,规则日期的交割日也要按照一定的惯例来确定,其确定惯例是:"日对日、月对月,遇假顺延不跨月。"

所谓"日对日",是指远期交易的起息日要与成交时的即期日相对应,即是以即期交易为基础,在即期交割日的基础上加上相应的月数(或周数、天数)。如 2013 年 2 月 18 日(周一)成交一笔美元/人民币的 1 个月的远期交易,注意该笔远期交易的交割日不是在 2013 年 3 月 18 日(周一),而是在 2013 年 3 月 20 日,因为 2013 年 2 月 18 日(周一)成交的即期交易的交割日是在 2 月 20 日(周三,成交后的第 2 个营业日),1 个月的远期交割日要在即期交割日 2 月 20 日的基础上加 1 个月,即 2013 年 3 月 20 日(周三)。又如,2013 年 2 月 18 日(周一)成交一笔美元/人民币 1 周的远期交易,根据"日对日"规则,其交割日应在 2013 年 2 月 27 日。

"月对月"也称"月底日对月底日"。所谓"月底日"是指每月的最后一个工作日,而不是指每月的最后一天。如果成交时的即期日为月底日,那么远期交易的交割日也应该为月底日。例如 2013 年 2 月 26 日(周二)成交一笔美元/人民币的 3 个月的远期交易,2 月 26 日成交的即期交割日是在 2 月 28 日(周四),而 2 月 28 日为月底日(2 月份的最后一个工作日),那么在 2 月 26 日(周二)成交的 3 个月期的远期外汇交易,其交割日就要对应为 5 月的月底日,即 2013 年 5 月 31 日(周五,5 月份的最后一个工作日,即 5 月份的月底日)。

"遇假顺延不跨月"是指远期交割日若遇上交割银行的非营业日,则要往后顺延一个营业日,但不能跨过远期交割日所在的月份。例如 2013 年 1 月 28 日(周一)成交一笔美元/人民币的 2 个月的远期交易,1 月 28 日成交的即期交割日是在 1 月 30 日(周三),在即期交割日的基础上加 2 个月应为 3 月 30 日,而 3 月 30 日为周六,如果交割日往后顺延就会出现跨月份的情况,这时交割日就不能往后推延到 4 月 1 日(周一),而应该往前推一个营业日,即在 3 月 29 日(周五)。

2. 不规则日期的交割日

即远期交割期限不是标准的整月,而是零头日期,如 57 天、126 天等。通常也称这种交割期限的远期交易为"零星交易"(Odd/Broken Date Forward Transaction)。这种交割日需要在远期合约中明确指定为某年某月某日。例如 2013 年 3 月 28 日(周四)成交一笔在 2013 年 5 月 10 日(周五)交割的美元/人民币的远期交易,该笔远期交易的交割日就不是规则的整月,而是一个零头日期。

(二) 选择交割日的远期外汇交易

即远期交易双方成交时并没有明确一个具体的交割日期,而只是约定一个交割期限范围,在这一期限范围内可由询价方任意选择一个营业日向报价方提出交割。这种选择交割日的远期外汇交易,亦称为"择期交易"(Optional Date Forward Transaction)。

择期交易在实际运用中具有较大的灵活性,尤其是对进出口商,在不能确定付汇或收汇的具体日期时,可采用择期交易,与外汇银行约定一个交割期限,在交割期限内等到需要实际付汇时或实际收到外汇时,再提出交割。

阅读链接

NDF(Non-Deliverable Forward,无本金交割远期)

NDF起源于20世纪90年代,主要用于实行外汇管制国家的货币。目前亚洲地区的韩元、人民币等货币的NDF交易相当活跃。

NDF是柜台交易的衍生产品,交易双方并不是以基础货币对来进行交割,而是根据合同确定的远期汇率与到期时市场即期汇率之间的差额,用可自由兑换货币(通常为美元)来进行差额支付。

$$支付差额=[(合约价格-市场即期汇率)\times 名义金额]\div 市场即期汇率$$

人民币NDF在1996年出现,是基于人民币兑美元汇率、以美元来进行差额结算的人民币远期。

人民币NDF的交易地点主要在新加坡和香港。主要参与者是欧美等地的大银行和投资机构,他们的客户主要是在中国有大量人民币收入的跨国公司,也包括总部设在香港的中国内地企业。

例如,2012年9月29日香港市场3月期人民币NDF报价6.352 0。某投机者预期人民币升值,向香港银行买入一笔3月期、名义金额100万美元、合约价格为6.352 0的人民币NDF。若3个月后美元/人民币即期汇率为6.320 0,那么该投机者可获得银行支付的5 063.29美元。如果3个月后,美元/人民币即期汇率为6.365 0,那么该投机者则需要向银行支付2 042.42美元。

第二节 远期外汇交易的程序

银行间远期外汇交易的程序与即期外汇交易的程序基本相似,同样包括询价、报价、成交、证实和交割等环节,但是在询价和报价两个环节上要作一些特殊处理。本节重点介绍这两个环节。

一、询价

在远期外汇交易中,询价方除报出交易币种、交易金额之外,还必须清楚地将远期期限或具体的交割日期告知报价方。一般表示为:

GBP 5 VAL 3 MTH PLS
【请报500万英镑兑美元的3个月远期汇率】
JPY 10 VAL JUN 28 2013 PLS
【请报1 000万美元兑日元、2013年6月28日起息的远期汇率】

二、报价

在国际外汇市场上,对于远期汇率的报价,通常有两种方法:

一是完整汇率(Outright Rate)报价,即直接报价,也即是由报价方直接报出远期汇率的完整数字。目前在国际上主要有日本和瑞士的银行采用这种报价方法。

二是掉期率(Swap Rate)报价,也称为"远期差价报价",即报价方只报出远期差价(Forward Margin)。所谓远期差价是指远期汇率与即期汇率的差价,通常表现为升水(远期汇率高于即期汇率)和贴水(远期汇率低于即期汇率)。目前国际上除日本和瑞士外,其他国家的银行大多采用这种方法进行远期汇率报价。

采用掉期率报价或远期差价报价时,报价行交易员需要在即期汇率之外,再报出相应期限的远期差价。远期差价的确定通常以规则日期(标准整月)的起息日为准,以凯恩斯的抵补套利利率平价理论为计算依据,并根据实际需要对理论差价进行适当调整。

(一) 中间价的远期差价

根据凯恩斯的抵补套利利率平价理论,可得到式(3-1):

$$1 \times \left(1 + i_d \times \frac{T}{360}\right) = \frac{1}{S} \times \left(1 + i_f \times \frac{T}{360}\right) \times F \qquad (3-1)$$

式中: S、F——分别代表以直接标价法表示的即期汇率和远期汇率;

i_d、i_f——分别代表本币(或标价币)利率和外币(或基准币)利率;

T——代表远期期限的天数。

将式(3-1)进行调整,可得到式(3-2):

$$F - S = \frac{S \times (i_d - i_f) \times \frac{T}{360}}{1 + i_f \times \frac{T}{360}} \qquad (3-2)$$

即:

$$远期差价 = \frac{即期汇率 \times (标价币利率 - 基准币利率) \times 远期天数/360}{1 + 基准币利率 \times 远期天数/360} \qquad (3-3)$$

【例3-1】 假设 USD/CHF 的即期汇率为 USD1=CHF0.917 4,3 个月的 USD 利率为 0.292%,同期 CHF 利率为 0.024%,试计算 USD/CHF 3 个月的远期差价。

解:

$$远期差价 = \frac{0.917\,4 \times (0.024\% - 0.292\%) \times 90/360}{1 + 0.292\% \times 90/360} = -0.000\,6$$

答: USD/CHF 3 个月的远期差价为 $-0.000\,6$,即贴水 6 个点。

(二) 双边价的远期差价

所谓双边价是指买价和卖价。因为远期交易询价时,询价方同样没有透露交易方

向,所以报价方必须同时报出买价和卖价的远期差价。买价和卖价的远期差价计算公式如下所示:

$$\frac{买入价}{远期差价} = \frac{即期买价 \times (标价币拆入利率 - 基准币拆出利率) \times 远期天数/360}{1 + 基准币拆出利率 \times 远期天数/360} \tag{3-4}$$

$$\frac{卖出价}{远期差价} = \frac{即期卖价 \times (标价币拆出利率 - 基准币拆入利率) \times 远期天数/360}{1 + 基准币拆入利率 \times 远期天数/360} \tag{3-5}$$

阅 读 链 接

双边价远期差价公式的推导(报价行角度)

假设 A 币为基准币,B 币为报价币;S_1 为即期汇率的买入价,S_2 为即期汇率的卖出价;F_1 为远期汇率的买入价,F_2 为远期汇率的卖出价;i_{A1}、i_{B1} 分别为 A 币和 B 币的拆入利率;i_{A2}、i_{B2} 分别为 A 币和 B 币的拆出利率;T 为拆借期限的天数。

(1) 求 F_1(即远期买入 1 个单位 A 币应支付的 B 币)

买入 1 个单位的即期 A 币,卖出 B 币的金额为:$1 \times S_1 = S_1$;

拆入所卖出的 S_1 个 B 币,期限为 T,利率为 i_{B1},到期还本付息额为:$Q_B = S_1 \times (1 + i_{B1} \times T/360)$;

拆出所买入的 1 个单位 A 币,期限为 T,利率为 i_{A2},到期收回本息额:$Q_A = 1 \times (1 + i_{A2} \times T/360)$;

则:
$$F_1 = \frac{Q_B}{Q_A} = \frac{S_1 \times \left(1 + i_{B1} \times \dfrac{T}{360}\right)}{1 + i_{A2} \times \dfrac{T}{360}} \tag{3-6}$$

在式(3-6)两边同时减 S_1,可得:

$$F_1 - S_1 = \frac{S_1 \times (i_{B1} - i_{A2}) \times \dfrac{T}{360}}{1 + i_{A2} \times \dfrac{T}{360}} \tag{3-7}$$

式(3-7)即为式(3-4)。

(2) 求 F_2(即远期卖出 1 个单位 A 币应收取的 B 币)

卖出 1 个单位的即期 A 币,买入的 B 币金额为:$1 \times S_2 = S_2$;

拆入 1 个单位 A 币,期限为 T,利率为 i_{A1},到期还本付息额为:$Q_A = 1 \times (1 + i_{A1} \times T/360)$;

拆出所买入的 B 币,期限为 T,利率为 i_{B2},到期收回本息额为:$Q_B = S_2 \times (1 +$

$i_{B2} \times T/360)$；

则：
$$F_2 = \frac{Q_B}{Q_A} = \frac{S_2 \times \left(1 + i_{B2} \times \dfrac{T}{360}\right)}{1 + i_{A1} \times \dfrac{T}{360}} \qquad (3-8)$$

在式(3-8)两边同时减 S_2，可得：

$$F_2 - S_2 = \frac{S_2 \times (i_{B2} - i_{A1}) \times \dfrac{T}{360}}{1 + i_{A1} \times \dfrac{T}{360}} \qquad (3-9)$$

式(3-9)即为式(3-5)。

【例 3-2】 某日现汇市场上 EUR/USD=1.336 2/69；EUR3 个月的同业拆借利率为 0.153 5%—0.159 5%，3 个月的 USD 同业拆借利率为 0.292%—0.298%。试计算 EUR/USD 3 个月的远期差价。

解：

$$买入价远期差价 = \frac{1.336\ 2 \times (0.292\% - 0.159\ 5\%) \times 90/360}{1 + 0.159\ 5\% \times 90/360} \approx 0.000\ 4$$

$$卖出价远期差价 = \frac{1.336\ 9 \times (0.298\% - 0.153\ 5\%) \times 90/360}{1 + 0.153\ 5\% \times 90/360} \approx 0.000\ 5$$

答：EUR/USD 3 个月的远期差价为 4/5。

(三) 根据所持远期外汇头寸状况调整远期差价报价

根据上述公式计算得到的只是理论上的远期差价，报价行还需要参考一些因素对理论差价进行调整，其中需参考的一个因素就是本行所持有的远期外汇头寸。

1. 当远期外汇头寸为空头时

若持空头远期头寸，报价行则需补进远期头寸，那么应使远期汇率高于理论价格：若远期差价升水，则高报远期差价；若远期差价贴水，则低报远期差价。如【例 3-2】中，计算结果 4/5 反映出欧元 3 个月远期差价为升水 4 点/5 点。如果报价行接到询价时，本行 3 个月远期欧元存在空头头寸，则应高报远期差价，如报 5/6，从而使得远期汇率的实际报价要比理论上的远期汇率高一些，进而有利于买进远期欧元而减少远期欧元的卖出。相反，若远期差价贴水，那么报的远期差价越小意味着远期汇率越高，从而达到多买少卖的目的。

2. 当远期外汇头寸为多头时

若持多头远期头寸，报价行则需抛出远期头寸，那么应使远期汇率低于理论价格：若远期差价升水，则低报远期差价；若远期差价贴水，则高报远期差价。如【例 3-2】

中,计算结果 4/5 反映出欧元 3 个月远期差价为升水 4 点/5 点。如果报价行接到询价时,本行 3 个月远期欧元存在多头头寸,则应低报远期差价,如报 3/4,从而使得远期汇率的实际报价要比理论上的远期汇率低一些,进而有利于卖出远期欧元而减少远期欧元的买进。相反,若远期差价贴水,那么报的远期差价越大意味着远期汇率越低,从而达到多卖少买的目的。

三、操作实例

鉴于远期交易中的成交和证实环节的操作与即期交易相似,此节不再详述。下面以实例来介绍银行间通过路透交易系统进行的远期外汇交易操作。

【例 3-3】 2013 年 1 月 28 日(周一)A 银行(询价行)与 B 银行(报价行)进行一笔远期交易。

A:GBP 5 VAL 2 MTH PLS

【请问 500 万英镑兑美元的 2 个月远期汇率】

B:SWAP 38/32,SP06/09

【掉期率 38/32,即期汇率 06/09】

A:MINE

【我买进英镑】

B:OK DONE AT 1.567 7 WE SELL GBP 5 AG USD VAL MAR 29,2013 USD TO MY NY TKS N BI

【同意成交,在 1.567 7 的价位上我们卖出 500 万英镑兑美元,起息日 2013 年 3 月 29 日,美元请转到我行纽约分行账户。谢谢,再见】

A:OK AGREED. MY GBP TO MY LONDON TKS

【同意证实。我买进的英镑请转到我行伦敦分行。谢谢】

【例 3-4】 2013 年 3 月 27 日(周三)A 银行(询价行)与 B 银行(报价行)进行一笔外汇交易。

A:CHF 5 PLS

【请问 500 万美元兑瑞士法郎的即期汇率】

B:0.923 4/38

【0.923 4/38】

A:0.923 4. PLS ADJUST TO 3 MTH

【我卖出美元,请将交割日调整到 3 个月】

B:OK DONE. SPOT /3 MTH 93/89 AT 0.914 1 WE BUY USD 5 AG CHF VAL JUN 28,2013 USD TO MY NY TKS N BI

【同意成交。即期/3 个月的掉期率 93/89,在 0.914 1 的价位上我们买进 500 万美元兑瑞士法郎,交割日在 2013 年 6 月 28 日。美元请转到我行纽约分行。谢谢,再见】

A:OK AGREED. MY CHF TO MY ZURICH TKS FOR THE DEAL

【同意证实。我的瑞士法郎请转到我行苏黎世分行。谢谢你的交易】

第三节 远期汇率的计算

由于大多数国家的银行对远期外汇交易都是采用远期差价报价,所以必须通过计算求出远期汇率。此外,由于远期外汇交易的交割日有多种不同的情况,因此还需要根据不同的交割日情况来进行远期汇率的计算。

一、规则日期的远期汇率计算

针对规则日期交割的远期外汇交易,在采用远期差价报价时,计算远期汇率可采用一种简便方法:当远期差价为前小后大时,采用加法计算远期汇率;当远期差价为前大后小时,采用减法计算远期汇率。具体计算如下。

(一)远期差价前小后大

当远期差价的两个数表现为前小后大时,意味着远期汇率处于升水状态,则远期汇率的计算公式为:

$$远期汇率 = 即期汇率 + 远期差价 \quad (3-10)$$

【例 3-5】 某日纽约外汇市场报价:USD/CHF 即期汇率 0.923 0/35,3 个月远期差价 12/18。试计算 USD/CHF 的 3 个月远期汇率。

解:由于 3 个月远期差价报价 12/18,表现为前小后大,故采用加法计算远期汇率,可得:

$$买价 = 0.923\,0 + 0.001\,2 = 0.924\,2$$
$$卖价 = 0.923\,5 + 0.001\,8 = 0.925\,3$$

答:USD/CHF 的 3 个月远期汇率为 0.924 2/53。

(二)远期差价前大后小

当远期差价的两个数表现为前大后小时,意味着远期汇率处于贴水状态,则远期汇率的计算公式为:

$$远期汇率 = 即期汇率 - 远期差价 \quad (3-11)$$

【例 3-6】 某日纽约外汇市场报价:AUD/USD 即期汇率 0.959 0/95,6 个月远期差价 80/72。试计算 AUD/USD 的 6 个月远期汇率。

解:由于 6 个月远期差价报价 80/72,表现为前大后小,所以采用减法计算远期汇率,可得:

$$买价 = 0.959\,0 - 0.008\,0 = 0.951\,0$$
$$卖价 = 0.959\,5 - 0.007\,2 = 0.952\,3$$

答:AUD/USD 的 6 个月远期汇率为 0.951 0/23。

二、零星交易的远期汇率计算

出于某种特殊需要,有些客户需做特殊日期或带零头日期(如 57 天、126 天等)的远期外汇交易,通常称为零星交易,其交易汇率需根据相关汇率进行推算。推算步骤如下:

第一步:求出不规则起息日的前后两个规则起息日之间的远期差价变化额。

第二步:求出不规则起息日的前后两个规则起息日之间的平均每天的远期差价变化额。

第三步:求出不规则起息日与前一个规则起息日之间的远期差价额。

第四步:用前一个规则起息日的远期差价加上第三步求出的远期差价额,即为不规则起息日的远期差价。

第五步:在即期汇率基础上加上或减去第四步求出的不规则起息日的远期差价。

【例 3-7】 已知某年 6 月 6 日 USD/JPY 的外汇行情如下:

Spot Rate	95.09/19
1M Swap Rate	80/70
2M Swap Rate	130/115

求:当年 7 月 20 日交割的远期汇率。

分析计算过程如下:

(1) 求出不规则起息日 7 月 20 日的前后两个规则起息日之间的远期差价变化额:

买价的远期差价变化额为:$-130-(-80)=-50$[①]

卖价的远期差价变化额为:$-115-(-70)=-45$

(2) 求出不规则起息日 7 月 20 日的前后两个规则起息日之间的平均每天的远期差价变化额。7 月 20 日的前一个规则起息日是 1 个月的交割日 7 月 8 日,后一个规则起息日是 2 个月的交割日 8 月 8 日,两者之间相差 31 天,于是可计算得到平均每天的远期差价变化额:

买价平均每天的远期差价变化额:$(-50)\div 31 \approx -1.61$

卖价平均每天的远期差价变化额:$(-45)\div 31 \approx -1.45$

(3) 用平均每天的远期差价变化额乘以不规则起息日 7 月 20 日与前一个规则起息日 7 月 8 日之间相差的天数(20 天),可求出不规则起息日与前一个规则起息日之间的远期差价额:

买价:$(-1.61)\times 20 \approx -32$

卖价:$(-1.45)\times 20 = -29$

(4) 用前一个规则起息日的远期差价加上前一步求出的远期差价额,即可得到不

---

① 注意:负号表示贴水。计算中远期差价最好带符号表示,升水用正号表示,贴水用负号表示。

规则起息日的远期差价：

$$买价的远期差价 = -80 + (-32) = -112$$
$$卖价的远期差价 = -70 + (-29) = -99$$

（5）在即期汇率基础上加上不规则起息日的远期差价，即可得到7月20日的远期汇率：

$$买价 = 95.09 + (-1.12) = 93.97$$
$$卖价 = 95.19 + (-0.99) = 94.20$$

根据上述计算结果，7月20日交割的 USD/JPY 远期汇率为 93.97/94.20。

【例 3-8】 甲顾客与银行签订一份远期合同，卖出远期 GBP，买入远期 USD，交易日为4月3日，交割日为6月15日。有关汇率如下：

GBP/USD Spot Rate	1.570 0/10
2M Swap Rate	250/300
3M Swap Rate	420/450

问：交易汇率应为多少？

分析：由于顾客是卖远期英镑，所以要用银行买英镑的远期汇率。

（1）求出不规则起息日6月15日的前后两个规则起息日（6月5日和7月5日）的远期差价变化额和平均每天的远期差价变化额：

$$(420 - 250) \div 30 \approx 5.67$$

（2）求出不规则起息日6月15日与前一个规则起息日6月5日之间的远期差价额：

$$5.67 \times 10 = 56.7$$

（3）用前一个规则起息日的远期差价加上前一步中求出的差价，即为不规则起息日的远期差价：

$$250 + 56.7 = 306.7 \approx 307$$

（4）计算远期汇率：

$$1.570\ 0 + 0.030\ 7 = 1.600\ 7$$

答：甲顾客与银行的交易汇率为 GBP/USD 1.600 7。

三、择期交易的远期汇率计算

在择期交易中，由于交割日是由询价方主动选择的，而报价方处于被动地位，为此要承担较大的风险，因此报价方需要通过采用有利于自己的价格来规避风险。报价行选用择期交易汇率的一般原则是：

当远期汇率升水时，报价方买入择期外汇选用接近择期开始的远期汇率的买价（相对更便宜);报价方卖出择期外汇则选用接近择期结束的远期汇率的卖价(相对更昂贵)。

当远期汇率贴水时,报价方买入择期外汇选用接近择期结束的远期汇率的买价(相对更便宜);报价方卖出择期外汇则选用接近择期开始的远期汇率的卖价(相对更昂贵)。

【例 3-9】 甲银行接到某客户询价,欲做一笔 GBP/USD 的择期交易,起息时间为成交后的 3 个月至 6 个月,即最早 3 个月交割,最晚 6 个月交割。甲银行即期汇率报价:1.579 0/00;3 个月远期差价:23/33;6 个月远期差价:45/55。试确定甲银行在该笔择期交易中的远期汇率。

分析过程:

第一步:判断远期汇率升贴水状况。根据远期差价报价为前小后大,可以确定远期汇率为升水。

第二步:选择价格。当远期汇率为升水时,银行在择期交易中要以择期开始的远期汇率买价买进、以择期结束的远期汇率卖价卖出。此笔择期交易中择期开始是 3 个月、择期结束是 6 个月,也就是说,甲银行在该笔择期交易中应选择 3 个月的买价(比 6 个月的买价更便宜)和 6 个月的卖价(比 3 个月的卖价更昂贵)。

第三步:计算远期汇率。

$$买价 = 1.579\,0 + 0.002\,3 = 1.581\,3$$
$$卖价 = 1.580\,0 + 0.005\,5 = 1.585\,5$$

因此,甲银行在该笔择期交易中的远期汇率为 1.581 3/55。

【例 3-10】 某日法兰克福市场银行报价,即期汇率:EUR/USD1.301 3/16,1、2、3 个月的远期差价分别为 15/10,28/20,40/30。该日某德国商人与宁波某服装出口商之间签订了从中国进口价值 100 万美元服装的合约,付款期为 3 个月,以美元结算。为了规避 EUR/USD 汇率变动风险,该商人决定与银行做一笔择期交易。如果该德国商人的这笔美元支出的期限在 2—3 个月之间的任何一天,那么适用的远期汇率是多少?

分析过程:

第一步:判断远期汇率升贴水状况。根据远期差价报价为前大后小,可以确定远期汇率为贴水。

第二步:选择价格。当远期汇率为贴水时,银行在择期交易中要以择期结束的远期汇率买价买进、以择期开始的远期汇率卖价卖出。此笔交易中择期开始是 2 个月、择期结束是 3 个月,也就是说,银行在该笔择期交易中会选择 3 个月的远期汇率买价和 2 个月的远期汇率卖价。而该德国商人需要规避的是欧元兑美元汇率下跌的风险,所以择期交易中他是卖择期欧元,要用银行的买价,即 3 个月的远期汇率买价。

第三步:计算远期汇率。

$$远期汇率 = 1.301\,3 - 0.004\,0 = 1.297\,3$$

因此,在该笔择期交易中该德国商人适用的远期汇率为 1.297 3。

四、远期交叉汇率的计算

远期交叉汇率的计算原理与即期交叉汇率的计算原理基本相同,只不过需要根据银行报价先计算出远期汇率,然后再按照即期交叉汇率的计算原理,计算出远期交叉汇率。

【例 3-11】 当前外汇市场行情如下:

USD/CHF Spot Rate	0.923 5/40
3M Swap Rate	46/52
USD/HKD Spot Rate	7.754 9/56
3M Swap Rate	66/54

试计算 CHF/HKD 的 3 个月远期汇率。

解:第一步,先分别计算 USD/CHF、USD/HKD 的 3 个月远期汇率:

USD/CHF	0.923 5/0.924 0
	+0.004 6/0.005 2
3 个月远期汇率	0.928 1/0.929 2

USD/HKD	7.754 9/7.755 6
	−0.006 6/0.005 4
3 个月远期汇率	7.748 3/7.750 2

第二步,计算 CHF/HKD 的 3 个月远期汇率。由于两个远期汇率均采用单位元法,所以交叉汇率的计算采用交叉相除,可得:

CHF/HKD 的买价 = 7.748 3 ÷ 0.929 2 ≈ 8.338 7
CHF/HKD 的卖价 = 7.750 2 ÷ 0.928 1 ≈ 8.350 6

答:CHF/HKD 的 3 个月远期汇率为 8.338 7/8.350 6。

【例 3-12】 当前外汇市场行情如下:

GBP/USD Spot Rate	1.548 7/90
6M Swap Rate	82/88
AUD/USD Spot Rate	1.033 5/38
6M Swap Rate	112/102

试计算 GBP/AUD 的 6 个月远期汇率。

解：第一步，先分别计算 GBP/USD、AUD/USD 的 6 个月远期汇率：

GBP/USD	1.548 7/1.549 0
	+0.008 2/0.008 8
6 个月远期汇率	1.556 9/1.557 8
AUD/USD	1.033 5/1.033 8
	−0.011 2/0.010 2
6 个月远期汇率	1.022 3/1.023 6

第二步，计算 GBP/AUD 的 6 个月远期汇率。由于两个远期汇率均采用单位镑法，所以交叉汇率的计算采用交叉相除，可得：

GBP/USD　　1.556 9　　1.557 8
AUD/USD　　1.022 3　　1.023 6

GBP/AUD 的买价＝1.556 9÷1.023 6≈1.521 0
GBP/AUD 的卖价＝1.557 8÷1.022 3≈1.523 8

答：GBP/AUD 的 6 个月远期汇率为 1.521 0/1.523 8。

【例 3 – 13】 当前外汇市场行情如下：

USD/CHF Spot Rate	0.923 5/40
6M Swap Rate	58/64
GBP/USD Spot Rate	1.548 7/90
6M Swap Rate	82/88

试计算 GBP/CHF 的 6 个月远期汇率。

解：第一步，先分别计算 USD/CHF、GBP/USD 的 6 个月远期汇率：

USD/CHF	0.923 5/0.924 0
	+0.005 8/0.006 4
6 个月远期汇率	0.929 3/0.930 4
GBP/USD	1.548 7/1.549 0
	+0.008 2/0.008 8
6 个月远期汇率	1.556 9/1.557 8

第二步，计算 GBP/CHF 的 6 个月远期汇率。由于两个远期汇率一个采用单位元

法,另一个采用单位镑法,所以交叉汇率的计算采用同边相乘,可得：

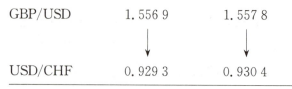

GBP/CHF 的买价＝1.556 9×0.929 3≈1.446 8
GBP/CHF 的卖价＝1.557 8×0.930 4≈1.449 4

答：GBP/CHF 的 6 个月远期汇率为 1.446 8/94。

第四节 远期外汇交易的运用

远期外汇交易实际上是买卖未来收付的外汇,由于通过远期交易可以先将汇率固定下来,因而可以避免因汇率的变动而给未来的外汇资产或债务带来风险,起到保值作用。另外,由于远期外汇交易中,外汇的成交与交割有一个时间差,而在这两个时点上的汇率常常不一致,这就为投机者提供了获利的机会。因此,从实际经济活动来看,远期外汇交易的运用主要有两大方面：一是保值;二是投机。

一、保值性远期外汇交易

远期外汇交易的保值性运用是指通过远期外汇交易来避免或消除汇率变动风险的行为。保值仅仅是为了消除或避免外汇风险,把由外汇风险所带来的损失降低到最低限度,而不是利用外汇风险来赚取利润。

远期外汇交易是外汇市场上发展最早的一种外汇保值方式,也是目前国际上应用最广泛的一种外汇保值方式。企业在进行对外贸易活动、国际投资活动过程中都会涉及外汇风险问题。通过叙做远期外汇交易,企业可以事先确定未来的外汇交易汇率,进而锁定收益或成本,避免因市场汇率变动而给未来的外汇资产或外汇债务带来风险。

(一) 商业性交易的保值

在商品贸易往来中,时间越长,由汇率变动所带来的风险也就越大,而进出口商从签订贸易合同到交货、付款又往往需要相当长时间(通常达 30—90 天,有的更长),因此,有可能因汇率变动而遭受损失。进出口商通过叙做远期外汇交易,就可以在将来收取或支付款项时,按事先约定的汇率办理交割,从而避免由汇率波动所带来的风险,达到保值的目的。

1. 出口收汇保值——卖出远期外汇

对于将来有外汇收入的出口商来说,如果外汇汇率出现下跌,将会使出口商收到外汇货款时兑换的本币收入减少,导致其出口利润下降。因此,为了避免由于外汇汇率下跌而导致出口的本币收入减少,当预计外汇汇率会下跌时,出口商应与银行叙做一笔远期外汇交易——卖出远期外汇,以锁定出口的本币收入。

【例 3-14】 2008 年 3 月上旬,江苏熔盛造船预计 2008 年 12 月 11 日将通过南通中行收汇 1 000 万美元,并预计到时该行即期汇率为 1 美元兑换 6.6 元人民币。但该行 2008 年 3 月 7 日美元 9 个月远期结售汇汇价为 1 美元兑换 6.642 5 元人民币,该公司当天与当地中行签订了 9 个月美元远期结汇合同,固定了 9 个月后收入 1 000 万美元的人民币收入。试分析:(1) 9 个月后熔盛造船出口结汇的人民币收入是多少?(2) 如果 9 个月后即期汇率果真变为 1 美元兑换 6.6 元人民币,熔盛造船通过远期交易规避了多少损失?

分析如下:

(1) 9 个月后不管市场即期汇率如何变动,熔盛造船都将按 1 美元兑换 6.642 5 元人民币的价格向中行卖出 1 000 万美元,可兑换人民币收入为:

$$10\ 000\ 000 \times 6.642\ 5 = 66\ 425\ 000(元人民币)$$

(2) 如果熔盛造船没有叙做远期交易的话,9 个月后收到的 1 000 万美元只能按市场即期汇率 1∶6.6 兑换人民币,收入为:

$$10\ 000\ 000 \times 6.6 = 66\ 000\ 000(元人民币)$$

与叙做远期交易相比,少收了 425 000 元人民币。可见,熔盛造船通过远期交易规避了 425 000 元人民币的损失。

2. 进口付汇保值——买入远期外汇

对于将来有外汇收入的出口商而言,担心的是将来外汇汇率下跌而遭受损失;而对于将来要以外汇来支付货款的进口商来说,则担心将来外汇汇率上涨。如果将来外汇汇率出现上涨,进口商将要支付更多的本币来购买外汇,导致购汇成本增加。因此,为了避免由于外汇汇率上涨而导致未来的购汇成本增加,当预计外汇汇率会上涨时,进口商应与银行叙做一笔远期外汇交易——买入远期外汇,以锁定进口的购汇成本。

【例 3-15】 某年 3 月 6 日,进口商 A 公司与一家日本出口商签订了一笔价值 4 亿日元的进口合同。根据贸易合同,双方约定在 5 月 8 日以日元进行结算。由于 A 公司的外汇资金来源主要是美元,因此两个月后 A 公司需要在外汇市场上以美元买入 4 亿日元来支付进口货款。公司担心 2 个月后日元兑美元上涨而增加购汇成本,于是同 B 银行叙做了一笔远期外汇交易。当天 B 银行对 USD/JPY 的报价为:即期汇率 102.02/06,2 个月的远期汇率 101.50/60。A 公司按 2 个月的远期汇率向 B 银行买进 4 亿远期日元。试分析:(1) 远期合约到期时,A 公司买进 4 亿日元应向 B 银行支付多少美元?(2) 假设 2 个月后 USD/JPY 即期汇率变为 94.06/10,A 公司通过远期交易减少了多少损失?

分析如下:

(1) 2 个月后不管市场即期汇率如何变动,A 公司都将按 1 美元兑换 101.50 日元的价格向 B 银行买进 4 亿日元,支付美元数为:

$$400\ 000\ 000 \div 101.5 = 3\ 940\ 886.7(USD)$$

(2) 如果 A 公司没有与 B 银行叙做远期交易,那么 2 个月后就得按市场即期汇率 94.06 买进 4 亿日元,需支付美元:

$$400\,000\,000 \div 94.06 = 4\,252\,604.72\,(USD)$$

与叙做远期交易相比,A 公司要多支付 311 718.02(USD)。

可见,A 公司通过远期交易减少了 311 718.02 美元的损失。

(二) 金融性交易的保值

1. 外汇投资的保值

对于从事外汇投资的投资者来说,将来收回投资时,会有一笔外汇收入,与出口商一样,也会面临着由于外汇汇率下跌而带来的损失。因此,外汇投资者也有必要利用远期外汇交易来进行保值,以降低汇率风险。下面主要以抵补套利活动为例来介绍远期外汇交易在短期性外汇投资中的保值运用。

所谓抵补套利(Covered Interest Arbitrage,CIA)是指投资者在将低利率货币转向高利率货币进行投资时,利用一些外汇交易手段对投资资金进行保值,以降低套利活动中的汇率风险。当两国货币利率存在差异时,市场上往往就会出现套利者,即将低利率货币换成高利率货币,投资到高利率国家或地区,以获取更高的利息收入。但是对于这些套利者来说,将来收回高利率货币投资再换回低利率货币时,会面临着高利率货币汇率下跌的风险,由此可能抵消投资高利率货币所获得的利差收益。为了规避这一风险,套利者可以通过远期外汇交易,事先把将来收回高利率货币投资兑换低利率货币时的交易汇率固定下来,由此来确保套利能获得一个稳定的收益。

(1) 抵补套利的可行性分析。若两种货币的利差大于高利率货币的年贴水率,则将低利率货币兑换为高利率货币进行投资,即可以进行抵补套利。因为投资高利率货币尽管会在汇率上遭受损失,但是在高利率货币上得到的利差收益完全可以抵消这一损失。

高利率货币的年贴水率即是将远期差价折算为年率,因为利率通常是以年率来表示的,所以需要将高利率货币的远期贴水点数转换为年率,才能与利率进行比较。由(3-2)式可以推算出远期差价折合年率的精确公式:

$$F - S = \frac{S \times (i_d - i_f) \times \dfrac{T}{360}}{1 + i_f \times \dfrac{T}{360}}$$

$$i_d - i_f = \frac{360(F-S) + i_f T(F-S)}{ST} \qquad (3-12)$$

(3-12)式即为计算远期差价年率的精确公式。由于实践中较少使用精确公式,一般采用近似公式来计算远期差价的年率。将(3-2)式变换为计算远期差价的近似公式,即将(3-2)式中的分母视作为 1,可得到(3-13)式:

$$F - S \approx S \times (i_d - i_f) \times \frac{T}{360} \qquad (3-13)$$

由(3-13)式可推导出远期差价折合年率的近似公式为：

$$i_d - i_f = \frac{F-S}{S} \times \frac{360}{T} \quad (3-14)$$

【例 3-16】 假设 3 个月的 GBP 利率为 4%，3 个月的 USD 利率为 1%；GBP/USD 即期汇率为 1.582 8，3 个月英镑贴水 100 点。试分析：在这种市场行情下，进行抵补套利是否有利可图？

分析如下：

第一步：计算英镑与美元的利差，结果为：4%－1%＝3%

第二步：计算英镑的年贴水率，可得：

$$\frac{0.010\,0}{1.582\,8} \times \frac{360}{90} \approx 2.53\%$$

第三步：比较利差与英镑年贴水率的大小。由上可见，利差 3%＞英镑年贴水率 2.53%，因此可以进行抵补套利，即将低利率的美元换成高利率的英镑来进行投资。

(2) 抵补套利的方式。根据抵补套利者的资金来源不同，可将抵补套利大致分为两种：一种是利用自有资金进行抵补套利；另一种是借入资金来进行抵补套利。当然，由于两种方式的资金使用成本不同，最终会使得抵补套利的收益存在差异。

【例 3-17】 澳洲市场上澳元 6 个月的利率为 4.25%—4.75%；美国市场上美元 6 个月的利率为 2.75%—3.25%；AUD/USD 的即期汇率为 0.956 7/77，6 个月的远期差价为 22/14。现有甲、乙两个投资者：甲投资者准备用手中闲置的 100 万美元来进行澳元抵补套利，而乙投资者准备从银行借入 100 万美元来进行澳元的抵补套利。两种方式的抵补套利结果分别计算如下：

第一种方式：甲投资者的抵补套利结果

如果将 100 万美元存在美国，6 个月后的本利和为：

$$1\,000\,000 \times \left(1 + 2.75\% \times \frac{6}{12}\right) = 1\,013\,750 (\text{USD})$$

现将 100 万美元兑换为即期澳元，到澳洲投资 6 个月，6 个月后澳元的投资本利和按远期汇率兑换回的美元为：

$$\frac{1\,000\,000}{0.957\,7} \times \left(1 + 4.25\% \times \frac{6}{12}\right) \times 0.954\,5 = 1\,017\,837.66 (\text{USD})$$

甲投资者抵补套利的净收益（不考虑其他费用情况下）为：

$$1\,017\,837.66 - 1\,013\,750 = 4\,087.66 (\text{USD})$$

第二种方式：乙投资者的抵补套利结果

从银行借入 100 万美元，6 个月后需偿还的本利和为：

$$1\,000\,000 \times \left(1 + 3.25\% \times \frac{6}{12}\right) = 1\,016\,250 (\text{USD})$$

与甲投资者一样，将100万美元兑换为即期澳元，到澳洲投资6个月，6个月后澳元的投资本利和按远期汇率兑换回的美元为：

$$\frac{1\,000\,000}{0.957\,7}\times\left(1+4.25\%\times\frac{6}{12}\right)\times0.954\,5=1\,017\,837.66(\text{USD})$$

偿还银行的美元借款本利和之后，乙投资者的抵补套利净收益（不考虑其他费用情况下）为：

$$1\,017\,837.66-1\,016\,250=1\,587.66(\text{USD})$$

从两个投资者的套利结果来看，显然甲投资者的套利收益（4 087.66美元）要大于乙投资者的套利收益（1 587.66美元），因为乙投资者从银行借入美元来进行套利，其投资成本要高于甲投资者。但是，从现实的市场套利活动来看，甲投资者的情况并不多见，更多的套利者会选择乙投资者的套利方式。

采用借入资金来进行抵补套利的步骤一般为：

第一步，先从银行借入低利率货币。

第二步，将低利率货币在即期外汇市场换成高利率货币，投资高利率货币，并将高利率货币的投资本利和以远期外汇卖出。

第三步，投资到期收回高利率货币投资，并交割远期合约，换回低利率货币。

第四步，偿还银行的低利率货币借款本利和，核算套利收益。

阅 读 链 接

"渡边太太"

从20世纪90年代起，日本国内长期执行超低利率甚至零利率政策，于是，一些日本家庭不甘于国内微薄的利息收入，纷纷将资金投向海外金融市场赚取高额收益。以擅长外汇保证金交易著称的日本主妇投资者进入人们视野。于是，人们以日本常用姓氏"渡边"给这一主妇投资群体命名。"渡边太太"成为日本主妇投资者的代名词。

"渡边太太"从事的是日元套利交易，即借入低利率的日元，投资于收益率较高的国外债券或外币存款。只要日元不大幅升值，就可赚取比较稳定的利差收益。日美利差曾在较长时间稳定在5%，2007年8月，日元与澳元利差达到6%，再加上日元贬值，"渡边太太"的收益相当可观。2007年，"渡边太太"鸟居万友美每月赚取100万日元（100日元约合1.15美元），她著书激励同样需要照看孩子、忙家务的主妇积极投资。

卖掉手上持有的日元，换取具有高息收益的外币，赚取固定的利差收益——众多手握家庭财政大权的日本家庭主妇，就是用这样简单的方法实现其家庭资产增值。根据东京外汇市场委员会统计，2009年4月该市场1个交易日的交易额为2 542亿美元，事实上这一数据同比往年已大幅下降。这种交易额，其集合起来的能量可达一些小规模经济体的预算规模,对国际货币市场产生举足轻重的影响。

经过多年的发展,在一大批富裕的中产阶层中诞生了"渡边太太"。不过,在 2006 年 7 月日本结束零利率政策后,日美利差逐渐缩小。国际金融危机发生后,美国、澳大利亚等国不断降低利率,失去高息货币魅力。再加上有人认为日本金融机构相对健全,日元成为重要避险货币,日元套利交易平仓大量出现,资金流向日元导致日元步步走高,"渡边太太"出现亏损。

日本此次推出限制杠杆比率举措,希望借此降低外汇保证金交易的投资热度。不过,这并不影响很多资深"渡边太太"寻找新的投资机会。在网络论坛上,很多"70 后"主妇在热烈讨论股票、国内外债券、基金、信托等投资渠道。野村证券等公司还专门为女性开设投资讲座。在书店,带有小说风格的商业类书籍大受女性欢迎。毕竟根据日本央行统计,截至 2010 年 3 月末,日本家庭持有的金融资产达到 1 453 万亿日元。"渡边太太"新动向很受人们关注。

在全球外汇市场,"渡边太太"是不可忽视的力量。粗略估算,她们约占东京现货外汇市场成交量 20%—30%。只要日元不会出现大幅升值,她们基本能赚取稳定的利差收益。然而伴随着杠杆率的大幅度降低,"渡边太太"削减头寸的方式只能是买入日元,卖出其他币种资产,从而增加日元需求,造成日元升值。

同时,"渡边太太"发现另一股力量也在降低杠杆,买入日元推高汇价。基于美国金融监管法案加强对衍生品交易的监管,多数对冲基金开始结清大量高杠杆率的衍生品投资头寸。以往,对冲基金主要通过拆入低息日元或美元,放大杠杆投资倍数。去杠杆化投资将导致大量日元拆借资金开始回流,助长日元升值。

截至 2010 年 8 月初,"渡边太太"投资海外市场而建立的日元空头头寸价值约为 670 亿美元,一旦日元升值速度过快,上述日元空头头寸基于外汇保证金交易受限而被迫结清时,将面临汇率损失:日元升值幅度超过 1%,"渡边太太"的日元空头头寸损失将高达 6.7 亿美元。

2010 年以来,日元兑美元汇率已上升约 7.6%,日元对欧元汇率下跌约 15%;多数专注于 4%—5% 年套利收益的"渡边太太"已经面临投资亏损。

(资料来源:http://baike.baidu.com/view/2971404.htm)

2. 外汇融资的保值

与进口商相似,负有外汇债务的融资者也会面临着由于外汇汇率上涨而带来的损失。因为当债务到期时,他们往往需要在现汇市场上买进外汇以偿还外债,如果届时外汇汇率上涨,意味着他们需要用更多的本币去兑换所需要的外汇,导致债务成本增加。因此,外汇融资者也需要利用远期外汇交易来进行保值,即买进远期外汇,以锁定购汇成本。

【例 3-18】 某年 3 月初,一美国公司发行了 6 个月的 1 亿日元商业票据。当时市场即期汇率 USD/JPY 为 100.42/48,6 个月的远期差价 42/36。商业票据通常采用折价发行,到期按面值偿还,这也就意味着 6 个月后该美国公司需要向投资者偿还 1 亿日元。如果6个月后公司需要通过在现汇市场买入日元来偿还债务,无疑会面临日元兑美元升值的风险。假设6个月后 USD/JPY 即期汇率变为 94.06/10,试比较该公司采用远期交易对债务进行保值与不做保值的结果。

分析:

(1) 公司采用远期交易对债务进行保值的结果

为避免6个月后日元汇率上涨而增加债务成本,公司在3月初可与银行叙做一笔远期交易——以100的价格买入1亿的6个月远期日元,便可将美元支出固定为:

$$100\ 000\ 000 \div 100 = 1\ 000\ 000 (USD)$$

(2) 公司不对债务进行保值的结果

6个月后按 USD/JPY 即期汇率 94.06 买入1亿日元,需支出美元:

$$100\ 000\ 000 \div 94.06 = 1\ 063\ 151.18 (USD)$$

由计算结果可知,采用远期交易对债务进行保值可将1亿日元的购汇成本锁定在100万美元上,从而避免了日元兑美元汇率上涨带来的损失。

二、投机性远期外汇交易

所谓投机性远期外汇交易,是指利用远期外汇交易来进行投机操作。具体而言,就是根据对市场汇率变动的预测,通过买卖远期外汇来谋取汇差收益。

利用远期外汇交易来进行投机,一般是基于预测未来某时点的即期汇率与当前的远期汇率不一致,于是先在远期外汇市场上买进或卖出相应的期汇,然后等远期合约到期时,再通过现汇市场来了结远期合约。在外汇投机中,投机者要承担风险,若对汇率的变动预测准确,投机则可获利;若预测错误,投机则会亏损。

外汇投机既可以在即期市场上操作,也可以在远期市场上来完成。二者的主要区别在于:即期交易投机要求投机者手中要有足额的现金或外汇(自有的或借入的),因为它要在2个营业日内交割;而利用远期交易进行投机,成交时只需支付较低比例的保证金,所以投机者不必持有足额的现金或外汇。可见,远期外汇交易的投机成本通常要低于即期外汇交易的投机成本。

远期外汇交易的投机可分为买空和卖空两种做法。

(一) 买空(Buy Long)

预期某种外汇汇率将上涨时,先买进远期外汇,等将来汇率上涨后,再高价卖出该外汇。

【例3-19】 5月初,在东京外汇市场上,USD/JPY 的3个月远期汇率为 94.06/12。某投机者预测3个月后 USD/JPY 的即期汇率将会出现上涨,于是与银行签订远期合约,买进200万3个月的远期美元。若其预测准确,3个月远期合约到期时,USD/JPY 的即期汇率变为 99.52/58,试计算该投机者的投机利润(不考虑其他费用)。

解:该投机者以 94.12 买进远期美元,3个月后以 99.52 卖出即期美元,获利为:

$$(99.52 - 94.12) \times 2\,000\,000 = 10\,800\,000 (\text{JPY})$$

答：在不考虑其他费用的情况下，该投机者可获利 10 800 000 日元。

(二) 卖空(Sell Short)

预期某种外汇汇率将下跌时，先卖出远期外汇，等将来汇率下跌后，再低价补进该外汇。

【例 3-20】 6 月初，法兰克福市场上 EUR/USD 的 1 个月远期汇率为 1.334 5/48。某投机者预测 1 个月后 EUR/USD 的即期汇率将会出现下跌，于是向银行卖出 1 个月远期欧元 500 万。假设：(1) 1 个月后 EUR/USD 的即期汇率变为 1.302 0/26；(2) 1 个月后 EUR/USD 的即期汇率变为 1.342 0/26。试分析该投机者的盈亏状况。

分析：

(1) 当 1 个月后 EUR/USD 的即期汇率变为 1.302 0/26 时，意味着该投机者可以 1.302 6 的价格补进欧元，而他卖远期欧元的价格是 1.334 5，获利为：

$$(1.334\,5 - 1.302\,6) \times 5\,000\,000 = 159\,500 (\text{USD})$$

(2) 当 1 个月后 EUR/USD 的即期汇率变为 1.342 0/26 时，意味着该投机者要以 1.342 6 的价格补进欧元，高于他卖远期欧元的价格 1.334 5，将会出现亏损：

$$(1.334\,5 - 1.342\,6) \times 5\,000\,000 = -40\,500 (\text{USD})$$

由此可见，当对市场汇率变动的预测准确时，投机者可以获利；而当市场汇率变动与预测相反时，投机则会出现亏损。

案例 3-1

1997 年索罗斯狙击泰铢事件

(一) 背景

东南亚金融危机始于泰国货币危机，而泰国货币危机早在 1996 年已经开始酝酿。

1. 经济发展出现问题。1996 年，泰国经常贸易项目赤字高达国内生产总值的 8.2%，为了弥补大量的经常项目赤字和满足国内过度投资的需要，外国短期资本大量流入房地产、股票市场，泡沫经济膨胀，银行呆账增加，泰国经济已显示出危机的征兆。从对外经济来看，长期依赖中短期外资贷款维持国际收支平衡。泰国汇率维持与美元的固定或联系汇率。这些问题在经济快速增长时并不显著，但一旦经济停滞，其问题就显露出来。到 1997 年，泰国经济疲弱，房地产市场不景气，未偿还债务急剧上升，泰国金融机构出现资金周转困难，经济疲弱背景下很多隐藏的危机就显露出来。

2. 投机力量积极推动。国际投机资金索罗斯主导的量子基金经分析后认为存在货币获利机会，采取一些策略将潜藏的危机激发和加剧。

(二) 原理分析

投机要对当时泰铢的汇率处于什么水平,未来将呈现什么走势作出判断。索罗斯认为当时泰铢的汇率是偏高的。为什么?这和泰铢紧钉美元的汇率制度以及泰国当时的经济环境紧密相关。

外汇买卖交易中,最重要的是对外汇汇率的走势进行正确的预测,而一项正确预测的得出依赖于外汇汇率影响因素的分析。造成外汇市场波动的因素很多。例如:当欧洲中央银行连续加息时,欧元就出现一定程度的反弹;而当日本公布的经济数据显示其经济状况并未有明显好转时,日元大多会下挫。表面上看来,影响汇率走势的因素似乎相当复杂,但归结起来,汇率的走向是由供求关系决定的。

一般地讲,影响外汇供求的因素包括基本经济因素、政治和新闻因素、中央银行干预、心理预期因素和市场投机因素等。当一种外汇的买方多于卖方时,汇率就会上升;而当卖方多于买方时,汇率则下跌。基本经济因素中,GDP、生产指标、通货膨胀指标、货币指标、贸易指标等都会影响外汇汇率高低。

(1) GDP。一国的GDP大幅增长,反映出该国经济发展蓬勃,国民收入增加,消费能力也随之增强。在这种情况下,该国中央银行将有可能提高利率,紧缩货币供应,国家经济表现良好及利率的上升会增加该国货币的吸引力。反过来说,如果一国的GDP出现负增长,该国货币的吸引力也就随之而减低了。一般来说,高经济增长率会推动本国货币汇率的上涨,而低经济增长率则会造成该国货币汇率下跌。

(2) 利率。利率上升,则使持有该种货币的利息收益增加,吸引投资者买入该种货币,因此,对该货币有利好支持;如果利率下降,持有该种货币的收益便会减少,其吸引力也就会减弱。因此,可以说"利率升,货币强;利率跌,货币弱"。

(3) 耐用品订单。当耐用品订单大幅下降时,可反映出制造业疲弱。而制造业的疲弱将会令失业率增加,经济表现转淡,因此对该国货币不利;反之,当经济表现蓬勃时,耐用品订单亦会随之而上升,间接亦利好该国货币。

(4) 贸易差额。国与国之间的商品贸易,是构成经济活动的重要一环。如果一个国家的进口总额大于出口,便会出现"贸易逆差"的情形;出口大于进口,为"贸易顺差"。如果一个国家经常出现贸易逆差现象,国民的收入便会流出国外,使国家经济表现转弱。政府若要改善这种现象,就必须进行货币贬值,因为币值下降,即变相把出口商品价格降低,有利于提高出口竞争能力。因此,当该国外贸赤字扩大时,就会利空该国货币,令该国货币下跌;反之,当出现外贸盈余时,则是利好该种货币。

由一国对外贸易状况而对汇率造成的影响出发,可以看出国际收支状况直接影响一国汇率的变动。如果一国国际收支出现顺差,对该国的货币需求就会增加,该国外汇就会增加,从而导致该国货币汇率上升。相反,如果一国国际收支出现逆差,对该国货币需求就会减少,该国外汇就会减少,从而导致该国货币汇率下降,该国货币贬值。

在国际收支诸项目中,对汇率变动影响最大的是贸易项目和金融项目。贸易收支的顺差或逆差和金融项目的顺差或逆差直接影响着货币汇率的上升或下降。例如,美元汇率自1985年3月开始下跌的一个重要原因,就是美国的贸易逆差愈益严重。

(5) 外汇投机。外汇投机,是指利用汇价变动买卖外汇,从中赚取超额利润的一种投机活动。在全球资本市场逐步形成的今天,规模巨大的国际游资无时不在投机造市,从中取利。据国际货币基金组织统计,目前在全球货币市场上的银行短期存款或以其他短期存款形式存在的游资至少有7.2万亿美元,相当于全球每年经济总值的2‰。国际游资的投机活动给国际金融市场带来了巨大的冲击,成为各国货币汇率频繁起伏的重要根源。

总体来看,在1997年年初,泰国国际贸易收支处于严重赤字,经济增长出现问题(GDP),物价出现通货膨胀,市场景气等指标下降,这些因素意味着泰铢的汇率应当下降,但由于汇率制度不是浮动汇率制度,结果,还是处于相对高位。从各项指标来看,未来肯定是要下降的。基于目前汇率偏高的这一判断,索罗斯开始投机。

(三) 事件经过

1. 索罗斯发起攻击

(1) 抛售泰铢,使泰铢汇率波动的压力加大,引起泰国金融市场动荡。

(2) 抛售股票,大量提款。1997年3月3日,泰国中央银行宣布国内9家财务公司和1家住房贷款公司存在资产质量不高以及流动资金不足问题。索罗斯以此为契机,下令抛售泰国银行和财务公司的股票,储户在泰国所有财务及证券公司大量提款。投资者大量抛售银行与财务公司的股票,结果造成泰国股市连续下跌,汇市也出现下跌压力。

(3) 从本地银行借入泰铢(货币套利),卖出即期和远期外汇头寸。5月份,国际投资机构对泰铢的炒卖活动更趋猛烈。5月7日,货币投机者通过经营离岸业务的外国银行,建立即期和远期外汇交易的头寸。从5月8日起,以从泰国本地银行借入泰铢,在远期市场卖泰铢的形式,在市场突然发难,造成泰铢即期汇价的急剧下跌,多次突破泰国中央银行规定的汇率浮动限制,引起市场恐慌。本地银行和企业及外国银行纷纷入市,即期抛售泰铢抢购美元或作泰铢对美元的远期保值交易,导致泰国金融市场进一步恶化,泰铢兑美元一度贬至26.94∶1的水平。

2. 泰国政府的对策

泰国中央银行倾全国之力,针对索罗斯采取反围剿行动,意在打垮索罗斯的意志,不再率众对泰铢群起发难。泰国央行采取了三项稳定政策,短期获胜:(1) 泰国中央银行与新加坡组成联军,动用约120亿美元的巨资吸纳泰铢;(2) 效法马哈蒂尔在1994年的战略战术,用行政命令严禁本地银行拆借泰铢给索罗斯;(3) 大幅调高利率。隔夜拆息由原来的10厘左右,升至1 000—1 500厘。

三管齐下,新锐武器,反击有力,致使泰铢在5月20日升至25.20的新高位。由于银根骤然抽紧,利息成本大增,致使索罗斯大军措手不及,损失了3亿美元,挨了当头一棒。泰铢实现稳定。

在上述三项政策中,泰国央行为捍卫泰铢地位,在1997年2月份动用20亿美元的外汇储备,才初步平息,并为稳定金融系统,提高准备金率。3月4日,泰国中央银行要求流动资金出现问题的9家财务公司和1家住房贷款公司增加资本金82.5亿泰铢(合3.17亿美元),并要求银行等金融机构将坏账准备金的比率从100%提高到115%—120%。泰国央行此举旨在加强金融体系稳定性并增强人们对金融市场信心。

3. 索罗斯进一步判断后出击

索罗斯经判断,认为泰国外汇储备比较少,自己有足够的能力支撑下去。

1997年6月,索罗斯再度出兵,下令对冲基金组织开始出售美国国债以筹集资金,扩大索罗斯大军的规模,并于下旬再度向泰铢发起了猛烈进攻。

6月中下旬,泰国财长辞职,又引发金融界对泰铢可能贬值的揣测,引起泰铢汇率猛跌至1美元兑28泰铢左右。泰国股市也从年初的1 200点跌至461.32点,为8年来的最低点,金融市场一片混乱。

7月2日,泰国中央银行突然宣布放弃已坚持14年的泰铢钉住美元的汇率政策,实行有管理的浮动汇率制。同时,央行还宣布将利率从10.5%提高到12.5%。泰铢当日闻声下跌17%,创下新低。泰国金融危机就此爆发。

泰铢贬值引发的金融危机沉重地打击了泰国经济发展,造成泰国物价不断上涨,利率居高不下,经济衰退。

最后,索罗斯用所收获的美元,支付借入的泰铢,大功告成。在此影响下,马来西亚和印尼也都受到冲击。

4. 货币套利的实现

1997年早些时候在泰国外汇市场,一个交易商可能从一家银行借到6个月的100亿泰铢,然后该交易商将这100亿泰铢兑换成4亿美元(按1美元=25泰铢的汇率)。如果后来汇率下跌到1美元=50泰铢,6个月后交易商只需花费2亿美元就可以买回100亿泰铢,并把这些泰铢还回,留给交易商的是100%的利润。

(四)索罗斯狙击泰铢的策略

1. 前期准备

(1)调研及计划:深入泰国研究该地区经济发展的真实状况。基于第一手资料和数据,制定详细作战计划;

(2)资金准备:决定狙击泰铢以后,从当地银行贷款、从离岸金融市场融资、出售当地资产、从当地的股票托管机构借入股票并卖空,以换取泰铢。

2. 开始狙击

(1)在现货市场上猛烈抛售泰铢换取美元;

(2)向当地银行购买大量远期合约,卖空远期泰铢,即在远期向银行支付泰铢,索取美元;

(3)做空股市。

3. 狙击效果

(1)对冲基金在现货市场上猛烈抛售泰铢换取美元,引起市场对该货币的贬值预期,从而引发跟风性抛售,引起泰铢实际贬值;

(2) 银行为了规避远期外汇交易风险而设法轧平货币头寸,即在现货市场上售出泰铢换取美元,从而加速泰铢贬值;

(3) 泰国货币当局遇到大量抛售本币时,为了维持汇率稳定,吸纳被抛售的本币,同时提高本币的短期贷款利率以提高投机者的投机成本。这两种做法都会抬高本币的利率。泰国为保护非投机性的信贷需求而采取的措施,使境内利率与离岸利率之间产生巨大差异,从而产生套利机会;

(4) 利率的升高造成股票市场的大幅下跌。

4. 获利

(1) 用到期日相同金额相同的多头远期合约与空头远期合约对冲,或到期时在现货市场以美元换取泰铢进行交割;

(2) 利用利率互换合约,以固定利率换取浮动利率获利;

(3) 股价下行,在股市平仓获利;

(4) 对冲基金把在股市上获利的资金兑换成美元,进一步加大泰铢贬值的压力;

(5) 泰铢大幅贬值后,低价以美元购回泰铢,用来归还泰铢借款和利息。

(资料来源:根据百度文库《东南亚金融危机——索罗斯鏖战泰铢事件》整理)

第五节 我国外汇市场上的远期外汇交易

我国在 1995 年 4 月由上海外汇交易中心开始试办人民币对美元的远期外汇业务,但未能推广。1997 年 1 月 18 日中国人民银行公布了《远期结售汇暂时管理办法》,并于 1997 年 4 月在中国银行进行远期结售汇试点。2005 年 8 月进一步扩大远期结售汇银行主体,并开始办理银行间远期外汇交易。

一、我国的远期结售汇业务

1997 年 1 月 18 日中国人民银行公布了《远期结售汇暂时管理办法》,并于 1997 年 4 月在中国银行进行远期结售汇试点。2003 年试点银行扩大到工行、农行、建行。2004 年增加交通银行、中信银行、招商银行作为试点银行。2005 年 8 月进一步扩大远期结售汇银行主体。

我国的远期结售汇业务是指外汇指定银行与境内机构协商签订远期结售汇合同,约定将来办理结汇或售汇的外汇币种、金额、汇率和期限;到期外汇收入或支出发生时,即按照该远期结售汇合同订明的币种、金额、汇率办理结汇或售汇。远期结售汇业务现已成为国内企业在对外经济活动中规避汇率风险的主要工具。该业务自 1997 年 4 月开始办理以来,在国际外汇市场经历数次剧烈波动的情况下,均起到了很好的规避风险的作用。

作为国内首家试点开办远期结售汇业务的银行,中国银行根据实需原则面向所有境内机构以及经国家外汇管理局批准的其他客户办理远期结售汇业务。目前中国银行远期结售汇业务的币种包括美元、港币、欧元、日元、英镑、瑞士法郎、澳大利亚元、加拿大元；期限有7天、20天、1个月、2个月、3个月至12个月，共14个期限档次。交易可以是固定期限交易，也可以是择期交易。

1. 申请条件①

(1) 经常项目下，凡根据《结汇、售汇及付汇管理规定》可办理结售汇的外汇收支均可办理远期结售汇业务。客户在远期结售汇交易到期交割时，需提供结售汇业务所要求的全部有效凭证。

(2) 资本项目下的远期结售汇限于以下方面：偿还中行自身的外汇贷款；偿还经国家外汇管理局登记的境外借款；经外汇管理局登记的境外直接投资外汇收支；经外汇管理局登记的外商投资企业外汇资本金收入；经外汇管理局登记的境内机构境外上市的外汇收入；经国家外汇管理局批准的其他外汇收支。

2. 业务流程②

(1) 申请办理远期结售汇业务的客户应在中国银行开立相关账户。

(2) 签订远期结汇/售汇总协议书。办理远期结售汇业务的客户需与中国银行签订《远期结汇/售汇总协议书》，一式两份，客户与银行各执一份。

(3) 委托审核。客户申请办理远期结售汇业务时，需填写《远期结汇/售汇委托书》，同时向中国银行提交按照结汇、售汇及付汇管理规定所需的有效凭证；中国银行对照委托书和相关凭证进行审核。客户委托的远期结汇或售汇金额不得超过预计收付汇金额，交易期限也应该符合实际收付汇期限。

(4) 交易成交。中国银行确认客户委托有效后，客户缴纳相应的保证金或扣减相应授信额度；交易成交后，由中国银行向客户出具"远期结汇/售汇交易证实书"。

(5) 到期日审核和交割。到期日中国银行根据结汇、售汇及收付汇管理的有关规定，审核客户提交的有效凭证及/或商业单据，与客户办理交割。

(6) 展期。客户因合理原因无法按时交割的可申请展期。

(7) 违约。客户未能完全履约的，银行有权于最后交割日后对未履约交易部分主动进行违约平仓。

3. 业务示例③

某公司是一家大型纺织出口企业，2004年10月份，该公司来中国银行咨询一笔远期保值业务。该公司将于2004年11月份与一日本客户签订一笔价值800万美元的远期出口合同。考虑到所收货币非本国货币，希望中国银行提供保值工具。根据公司的实际情况，中国银行建议其在签订出口合同的同时叙做远期结汇业务，避免在远期美元收入的过程中因汇率波动而造成的汇兑损失，使公司预先锁定换汇成本。

2004年11月1日，该公司与中国银行叙做了期限为10个月的800万美元远期结

---

① 资料来源：中国银行网站，http://www.boc.cn/cbservice/cb4/cb41/200807/t20080707_908.html。

② 资料来源：同上。

③ 资料来源：同上。

汇业务,成交汇率为8.172 8。2005年9月2日,该公司收到日本客户的美元货款后,即办理交割手续。当天即期结汇价为8.078 7,因此,该公司叙做远期结汇业务比办理即期结汇业务增加收益人民币752 800元。

二、我国银行间远期外汇交易[①]

2005年8月8日起,我国在银行间外汇市场推出远期交易,允许符合条件的银行按照双边报价、双边交易、双边清算的原则,进行银行间人民币对外币的远期交易,并放开实需交易原则的限制,允许银行之间自行选择全额交割或差额交割方式。

所谓双边清算,是指外汇交易达成后,由交易双方按交易要素直接进行资金清算。例如:2009年8月11日,机构A和机构B达成一笔1个月的美元兑人民币远期交易,机构A以6.830 0的价格向机构B买入USD10 000。到2009年9月13日,机构A向机构B支付CNY68 300,同时机构B向机构A支付USD10 000。

全额交割指交易双方对彼此之间达成的交易,按照交易要素逐笔办理资金清算。差额交割是指交易双方在起息日根据约定的汇率与定价日(通常是起息日前的第二个营业日)(见图3-1)即期汇率轧差交割,并可以约定以货币对中的任意一种货币清算。

图3-1 定价日的确定示意图

【例3-21】 机构A在2013年2月15日(周五)与机构B成交一笔2个月的差额清算远期交易,约定机构A在2013年4月19日(周五,起息日)以USD/CNY6.233 1的远期价格向机构B购买USD10 000 000,并约定清算货币为CNY。2013年4月17日(定价日)USD/CNY的即期汇率为6.173 0,问:谁支付差额?差额为多少?

答:(1) A需要在2013年4月19日向机构B支付结算差额。

(2) 结算差额为:

$$(6.233\ 1 - 6.173\ 0) \times 10\ 000\ 000 = 601\ 000(CNY)$$

目前我国银行间远期外汇交易的基本结构如表3-1所示。

表3-1 我国银行间远期外汇交易的基本结构

货币对	USD/CNY、HKD/CNY、JPY/CNY、EUR/CNY、GBP/CNY、AUD/CNY、CAD/CNY
	EUR/USD、GBP/USD、USD/JPY、USD/CAD、USD/CHF、AUD/USD、USD/HKD、EUR/JPY、USD/SGD

---

① 资料来源:根据《中国外汇交易中心产品指引(外汇市场)》相关资料整理。

续 表

期限	1D(T+3)、1 W、2 W、3 W、1 M、2 M、3 M、4 M、5 M、6 M、9 M、1 Y、18 M、2 Y、3 Y 等
交易模式	询价交易
清算模式和方式	双边清算 全额清算/差额清算，由交易双方自行约定
最小交易金额	人民币外汇对：USD10 000 外币对：USD50 000

本 章 小 结

1. 远期外汇交易(Forward Exchange Transaction)又称"期汇交易"，是指交易双方成交后，按合约规定的汇率于未来某日期进行实际交割的外汇交易。按照远期交割日的不同情况，可以将远期外汇交易分为固定交割日的远期外汇交易和选择交割日的远期外汇交易。其中，固定交割日的远期外汇交易又有规则日期交割和不规则日期交割之分。

2. 银行间远期外汇交易的程序与即期外汇交易的程序基本相似，同样包括询价、报价、成交、证实和交割等环节。但是在询价和报价两个环节上要作一些特殊处理。询价时除了表明交易币种和交易金额外，还需表明交易期限。报价可采用完整汇率报价和远期差价报价，目前国际外汇市场上大多采用远期差价报价。远期差价的确定通常以抵补套利利率平价理论为依据，再根据报价行的实际需要进行适当调整。

3. 由于大多数国家的银行对远期外汇交易都是采用远期差价报价，所以必须通过计算求出远期汇率。此外，由于远期外汇交易的交割日有多种不同的情况，因此还需要根据不同的交割日情况来进行远期汇率的计算。

4. 远期外汇交易的运用主要有两大方面：一是保值；二是投机。远期外汇交易的保值性运用是指通过远期外汇交易来避免或消除汇率变动风险的行为。保值仅仅是为了消除或避免外汇风险，把由外汇风险所带来的损失降低到最低限度，而不是利用外汇风险来赚取利润。投机性远期外汇交易是指利用远期外汇交易来进行投机操作，具体而言，就是根据对市场汇率变动的预测，通过买卖远期外汇来谋取汇差收益，包括买空和卖空两种做法。

5. 我国于1997年4月开始在中国银行进行远期结售汇业务试点。2005年8月进一步扩大远期结售汇银行主体，并开始办理银行间远期外汇交易。

本章专业词汇

Forward Exchange Transaction   Forward Margin
Odd / Broken Date Forward Transaction   Outright Rate
Optional Date Forward Transaction   Swap Rate
Non-Deliverable Forward   Buy Long
Covered Interest Arbitrage   Sell Short

思 考 题

1. 规则日期的远期交割日如何确定?
2. 择期交易的远期汇率如何确定?
3. 如何计算零星交易的远期汇率?
4. 简述采用借入资金来进行抵补套利的一般步骤。

练 习 题

1. 如果交易日是 2010 年 12 月 30 日(星期四),那么 3 个月的远期交割日是_____。
   A. 2011 年 3 月 30 日(星期三)　　　　B. 2011 年 3 月 31 日(星期四)
   C. 2011 年 4 月 3 日(星期日)　　　　　D. 2011 年 4 月 4 日(星期一)

2. 若即期交割日是 2010 年 12 月 31 日(星期五),那么 2 个月远期外汇交易的交割日是_____。
   A. 2011 年 2 月 28 日(星期一)　　　　B. 2011 年 3 月 1 日(星期二)
   C. 2011 年 3 月 2 日(星期三)　　　　　D. 2011 年 3 月 4 日(星期五)

3. 如果交易日是 2010 年 12 月 30 日(星期四),那么 1 个月的远期交割日是_____。
   A. 2011 年 1 月 28 日(星期五)　　　　B. 2011 年 1 月 30 日(星期日)
   C. 2011 年 1 月 31 日(星期一)　　　　D. 2011 年 2 月 3 日(星期四)

4. 假设 EUR/USD 的即期汇率为:1.409 1/98;Spot/1 Month 掉期率为 28/35;Spot/2 Month 掉期率为 38/49,则报价行对 1 个月至 2 个月的择期交易的报价为_____。
   A. 1.411 9/1.414 7　　　　　　　　B. 1.405 6/69
   C. 1.405 6/73　　　　　　　　　　D. 1.406 3/69

5. 假设 USD/CAD 的即期汇率为:1.059 5/05;Spot/1 Month 掉期率为 128/123;Spot/2 Month 掉期率为 158/154,则报价行对 1 个月至 2 个月的择期交易的报价为_____。
   A. 1.043 7/51　　　　　　　　　　B. 1.043 7/82
   C. 1.045 1/67　　　　　　　　　　D. 1.046 7/82

6. 假设 USD/CHF 的即期汇率为:0.878 4/88;Spot/1 Month 掉期率为 23/28;Spot/2 Month 掉期率为 54/58,则报价行对 1 个月至 2 个月的择期交易的报价为_____。
   A. 0.880 7/16　　B. 0.883 8/46　　C. 0.880 7/46　　D. 0.881 6/38

7. 试从报价行的角度,报出下列择期交易的双向汇率:
   (1) AUD/USD　　即期汇率　　　　0.927 3/79
   　　　　　　　　2 个月远期差价　　122/114
   　　　　　　　　3 个月远期差价　　164/158
   报价行的 2 个月至 3 个月的择期汇率。

(2) USD/HKD 即期汇率 7.756 5/70
1 个月远期差价 25/32
3 个月远期差价 86/94

报价行的 1 个月至 3 个月的择期汇率。

8. 已知：USD/CHF 即期汇率为 1.154 2/52；6 个月 USD 利率为 0.85%—0.90%；6 个月 CHF 利率为 1.50%—1.125%。试根据精确公式计算 USD/CHF 6 个月的远期差价。

9. 假设 9 月期的美元利率报价是 $4\frac{1}{4}\%$—$4\frac{1}{8}\%$；9 月期的欧元利率报价为 5.85%—5.75%；EUR/USD 即期汇率为 1.224 0/50。试计算 EUR/USD 9 月期的远期差价。

10. 假设市场行情如下：

外汇市场：USD/CHF Spot 1.200 0/05；6M Swap Rate 120/115

货币市场：6 个月 USD $5\frac{1}{4}\%$—$5\frac{1}{8}\%$；6 个月 CHF $2\frac{7}{8}\%$—$2\frac{5}{8}\%$

如果从市场借入 CHF 1 200 万，能否套利获利？结果如何？

11. 假设 EUR/USD 的 1 个月（30 天）的远期差价是 100/120，2 个月（60 天）的远期差价是 140/160，假定没有其他影响汇率的因素，请计算 45 天的远期差价。

12. 国内某服装出口商希望客户能够在 30 天后支付货款 200 万美元。目前中国银行的即期汇率报价为 USD/CNY=6.132 7/6.157 3，1 个月的远期差价 215/208。问：(1) 如果 30 天后市场即期汇率变化为 USD/CNY=6.105 0/6.122 4，那么该出口商收到的 200 万美元可兑换为多少人民币？(2) 如果该出口商现在卖出 1 个月的远期美元 200 万，那么到时的人民币收入是多少？（均不考虑手续费）

13. 某年 2 月初某船厂需要进口发动机，价格 1 000 万美元，由于流动资金短缺，船厂打算向银行融入 6 个月的人民币资金，购汇后对外支付。当时市场行情如下：

6 个月贷款利率：人民币 6.57%，美元 8%。

美元/人民币：即期汇率 7.198 0/20；6 个月远期汇率 6.953 9/59。

问：该船厂借人民币购汇支付还是借美元直接支付？

14. 某日美国 91 天国库券年率为 8%，德国银行 3 个月贷款年利率为 6%，纽约外汇市场即期汇率 RUR/USD=1.291 0/20，3 个月远期差价为 25/35。在此市场条件下，若德国投资者向银行借款 100 万欧元进行抵补套利，结果如何？（不考虑手续费）

第四章 外汇掉期交易

开篇案例

一家广东省内贸易公司向美国出口产品,收到货款100万美元。该公司需将货款兑换为人民币用于中国国内支出。同时,公司需从美国进口原材料,将于3个月后支付100万美元的货款。此时,这家贸易公司是持有美元,短缺人民币资金,若当时的美元兑人民币为8.10,公司以8.10的价格将100万美元换成了810万人民币,3个月后需要美元时,公司还要去售汇(用人民币换回美元用于支付)。这样,公司在做两笔结售汇交易的同时,承担着汇率风险。如果3个月后人民币贬值为8.15,公司就必须用815万人民币换回100万美元,产生了5万人民币的损失。在中国银行开办掉期业务后,这家公司可以采取以下措施来对冲风险:叙做一笔3个月美元兑人民币掉期外汇买卖:即期卖出100万美元买入相应的人民币,同时约定3个月后卖出人民币买入100万美元。假设美元3个月年利率为3%,人民币3个月年利率为1.7%,中国银行利用利率平价理论加之风险预期再加之金融产品风险等级得出的掉期点数为-450,则客户换回美元的成本就固定为8.055。如此,公司解决了流动资金短缺的问题,还达到了固定换汇成本和规避汇率风险的目的。

什么是外汇掉期交易?什么又是人民币外汇掉期?通过外汇掉期交易如何达到固定换汇成本和规避汇率风险的目的?本章将对这些问题做出解读。

【学习要点】

外汇掉期交易也是国际外汇市场上一种主要的外汇交易方式,其交易量已超过外汇即期交易和远期交易。本章在介绍外汇掉期交易的概念、类型和操作程序的基础上,重点介绍不同类型的掉期汇率的计算问题,以及外汇掉期交易在调整外汇交割日、防范汇率风险和进行盈利操作等方面的运用。最后结合我国实际,介绍我国外汇市场上外汇掉期交易的发展状况。

第一节 外汇掉期交易概述

20世纪80年代以来,外汇掉期市场迅猛发展,全球外汇掉期日均交易量从1989年的1 900亿美元增长到2004年的9 440亿美元,从1995年起,全球外汇掉期交易的日交易量已超过外汇即期交易和远期交易,至 2004 年,分别为外汇即期交易和远期交易日交易量的 1.5 倍和 4.5 倍。

一、外汇掉期交易的含义与特点

(一) 含义

所谓外汇掉期交易(Foreign Exchange Swap Transaction),是指在买进(或卖出)某种货币的同时,卖出(或买进)同等数量但交割期限不同的同一种货币的外汇交易。简言之,掉期交易就是同时买进和卖出金额相等、币种相同但交割日不同的外汇交易。需注意的是,这里所讲的买和卖都是就基准货币而言。

掉期交易与前两章介绍的即期交易和远期交易有所不同。即期与远期交易是单一的,要么做即期交易,要么做远期交易;买卖也是单方向的,要么买,要么卖,并不同时进行,因此,通常也把它们叫作单一的外汇买卖。而掉期交易的操作涉及即期交易与远期交易或买卖的同时进行,故称之为复合的外汇买卖,主要用于银行同业之间的外汇交易,一些大公司也经常利用掉期交易进行保值或套利活动。

(二) 特点

外汇掉期交易实际上是在即期外汇交易和远期外汇交易的基础上而形成的一种外汇交易方式,它具有以下特点:

1. 买和卖同时进行

即在买进某种货币的同时又卖出该种货币,虽然进行了两笔外汇交易,但外汇掉期交易视为一笔交易。

2. 买和卖的币种相同

外汇掉期交易要求买进与卖出的货币必须是同一种货币,例如买进了一笔美元,那么同时卖出的也必须是美元。需注意的是,掉期交易中涉及的另一种货币也必须是相同的货币。如前面买美元支付的是瑞士法郎,那么后面卖美元收取的货币也必须是瑞士法郎,否则不能构成掉期交易。

3. 买和卖的金额相等

外汇掉期交易中还要求买进与卖出的货币金额要相等(通常就基准货币而言)。例如,买进的美元是 100 万,那么同时卖出的美元也必须是 100 万。

4. 买和卖的交割期限不同

外汇掉期交易中要求买和卖的币种相同、金额相等,同时还要求买进货币的交割日与卖出同种货币的交割日必须是不相同的。例如,买进的是 100 万即期美元,而同时卖出的是 100 万远期美元。所谓掉期,实际上也就是把两笔外汇的期限做了掉换。

二、外汇掉期交易的类型

外汇掉期交易形式灵活多样,可从不同角度进行划分。

(一) 按交易对手的情况划分

按是否与同一交易对手进行买和卖,可将外汇掉期分为纯掉期和制造掉期。

1. 纯掉期(Pure Swap)

指买和卖是与同一交易对手进行的掉期交易。如图 4-1 所示。

图 4-1　纯掉期的交易对手

2. 制造掉期(Engineered Swap)

指买和卖分别与不同的交易对手进行交易的掉期交易。如图 4-2 所示。

图 4-2　制造掉期的交易对手

通常情况下所讲的掉期交易,一般都是指纯掉期。

(二) 按掉期期限划分

由于外汇掉期交易中要求买和卖的交割期限不同,所以每笔掉期交易都会包含两个交割期限:一个近端期限和一个远端期限,分别用于确定近端起息日和远端起息日。将外汇交割日的两种类型——即期交割日和远期交割日,进行不同组合,可以得到掉期期限的三种类型。

1. 即期对远期的掉期(Spot/Forward Swap)

指买进(或卖出)一种即期外汇的同时,卖出(或买进)同一种货币的远期外汇的掉期交易。即期对远期的掉期是掉期交易中应用得最广泛的一种掉期类型。无论是在银行的外汇头寸调整中,还是在对外投资的保值中,以及投机活动中,都可以应用到即期对远期的掉期。

在国际外汇市场上常见的即期/远期的掉期期限组合有:

(1) Spot/Next(S/N)Swap

该种掉期交易的近端交割日在即期交割日(即 T+2 交割),远端交割日在即期交割日的下一个营业日(即 T+3 交割)。

(2) Spot/Week(S/W)Swap

该种掉期交易的近端交割日在即期交割日,远端交割日在即期交割日之后的某一周。

(3) Spot/Month(S/M)Swap

该种掉期交易的近端交割日在即期交割日,远端交割日在即期交割日之后的某一个月。

即期/远期掉期交易的期限组合如图 4-3 所示。

2. 即期对即期的掉期(Spot/Spot Swap)

指买进(或卖出)一笔即期外汇的同时,卖出(或买进)同一币种、同等金额的另一交

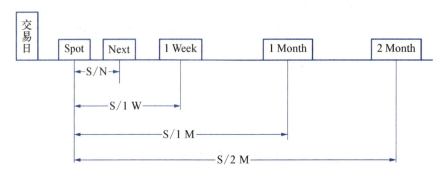

图 4-3 即期/远期掉期交易的期限组合

割日的即期外汇的掉期交易。在银行外汇业务中经常会用到此类掉期交易来调整头寸。

这一类型的掉期交易在国际外汇市场上常见的期限组合有：

(1) Over-night(O/N)Swap。称为"隔夜掉期"或"今日对明日的掉期"。该种掉期交易的近端交割日在成交的当日（即 T+0 交割），远端交割日在成交后的第一个营业日（即 T+1 交割）。

(2) Tomorrow-next(T/N)Swap。称为"隔日掉期"或"明日对后日的掉期"。该种掉期交易的近端交割日在成交后的第一个营业日（即 T+1 交割），远端交割日在成交后的第二个营业日（即 T+2 交割）。

即期/即期掉期交易的期限组合如图 4-4 所示。

图 4-4 即期/即期掉期交易的期限组合

3. 远期对远期的掉期(Forward/Forward Swap)

指在买进（或卖出）某种远期外汇的同时，卖出（或买进）不同交割期限的同一币种、同等金额的远期外汇的掉期交易。这种期限的掉期交易中，两个交割日都为远期交割日，只不过远端交割日的远期期限比近端交割日的远期期限更长。例如，买进 1 个月的远期美元 100 万，同时又卖出 3 个月的远期美元 100 万。该种类型的掉期交易常为进出口商所用。

远期/远期掉期交易的期限结构如图 4-5 所示。

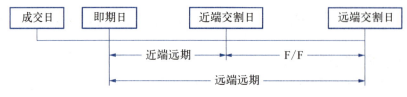

图 4-5 远期/远期掉期交易的期限结构

(三) 按掉期交易方向划分

按掉期交易方向来划分,可将掉期交易分为以下两种。

1. Buy/Sell Swap

即买进一笔外汇的同时,又卖出同一笔不同期限的外汇。例如,买进1个月的远期美元100万,同时又卖出3个月的远期美元100万。此种掉期交易中,在近端交割日,交易者买进基准货币;远端交割日,交易者卖出基准货币。

2. Sell/Buy Swap

即卖出一笔外汇的同时,又买进同一笔不同期限的外汇。例如,卖出1个月的远期美元100万,同时又买进3个月的远期美元100万。此种掉期交易中,在近端交割日,交易者卖出基准货币;远端交割日,交易者买进基准货币。

三、外汇掉期交易的作用

由于掉期交易是运用不同的交割期限来进行的,故而可以避免因时间不一所造成的汇率变动的风险,对促进国际贸易与国际投资的发展具有积极的作用。具体表现在以下方面。

(一) 有利于进出口商进行保值

进出口商在对外贸易活动中,经常会同时存在大笔的应收外汇账款和应付外汇账款,而且可能出现应收外汇账款和应付外汇账款币种相同、金额相等的情况,只是收付时间不同。如果分别采用卖出远期外汇(针对应收外汇账款)和买进远期外汇(针对应付外汇账款)的做法,当然也可以达到规避汇率风险的目的,但是在价格上相对有些不利,因为进出口商卖外汇要用报价行的买价、买外汇要用报价行的卖价,相当于有两次损失。如果采用掉期交易来对币种相同、金额相等、只是收付时间不同的两笔外汇账款进行保值,那就等于是做了一笔交易,价格上有损失也只是一次性的。所以,进出口商采用掉期交易来对进出口货款保值要比分开用两笔远期交易来做保值更有利。

(二) 有利于规避对外投资的汇率风险

掉期交易可以使投资者将闲置的货币转换为所需要的货币,并得以运用,从中获取利益。现实中,许多公司和银行及其他金融机构就利用这项新的投资工具,进行短期的对外投资。在进行这种短期对外投资时,它们必须将本币兑换为另一国的货币,然后调往投资国或地区,但在资金回收时,有可能发生外币汇率下跌使投资者蒙受损失的情况。利用掉期交易可在买进投资国货币现汇的同时,锁定将来出售投资货币时的汇率风险。

(三) 有利于银行消除远期外汇交易风险

外汇掉期交易可使银行消除与客户进行单独远期交易所承受的汇率风险,平衡银行外汇头寸,使银行资产结构合理化。例如,甲银行在买进客户6个月的100万远期美元后,为避免风险,轧平头寸,必须再卖出等量的且交割日期相同的远期美元。但在银行同业市场上,直接出售单独的远期外汇比较困难。因此,银行可采用这样一种做法:先在即期市场上出售100万即期美元,然后再做一笔即期对远期的掉期交易,即买进

100万即期美元,同时卖出6个月的100万远期美元。结果,即期美元一买一卖相互抵消,银行实际上只卖出了一笔6个月期的100万远期美元,轧平了与客户交易出现的100万远期美元多头。

> **阅 读 链 接**
>
> ## 外汇掉期交易的魅力
>
> 根据我国《企业会计准则第22号——金融工具确认和计量》之规定,衍生工具包括远期、期货、期权和互换,以及具有远期合同、期货合同、期权和互换中一种或一种以上特征的工具。就外汇市场而言,掉期(互换)交易几乎已经占到了整体衍生交易规模的半壁江山,所以了解一些掉期交易的特性或许能够帮助我们更好地认识这个市场。
>
> 就基本定义而言,外汇掉期是交易双方约定以货币A交换一定数量的货币B,并以约定价格在未来的约定日期用货币B反向交换同样数量的货币A。一般而言,首次换入高利率货币的一方必然要对另一方予以补偿,补偿的金额取决于两种货币间的利率水平差异,补偿的方式既可通过到期的交换价格反映,也可通过单独支付利差的形式反映。这一过程充分体现了利率平价理论中有关"利率损失汇率补"的核心理念。
>
> 外汇掉期交易根据不同层次的交易方而呈现如下几种功能属性:
>
> 企业层面多通过掉期交易规避贸易对手交易货币潜在的汇率风险。比如国内一家贸易公司向美国出口产品,收到货款100万美元,该公司需将货款兑换为人民币用于国内支出。同时公司需从美国进口原材料,并将于3个月后支付100万美元的货款。此时,公司可以和银行叙做一笔3个月美元兑人民币掉期外汇交易:即期卖出100万美元,买入相应的人民币;3个月远期则买入100万美元,卖出相应的人民币。通过上述交易,公司可以轧平其中的资金缺口,达到规避在3个月内美元兑人民币汇率下跌(人民币升值)的风险。
>
> 针对利率敏感型的对公外汇存款客户,银行则往往会推荐其执行"掉期存款",而该项存款的本质亦是一笔掉期交易。比如某对公客户的一笔100万澳元存款,其随时要保持待命支付状态,故一般情况下企业只能被迫将该资金置于活期账户内,而目前银行普遍提供的澳元活期存款利率只有0.25%。通过一笔当日卖出澳元买入日元、次日买入澳元卖出日元的交易,在同样能够保证客户澳元头寸流动性的背景下,经过掉期点的折算,其在目前阶段居然能够获得接近3%的利率水平,收益率陡增10倍有余。
>
> 从银行的角度看,除了代客交易职能外,外汇掉期交易亦能解决银行自身货币错配的问题。比如随着澳元汇率在过去半年多巨幅下跌并逐渐企稳后,客户将外币资产配置于澳元的动机逐渐加强,这导致银行澳元存款水平随之大幅提升。不过与此同时,境内外币贷款的主要币种仍是美元,一定程度上显示了近期银行外币存贷业务

的货币错配状况。这时候掉期交易又可以发挥作用了,银行往往会通过银行间市场执行即期卖出澳元买入美元(匹配美元贷款)、对应澳元平均存款期限去买回澳元卖出美元(匹配收回美元贷款及澳元存款到期)。

(资料来源:《东方早报》,2009 年 4 月 6 日,李炜)

四、外汇掉期交易的操作程序

银行间的外汇掉期交易基本上也是按照询价、报价、成交、证实、交割五个环节来操作的。但是,在报价上要特别注意理解报价行所报出的掉期点(或远期差价)的含义。

(一)询价

CHF SWAP USD10 MIO AG CHF SPOT/1MTH PLS

【请问 1 000 万美元兑瑞士法郎、即期对 1 个月远期的掉期报价】

JPY T/N SWAP USD 1 AG JPY MIO PLS

【请问 100 万美元兑日元的隔日掉期的报价】

(二)报价

在掉期交易中,报价行依然采用双向报价。与远期外汇交易的报价一样,报价行在接到询价后,通常也需要报出两个远期差价(或掉期率),如 10/20,前为买价的掉期率,后为卖价的掉期率。需要特别注意的是,掉期交易中的掉期率不仅仅表示的是远期汇率与即期汇率的差价,而且代表着掉期交易的方向。

买价的掉期率:代表报价行卖出近端交割的基准货币与买入远端交割的基准货币的汇率差价,意味着报价行在掉期交易中的交易方向是前手卖、后手买,即 Sell/Buy 的掉期交易。

卖价的掉期率:代表报价行买入近端交割的基准货币与卖出远端交割的基准货币的汇率差价,意味着报价行在掉期交易中的交易方向是前手买、后手卖,即 Buy/Sell 的掉期交易。

(三)操作实例

鉴于外汇掉期交易中的成交和证实环节的操作与即期交易相似,此处不再详述。下面以实例来介绍银行间通过路透交易系统进行的外汇掉期交易的操作程序。

【例 4-1】 2013 年 2 月 18 日 A 行(询价行)与 B 行(报价行)进行一笔 GBP/USD 的即期/3 个月远期的掉期交易。

A:GBP SWAP GBP 5 MIO AG USD SPOT/3MONTH

【请问 500 万英镑兑美元的即期对 3 个月的掉期交易报价】

B:SWAP 50/54 SP 1.546 3/7 3

【掉期点 50/54,即期汇率 1.546 3/7 3】

A:50

【我买/卖 500 万英镑兑美元】

B：OK DONE TO CFM AT 50 I SELL AND BUY GBP 5 MIO AG USD RATE 1.547 3 AG 1.552 3 VAL FEB 20 2013 AND MAY 20 2013 MY USD TO B BANK NY MY GBP TO B BANK LDN TKS FOR THE DEAL N BI

【同意成交。在50点上我卖出同时买进500万英镑兑美元，汇率为1.547 3和1.552 3，交割日为2013年2月20日和2013年5月20日，我买进的美元请汇至B行纽约分行、英镑请汇至B行伦敦分行。谢谢交易，再见】

A：OK AGREED MY GBP TO A BANK LDN MY USD TO A BANK NY TKS N BI

【同意证实。我买进的英镑请汇至A行伦敦分行、美元汇至A行纽约分行。谢谢，再见】

【例4-2】 2013年6月17日A行（询价行）与B行（报价行）进行一笔USD/CHF的T/N的掉期交易。

A：CHF T/N SWAP USD 2 MIO

【请问200万美元兑瑞士法郎的隔日掉期的报价】

B：SWAP 6/5 SP 0.922 9/32

【掉期点6/5，即期汇率0.922 9/32】

A：5

【我卖/买200万美元兑瑞士法郎】

B：OK DONE TO CFM I BUY AND SELL USD 2 MIO AG CHF AT 0.923 7 AG 0.923 2 VAL JUN 18 2013 AND JUN 19 2013 MY USD TO B BANK NY MY CHF TO B BANK ZURICH TKS FOR THE DEAL N BI

【同意成交。我买进同时卖出200万美元兑瑞士法郎，汇率为0.923 7和0.923 2，交割日为2013年6月18日和2013年6月19日，我买进的美元请汇至B行纽约分行、瑞士法郎请汇至B行苏黎世分行。谢谢交易，再见】

A：OK AGREED MY CHF TO A BANK ZURICH MY USD TO A BANK NY TKS N BI

【同意证实。我买进的瑞士法郎请汇至A行苏黎世分行、美元汇至A行纽约分行。谢谢，再见】

第二节　掉期汇率的计算

一、掉期汇率的含义

在外汇掉期交易中，由于买和卖的交割期限不同，所以买和卖的价格也就不相同，两者之间的价差称作"掉期率"（Swap Rate）。它是由两种货币的利差决定的，并随利差的变化而变化。当两种货币的利差扩大时，掉期率会随之变大；当两种货币的利差缩小时,掉期率也会随之变小。

掉期率实际上也就是远期差价,但掉期交易中涉及的远期交割汇率不能直接套用远期汇率。如前所述,掉期交易中的掉期率不仅仅表示的是远期汇率与即期汇率的差价,而且代表着掉期交易的方向。买价的掉期率代表报价行卖出近端交割的基准货币与买入远端交割的基准货币的汇率差价,意味着报价行在掉期交易中的交易方向是Sell/Buy;卖价的掉期率代表报价行买入近端交割的基准货币与卖出远端交割的基准货币的汇率差价,意味着报价行在掉期交易中的交易方向是Buy/Sell。

如在【例 4-1】中,B 行所报的 GBP/USD 的 SPOT/3MONTH 的掉期率为 50/54,前面的 50 为买价掉期率,它表示的含义是 B 行卖出即期英镑与买进 3 个月远期英镑的汇率差价是 50 点,即远端交割的 3 个月远期英镑的买价要在近端交割的即期英镑的卖价上加 50 个点(=1.547 3+0.005 0);后面的 54 为卖价掉期率,它表示的含义是 B 行买进即期英镑与卖出 3 个月远期英镑的汇率差价是 54 点,即远端交割的 3 个月远期英镑的卖价要比近端交割的即期英镑的买价高出 54 点(=1.546 3+0.005 4)。

由此可见,掉期汇率的计算与远期汇率的计算是有区别的。下面用计算式来分析即期/远期的掉期汇率与远期汇率的区别(站在报价行的角度):

即期汇率 S_1/S_2 (S_1 代表即期汇率买价,S_2 代表即期汇率卖价)

N 个月的掉期率 a/b

则:远期汇率 $= S_1 \pm a / S_2 \pm b$(当 $a<b$ 时,用加法;当 $a>b$ 时,用减法)

而掉期汇率为:

$$\text{Buy Spot/Sell Forward:} S_1/S_1 \pm b \tag{4-1}$$

$$\text{Sell Spot/Buy Forward:} S_2/S_2 \pm a \tag{4-2}$$

由(4-1)式可见,在 Buy/Sell 掉期中,报价行后端卖远期的价格并不等于远期汇率卖价 $S_2 \pm b$,而是等于 $S_1 \pm b$(即期买价加或减卖价掉期率),即在前端交割的买价上加或减卖价掉期率。

由(4-2)式可见,在 Sell/Buy 掉期中,报价行后端买远期的价格并不等于远期汇率买价 $S_1 \pm a$,而是等于 $S_2 \pm a$(即期卖价加或减买价掉期率),即在前端交割的卖价上加或减买价掉期率。

二、掉期汇率的计算

(一)即期对远期掉期汇率的计算

【例 4-3】 某日外汇市场上,USD/JPY 行情如下:

Spot Rate   94.84/88

1M Swap Rate   42/34

求:报价行承做 Buy/Sell 与 Sell/Buy USD/JPY 的 Spot/1M 的掉期汇率。

解:(1)报价行承做 Buy/Sell USD/JPY 的 Spot/1M 的掉期汇率为:

Buy Spot USD	94.84
Sell 1M USD	94.84－0.34＝94.50

（2）报价行承做 Sell/Buy USD/JPY 的 Spot/1M 的掉期汇率为：

Sell Spot USD	94.88
Buy 1M USD	94.88－0.42＝94.46

【例 4－4】 某日外汇市场上，GBP/USD 行情如下：

Spot Rate	1.577 9/89
3M Swap Rate	30/50

求：报价行承做 Buy/Sell 与 Sell/Buy GBP/USD 的 Spot/3M 的掉期汇率。

解：（1）报价行承做 Buy/Sell GBP/USD 的 Spot/3M 的掉期汇率为：

Buy Spot GBP	1.577 9
Sell 3M GBP	1.577 9＋0.005 0＝1.582 9

（2）报价行承做 Sell/Buy GBP/USD 的 Spot/3M 的掉期汇率为：

Sell Spot GBP	1.578 9
Buy 3M GBP	1.578 9＋0.003 0＝1.581 9

【例 4－5】 某日外汇市场上，A 银行对 USD/HKD 汇率的报价如下：

Spot Rate	7.759 5/98
2M Swap Rate	20/28

某顾客与 A 银行叙做一笔 Buy/Sell USD/HKD 的 Spot/2M 的掉期交易，试分析：（1）该顾客的掉期汇率；（2）该顾客叙做该笔掉期交易后的盈亏状况；（3）A 银行承做该笔掉期交易后的盈亏状况。

分析：

（1）顾客做 Buy/Sell 的掉期交易，意味着 A 银行的掉期交易方向就是 Sell/Buy，故掉期汇率为：

银行 Sell Spot USD	7.759 8
银行 Buy 2M USD	7.759 8＋0.002 0＝7.761 8

因此，该顾客叙做 Buy/Sell USD/HKD 的 Spot/2M 的掉期汇率为 7.759 8/7.761 8。

（2）由于 2 个月的 USD/HKD 是升水的，所以该顾客叙做 Buy/Sell 的 USD/HKD 的掉期（先买后卖）可以获利，盈利 20 个点。

（3）由于 2 个月的 USD/HKD 是升水的，所以 A 银行承做 Sell/Buy 的 USD/HKD 的掉期（先卖后买）会出现亏损，亏损 20 个点，正是银行所报的买价掉期率（相对小的点数）。

【例 4－6】 某日外汇市场上，A 银行对 USD/CHF 汇率的报价如下：

Spot Rate	0.922 9/32
2M Swap Rate	32/26

某顾客与 A 银行叙做一笔 Buy/Sell USD/CHF 的 Spot/2M 的掉期交易,试分析:(1)该顾客的掉期汇率;(2)该顾客叙做该笔掉期交易后的盈亏状况;(3)A 银行承做该笔掉期交易后的盈亏状况。

分析:

(1)顾客做 Buy/Sell 的掉期交易,意味着 A 银行的掉期交易方向就是 Sell/Buy,故掉期汇率为:

银行 Sell Spot USD	0.923 2
银行 Buy 2M USD	0.923 2－0.003 2＝0.920 0

因此,该顾客叙做 Buy/Sell USD/CHF 的 Spot/2M 的掉期汇率为 0.923 2/0.920 0。

(2)由于 2 个月的 USD/CHF 是贴水的,所以该顾客叙做 Buy/Sell 的 USD/CHF 的掉期(先买后卖)会出现亏损,亏损 32 个点。

(3)由于 2 个月的 USD/CHF 是贴水的,所以 A 银行承做 Sell/Buy 的 USD/CHF 的掉期(先卖后买)会获得盈利,盈利 32 个点,正是银行所报的买价掉期率(相对大的点数)。

从【例 4-5】和【例 4-6】的分析中可以看出,掉期交易中报价行所报的掉期率实际上还决定着掉期交易双方的盈亏。由于报价行要赚大点、亏小点,而报价行的盈亏正好与客户(询价方)相反,所以客户(询价方)赚的是小点、亏的是大点。当基准货币远期升水时,掉期率表现为前小后大(如【例 4-5】中的 20/28),前面小的点数(20)就是报价行亏的点数,也就是询价方赚的点数;后面大的点数(28)就是报价行赚的点数,也就是询价方亏的点数。当基准货币远期贴水时,掉期率表现为前大后小(如【例 4-6】中的 32/26),前面大的点数(32)就是报价行赚的点数,也就是询价方亏的点数;后面小的点数(26)就是报价行亏的点数,也就是询价方赚的点数。

另外,在掉期交易的惯例中还有一点需要注意:由于对于掉期交易双方来说,决定交易盈亏结果的关键是掉期率的大小,而与即期汇率水平的高低并无太大关系,所以在掉期交易中,前端交割的即期汇率用报价行的买价或卖价无所谓,只要双方都同意接受即可。

【例 4-7】 下面有 5 家银行对 USD/CHF 的掉期交易报价(见表 4-1)。

表 4-1 USD/CHF 掉期交易报价

	Spot/1 月期	Spot/2 月期	Spot/3 月期	Spot/6 月期
A 银行	51/48	109/103	170/161	369/352
B 银行	53/50	110/104	171/162	371/354
C 银行	54/51	112/101	172/159	372/355
D 银行	49/46	105/98	168/159	367/348
E 银行	56/52	108/102	167/160	368/351

问：在下面的交易中,你愿与哪一家银行交易?

(1) 即期卖出 USD,同时买入 1 月期 USD。

(2) 即期买入 USD,同时卖出 2 月期 USD。

(3) 即期买入 CHF,同时卖出 3 月期 CHF。

(4) 即期卖出 CHF,同时买入 6 月期 CHF。

分析:

(1) 由 5 家银行对 1 月期的掉期率报价可知,远期汇率贴水,因此做 Sell Spot/Buy 1M 的 USD/CHF 的掉期交易可以获利,但是客户只能赚小的点数,故采取"小中取大"原则,在 5 家银行报的相对小的掉期率中选最大的掉期率,结果应选 E 银行进行掉期交易。

(2) 由 5 家银行对 2 月期的掉期率报价可知,远期汇率贴水,因此做 Buy Spot/Sell 2M 的 USD/CHF 的掉期交易会有损失,但是客户要亏大的点数,故采取"大中取小"原则,在 5 家银行报的相对大的掉期率中选最小的掉期率,结果应选 D 银行进行掉期交易。

(3) 先将掉期交易方向转变成对基准货币的买卖,即期买入 CHF 同时卖出 3 月期 CHF,也就是即期卖出美元同时买进 3 月期美元。由 5 家银行对 3 月期的掉期率报价可知,远期汇率贴水,因此做 Sell Spot/Buy 3M 的 USD/CHF 的掉期交易可以获利,但是客户只能赚小的点数,故采取"小中取大"原则,在 5 家银行报的相对小的掉期率中选最大的掉期率,结果应选 B 银行进行掉期交易。

(4) 先将掉期交易方向转变成对基准货币的买卖,即期卖出 CHF 同时买入 6 月期 CHF,也就是即期买进美元同时卖出 6 月期美元。由 5 家银行对 6 月期的掉期率报价可知,远期汇率贴水,因此做 Buy Spot/Sell 6M 的 USD/CHF 的掉期交易会有损失,但是客户要亏大的点数,故采取"大中取小"原则,在 5 家银行报的相对大的掉期率中选最小的掉期率,结果应选 D 银行进行掉期交易。

(二) 远期对远期掉期汇率的计算

远期对远期的掉期交易可视作为由两笔即期对远期的掉期交易构成,由于两笔即期头寸可以相互轧平,剩下两笔远期头寸,恰好构成远期对远期的掉期。因此,远期对远期的掉期汇率计算不同于单纯的即期对远期的掉期汇率计算。

1. Sell FW_1/Buy FW_2(FW_1 为较短远期,FW_2 为较长远期)

报价行可以将 Sell FW_1/Buy FW_2 的掉期拆分为两笔即期对远期的掉期,即:

$$\text{Buy Spot/Sell } FW_1$$
$$\text{Sell Spot/Buy } FW_2$$

在这两笔即期对远期的掉期交易中,两笔即期头寸一买一卖,可以相互抵消,剩下的两笔头寸正好构成 Sell FW_1/Buy FW_2 的远期对远期掉期。Buy Spot/Sell FW_1 的掉期率是报价行 FW_1 的卖价掉期率;Sell Spot/Buy FW_2 的掉期率是报价行的 FW_2 的买价掉期率。可见,Sell FW_1/Buy FW_2 的掉期率是长期限的买价掉期率与短期限的卖价掉期率的差价。

【例 4-8】 某日外汇市场上，A 银行对 AUD/USD 报价如下：

Spot Rate　　　　　　　　　0.948 4/94
1M Swap Rate　　　　　　　50/40
6M Swap Rate　　　　　　　280/260

试计算 A 银行承做 Sell 1M/Buy 6M AUD/USD 的掉期汇率。
解：A 银行承做 Sell 1M/Buy 6M AUD/USD 的掉期率＝280－40＝240
A 银行 Sell 1M AUD/USD 的汇率为：0.949 4－0.004 0＝0.945 4
A 银行 Buy 6M AUD/USD 的汇率为：0.945 4－0.024 0＝0.921 4
2. Buy FW_1/Sell FW_2（FW_1 为较短远期，FW_2 为较长远期）
报价行可以将 Buy FW_1/Sell FW_2 的掉期拆分为两笔即期对远期的掉期，即：

Sell Spot/Buy FW_1
Buy Spot/Sell FW_2

在这两笔即期对远期的掉期交易中，两笔即期头寸一买一卖，可以相互抵消，剩下的两笔头寸正好构成 Buy FW_1/Sell FW_2 的远期对远期掉期。Sell Spot/Buy FW_1 的掉期率是报价行 FW_1 的买价掉期率；Buy Spot/Sell FW_2 的掉期率是报价行的 FW_2 的卖价掉期率。可见，Buy FW_1/Sell FW_2 的掉期率是长期限的卖价掉期率与短期限的买价掉期率的差价。

【例 4-9】 某日外汇市场上，A 银行对 AUD/USD 报价如下：

Spot Rate　　　　　　　　　0.948 4/94
1M Swap Rate　　　　　　　50/40
6M Swap Rate　　　　　　　280/260

试计算 A 银行承做 Buy 1M/Sell 6M AUD/USD 的掉期汇率。
解：A 银行承做 Buy 1M/Sell 6M AUD/USD 的掉期率＝260－50＝210
A 银行 Buy 1M AUD/USD 的汇率为：0.948 4－0.005 0＝0.943 4
A 银行 Sell 6M AUD/USD 的汇率为：0.943 4－0.021 0＝0.922 4
由上述分析可得出结论：
(1) 远期对远期的掉期率计算可采用交义相减的办法，即用长期限的买价掉期率减去短期限的卖价掉期率得到远期对远期的掉期率买价；用长期限的卖价掉期率减去短期限的买价掉期率得到远期对远期的掉期率卖价。用计算式表示如下（站在报价行角度）：

$$买价掉期率 = a_2 - b_1 \qquad (4-3)$$

$$卖价掉期率 = b_2 - a_1 \qquad (4-4)$$

式中：a_1、b_1 分别表示短期限的掉期率的买价和卖价；
a_2、b_2 分别表示长期限的掉期率的买价和卖价。
如【例 4-8】和【例 4-9】中，根据 A 银行对 AUD/USD 报价：

| 1M Swap Rate | 50/40 |
| 6M Swap Rate | 280/260 |

可计算得到 1M/6M 的掉期率：买价掉期率＝280－40＝240
卖价掉期率＝260－50＝210

(2) 在远期对远期的掉期汇率计算中，只需要先确定前端交割的远期汇率（即较短期限的远期汇率），然后在其基础上加或减远期对远期的掉期率，就可得到后端交割的远期汇率（即较长期限的远期汇率）。加或减的判断与采用远期差价计算远期汇率的规则一样：掉期率前小后大用加；掉期率前大后小用减。

【例 4-10】 某日外汇市场上，A 银行对 EUR/USD 报价如下：

Spot Rate	1.345 2/62
1M Swap Rate	30/20
3M Swap Rate	55/45

某客户欲与 A 银行叙做一笔 Buy 1M/Sell 3M EUR/USD 的掉期交易，试计算其掉期汇率。

解：(1) 1M/3M 的掉期率＝55－20/45－30＝35/15

客户做 Buy/Sell 的远期对远期掉期，要用报价行的买价掉期率，即 35 个点（亏大点）。

(2) 客户 Buy 1M/Sell 3M EUR/USD 的掉期汇率为：

Buy 1M EUR/USD Rate＝1.346 2－0.002 0＝1.344 2
Sell 3M EUR/USD Rate＝1.344 2－0.003 5＝1.340 7
（或 1.346 2－0.005 5＝1.340 7）

答：客户 Buy 1M/Sell 3M EUR/USD 的掉期汇率为 1.344 2 和 1.340 7。

【例 4-11】 某日外汇市场上，A 银行对 USD/JPY 报价如下：

Spot Rate	94.84/88
3M Swap Rate	24/32
6M Swap Rate	45/52

某客户欲与 A 银行叙做一笔 Buy 3M/Sell 6M USD/JPY 的掉期交易，试计算其掉期汇率。

解：(1) 3M/6M 的掉期率＝45－32/52－24＝13/28

客户做 Buy/Sell 的远期对远期掉期，要用报价行的买价掉期率，即 13 个点（赚小点）。

(2) 客户 Buy 3M/Sell 6M USD/JPY 的掉期汇率为：

Buy 3M USD/JPY Rate＝94.88＋0.32＝95.20
Sell 6M USD/JPY Rate＝95.20＋0.13＝95.33（或 94.88＋0.45＝95.33）

答：客户 Buy 3M/Sell 6M USD/JPY 的掉期汇率为 95.20 和 95.33。

(三) 即期对即期掉期汇率的计算

【例 4-12】 已知 GBP/USD 有关汇率如下：

  Spot Rate   1.545 0/60
  T/N Swap Rate   10/9

求：报价行承做 S/B GBP/USD T/N 和 B/S GBP/USD T/N 的掉期汇率。

解：(1) 报价行承做 S/B GBP/USD T/N 的价位为 1.546 0/1.545 0

(2) 报价行承做 B/S GBP/USD T/N 的价位为 1.546 9/1.546 0

【例 4-13】 已知 USD/JPY 的有关汇率如下：

  Spot Rate   100.20/30
  T/N Swap Rate   1.5/1.8
  O/N Swap Rate   4.5/5.5

求：报价行承做(1) S/B 与 B/S USD/JPY T/N 的掉期汇率；

     (2) S/B 与 B/S USD/JPY O/N 的掉期汇率。

解：(1) 报价行承做 S/B USD/JPY T/N 的价位为 100.185/100.20

   报价行承做 B/S USD/JPY T/N 的价位为 100.282/100.30

  (2) 报价行承做 S/B USD/JPY O/N 的价位为 100.237/100.282

   报价行承做 B/S USD/JPY O/N 的价位为 100.13/100.185

第三节 外汇掉期交易的应用

从外汇掉期交易的作用可以看出，外汇掉期交易可以应用于进出口保值、投资保值、平衡外汇头寸，除此之外，外汇掉期交易可以用来调整外汇交易的交割日，以及进行盈利操作。

一、进出口保值

【例 4-14】 一家广东省内贸易公司向美国出口产品，收到货款 100 万美元。该公司需将货款兑换为人民币用于国内支出。同时，公司需从美国进口原材料，将于 3 个月后支付 100 万美元的货款。银行当天对 USD/CNY 的汇率报价：即期汇率 8.100 0/45，3 个月掉期率 470/450。比较该公司采用远期交易和掉期交易对 3 个月应付货款进行保值的效果。

分析：

(1) 这家贸易公司现持有美元，短缺人民币资金，若按当天的美元兑人民币即期汇率，公司可以 8.10 的价格将 100 万美元换成 810 万人民币；另外，再向银行买进一笔 3 个月的 100 万远期美元，远期汇率为 8.059 5(=8.104 5－0.045 0)。3 个月后公司需向银行支付 805.95 万人民币，换取 100 万美元，固定了换汇成本。

(2) 公司若采用一笔 Sell Spot/Buy 3M 的 USD/CNY 掉期交易来处理上述业务的话,既可解决流动资金短缺的问题,也可达到固定换汇成本和规避汇率风险的目的,同时成本会比做远期交易更低。

Sell Spot USD/CNY　　　　8.100 0
Buy 3M USD/CNY　　　　　8.100 0－0.045 0＝8.055

掉期交易中公司买 3 个月远期美元的价格为 8.055,3 个月后公司向银行支付 805.5 万人民币,就可换取 100 万美元,比远期交易的购汇成本节约了 0.45 万美元。

【例 4-15】 美国某贸易商将在 1 个月后收到一笔 200 万英镑的货款,但是 3 个月后又需对外支付 200 万英镑的货款。由于近期内美元兑英镑汇率波动较大,公司担心两笔货款因汇率剧烈波动而遭受损失,因此决定采用相应的保值措施。当前外汇市场 GBP/USD 行情如下:

Spot Rate　　　　　　1.565 6/66
1M Swap Rate　　　　74/70
3M Swap Rate　　　　192/186

试比较该贸易商采用远期交易和掉期交易进行保值的结果。

分析:

(1) 采用远期交易保值的结果:

卖 1 个月远期英镑 200 万,价格 1.565 6－0.007 4＝1.558 2
买 3 个月远期英镑 200 万,价格 1.566 6－0.018 6＝1.548 0
获利:(1.558 2－1.548 0)×2 000 000＝20 400(USD)

(2) 采用掉期交易保值的结果:

卖 1 个月远期英镑 200 万,价格 1.565 6－0.007 4＝1.558 2
买 3 个月远期英镑 200 万,价格 1.558 2－(0.018 6－0.007 4)＝1.547 0
获利:(1.558 2－1.547 0)×2 000 000＝22 400(USD)

由上述计算结果可以看出,采用掉期交易保值比采用远期交易保值多获益 2 000 美元。

二、对外投资保值

【例 4-16】 中国某投资公司需要 100 万美元现汇进行投资,预期在 6 个月后收回投资。但考虑到 6 个月后收回美元投资时所存在的汇率风险,公司决定采用掉期交易进行保值,即在外汇市场买进 100 万美元现汇同时再卖出 6 个月的远期美元 100 万(Buy Spot/Sell 6M)。当天银行对 USD/CNY 报价如下:

Spot Rate　　　　　6.128 5/6.129 5
6M Swap Rate　　　83/78

试分析公司采用掉期交易对投资进行保值的结果。

分析如下:

公司掉期交易的做法是买进 100 万美元现汇的同时,再卖出 6 个月的远期美元 100 万,以锁定 6 个月后收回美元投资时所面临的美元汇率下跌的风险。按照当天市场行情,公司买进 100 万美元现汇需支付 612.95 万元人民币,而卖出 100 万 6 个月的远期美元,公司可收回 612.12 万元人民币[=1 000 000×(6.129 5−0.008 3)]。公司需承担掉期交易中的损失 0.83 万元人民币。

如果采用远期交易卖出 100 万 6 个月的远期美元,到时公司收回的人民币为 612.02 万元[=1 000 000×(6.128 5−0.008 3)],比掉期交易少收 0.1 万元人民币。可见,采用外汇掉期交易对对外投资资金进行保值的效果要优于远期交易。

当然,还需考虑的一点是,掉期交易中只是对投资本金的汇率风险进行了保值,而投资利息的汇率风险没有考虑进去,因此还需再单独做一笔远期交易对投资利息进行保值。

案例 4-1

一位基金经理的选择

一位美国的基金经理想在澳大利亚的货币市场投资 6 个月以获得超过国内票据年收益率的好处。但是,将美元转换为澳元投资将使基金暴露在外汇汇率可能发生不利变动的风险之下。所以,当这位基金经理在即期买入澳元的同时,他必须事先确定 6 个月后将澳元卖出的汇率。

他可以通过买入即期澳元,然后再通过完全远期外汇交易将其在远期卖出(这意味着要向做市商支付两次价差);或者他可以通过掉期交易的同一个合约买入即期澳元的同时卖出 6 个月远期澳元。

当时的市场行情如下:

外汇市场:AUD/USD Spot Rate   1.042 8/38
    6Month Swap Rate   155/152

货币市场:6 月期澳元票据的年收益率:5%
    6 月期美元票据的年收益率:1.5%

问题:若投资 1 000 万澳元,该基金经理会选择哪种保值方案(6 个月按 180 天计)?

分析:

(1) 掉期交易保值结果

基金投资于澳洲票据:

基金经理以 155 点的不利点数做即期买、6 个月远期卖 1 000 万澳元的掉期交易,掉期损失为:

$$AUD10\ 000\ 000 \times 0.015\ 5 = USD155\ 000$$

他将澳元以 5% 的回报率投资 180 天可以获得的收入:

$$AUD10\ 000\ 000 \times 5\% \times 180/360 = AUD250\ 000$$

掉期交易只对本金的汇率风险作了保值。基金经理还需通过6个月的完全远期交易卖出25万澳元的利息,可得:

$$250\,000\times(1.042\,8-0.015\,5)=256\,825(USD)$$

基金投资于澳洲票据的净收益:

$$256\,825-155\,000=101\,825(USD)$$

基金投资于美国票据:

购买1 000万澳元的美元投资于美国的收益率为1.5%的180天票据的收入为:

$$USD10\,438\,000\times1.5\%\times180/360=78\,285(USD)$$

即使扣除掉期成本,基金投资于澳洲票据的收益也更高(101 825－78 285＝23 540),其产生的年回报率为:

$$(101\,825/10\,438\,000)\times(360/180)\times100\%=1.95\%$$

(2) 远期交易保值结果

基金投资于澳洲票据:

$$10\,000\,000\times(1+5\%\times1/2)\times(1.042\,8-0.015\,5)=10\,529\,825(USD)$$

基金投资于美国票据:

$$USD10\,438\,000\times(1+1.5\%\times180/360)=10\,516\,825(USD)$$

投资于澳洲票据多获利:

$$10\,529\,825-10\,516\,825=13\,540(USD)$$

结论:掉期交易保值可以确保在澳洲投资比在美国投资多获利23 540美元,而远期交易保值只能确保在澳洲投资比在美国投资多获利13 540美元。该基金经理应选择掉期交易保值方案。

三、银行调整外汇头寸

(一) 运用即期/远期掉期交易调整外汇头寸

银行调整外汇头寸主要是轧平货币的现金流量,它可以通过即期外汇交易和远期外汇交易来进行。当即期外汇交易出现敞口头寸时,通过即期交易调整;而当远期外汇交易出现敞口头寸时,通过远期交易调整。但是,往往很多情况下,外汇买卖的总金额持平了,但外汇买卖的交割时间不同,就会出现资金流量的时间缺口,同样会面临汇率风险。例如,某银行在某个营业日内,买进和卖出欧元各2 000万,从总量上来看,其欧元头寸是持平的,不存在敞口头寸,但是在该买进的欧元中,即期头寸多于远期头寸;在卖出的欧元中,即期头寸少于远期头寸,意味着该行在即期欧元上存在多头,而在远期欧元上存在空头。这表明该行在即期内将有欧元资金流入,而在未来将会面临欧元资金流出的状况。对此,银行可利用掉期交易来调整外汇头寸,使之既达到总量上的平衡,又达到时间上的平衡。

【例 4-17】 A 银行在某个营业日内承做了 6 笔欧元/美元交易:
(1) 买入即期欧元 150 万;
(2) 卖出即期欧元 300 万;
(3) 买入 1 个月远期欧元 200 万;
(4) 卖出 1 个月远期欧元 100 万;
(5) 买入 3 个月远期欧元 150 万;
(6) 卖出 3 个月远期欧元 100 万。

分析:

从欧元买卖总数量上来看,买入欧元总量 500 万,卖出欧元总量也是 500 万,欧元总头寸已经轧平。如表 4-2 所示。

表 4-2 欧元头寸表 （单位:万欧元）

期 限	+（买入）	-（卖出）	差 额
Spot	150	300	-150
1M	200	100	+100
3M	150	100	+50
合 计	500	500	0

但是从时间流量上来看,欧元头寸存在缺口:即期欧元空头 150 万,1 个月远期欧元多头 100 万,3 个月欧元多头 50 万。

为了规避时间上的欧元资金流量缺口可能给银行带来的外汇风险,A 银行可以通过同业市场叙做两笔即期/远期的掉期交易来调整外汇头寸:
(1) 买入即期欧元 100 万/卖出 1 个月远期欧元 100 万;
(2) 买入即期欧元 50 万/卖出 3 个月远期欧元 50 万。

叙做两笔即期/远期的掉期交易后,A 银行的欧元头寸变化如表 4-3 所示。

表 4-3 欧元头寸表 （单位:万欧元）

期 限	+（买入）	-（卖出）	差 额
Spot	150+100+50	300	0
1M	200	100+100	0
3M	150	100+50	0
合 计	650	650	0

由此可见,A 银行通过叙做两笔即期/远期的掉期交易,不仅没有影响欧元总头寸的平衡,同时还使得欧元流量在时间上也达到了平衡。

【例 4-18】 某日,国内某外汇银行分别与甲出口商和乙进口商进行了一笔远期外汇交易,向甲出口商买入 3 个月远期美元 100 万,卖给乙进口商 6 个月远期美元 100 万。这两笔外汇买卖在数量上是相等的,但在时间上不匹配,即 3 个月到期时银行将收进 100 万美元,而 6 个月后银行又将支付 100 万美元。为避免美元汇率变动而遭受损失,银行决定通过掉期交易来调整外汇头寸,使得两笔美元交易在金额和期限上都匹配。假设当时外汇市场上 USD/CNY 行情如下:

Spot Rate　　　　　　　　6.126 7/72
3M Swap Rate　　　　　　610/625
6M Swap Rate　　　　　　920/923

问:该银行如何运用即期/远期的掉期交易来调整头寸?

分析:该银行对这两笔交易头寸的调整,可以通过两笔即期/远期的掉期交易来完成。

(1) 针对向甲出口商买入 3 个月远期美元 100 万形成的远期美元多头。

第一步,立即在即期市场上以 6.126 7 的价格卖出 100 万美元,避免美元汇率下跌而给美元多头头寸带来损失。这样做,虽然在账面上轧平了 3 个月远期美元多头头寸,但在时间上还是不平衡的,即形成新的即期美元空头 100 万,3 个月远期美元多头仍然存在。

第二步,做一笔买进 100 万即期美元/卖出 100 万 3 个月远期美元的掉期交易,以此平衡 100 万即期美元的空头与 100 万 3 个月远期美元的多头。掉期汇率为 6.126 7/6.187 7(=6.126 7+0.061 0)。

通过上述操作,该银行的即期美元头寸和 3 个月的远期美元头寸在金额和期限上都完全匹配了(见表 4-4),规避了美元汇率风险。

表 4-4　美元头寸表　　　　　　　　　　　　　　(单位:万元)

交易序号	期限	+(买入)	-(卖出)	差额
1	3M	100		100
2	Spot		100	-100
3	Spot	100		100
	3M		100	-100
合计		200	200	0

(2) 针对卖给乙进口商 6 个月远期美元 100 万形成的远期美元空头。

第一步,立即在即期市场上以 6.127 2 的价格买入 100 万美元,避免因美元汇率上升而给补进美元空头头寸带来损失。这样做,虽然在账面上轧平了 6 个月远期美元空头头寸,但在时间上还是不平衡的,即形成新的即期美元多头 100 万,6 个月远期美元空头仍然存在。

第二步,做一笔卖出 100 万即期美元/买进 100 万 6 个月远期美元的掉期交易,以此平衡 100 万即期美元的多头与 100 万 6 个月远期美元的空头。掉期汇率为 6.127 2/

6.219 5(=6.127 2+0.092 3)。

通过上述操作,该银行的即期美元头寸和 6 个月的远期美元头寸在金额和期限上都完全匹配了(见表 4-5),规避了美元汇率风险。

表 4-5 美元头寸表　　　　　　　　　　　　　　　　　(单位:万元)

交易序号	期　限	+(买入)	-(卖出)	差　额
1	6M		100	-100
2	Spot	100		100
3	Spot		100	-100
	6M	100		100
合　计		200	200	0

(二) 运用远期/远期掉期交易调整外汇头寸

【例 4-19】 在某天营业临近结束时,A 银行发现当天交易的欧元远期头寸和美元远期头寸还没有平盘:1 个月远期欧元空头 300 万,3 个月远期欧元多头 300 万;同时,一个月远期美元多头 401 万,3 个月远期美元空头 400 万。为了规避汇率风险,该银行需要通过远期对远期的掉期交易来平衡远期头寸。通过银行间询价,A 银行得到的 EUR/USD 报价为:

　　　　Spot Rate　　　　　　　1.338 4/89
　　　　1M Swap Rate　　　　　25/18
　　　　3M Swap Rate　　　　　45/37

试分析 A 银行运用掉期交易调整外汇头寸的结果。

分析:针对 1 个月欧元的空头和 3 个月欧元的多头,A 银行可以采取买入 300 万 1 个月远期欧元/卖出 300 万 3 个月远期欧元的掉期交易,以使欧元头寸在金额和期限上都达到平衡。掉期交易的结果如下:

买入 300 万 1 个月远期欧元折合美元:3 000 000×(1.338 9-0.001 8)= 4 011 300

卖出 300 万 3 个月远期欧元折合美元:3 000 000×(1.338 9-0.004 5)= 4 003 200

买入欧元支付美元、卖出欧元补进美元,由此也调整了 1 个月远期美元的多头和 3 个月远期美元的空头。该行外汇头寸的变化情况见表 4-6。

表 4-6 外汇头寸表　　　　　　　　　　　　　　　　　(单位:万元)

	1M	3M	差　额
EUR	-300+300	+300-300	0
USD	+401-401.13	-400+400.32	-0.13+0.32=0.19

在【例 4-18】中，国内某外汇银行针对向甲出口商买入 100 万 3 个月远期美元形成的远期美元多头和卖给乙进口商 100 万 6 个月远期美元形成的远期美元空头，也可以通过远期/远期的掉期交易来调整外汇头寸，其做法是卖出 100 万 3 个月远期美元/买入 100 万 6 个月远期美元，掉期率为：923－610＝313。

四、调整外汇交易的交割日

客户叙做远期外汇交易后，可能会因一些特殊情况出现（如延期收款或提前收汇）而需要延期交割远期合约，或需要提前交割远期合约。针对这类情况，往往需要运用掉期交易来进行处理，或将远期合约展期，或提前交割远期合约。

（一）远期外汇合约的展期

所谓展期(Roll Over)即延期交割，即往后推迟预定的交割日期或期限。对于出口商来说，可能会经常遇到此类情况。由于进口方推迟付款时间，导致出口商无法按期交割原来签订的出售外汇的远期合约。这就需要对到期的远期合约进行展期。这种展期实际上就是运用掉期交易来做一个技术处理。

【例 4-20】 2013 年 2 月 1 日（周五）国内某贸易公司与国外进口商签订了一份 200 万欧元的出口合同，约定 6 月初以欧元结算。为了防止欧元/人民币汇率下跌而使公司遭受损失，该贸易公司与银行叙做了一笔远期交易——卖出 4 个月的远期欧元 200 万，远期汇率 EUR/CNY＝8.305 6，合约到期日为 6 月 5 日（周三）。但到 6 月初，公司接到进口方通知，因特殊原因需推迟 2 个月付款。对此，该贸易公司需要就 6 月 5 日到期的远期合约向银行申请展期。6 月 3 日公司向银行提出申请，当天银行对 EUR/CNY 的报价为：

```
Spot Rate            7.958 6/8.022 5
2M Swap Rate         447/433
```

试问该贸易公司如何通过掉期交易来进行远期合约的展期？

分析：

(1) 针对因推迟收汇而导致原来签订的远期合约不能如期履约的情况，该贸易公司可通过与银行叙做一笔买进即期欧元/卖出 2 个月远期欧元的掉期交易来进行处理。此笔掉期交易中的买进即期欧元交易可以对冲原到期的远期合约，同时通过掉期交易中的卖出 2 个月远期欧元又可以把再过 2 个月收到的 200 万欧元以固定价格出售给银行，相当于将远期合约延期了 2 个月。

(2) 具体交易及盈亏状况如下：

2 月 1 日叙做的远期交易：公司以 EUR/CNY＝8.305 6 的价格出售 4 个月的 200 万欧元，交割日 6 月 5 日，到时可收进 1 661.12 万元人民币。

6 月 3 日叙做的掉期交易：买进即期欧元/卖出 2 个月远期欧元，掉期汇率为 8.022 5/7.977 8(＝8.022 5－0.044 7)，即以 8.022 5 的即期汇率买进 200 万即期欧元对冲 2 月 1 日签订的远期合约，再以 7.977 8 的 2 个月掉期汇率卖出 2 个月远期欧元

200万。以即期欧元对冲原远期合约,1欧元可以获利0.283 1元人民币(=8.305 6-8.022 5),但6月3日重新卖2个月远期欧元的价格相对于2月1日卖远期欧元的价格有损失,1欧元损失0.327 8元人民币(=7.977 8-8.305 6)。与即期对冲的盈利0.283 1相抵,1欧元净损失0.044 7元人民币,正好是公司叙做买进即期欧元/卖出2个月远期欧元的掉期交易中的掉期率(447个点)。

由此可见,尽管在此笔掉期交易中该公司每1欧元损失0.044 7元人民币,但通过掉期交易,公司将到期而不能履行交割的远期合约进行了展期,并且锁定了汇率风险,从而避免了未来欧元汇率大幅度下跌而遭受巨大损失。

(二) 远期外汇合约的提前交割

外汇掉期交易既可以用来推迟交割到期而不能履行的远期合约,也可以用来提前交割尚未到期的远期合约。

【例4-21】 4月中旬,一日本出口商预计3个月后将收到一笔1 000万美元的出口货款,为避免因美元汇率下跌而遭受损失,该日本出口商与A银行叙做了一笔远期交易——卖出3个月的远期美元1 000万,汇率为USD/JPY=97.49,合约到期日为7月19日。但在6月中旬,该日本出口商就收到了进口方提前支付的货款。鉴于此,日本出口商向A银行提出申请,希望能提前交割7月19日到期的远期合约。6月17日A银行与日本出口商达成一笔即期/远期的掉期交易,当天A银行对USD/JPY的报价为:

Spot Rate　　　　　　　　　　96.45/55
1M Swap Rate　　　　　　　　12/10

试问该日本出口商如何通过掉期交易来提前交割远期合约?

分析:

(1) 该出口商可通过与A银行叙做一笔卖出1 000万即期美元/买入1 000万1个月远期美元的掉期交易来提前交割远期合约。此笔掉期交易中的卖出即期美元交易可以将提前收到的1 000万美元货款以当前的市场即期价格立即出售,以避免美元汇率下跌而遭受损失。而通过掉期交易中的买入1个月远期美元又可以把在7月19日到期的原远期合约对冲掉,因为到7月19日,该出口商有两笔远期合约到期(一笔是4月中旬签订的卖出1 000万美元的3个月合约,另一笔是6月17日签订的买入1 000万美元的1个月合约),两笔合约一买一卖,交易金额都是1 000万美元,正好可以抵消。

(2) 具体交易及盈亏状况如下:

4月中旬叙做的远期交易:公司以USD/JPY=97.49的价格出售3个月的1 000万美元,交割日7月19日,到时可收进97 490万日元。

6月17日叙做的掉期交易:卖出1 000万即期美元/买入1 000万1个月远期美元,掉期汇率为96.45/96.35(=96.45-0.1),即以96.45的即期汇率卖出1 000万美元,将提前收到的1 000万美元货款兑换为96 450万日元;再以96.35的1个月掉期汇率买入1个月远期美元1 000万,以对冲7月19日到期的原远期合约。

6月17日以即期交易汇率96.45卖出1 000万美元,相对于4月中旬约定的远期汇率97.49,1美元损失1.04日元(=96.45-97.49),但6月17日掉期交易中买1个月远期美元的价格为96.35(=96.45-0.1),对冲原3个月远期合约1美元可以获利1.14日元(=97.49-96.35)。与即期卖美元的损失相抵,1美元可以净获利0.1日元,正好是公司叙做卖出1 000万即期美元/买入1 000万1个月远期美元的掉期交易中的掉期率(10个点)。

由此可见,该日本出口商通过卖出1 000万即期美元/买入1 000万1个月远期美元的掉期交易提前交割了尚未到期的远期合约,并且增加了10个点的收益,即1美元多获得0.1日元。

五、进行盈利操作

根据抵补套利利率平价理论可知,掉期率是由两种货币的利差决定的(见式4-5),当两种货币的利差扩大时,掉期率也会变大;当两种货币的利差缩小时,掉期率也会随之变小。而掉期率在掉期交易中又直接决定着交易双方的盈亏大小。因此,根据对未来两种货币利差变化的预测,可以利用掉期交易来进行盈利操作,即投机。

$$F - S = \frac{S \times (i_d - i_f) \times \frac{T}{360}}{1 + i_f \times \frac{T}{360}} \qquad (4-5)$$

(一) 基本方法

选择在两个不同的时点(t_1、t_2),入市各做一笔外汇掉期交易:在t_1做一笔远期/远期的掉期,在t_2再做一笔即期/远期的反向掉期(见图4-6)。两笔掉期交易的交易方向要相反,以达到两笔掉期交易正好抵消,就差额来进行盈亏核算。

图4-6 用掉期交易进行盈利操作的图解

说明:

(1) F_1、F_2分别表示远期/远期掉期交易中的近端远期和远端远期,S、F_3分别表示即期/远期掉期交易中的即期和远期。

(2) t_2一般选择在F_1到期之前的两个营业日,F_2和F_3(=F_2-F_1)的到期日相同,这样就可以保证t_1的F_1与t_2的S同一天到期,因两者交易方向相反,可以相互抵消;F_2和F_3也在同一天到期,两者交易方向相反,正好相抵。

(3) 掉期交易的方向要根据掉期率的升贴水情况(就基准货币而言)以及对两种货币利差变化的预测来确定。例如,如果基准货币远期升水,且未来的利差扩大,那就应该在t_1进行Sell/Buy F_1/F_2,在t_2进行Buy/Sell S/F_3。t_1的掉期交易会出现亏损,t_2的掉期交易会有盈利,由于利差会扩大,所以 t_2 的掉期交易盈利会大于 t_1 的掉期交易亏损,最终实现盈利。

(二) 操作策略

1. 在预期利差扩大的情况下

(1) 若基准货币升水,则在 t_1 做一笔 Sell/Buy 的 F_1/F_2 的掉期;到 t_2,再做一笔 Buy/Sell 的 Spot/F_3 的掉期。

【例 4-22】 假设当前外汇市场上 USD/CHF 的行情如下:

Spot Rate	0.931 4/18
1M Swap Rate	25/28
2M Swap Rate	38/45
3M Swap Rate	62/69

某交易者预期近期内美元利率会下降,从而导致美元和瑞士法郎的利差会扩大,这意味着美元/瑞士法郎的掉期率会上升。问:该交易者应如何运用掉期交易来获利?

分析:根据美元远期升水,以及美元与瑞士法郎的利差将会扩大的预期,该交易者可通过如下操作来获利:

① 现在入市先做一笔 Sell/Buy 的 1M/3M 的掉期交易,掉期率为 44 点(=69-25)。由于美元远期升水,所以前端卖、后端买的掉期交易会有亏损,掉期率也就是亏损的点数。即该交易者在 Sell/Buy 的 1M/3M 的掉期交易上会损失 44 点。

② 如果 1 个月后,美元利率如预期的那样出现下降,导致美元和瑞士法郎的利差扩大,市场上 USD/CHF 的行情变为:

Spot Rate	0.928 6/89
1M Swap Rate	36/39
2M Swap Rate	52/58
3M Swap Rate	74/78

该交易者再入市做一笔 Buy/Sell 的 Spot/2M 的掉期交易,掉期率为 52 点。由于美元远期升水,所以前端买、后端卖的掉期交易可以获利,掉期率也就是获利的点数。在 Buy/Sell 的 Spot/2M 的掉期交易上,该交易者可盈利 52 点。

③ 通过两笔掉期交易的反向操作,该交易者最终可实现 8 个点(=52-44)的盈利。

(2) 若基准货币贴水,则在 t_1 做一笔 Buy/Sell 的 F_1/F_2 的掉期;到 t_2,再做一笔 Sell/Buy 的 Spot/F_3 的掉期。

【例 4-23】 假设当前外汇市场上 GBP/USD 的行情如下:

Spot Rate	1.547 3/78
1M Swap Rate	25/18
3M Swap Rate	45/37
6M Swap Rate	86/82

某交易者预期半年内英镑利率会上升，从而导致英镑和美元的利差会扩大，这意味着英镑/美元的掉期率会上升。问：该交易者应如何运用掉期交易来获利？

分析：根据英镑远期贴水，以及英镑和美元的利差将会扩大的预期，该交易者可通过如下操作来获利：

① 现在入市先做一笔 Buy/Sell 的 3M/6M 的掉期交易，掉期率为 49 点（＝86－37）。由于英镑远期贴水，所以前端买、后端卖的掉期交易会有亏损，掉期率也就是亏损的点数。即该交易者在 Buy/Sell 的 3M/6M 的掉期交易上会损失 49 点。

② 如果 3 个月后，英镑利率如预期的那样出现上升，导致英镑和美元的利差扩大，市场上 GBP/USD 的行情变为：

Spot Rate	1.584 5/49
1M Swap Rate	58/52
3M Swap Rate	72/64
6M Swap Rate	94/88

该交易者再入市做一笔 Sell/Buy 的 Spot/3M 的掉期交易，掉期率为 64 点。由于英镑远期贴水，所以前端卖、后端买的掉期交易可以获利，掉期率也就是获利的点数。在 Sell/Buy 的 Spot/3M 的掉期交易上，该交易者可盈利 64 点。

③ 通过两笔掉期交易的反向操作，该交易者最终可实现 15 个点（＝64－49）的盈利。

2. 在预期利差缩小的情况下

（1）若基准货币升水，则在 t_1 做一笔 Buy/Sell 的 F_1/F_2 的掉期；到 t_2，再做一笔 Sell/Buy 的 Spot/F_3 的掉期。

【例 4-24】 假设当前外汇市场上 AUD/USD 的行情如下：

Spot Rate	0.916 9/74
3M Swap Rate	30/35
6M Swap Rate	69/72

某交易者预期 3 个月后澳元利率会上升，从而导致澳元和美元的利差会缩小，这意味着澳元/美元的掉期率将会下降。问：该交易者应如何运用掉期交易来获利？

分析：根据澳元远期升水，以及澳元和美元的利差将会缩小的预期，该交易者可通过如下操作来获利：

① 现在入市先做一笔 Buy/Sell 的 3M/6M 的掉期交易，掉期率为 34 点（＝69－35）。由于澳元远期升水，所以前端买、后端卖的掉期交易会有盈利，掉期率也就是盈利的点数。即该交易者在 Buy/Sell 的 3M/6M 的掉期交易上会盈利 34 点。

② 如果 3 个月后，澳元利率如预期的那样出现上升，导致澳元和美元的利差缩小，市场上 AUD/USD 的行情变为：

Spot Rate	0.931 4/18

3M Swap Rate	16/20
6M Swap Rate	42/48

该交易者再入市做一笔 Sell/Buy 的 Spot/3M 的掉期交易,掉期率为 20 点。由于澳元远期升水,所以前端卖、后端买的掉期交易会有亏损,掉期率也就是亏损的点数。在 Sell/Buy 的 Spot/3M 的掉期交易上,该交易者会亏损 20 点。

③ 通过两笔掉期交易的反向操作,该交易者最终可实现 14 个点(=34-20)的盈利。

(2) 若基准货币贴水,则在 t_1 做一笔 Sell/Buy 的 F_1/F_2 的掉期;到 t_2,再做一笔 Buy/Sell 的 Spot/F_3 的掉期。

【例 4-25】 假设当前外汇市场上 USD/CAD 的行情如下:

Spot Rate	1.035 6/62
1M Swap Rate	25/21
2M Swap Rate	38/33
3M Swap Rate	62/58
6M Swap Rate	98/92
12M Swap Rate	186/180

某交易者预期半年以后加元利率将会上升,从而导致美元和加元的利差会缩小,这意味着美元/加元的掉期率将会下降。问:该交易者应如何运用掉期交易来获利?

分析:根据美元远期贴水,以及美元与加元的利差将会缩小的预期,该交易者可通过如下操作来获利:

① 现在入市先做一笔 Sell/Buy 的 6M/12M 的掉期交易,掉期率为 82 点(=180-98)。由于美元远期贴水,所以前端卖、后端买的掉期交易会有盈利,掉期率也就是盈利的点数。即该交易者在 Sell/Buy 的 6M/12M 的掉期交易上会盈利 82 点。

② 如果 6 个月后,加元利率果然上升,导致美元和加元的利差缩小,市场上 USD/CHF 的行情变为:

Spot Rate	1.048 2/88
1M Swap Rate	10/6
2M Swap Rate	18/13
3M Swap Rate	29/24
6M Swap Rate	51/46
12M Swap Rate	102/97

该交易者再入市做一笔 Buy/Sell 的 Spot/6M 的掉期交易,掉期率为 51 点。由于美元远期贴水,所以前端买、后端卖的掉期交易会有亏损,掉期率也就是亏损的点数。在 Buy/Sell 的 Spot/6M 的掉期交易上,该交易者会亏损 51 点。

③ 通过两笔掉期交易的反向操作,该交易者最终可实现 31 个点(=82-51)的盈利。

第四节　我国外汇市场上的人民币外汇掉期交易

一、外汇掉期交易在我国的推出

2005年8月2日中国人民银行发布《关于扩大外汇指定银行对客户远期结售汇业务和开办人民币与外币掉期业务有关问题的通知》，允许各外汇指定银行对客户开办人民币与外币掉期业务。2006年4月24日起，在我国银行间外汇市场推出人民币对外币掉期交易。至此，外汇掉期交易在我国外汇市场上全面推出。

外币兑人民币的掉期业务实质上是外币兑人民币即期交易与远期交易的结合，具体而言，银行与客户协商签订掉期协议，分别约定即期外汇买卖汇率和起息日、远期外汇买卖汇率和起息日。客户按约定的即期汇率和交割日与银行进行人民币和外汇的转换，并按约定的远期汇率和交割日与银行进行反方向转换的业务。

下面以中国银行为例，介绍外汇掉期交易在我国外汇市场上的开展情况。

二、中国银行的外汇掉期交易[①]

（一）产品特点

根据人民币与外币掉期交易的特点，该产品在几方面适合公司客户不同需求。

（1）运用人民币掉期交易，通过即期卖出高息货币（高于存款利息），远期买入高息货币的方式，实现高息货币资金的有效利用，获得比定期存款高的利息收入，实现外汇的保值增值。

（2）运用人民币掉期交易，提高本外币流动资金的使用效率。通过本外币资金的互换，不仅能解决本币或外币流动性资金短缺的问题，而且能达到固定换汇成本和规避汇率风险的目的。

（3）丰富投资品种，提高投资收益，规避汇率风险。随着QDII准入资格的放开，越来越多的资金寻求海外投资的机会。通过人民币对外币掉期，客户可以投资于全球各个金融市场和金融产品，极大丰富了投资品种，分散了投资风险，提高投资回报。

（4）运用人民币掉期交易调节远期结售汇交易到期日，使之展期或提前交割。

（二）币种

美元/人民币、港币/人民币、欧元/人民币、日元/人民币、英镑/人民币、瑞士法郎/人民币、澳大利亚元/人民币、加拿大元/人民币。

（三）交易期限

普通人民币掉期最长期限为一年。客户到期可以通过叙做新的掉期交易的方式进

---

① 资料来源于中国银行网站：http://www.boc.cn。

行展期，新的交易的即期价格应以交易当日市场价格为准，并结清相应损益。

（四）担保

客户办理远期结售汇、人民币与外币掉期业务时，应缴纳保证金或扣减授信额度，有关保证金/授信额度的管理参照《中国银行国内分行资金业务管理制度》的有关规定执行。

（五）适用客户

境内机构以及国家外汇管理局批准的客户。

（六）申请条件

凡符合以下规定的经常项目和资本项目项下收支业务可办理外币对人民币掉期业务。

（1）经常项目下，凡根据《结售汇、售汇及付汇管理规定》可办理结售汇的外汇收支均可办理外币对人民币掉期业务，客户在外币对人民币掉期业务履约交割时，需提供所要求的全部有效凭证。

（2）资本项目下适用于如下方面：① 偿还中行自身的外汇贷款；② 偿还经国家外汇管理局登记的境外借款；③ 经国家外汇管理局登记的境外直接投资外汇收入；④ 经国家外汇管理局登记的外商投资企业外汇资本金收入；⑤ 经国家外汇管理局登记的境内机构境外上市的外汇收入；⑥ 经国家外汇管理局批准的其他外汇收入。

（3）办理经常项目和资本项目项下收支业务的外币对人民币掉期业务，客户应提供符合外汇管理规定的以上收支业务的有效凭证，客户已存入经常项目下外汇账户（不包括"待结汇账户"，"待结汇账户"待外汇管理局账户改革明确后另行规定）的资金可办理掉期业务，到期履约换回的外汇可以存入经常项下外汇账户。用于办理掉期业务的经常项下外汇账户的资金如有具体的支出目的和用途，客户提供相应的有效凭证。

（七）办理流程

（1）客户向中行申请办理人民币与外汇掉期业务，需提交申请书及符合规定的人民币与外汇掉期业务范围相应凭证；

（2）根据有关外汇管理规定，对客户申请书和相应凭证进行真实性、合规性审核；

（3）通过审核后，向资金部门询价；

（4）落实客户交易保证金或扣减授信额度，与客户商妥价格后经办人签字。将申请书客户联交客户，当天办理转账并向客户寄交易证实书；

（5）中行受理的掉期业务，客户按时与中行办理交割，交割当日办理转账手续。

案 例 4-2

掉期交易运用案例：降低融资成本

（一）案例背景

2005年7月21日，人民币汇率机制进行了重大改革，央行宣布对人民币汇率进行小幅升值，将人民币汇率由钉住美元改为参照一篮子货币，随后又相继出台了几项改革举措，其中，最引人注目的是8月9日发布的《关于扩大外汇指定银行对客户远期结售汇业务和开办人民币与外币掉期业务有关问题的通知》，允许各外汇指定银行对客户开办人民币与外币掉期业务，这项改革举措可以认为是中国金融衍生产品市场发展的一个里程碑，为央行推出更多人民币金融衍生产品提供了思路。

什么是人民币与外币掉期业务？掉期业务属于金融衍生产品范畴，简单说来，外汇人民币掉期交易就是同时买卖两笔相同金额，但交割日不同的外汇交易，其中一个交易币种为人民币。从操作上看，外汇人民币掉期是指银行与客户在签订外汇人民币掉期业务合同的前提下，确定近期时点及远期时点与客户办理交易的外汇币种、汇率、金额等交易要素，并在两个时点上，双方按照合同约定办理交易交割的业务。从某种意义上讲，掉期业务属于资金调度的工具，可帮助客户轧平各货币因到期日不同所造成的资金缺口。由于两笔交易同时发生，汇率锁定，掉期交易不仅不存在汇率风险，而且还是极好的企业外汇理财工具。

在日常资金管理过程中，企业财务管理者经常面对现有资金与未来支付间存在的不匹配性问题。比如，企业需要人民币资金，但账户只有外汇存款（由于需对外支付、汇率因素等原因无法结汇）。反过来，如果企业需要一笔美元用于进口支出，而账户只有人民币资金，一段时间后才会有美元收入，而买入美元显然将会面临人民币汇率风险。这些资金不匹配的问题该如何解决？外汇人民币掉期业务可以解决上述问题。

(二) 案例介绍

2006年1月初，中国农业银行浙江省分行与某客户叙做了一笔外汇人民币掉期交易，该客户需要人民币资金，使用期限为三个月，如果向银行申请短期人民币贷款，贷款基准利率为5.22%，而该客户在该行有日元存款1.2亿。根据该行建议，该客户办理了外汇人民币掉期业务，通过签订日元对人民币掉期合同确定了以下交易细节：在近期时点，客户卖出日元1.2亿，买入人民币，卖出汇率（日元对人民币）6.9500；在远期时点，客户买入日元1.2亿，卖出人民币，买入汇率7.0000。确定上述交易细节后，该行分别与客户在近期及远期时点办理日元和人民币交割。通过交易细节可测算出客户使用人民币成本（按年折算）约为2.88%（由于日元存款利率基本为零，可基本忽略不计），与三个月的贷款基准利率5.22%相比，客户通过办理外汇人民币掉期降低融资成本约2.3个百分点。

同样，对于需要外汇资金的客户也可以通过外汇人民币掉期业务获得外汇融资。例如，企业需要美元资金对外支付，按常规操作，企业只能通过银行买入美元或从银行贷款美元，但买入美元势必面临人民币汇率风险，而从银行贷款手续又比较复杂。因此，企业可委托银行办理外汇人民币掉期业务获得美元融资：即期卖出人民币、买入美元，同时，卖出远期美元（买入人民币）。经测算，通过做该交易获得的美元融资成本与普通外汇贷款基本一致，但企业通过这种方式获得美元融资手续简单且不会提高企业的资产负债率，同时还规避了人民币汇率风险。

(三) 案例分析

根据上述交易案例可以看出，作为企业外汇理财工具，外汇人民币掉期业务具有诸多优势：与普通贷款业务相比，通过外汇人民币掉期业务进行资金融资，操作手续简单、融资效率高（可免去贷款调查、审查等一系列操作程序），同时对企业的资产负债率不会产生任何影响。其规避汇率风险功能也是普通贷款所不具备的，企业通过掉期交易可规避人民币汇率风险。最大优势在于可以帮助企业提高资产运作收益，降低财务融资成本。

从外汇人民币掉期业务的定义、操作方式及定价看，外汇人民币掉期业务与质押融资业务具有一定的相似性，客户办理外汇人民币掉期相当于以外汇（或人民币）存款质押融资人民币（或外汇），但两者又有本质区别：质押融资业务中，本外币按中国人民银行公布的存贷利率分别计息，而外汇人民币掉期业务所隐含的本外币存、贷利率则根据各外汇指定银行资金运用成本确定，并通过即、远期汇率之差反映。

外汇人民币掉期业务的推出作为央行人民币汇率机制改革的重要内容之一，具有重要的现实意义，该项业务对企业在规避汇率风险、实现资产保值增值方面具有重要的作用，使用者根据资金管理的需要和对汇率波动趋势的判断，从自身业务要求出发，扬长避短，选择这种工具规避汇率风险，降低融资成本。而更深层次的意义在于，该项业务的推出促使央行和金融主体加快研究如何确定更为合理的人民币远期市场的定价机制，如何在利率和汇率之间安排更为灵活、有效的价格传导机制，同时为央行深化汇率机制改革，加快人民币利率市场化进程，扩大金融创新，为市场提供更多人民币金融衍生产品提供思路、积累经验。

（四）问题

1. 何谓人民币与外币掉期业务？
2. 人民币与外币掉期业务对企业有什么作用？
3. 如何计算案例中某客户通过掉期交易所节约的融资成本？

（根据高炯华的"汇改新案例：外汇人民币掉期定价及运用"一文整理）

阅读链接

实况转播：外汇掉期如何操作

主持人：秦长城
时间：2005 年 9 月 2 日
地点：某银行理财室
人物：某公司财务经理（简称财务）、银行交易员（简称交易员）

财务：原计划 9 月 28 日要给德国客户付 100 万欧元的材料款，27 号深圳客户的 150 万欧元货款进账，正好能排开。但现在德方让我们公司必须在 9 月 23 日把欧元汇到他账上，现在公司账上只有 300 万美元，怎么办啊？再卖美元买欧元？现在汇率可有点高啊。

交易员：您不用急。今天是 2 号，您 27 号会收到 150 万欧元，现在 23 号就要用，对吧？一笔掉期交易就能满足您的需要。您现在做一笔掉期,先在23号卖出美元买入100万欧元,把德方的材料款付了;然后在27号卖出100万欧元再买回美元,您27号的深圳货款正好能支付这笔欧元,这样就行了。您看,就是这样:

交易日:2005年9月2日

首先约定:9月23日 买入100万欧元,卖出美元,汇率1.247 5;

同时约定:9月27日 卖出100万欧元,买入美元,汇率1.247 68。

财务:啊,正好和我的资金流匹配上。咦,怎么汇率不一样啊?

交易员:那是因为美元和欧元的利率不一样导致的,现在欧元两周的同业拆借利率只有2点多,美元却在3点几,考虑到货币的升贴水,近期汇率和远期汇率就会不一样,这个差别我们叫做掉期点。

财务:噢,我明白了。那要是德方要求延期付款,我也能用掉期了?

交易员:对啊,您真会举一反三啊!假如德方要求付款日推迟到10月28日,那您就可以这样做:

9月28日:卖出100万欧元(原来准备支付的货款),买入美元(做一个月存款收息或其他用途);

10月28日:买入100万欧元(支付德方货款),卖出美元(9月份的存款到期正好支付)。

财务:听你这么一说,我明白了。那你再帮我分析分析,我们公司结算货币是美元,但准备在波兰成立一家合资公司,房租、工资等需要先期投入一些当地货币,我们又不熟悉该国货币,怎么办?

交易员:那我想知道,这家合资公司会有固定的资金收入吗?是什么货币?

财务:预期半年后每月都有一定数额的资金收入,也是当地货币。

交易员:那就好办了,您也可以通过做一笔12个月的SELL/BUY美元掉期来解决。先卖出美元买入波兰兹罗提(PLZ),解决先期支付问题,然后累计6个月后每月的PLZ收入,按约定的汇率,在12个月后卖出PLZ换回美元。如果6个月的PLZ收入额比先期付款额还少,那我们还可以协商掉期的期限。这样,您就可以不用承担PLZ汇率波动的风险了。

财务:太好了!原来掉期这个工具这么有用啊。其实,它也很简单,就是一笔即期或远期外汇买卖,再加上一笔金额相同、方向相反的另一笔远期外汇买卖,对吧?我不做掉期,分两笔做效果也一样吧?

交易员:您只说对了一部分。掉期是由两笔交易组成的,但它是同时完成的一笔交易,这样,银行向您报价时,只会加收一次点差。而您如果分成两笔外汇买卖做,一方面银行每次都要收交易费用,另一方面每次买、卖本身都存在买入、卖出差价,您的交易成本会更高。如果您的两笔交易不是同时成交,还要承担汇率、利率变动的风险。所以,做一笔掉期交易是成本最低的。

财务:我知道了,谢谢!一客不烦二主,再给我介绍介绍利率掉期吧?

交易员:好的。假设您公司有一笔美元贷款,5年期限的,每半年要付息一次,利率为6L+70BPS(6个月美元同业拆放利率+70个基本点)。您看,现在普遍认为,美元利率处于上升周期,如果不做利率掉期,仍按浮动利率支付,美联储每加息一次,您都要多支付相应的利率。

财务：是啊,现在6L是3.84875%,要是美国11月加息25厘,那年底我要付的利率就不是3.84875+0.7,而是(3.84875+0.25)+0.7了,如果多加几次,我的成本可就增加多了。而且,浮动利率每天都在变化,不好控制,要是把每次付息数固定下来就好了。

交易员：呵呵,这就是利率掉期啊。就您这笔贷款而言,您原来每半年付息一次,利率为6L+70,共付10次,您可以通过利率掉期,每半年按5.18%的固定利率支付给银行,按6L+70的浮动利率从银行收取利息,然后再把收取的利息转支付给向您发放贷款的银行,这样,不就等于您把这笔浮动利率贷款转换为固定利率贷款了吗?无论美元利率再怎么涨,您都只按5.18%的固定利率支付利息了,而且每次支付的利息金额都能确定下来了。

财务：是啊! 这样就省事多了! 那如果利率看跌时,把固定利率换为浮动利率也可以节约成本吧?

交易员：是的。一般地说,当利率看涨时,将浮动利率债务转换为固定利率较为理想;同理,当利率看跌时,将固定利率转换为浮动利率较好。利率掉期通常不涉及本金交换。

财务：那我要是又想把美元换成日元使用,又想把浮动利率换成固定利率付息,可以吗?

交易员：没问题。可以做货币利率互换,也有人把它叫作货币掉期(Currency Swap),交易双方按预先约定的汇率和利率水平,相互交换债务的本金及利息就行了。企业有任何规避风险的需求,都可以和银行的资金交易部门联系,银行会根据您的具体情况,"量身定做",向您推荐合适的避险、理财工具。

财务：外汇市场原来有这么多工具啊,下次再向你咨询吧。

交易员：随时欢迎,再见!

(秦长城简介：招商银行总行资金交易部外汇买卖室高级经理,负责全行外汇买卖、结售汇、贵金属交易。)

(资料来源：《中国外汇管理》,2005年第10期)

本 章 小 结

1. 外汇掉期交易(Foreign Exchange Swap Transaction)是指在买进(或卖出)某种货币的同时,卖出(或买进)同等数量但交割期限不同的同一种货币的外汇交易。简言之,掉期交易就是同时买进和卖出金额相等、币种相同但交割日不同的外汇交易。需注意的是,这里所讲的买和卖都是就基准货币而言。

2. 外汇掉期交易形式灵活多样,可从不同角度进行划分：(1) 按交易对手的情况可将外汇掉期分为纯掉期和制造掉期;(2)按掉期期限可将掉期交易分为即期对远期的掉期、即期对即期的掉期和远期对远期的掉期;(3)按掉期交易方向可将掉期交易划分为买入/卖出(Buy/Sell)的掉期和卖出/买入(Sell/Buy)的掉期。

3. 银行间的外汇掉期交易基本上也是按照询价、报价、成交、证实、交割五个环节来操作的。但是,在报价上要特别注意理解报价行所报出的掉期点(或远期差价)的含义。

4. 掉期交易中的掉期率有特定的含义,所以掉期汇率的计算与远期汇率的计算是有区别的。注意掌握即期对远期的掉期汇率、远期对远期的掉期汇率和即期对即期的掉期汇率的计算方法。

5. 外汇掉期交易可应用于进出口保值、投资保值、平衡外汇头寸、调整外汇交易的交割日,以及进行盈利操作等方面。

本章专业词汇

Foreign Exchange Swap Transaction
Pure Swap
Engineered Swap
Spot/Forward Swap
Spot/Spot Swap
Forward /Forward Swap
Over-night Swap
Tomorrow-next Swap
Roll Over

思 考 题

1. 何谓外汇掉期交易?它具有哪些特点?
2. 外汇掉期交易包括哪些类型?
3. 外汇掉期交易具有哪些作用?
4. 说明 Spot/Forward Swap 中掉期率的含义。
5. 举例说明外汇掉期交易在远期合约展期中的运用。

练 习 题

1. 下面有 4 家银行对 EUR/USD 的即期/3 个月远期的掉期交易报价,假如你是卖出即期 EUR,同时买入 3 月期 EUR,你愿与之成交的银行是_____。
  A. A 银行:51/56   B. B 银行:53/58
  C. C 银行:52/55   D. D 银行:54/57

2. 下面有 4 家银行对 GBP/USD 的即期/2 个月远期的掉期交易报价,假如你是买入即期 GBP,同时卖出 2 月期 GBP,你愿与之成交的银行是_____。
  A. A 银行:75/64   B. B 银行:77/63
  C. C 银行:76/65   D. D 银行:78/62

3. 下面有 4 家银行对 USD/CNY 的即期/3 个月远期的掉期交易报价,假如你是卖出即期 USD,同时买入 3 月期 USD,你愿与之成交的银行是_____银行。
  A. A 银行:440/470   B. B 银行:443/471

C. C 银行：442/472　　　　　　　　D. D 银行：441/469

4. 下面有 4 家银行对 USD/CHF 的即期/1 个月远期的掉期交易报价，假如你是买入即期 USD，同时卖出 1 个月 USD，对你有利的成交价是_____银行的报价。

A. A 银行：53/67　　　　　　　　　B. B 银行：52/68

C. C 银行：54/70　　　　　　　　　D. D 银行：55/71

5. T/N 的掉期是指_____的掉期。

A. T+0 交割的即期与 T+2 交割的即期

B. T+0 交割的即期与 T+1 交割的即期

C. T+1 交割的即期与 T+2 交割的即期

D. T+2 交割的即期与 T+3 交割的远期

6. O/N 的掉期是指_____的掉期。

A. T+0 交割的即期与 T+2 交割的即期

B. T+0 交割的即期与 T+1 交割的即期

C. T+1 交割的即期与 T+2 交割的即期

D. T+2 交割的即期与 T+3 交割的远期

7. 已知 GBP/USD 汇率如下：

| Spot Rate | 1.505 8/63 |
| 3M Swap Rate | 45/32 |

求：报价行承做 B/S 与 S/B GBP/USD Spot/3M 的掉期汇率。

8. 已知 USD/CHF 汇率如下：

Spot Rate	0.943 9/55
1M Swap Rate	45/52
3M Swap Rate	96/103

求：报价行承做 B/S 与 S/B USD/CHF 1M/3M 的掉期汇率。

9. 某日 A 银行报价如下：

USD 6 个月利率为 5.95%—5.75%；

CHF 6 个月利率为 4.375%—4.875%；

USD/CHF 的即期汇率为 1.651 0/20。

计算 A 银行承做 S/B 和 B/S USD/CHF 即期对 6 个月远期的掉期汇率。

10. 某日，外汇市场上 EUR/USD 的远期差价报价如下：

1 个月	65/54
2 个月	130/118
3 个月	204/196

某外汇交易员预期 3 个月内美元利率相对于欧元利率将下跌，故打算进行盈利操作。1 个月后，EUR/USD 的 2 个月远期差价报价为 174/162。试计算其盈利操作结果。

11. 某日,外汇市场上 AUD/USD 的远期差价报价如下:

1 个月	62/56
2 个月	141/135
3 个月	211/204

某外汇交易员预期 3 个月内美元利率相对于澳元利率将上升,故打算进行盈利操作。1 个月后,美元利率果然上升,这时的 2 个月的远期差价报价是 133/129。试问该交易员如何操作才能获利?获利为多少?

12. 1 月中旬,美国某投资公司计划到欧洲做一笔短期投资,投资金额 500 万欧元。该公司准备从银行借入美元,然后到外汇市场购买欧元现汇来进行该项投资,预期在 6 个月后收回投资。考虑到受欧洲债务危机的影响,未来半年内欧元汇率走势尚难以稳定,所以公司必须事先做好汇率风险的防范事宜。当前市场行情如下:

EUR/USD 即期汇率	1.302 0/30
EUR/USD 6 个月掉期率	20/10
美元 6 个月的融资利率	2.65%
欧元 6 个月的投资收益率	3.75%

公司拟采用远期外汇交易或外汇掉期交易来进行投资保值。请分析:
(1) 公司采用远期外汇交易来进行投资保值的收益状况。
(2) 公司采用外汇掉期交易来进行投资保值的收益状况。
(3) 公司应选择哪种外汇交易来进行投资保值?

衍生金融产品篇

- 第五章　金融期货交易
- 第六章　金融期权交易
- 第七章　其他衍生金融产品交易

第五章 金融期货交易

> **开篇案例**
>
> 1995年2月27日,英国中央银行宣布,英国商业投资银行——巴林银行因经营失误而倒闭。消息传出,立即在亚洲、欧洲和美洲地区的金融界引起一连串强烈的波动。东京汇市英镑对马克的汇率跌至近两年最低点,伦敦股市也出现暴跌,纽约道琼斯指数下降了29个百分点。事发后,主要责任者尼克·理森却逃之夭夭。
>
> 理森是巴林银行新加坡分行负责人,年仅28岁,在未经授权的情况下,他以银行的名义认购了价值70亿美元的日本股票指数期货,并以买空的做法在日本期货市场买进了价值200亿美元的短期利率债券。如果这几笔交易成功,理森将会从中获得巨大的收益,但阪神地震后,日本债券市场一直下跌。据不完全统计,巴林银行因此而损失10多亿美元,这一数字已经超过了该行现有的8.6亿美元的总价值,因此巴林银行不得不宣布倒闭。这家有着233年历史、在英国曾发挥过重要作用的银行换了新主。1995年2月23日傍晚,已经赔光了整个巴林银行的尼克·理森踏上了逃亡的旅程。但是,风声鹤唳的逃亡生涯仅仅持续了4天,1995年2月27日,在德国法兰克福机场,刚刚走下飞机悬梯的尼克·理森被捕了。
>
> 1995年11月22日,尼克·理森再次成为全球的新闻焦点,他从德国被引渡回新加坡,而仅仅一周之后,被送上了审判台。根据新加坡《证券交易法》,尼克·理森因欺诈罪被判有期徒刑6年半。从而变成了新加坡塔那梅拉监狱中的阶下囚。
>
> 什么是股票指数期货?什么是短期利率债券期货?它们之间有何关系?本章将对此做出解读。
>
> (资料来源:百度百科)

【主要内容】

本章在介绍金融期货交易基本原理的基础上,分别就三大类金融期货——货币期货、利率期货和股价指数期货的含义、合约内容、行情表以及实际应用情况进行重点分析。最后介绍金融期货在我国的发展现状。

第一节 金融期货交易原理

一、金融期货交易的含义与特征

(一) 金融期货交易的含义

所谓金融期货(Financial Futures),是指以金融工具作为标的物的期货合约。金融期货交易(Financial Futures Transaction)是指交易者在特定的交易所通过公开竞价方式成交,承诺在未来特定日期或期间内,以事先约定的价格买入或卖出特定数量的某种金融工具的交易方式。金融期货交易具有期货交易的一般特征,但与商品期货相比,其合约标的物不是实物商品,而是金融商品,如外汇、债券、股票指数等。

金融期货交易是在商品期货交易的基础上发展起来的,产生于20世纪70年代初期。当时以美元为中心的固定汇率体系瓦解,西方主要工业国家实行了浮动汇率制。在这种体系下汇率与利率相互影响,波动剧烈,给资本投资、国际贸易及经济生活带来了巨大风险。1972年5月16日,美国芝加哥商品交易所(Chicago Mercantile Exchange,CME)下属的国际货币市场(International Monetary Market,IMM)在全球首次推出货币期货交易。继国际货币市场成功推出货币期货交易之后,美国和其他国家的交易所竞相仿效,纷纷推出各自的货币期货合约,大大丰富了货币期货的交易品种,并引发了其他金融期货品种的创新。1975年10月,美国芝加哥期货交易所(Chicago Board of Trade,CBOT)推出了第一张利率期货合约——政府国民抵押贷款协会(GNMA)的抵押凭证期货交易。1982年2月,美国堪萨斯期货交易所(KCBT)开办价值线综合指数期货交易,标志着金融期货三大类别——货币期货、利率期货和股价指数期货的结构初步形成。

金融期货问世至今不过40余年的历史,远不如商品期货的历史悠久,但其发展速度却比商品期货快得多。目前,金融期货交易已成为金融市场的主要内容之一,在许多重要的金融市场上,金融期货交易量甚至超过了其基础金融产品的交易量。随着全球金融市场的发展,金融期货日益呈现国际化特征,世界主要金融期货市场的互动性增强,竞争也日趋激烈。

(二) 金融期货交易的基本特征

金融期货交易是以基础性金融产品为期货合约标的物、在商品期货交易的基础上发展起来的,它既具有金融现货交易和商品期货交易的一些特点,但是又完全不同于金融现货交易和商品期货交易。金融期货交易作为一种买卖标准化金融商品期货合约的活动,具有自身的基本特征。金融期货交易的基本特征可以通过比较其与金融现货交易、商品期货交易以及金融远期交易的区别来掌握。

1. 金融期货交易与金融现货交易的区别

金融期货是金融现货的衍生品。金融现货交易的发展和完善为金融期货交易奠定

了基础,而金融期货交易的发展又是金融现货交易的延伸和补充。两者的区别主要有:

(1) 交易目的不同。金融期货交易着眼于风险转移和获取合理或超额利润,大部分金融期货交易的目的不在于实际获取现货。而金融现货交易则会实现产权转移。

(2) 价格决定机制不同。金融期货交易采用公开拍卖竞价的方式决定成交价格。而金融现货交易则一般采用一对一谈判决定成交价格。

(3) 交易制度不同。金融期货交易采用保证金交易,可以买空卖空。而金融现货交易则是足额交易,一般只能先买后卖。

(4) 交易的地点及组织化程度不同。金融期货交易采用场内交易,即严格限制在交易大厅内进行,信息公开,透明度高,有严格的交易程序和规则,具有比现货市场更强的抗风险能力。而金融现货交易一般采用场外交易方式,信息分散,透明度低,交易相对松散。

(5) 清算机制不同。金融期货交易的清算都是通过清算所来完成,采用集中清算机制,相对风险更低。而金融现货交易的清算一般是在买卖双方之间进行,采用双边清算机制,相对风险更高。

2. 金融期货交易与商品期货交易的区别

金融期货交易和商品期货交易在交易机制、合约特征、机构安排等方面并无差异,二者的区别主要表现为:

(1) 合约的标的物不同。金融期货交易的对象是一些金融产品,如货币、政府债券、股票等。而商品期货交易的对象则是具有实物形态的商品,例如农产品、贵金属等。

(2) 交割方式有所不同。金融期货交易中,有些可以实际金融资产进行交割,而有些没有实际资产用于交割,如股价指数期货。商品期货交易中都可以商品实物进行交割。

(3) 交割期限不同。金融期货合约到期日都是标准化的,一般在每年的3月份、6月份、9月份、12月份交割。而商品期货合约的到期日根据商品特性的不同而不同,一般每月都有交割。

3. 金融期货交易与金融远期交易的区别

金融期货交易与金融远期交易最大的共同点是均采用先成交、后交割的交易方式,但二者在以下方面存在区别:

(1) 交易场所和竞价方式。金融期货要在指定的交易所内进行交易,属于场内交易,采用集中竞价方式。而金融远期交易是在交易所之外进行的,没有固定的集中交易地点,交易双方自由议价达成交易。

(2) 合约标准化。金融期货合约是符合交易所规定的标准化合约,对于交易的金融商品的品质、数量及到期日、交易时间、交割等级都有严格而详尽的规定。而远期合约对于交易商品的品质、数量、交割日期等,均由交易双方自行决定,没有固定的规格和标准。

(3) 保证金与逐日结算制度。金融期货交易必须在交易前缴纳合约金额的5%—15%为保证金,并由清算公司进行逐日结算,如有盈余,可以支取,如有损失且账面保证金低于维持水平时,必须及时补足。而有些远期交易不缴纳保证金,合约到期后才结算盈亏。

（4）交割方式。金融期货交易可以采用现金或现货交割期货头寸,也可以进行对冲或反向操作来结束期货头寸,现实中绝大多数的交易者都是采用对冲方式。而金融远期合约到期必须进行实际交割。

（5）交易的参与者。金融期货交易更具有大众性,只要能缴纳一定比例的保证金,都可以参加金融期货交易,所以参与交易的可以是银行、公司、财务机构、个人等。而远期合约的参与者大多是经营规模较大的专业化生产商、贸易商和金融机构。

综上所述,我们可以总结出金融期货交易具有以下特征：

（1）金融期货交易的标的物是某种金融商品,可以是实际存在的某种货币或政府债券,也可以是虚拟化的金融产品,而不是实物商品。

（2）金融期货交易是标准化合约的交易。作为交易对象的金融商品,其收益率和数量都具有同质性和标准性,如交易金额、清算日期、交易时间等都作了标准化规定,唯一不确定的是成交价格。

（3）金融期货交易属于场内交易,采取公开竞价方式决定买卖价格,它不仅可以形成高效率的交易市场,而且透明度、可信度高。

（4）金融期货交易实行会员制度。非会员要参与金融期货的交易必须通过会员代理,由于直接交易限于会员之同,而会员同时又是结算会员,缴纳保证金,因而交易的信用风险较小,安全保障程度较高。

（5）金融期货合约的买卖双方可在交割日之前采取对冲交易结束其期货头寸,无须进行最后的实物交割。

（6）金融期货交易实行每日清算制。每日交易结束后,清算公司都要根据金融期货价格的升降对每个交易者的保证金账户进行调整。

阅 读 链 接

金融期货的产生背景

基础性金融商品的价格主要以汇率、利率等形式表现。金融市场上纷繁复杂的各种金融商品,共同构成了金融风险的源头。各类金融机构在创新金融工具的同时,也产生了规避金融风险的客观要求。20世纪70年代初外汇市场上固定汇率制的崩溃,使金融风险空前增大,直接诱发了金融期货的产生。

1944年7月,44个国家在美国新罕布什尔州的布雷顿森林召开会议,确立了布雷顿森林体系,实行双挂钩的固定汇率制,即美元与黄金直接挂钩,其他国家货币与美元按固定比价挂钩。布雷顿森林体系的建立,对战后西欧各国的经济恢复与增长以及国际贸易的发展都起到了重要的作用。同时,在固定汇率制下,各国货币之间的汇率波动被限制在极为有限的范围内(货币平价的±1%),外汇风险几乎为人们所忽视,对外汇风险管理的需求自然也不大。

进入20世纪50年代,特别是60年代以后,随着西欧各国经济的复兴,其持有的美元日益增多,各自的本币也趋于坚挺,而美国却因先后对朝鲜和越南发动战争,连年出现巨额贸易逆差,国际收支状况不断恶化,通货膨胀居高不下,从而屡屡出现黄金大量外流、抛售美元的美元危机。

在美国的黄金储备大量流失,美元地位岌岌可危的情况下,美国于1971年8月15日宣布实行"新经济政策",停止履行以美元兑换黄金的义务。为了挽救濒于崩溃的固定汇率制,同年12月底,十国集团在华盛顿签订了"史密森学会协定",宣布美元对黄金贬值7.89%,各国货币对美元汇率的波动幅度扩大到货币平价的±2.25%。1973年2月,美国宣布美元再次贬值10%。美元的再次贬值并未能阻止美元危机的继续发生,最终,1973年3月,在西欧和日本的外汇市场被迫关闭达17天之后,主要西方国家达成协议,开始实行浮动汇率制。

在浮动汇率制下,各国货币之间的汇率直接体现了各国经济发展的不平衡状况,反映在国际金融市场上,则表现为各种货币之间汇率的频繁、剧烈波动,外汇风险较之固定汇率制下急速增大。各类金融商品的持有者面临着日益严重的外汇风险的威胁,规避风险的要求日趋强烈,市场迫切需要一种便利有效的防范外汇风险的工具。在这一背景下,外汇期货应运而生。

1972年5月,美国的芝加哥商品交易所设立国际货币市场分部,推出了外汇期货交易。当时推出的外汇期货合约均以美元报价,其货币标的共有7种,分别是英镑、加拿大元、西德马克、日元、瑞士法郎、墨西哥比索和意大利里拉。后来,交易所根据市场的需求对合约做了调整,先后停止了意大利里拉和墨西哥比索的交易,增加了荷兰盾、法国法郎和澳大利亚元的期货合约。继国际货币市场成功推出外汇期货交易之后,美国和其他国家的交易所竞相仿效,纷纷推出各自的外汇期货合约,大大丰富了外汇期货的交易品种,并引发了其他金融期货品种的创新。1975年10月,美国芝加哥期货交易所推出了第一张利率期货合约——政府国民抵押贷款协会(GNMA)的抵押凭证期货交易。1982年2月,美国堪萨斯期货交易所(KCBT)开办价值线综合指数期货交易,标志着金融期货三大类别的结构初步形成。

目前,在世界各大金融期货市场,交易活跃的金融期货合约有数十种之多。根据各种合约标的物的不同性质,可将金融期货分为三大类:外汇期货、利率期货和股票指数期货,其影响较大的合约有美国芝加哥期货交易所(CBOT)的美国长期国库券期货合约、东京国际金融期货交易所(TIFFE)的90天期欧洲日元期货合约和香港期货交易所(HKFE)的恒生指数期货合约等。

二、金融期货市场的基本功能及结构

(一)金融期货市场的基本功能

一般来讲,成功运作的金融期货市场具有风险转移和价格发现两大基本功能。

1. 风险转移功能

从金融期货的起源来看,由于20世纪70年代以来,汇率、利率的频繁、大幅波动,全面加剧了金融商品的内在风险。广大投资者面对影响日益广泛的金融自由化浪潮,客观上要求规避利率风险、汇率风险及金融资产价格波动风险等一系列金融风险,金融期货市场正是顺应这种需求而建立起来的。因此,转移风险是金融期货市场的首要功能。

投资者通过购买相关的金融期货合约,在金融期货市场上建立与现货头寸数量相当、方向相反的期货合约,以期在将来某一时间通过卖出或买进期货合约来补偿因现货市场价格变动所带来的价格风险。从整个金融期货市场看,其转移风险功能之所以能够实现,主要因为它具有以下特点:

一是金融期货具有把未来交易的不确定性转化为当前确定性的特点,交易者可以通过买卖期货合约,锁定成本或利润,以减少经营和投资风险。

二是金融商品的期货价格与现货价格一般呈同向变动的关系。当投资者在金融期货市场建立了与金融现货市场相反的头寸之后,金融商品的价格发生变动时,则必然在一个市场获利,而在另一个市场受损,其盈亏可全部或部分抵消,从而达到规避风险的目的。

三是金融期货市场通过规范化的场内交易,集中了众多的投机者。投机者通过频繁、大量的买卖使得金融期货市场具有很强的流动性。在金融期货市场上,套期保值者在可接受价位上可及时地实现交易。正是由于投机者的存在,承担了市场风险,成为套期保值者的交易对手,才使得期货市场风险转移的功能得以实现。

2. 价格发现功能

所谓价格发现功能,是指金融期货市场能够提供各种金融商品的有效价格信息。

在金融期货市场上,各种金融期货合约都有着众多的买者和卖者。他们通过类似于拍卖的方式来确定交易价格。这种情况接近于完全竞争市场,能够在相当程度上反映出投资者对金融商品价格走势的预期和金融商品的供求状况。因此,某一金融期货合约的成交价格,可以综合地反映金融市场各种因素对合约标的商品的影响程度,有公开、透明的特征。

由于现代电子通信技术的发展,主要金融期货品种的价格,一般都能够即时播发至全球各地。因此,金融期货市场上所形成的价格不仅对该市场的各类投资者产生了直接的指引作用,也为金融期货市场以外的其他相关市场提供了有用的参考信息。各相关市场的职业投资者、实物金融商品持有者通过参考金融期货市场的成交价格,可以形成对金融商品价格的合理预期,进而有计划地安排投资决策和生产经营决策,从而有助于减少信息搜寻成本,提高交易效率,实现公平合理、机会均等的竞争。

期货市场发现的金融商品价格具有以下特点:(1)公正性。由于期货交易是集中在交易所进行的,而交易所作为一种有组织、规范化的统一市场,集中了大量的买者和卖者,通过公开、公平、公正的竞争形成价格,基本上反映了真实的供求关系和变化趋势。(2)预期性。与现货市场相比,期货市场价格对未来市场供求关系变动有预测作用,它可以把国内市场价格与国际市场价格有机地结合在一起。期货市场大大改进了价格信息质量,使远期供求关系得到显示和调整,由此可将期货市场信息作为企业经营决策和国家宏观调控的重要依据。

(二) 金融期货市场的组织结构

一个完善的金融期货市场必须包括以下构成部分。

1. 期货交易所

期货交易所是开展金融期货交易的场所,也是期货交易的中心舞台。在现代市场经济条件下,期货交易所是一种具有高度系统性和严密性、高度组织化和规范化的交易服务组织,它本身不参与期货买卖,也不拥有合约标的商品,只为期货交易提供设施和服务,制订期货交易规则,并传播有价值的期货交易信息。

期货交易所是期货市场的具体表现形式,即是说,没有期货交易所,就没有期货交易,也正因如此,期货交易所成了期货交易者关注的焦点,其每个跳动的价格符号,每次传播的交易信息,都牵动着世界各地的期货经纪公司、经纪人和交易者的心。有比喻说,"交易所打一个喷嚏,经纪公司也许就要感冒,经纪人和交易者客户或许就要发烧"。

期货交易所的主要职能包括:① 提供交易场所、设施及相关服务;② 制定并实施业务规则;③ 设计合约、安排上市;④ 组织和监督期货交易;⑤ 监控市场风险;⑥ 保证合约履行;⑦ 发布市场信息;⑧ 监管会员的交易行为;⑨ 监管指定交割仓库。

期货交易所按照其组织方式不同,可以分为会员制和公司制两种类型。

(1) 会员制期货交易所是实行自律性管理的非营利性的会员制法人。由全体会员共同出资组建,缴纳一定的会员资格费,作为注册资本。缴纳会员资格费是取得会员资格的基本条件之一,这不是投资行为。会员制期货交易所的组织结构由会员大会、理事会和专业委员会(会员资格审查委员会、交易规则委员会、交易行为管理委员会、合约规范委员会、新品质委员会、业务委员会、仲裁委员会)构成。其中,会员大会是期货交易所的最高权力机构;理事会是会员大会的常设机构;专业委员会职责由理事会确定,并对理事会负责。目前世界上大多数国家的期货交易所都实行会员制,我国的郑州商品交易所、大连商品交易所和上海期货交易所3家期货交易所也实行会员制。

(2) 公司制期货交易所通常由若干股东共同出资组建,以营利为目的,股份可以按照有关规定转让,盈利来自从交易所进行的期货交易中收取的各种费用。公司制期货交易所的组织结构由股东大会、董事会、监事会和经理机构四部分构成。其各部分构成和相互制衡关系与一般的公司企业的治理结构类似。英国及英联邦国家的期货交易所一般都是公司制交易所。

目前全世界约有50余家期货交易所,其中大部分分布在美国和欧洲。表5-1列出了全球主要期货交易所。

表5-1 全球主要期货交易所一览表

国　　家	交 易 所 名 称	代　码	英 文 名 称
中　国	上海期货交易所	SHFE	Shanghai Futures Exchange
	大连商品交易所	DCE	Dalian Commodity Exchange
	郑州商品交易所	CZCE	Zhengzhou Commodity Exchange
	中国金融期货交易所	CFFE	China Financial Futures Exchange

续表

国家	交易所名称	代码	英文名称
中国	香港期货交易所	HKFE	Hong Kong Futures Exchange
	台湾期货交易所	TAIFEX	Taiwan Futures Exchange
美国	芝加哥期货交易所	CBOT	The Chicago Board of Trade
	芝加哥商品交易所	CME	Chicago Mercantile Exchange
	芝加哥期权交易所	CBOE	Chicago Board Options Exchange
	纽约商品交易所	NYMEX	New York Mercantile Exchange
	纽约期货交易所	NYBOT	New York Board of Trade
	美国(纽约)金属交易所	COMEX	Commerce Exchange
	堪萨斯商品交易所	KCBT	Kansas City Board of Trade
加拿大	加拿大蒙特利尔交易所	ME	Montreal Exchange Markets
英国	伦敦国际金融期货期权交易所	LIFFE	London International Financial Futures and Options Exchange
	伦敦商品交易所	LCE	London Commerce Exchange
	英国国际石油交易所	IPE	International Petroleum Exchange
	伦敦金属交易所	LME	London Metal Exchange
德国	德国期货交易所	DTB	Deutsche Boerse
瑞士	瑞士期权与金融期货交易所	SOFFEX	Swiss Options and Financial Futures Exchange
	欧洲期权与期货交易所	Eurex	The Eurex Deutschland
日本	日本东京国际金融期货交易所	TIFFE	The Tokyo International Financial Futures Exchange
新加坡	新加坡国际金融交易所	SIMEX	Singapore International Monetary Exchange
	新加坡商品交易所	SICOM	Singapore Commodity Exchange
澳大利亚	悉尼期货交易所	SFE	Sydney Futures Exchange
新西兰	新西兰期货与期权交易所	NZFOE	New Zealand Futures & Options
南非	南非期货交易所	SAFEX	South African Futures Exchange

资料来源：MBA智库百科。

2. 期货结算所(或清算所)

期货结算所是为期货交易提供清算和保证服务的机构。其职能在于保证交易履行并负责结算，具体有三方面作用：其一，保证履约。即由清算机构对买卖当事人履行合同提供担保。其二，收取初始保证金。这个保证金是交易双方当事者委托清算会员交易时所寄存的,并由清算会员将其寄存于清算机构里。其三,结算与维持交易保证金。清算机构在每天交易结束时,要用市场价结算尚未平仓的合同,并根据结算的结果(盈余或亏损)对初始保证金予以调整(增加或减少)。若保证金降至交易保证金以下,则要求当事人必须追加保证金。

当今各国期货结算所的组成形式大体有三种:第一种,作为某一交易所的内部机构而存在,如美国芝加哥商品交易所的结算机构。第二种,附属于某一交易所的相对独立的结算机构,如美国国际结算公司就同时为纽约期货交易所和费城交易所提供结算服务。第三种,由多家交易所和实力较强的金融机构出资组成一家全国性的结算公司,多家交易所共用这一个结算公司。如英国的伦敦结算所(LCH)就不仅为英国本土的数家期货交易所提供结算服务,还为大多数英联邦国家和地区及欧洲许多国家的期货交易所提供结算服务。

期货结算所大部分实行会员制。结算会员须缴纳全额保证金存放在结算所,以保证结算所对期货市场的风险控制。

3. 期货经纪公司

期货经纪公司(或称经纪商)是指依法设立、接受客户委托、代理客户进行期货交易并收取佣金的企业法人。作为期货交易活动的中介组织,期货经纪公司在期货市场构成中具有十分重要的作用。期货经纪公司是期货交易者与期货交易所之间的桥梁和纽带,因为一般交易者不能进入期货交易所,所以一般交易者必须委托经纪公司才能参与到期货交易中来。经纪公司必须是经注册登记的期货交易所会员公司,但是在欧美国家,期货交易所的会员资格只能为自然人所有,因此经纪公司需通过其在交易所注册登记的职员进行场内交易活动。

期货经纪公司主要职能包括:(1)根据客户指令代理买卖期货合约,办理结算和交割手续;(2)对客户账户进行管理,控制客户交易风险;(3)为客户提供期货市场信息,进行期货交易咨询,充当客户的交易顾问等。

4. 期货交易者

期货交易者是期货市场的交易主体。根据参与期货期交易的目的不同,大致可将期货交易者分为套期保值者、投机者和套利者。

(1)套期保值者。套期保值就是买入(卖出)与现货市场数量相当、但交易方向相反的期货合约,以期在未来某一时间通过卖出(买入)期货合约来补偿现货市场价格变动所带来的实际价格风险。套期保值是期货市场产生的原动力。无论是农产品期货市场,还是金属、能源期货市场,其产生都是源于生产经营过程中面临现货价格剧烈波动而带来风险时自发形成的买卖远期合同的交易行为。这种远期合约买卖的交易机制经过不断完善,例如将合约标准化、引入对冲机制、建立保证金制度等,逐渐形成现代意义的期货交易。企业通过期货市场为生产经营买了保险,保证了生产经营活动的可持续发展。可以说,没有套期保值,期货市场也就不是期货市场了。

(2)投机者。投机是指根据对市场的判断,利用市场出现的价差进行买卖,从中获得利润的交易行为。投机者可以"买空",也可以"卖空"。投机的目的很直接——就是获得价差利润,但投机是有风险的。根据持有期货合约时间的长短,投机者可分为三类:第一类是长线投机者,此类交易者在买入或卖出期货合约后,通常将合约持有几天、几周甚至几个月,待价格对其有利时才将合约对冲;第二类是短线交易者,一般进行当日或某一交易节的期货合约买卖,其持仓不过夜;第三类是逐小利者,又称"抢帽子者",他们的技巧是利用价格的微小变动进行交易来获取微利,一天之内他们可以做多个回合的买卖交易。投机者是期货市场的重要组成部分,是期货市场必不可少的润滑剂。投机交易增强了市场的流动性,承担了套期保值交易转移的风险,是期货市场正常运营的保证。

(3)套利者。套利指同时买进和卖出两种不同的期货合约。交易者买进自认为是"便宜的"合约,同时卖出那些"高价的"合约,从两合约价格间的变动关系中获利。在进行套利时,交易者注意的是合约之间的相互价格关系,而不是绝对价格水平。

三、金融期货交易的基本制度

金融期货市场是一种高度组织化的市场,为了保障金融期货交易有一个"公开、公平、公正"的环境,保障期货市场平稳运行,期货交易所一般都要制定一系列的交易制度(即"游戏规则")来规范市场运行,所有交易者必须在承认并保证遵守这些"游戏规则"的前提下才能参与期货交易。与金融现货市场和远期市场相比,金融期货交易制度较为严格,因为只有如此,才能保证金融期货市场高效运转,发挥期货市场应有的功能。

(一)保证金制度

所谓保证金制度,是指任何一个期货交易者必须按照其所买卖期货合约价值的一定比例(通常为5%—15%)缴纳少量资金,作为其履行期货合约的财力担保,然后才能参与期货合约的买卖,并视价格变动情况确定是否追加资金。交易者所缴的资金就是保证金。

在期货交易中,交易者参加交易时并不需要支付期货合约价值的全部金额,而只需先缴纳一定比例的保证金,就可以进行超过保证金金额若干倍的期货合约交易。所以期货交易具有杠杆性,可以"以小博大"。

在国际期货市场上,一般将保证金分为初始保证金(Initial Margin)和维持保证金(Maintenance Margin)。

初始保证金是建立一个期货头寸所必需的最低资金需求。凡是参加期货交易者,不管是先建多头仓还是先建空头仓,都必须在开始交易前先缴纳一笔保证金。这笔保证金即为初始保证金。初始保证金的比率一般为期货合约价值的5%—15%,但也有低至1%,或高达18%的情况。保证金的收取是分级进行的,可分为期货交易所向会员收取的保证金和期货经纪公司向客户收取的保证金,即分为会员保证金和客户保证金。

维持保证金是指保证金账户上必须保持的最低保证金限额。一个保证金账户的资金余额必须维持在这个水平之上,如果账户资金余额降到了维持保证金水平之下,经纪公司就会通知交易者追加保证金,该账户的资金必须追加到初始保证金的水平。如果交易者未在规定时间内追加保证金,经纪公司有权对期货头寸进行强行平仓。维持保证金水平一般为初始保证金的75%。

(二)每日结算制度

每日结算制度又称"逐日盯市"(Marking to Market)、每日无负债结算制度,指每日交易结束时,结算所或经纪公司按照当日结算价(收盘前最后1分钟或几分钟的平均成交价)计算会员或交易者客户每一笔未平仓合约的账面盈亏,并据以调整保证金账户,盈利则增加保证金,亏损则扣减保证金。每日结算制度是期货交易中的一项重要制度,也是金融期货交易与金融远期交易的一个重要区别。

由于每日结算制度规定了以一个交易日为结算周期,在一个交易日中,要求所有交易的盈亏都得到及时的结算,保证会员或交易者保证金账户上的负债现象不超过一天,因而能够将市场风险控制在交易全过程的一个相对最小的时间单位之内,从而有效地降低了期货交易的风险。

期货交易的结算实行分级结算,即交易所对其会员进行结算、经纪公司对其客户进行结算。期货交易所应当在当日交易结算后,及时将结算结果通知会员。经纪公司根据期货结算所的结算结果对客户进行结算,并应当将结算结果及时通知客户。若结算后,某会员(或客户)的保证金账户资金低于了维持保证金,期货结算所(或经纪公司)应立即向会员(或客户)发出追缴保证金通知,会员(或客户)应在规定时间内向期货结算所(或经纪公司)追加保证金。否则,期货结算所(或经纪公司)将有权强行平仓。

下面通过一个实例来看保证金制度和每日结算制度的运作。

【例5-1】 假设在2012年4月23日(星期一),一位投资者委托A经纪公司在CME买入2份当年6月份的加元期货合约(合约单位100 000加元),初始保证金USD900/份;维持保证金USD700/份。经纪公司会要求投资者先建立一个保证金账户,缴纳2份合约的初始保证金USD1 800。在每一交易日结束时,经纪公司会对该投资者的保证金账户进行调整,以反映当天价格变化给投资者带来的损益。如果价格发生有利变动,投资者可以随时提走保证金账户中超过初始保证金的部分;相反,若价格发生不利变动,则要扣减保证金。

该投资者建仓时6月份的加元期货价格为1加元=1.008 9美元,到4月27日,该投资者以1加元=1.019 2美元的价格平仓,其保证金账户余额的变化情况如表5-2所示。

表5-2 某投资者保证金账户 (单位:美元)

日 期	期货价格	当日损益	累计损益	保证金余额	追加保证金
4/23	1.008 9 1.006 8	—420	—420	1 800 1 380	420
4/24	1.010 2	680	260	2 480	
4/25	1.016 1	1 180	1 440	3 660	
4/26	1.015 7	—80	1 360	3 580	
4/27	1.019 2	700	2 060	4 280	

注:第一次盯市发生在进入期货合约的当天,即4月23日的收盘时刻。逐日盯市一直继续到合约平仓日,即4月27日。上表中第二栏除第一行(建仓价)和最后一行(平仓价)外,期货价格均为当日结算价。

该投资者最终获利：4 280－1 800－420＝2 060(美元)

在表5-2中,我们看到该投资者在建仓当天(4月23日)因亏损使得保证金余额降到1 380美元,低于了2份合约所需要的维持保证金1 400美元的水平,所以要补缴保证金420美元到初始保证金水平。

保证金制度和每日结算制度是金融期货交易中最基本的两项制度,除此之外,为确保期货市场的正常运行,交易所还会规定其他的一些制度,如涨跌停板制度、持仓限额制度和大户报告制度等。

(三) 涨跌停板制度

涨跌停板制度是指规定每日期货价格的最大波动幅度,超出规定幅度的报价将被视为无效,不能成交。涨跌停板的波动幅度一般是以合约上一交易日的结算价为基准确定的。停板时的成交撮合实行平仓优先和时间优先的原则。连续出现停板时,交易所可以临时采取如提高交易保证金比例、调整涨跌停板幅度等控制风险的措施。

(四) 持仓限额制度

持仓限额制度是交易所为了防止市场风险过度集中和防范操纵市场的行为,而对交易者持仓数量加以限制的制度。交易所根据不同的期货合约、不同的交易阶段制定持仓限额制度,通常在一般月份一个会员对某种合约的单边持仓量不得超过交易所该合约持仓总量的15％。超出限额,交易所可按规定强行平仓或提高保证金比例。

(五) 大户报告制度

大户报告制度是交易所建立限仓制度后,当会员或客户的持仓量达到交易所规定的数量(一般为持仓限额的80％)时,必须向交易所申报有关开户、交易、资金来源、交易动机等情况,以便交易所审查大户是否有过度投机和操纵市场行为,并判断大户交易风险状况的一种风险控制制度。

期货交易所还实行强行平仓制度、信息披露制度等其他制度。

阅读链接

中国金融期货交易所

中国金融期货交易所(China Financial Futures Exchange,缩写CFFE),是经国务院同意,中国证监会批准,由上海期货交易所、郑州商品交易所、大连商品交易所、上海证券交易所和深圳证券交易所共同发起设立的交易所,于2006年9月8日在上海成立。成为继上海期货交易所、大连商品交易所、郑州商品交易所之后的中国内地的第四家期货交易所,也是中国内地成立的首家金融衍生品交易所。该交易所为股份有限公司,实行公司制,5家股东分别出资1亿元人民币。这也是中国内地首家采用公司制为组织形式的交易所。中国金融期货交易所的成立,对于深化资本市场改革,完善资本市场体系,发挥资本市场功能,具有重要的战略意义。

中国金融期货交易所的主要职能是：组织安排金融期货等金融衍生品上市交易、结算和交割；制定业务管理规则；实施自律管理；发布市场交易信息；提供技术、场所、设施服务；中国证监会许可的其他职能。

中国金融期货交易所在交易方式、结算制度等方面充分借鉴了国际市场的先进经验，并结合中国的市场实际，以高起点、高标准的原则建设中国的金融衍生品市场。

中国金融期货交易所采用电子化交易方式，不设交易大厅和出市代表。金融期货产品的交易均通过交易所计算机系统进行竞价，由交易系统按照价格优先、时间优先的原则自动撮合成交。采用电子化交易方式体现了中国金融期货交易所的高效、透明、国际化的发展思路。

中国金融期货交易所的上市品种由沪深300指数期货首发登场。2006年10月30日推出沪深300股指期货仿真交易。2010年4月16日，中国内地资本市场首个金融期货品种——沪深300股指期货在中金所正式上市。2012年2月13日，中国金融期货交易所启动国债期货仿真交易。2013年9月6日，5年期国债期货合约在中金所正式上市交易。

（资料来源：中国金融期货交易所网站，http://www.cffex.com.cn）

四、金融期货交易的程序

从一般交易者的角度来看，金融期货交易的程序大致可分为以下四步。

（一）选择经纪商，开立保证金账户

金融期货交易是在指定的交易所内进行的，而一般客户不能进入交易所，所以要进行金融期货交易，交易者必须通过期货经纪商。由于不同期货经纪商的经营条件存在一定的差异，因此交易者需要根据自己的意愿选择好经纪商。

在选定经纪商后，交易者需要在经纪商处开立保证金账户，并根据交易规模向经纪商缴纳初始保证金。

（二）下达订单，委托买卖

所谓订单(Order)亦称委托单，即交易指令，是交易者客户下达给经纪商，代其进行金融期货买卖的指令。

客户填写委托单时，要注意标明以下内容：交易场所、交易方向、交易品种、交易数量、交割月份、有效期限、价格类型等。

在填写以上内容时，特别要注意委托单的价格种类和有效期限。根据价格种类和有效期限的不同，可以将委托单分为价格型指令和时间型指令两大类。

1. 价格型指令。不同的交易者客户对金融期货交易价格的要求不尽相同。客户在填写委托单时，可以将自己的特定要求反映在委托单上。价格型指令主要包括：

（1）市价委托单(Market Order)。这是一种客户要求经纪商以现行市场行情的最佳价格买入或卖出金融期货的委托单。例如某客户在市价为GBP1＝USD1.5720时出单买进9月份的英镑期货，经纪人接单后，应先以低于1.5720的价格试买，如果买不到，则可以稍高于1.5720的价格代客户买进。

（2）限价委托单(Limit Order)。这是一种客户要求经纪商必须以特定价格或比特

定价格更有利的价格买进或卖出金融期货的委托单。例如客户要求以 GBP1＝USD1.5720 的价格买进9月份英镑期货,经纪商接单后则必须以 GBP1＝USD1.5720 或低于 1.5720 的价格,代客户买进所指定的英镑期货。

2. 时间型指令。客户下达的委托单在多长时间内有效,这构成了对委托单有效期限的限制。根据有效期限的不同,通常将时间型指令划分为以下几种:

(1) 开放委托单(Open Order)。开放委托单是一种客户只要没有发出新订单,原单就一直有效的交易指令。

(2) 瞬间委托单(Quick Order)。这是一种在交易所内只出价3次,若未成交,则取消委托的交易指令。

(3) 限时委托单。通常又分为开盘委托单(At the Opening Order)和收盘委托单(At the Closing Order)。前者是要求经纪商在交易所开盘时执行的委托单;后者是要求经纪商在交易所收盘时执行的委托单。

(4) 当月委托单(Month Order)。这是一种只在下单的当月有效,过了当月的最后一个交易日则自动失效的委托单。

(三) 执行委托,场内竞价

经纪商接到客户下达的交易指令后,立即通过电话或电传等现代化通信设施将交易指令的具体内容传达给本公司派驻在交易所内的"出市代表",亦称为"候机人"。"候机人"接到交易指令后随即填写订单,并加盖时间戳记,然后将订单交给"跑手"(Runner)送给交易圈内的场内交易员。

场内交易员接单后,按照"价格优先、时间优先"的原则进行竞价成交。成交后将实际交易价格及成交数量记录在订单上。然后将成交单交"跑手",并将成交价报告"黄马甲"。若出现新的成交价,"黄马甲"需将最新价格输进交易所的行情报价系统,通过大屏幕显示出来,以随时报告场内的最新交易价格。

(四) 登记交易,每日清算

"跑手"接成交单后,速将成交单交"候机人"。"候机人"一方面通知经纪商指令成

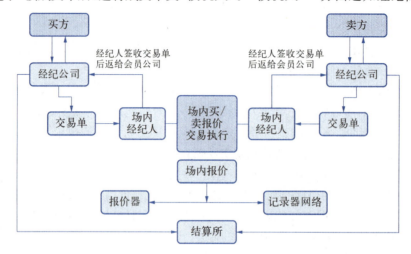

图 5-1 金融期货交易流程图

交,经纪商登记后,根据交易情况对客户保证金账户进行每日清算;另一方面通知结算所,由结算所对其会员的每一笔交易进行登录,并作每日清算。

> **阅 读 链 接**

美国期货市场简史

在美国,期货市场起源于芝加哥。它萌芽于自然的环境,以当时庞大的铁路枢纽为代表,将西部生产的产品运输至东部人口中心。芝加哥期货交易所(CBOT)于1848年开始营业,为交易者提供玉米、小麦、大豆等谷类产品的交易,在其大部分历史期间,它一直是全球最大的期货交易所。芝加哥期货交易所大楼修建于1885年,位于拉萨尔街和杰克逊大道,成为芝加哥的商业活力之象征。在芝加哥期货交易所成立五十周年后,芝加哥黄油与蛋类交易所于1898年成立,是1919年成立的芝加哥商品交易所(CME)的前身。芝加哥商品交易所的主营业务是黄油和鸡蛋,如同其原有名字一样。在20世纪60年代,芝加哥商品交易所推出活牛、生猪及猪腩等肉类的期货合约,并获得"猪腩建立的交易所"的殊荣。

在1971年,芝加哥商品交易所主席利奥·梅拉梅德(Leo Melamed)构思出金融产品的期货合约想法,彻底改变了期货市场。这一想法具有简单的逻辑:为业务及财务经理们提供其农产品对手方已成功使用超过百年的风险转移能力。为了实现这一目标,他发起创建了金融领域首家期货交易所——国际货币市场(IMM),并于1972年推出全球首个外汇合约。四年后,国际货币市场并入CME,直至今日仍保留其财务部门。在接下来的三十年,金融期货被全球每个金融中心复制,而芝加哥也成为风险管理的首都。

其他美国中心城市的期货交易历史类似于芝加哥,在堪萨斯城、明尼阿波利斯和纽约市分别成立期货交易所。其中,纽约商品交易所(NYMEX)在能源及金属类产品交易方面表现最为突出。芝加哥期货交易所和纽约商品交易所分别于2007年和2008年与芝加哥商品交易所进行合并,成立CME集团——当今世界上最大的期货交易所。

纵观这段历史,直到21世纪初,在每一个美国期货交易所的所有交易均通过公开喊价执行。然而,在1986年,利奥·梅拉梅德作为芝加哥商品交易所执行委员会主席,确信技术会迫使开展业务的方式发生根本性改变,领导战略规划委员会并提出创建一套电子交易系统——最终被称为Globex。芝加哥商品交易所从而成为全球首家采用电子交易的期货交易所。今天,Globex无疑是全球最先进且最有效的期货市场电子交易系统。

(资料来源:http://www.cmegroup.com/cn-s/education/futures-education,作者:利奥·梅拉梅德)

第二节 货币期货交易

一、货币期货的含义与合约内容

(一) 货币期货的含义

货币期货(Currency Futures)是以某种货币为标的物的金融期货,又称为"外汇期货"(Foreign Exchange Futures)。

货币期货是金融期货中最早出现的品种。1972年5月16日美国芝加哥商品交易所(CME)设立"国际货币市场"(IMM),在全球首次推出了七种货币期货合约,从而揭开了金融期货市场发展的序幕。1978年纽约商品交易所也增加了货币期货业务;1979年纽约证券交易所亦宣布,设立一个新的交易所来专门从事外币和金融期货。继美国之后,1982年9月伦敦国际金融期货交易所(London International Financial Future Exchange,缩写为LIFFE)宣告成立,并开始经营英镑、德国马克、瑞士法郎和日元4种货币的期货交易。随后,加拿大、荷兰、澳大利亚、新西兰等国也相继建立外汇期货交易所,开始经营货币期货,从而使货币期货交易在国际上迅速发展起来。

目前,从世界范围看,货币期货市场主要在美国,其中又基本上集中在芝加哥商品交易所的国际货币市场(IMM)、中美洲商品交易所(MCE)和费城期货交易所(PBOT)。此外,货币期货的主要交易所还有伦敦国际金融期货交易所(LIFFE)、新加坡国际货币交易所(SIMEX)、东京国际金融期货交易所(TIFFE)、法国国际期货交易所(MATIF)等,每个交易所基本都有本国货币与其他主要货币交易的期货合约。

(二) 货币期货合约的主要内容

货币期货交易实际上是买卖标准化的货币期货合约,而货币期货合约的内容是由交易所统一制订的、标准化的。一般而言,货币期货合约的内容主要涉及货币期货的币种、合约单位、最小变动价位、合约交割月份、最后交易日和交割日等方面。

1. 交易币种

各外汇交易所分别规定有特定的货币期货交易币种,如IMM原来主要做英镑、瑞士法郎、日元、加拿大元、墨西哥比索、德国马克、荷兰盾和法国法郎8种货币的期货。1999年欧元启动后,IMM对货币期货的币种也进行了相应调整。1992年6月26日CME启动GLOBEX(电子交易平台)后,进一步增加了货币期货的币种,尤其是一些发展中国家的货币。2006年8月27日CME在电子交易平台上推出了人民币期货。现在IMM经营的货币期货币种包括英镑、瑞士法郎、日元、加拿大元、墨西哥比索、欧元、捷克克朗、挪威克朗、瑞典克朗、匈牙利福林、波兰兹罗提、俄罗斯卢布、澳大利亚元、新西兰元、巴西雷亚尔、南非兰特、以色列谢克尔、韩国韩元、人民币等(见表5-3)。

表 5-3 CME 中货币期货币种一览表

以美元标价的货币期货		交叉汇率期货	
AUD/USD	BRL/USD	AUD/CAD	EUR/JPY
CAD/USD	HUF/USD	AUD/JPY	EUR/NOK
CHF/USD	ILS/USD	AUD/NZD	EUR/SEK
EUR/USD	KRW/USD	CAD/JPY	GBP/JPY
GBP/USD	MXN/USD	CHF/JPY	GBP/CHF
JPY/USD	PLZ/USD	EUR/AUD	CZK/EUR
NOK/USD	RMB/USD	EUR/GBP	HUF/EUR
NZD/USD	RUB/USD	EUR/CAD	RMB/EUR
SEK/USD	ZAR/USD	EUR/CHF	RMB/JPY
CZK/USD			

资料来源：http://www.cmegroup.com/trading/fx/。

2. 合约单位

合约单位指每1份货币期货合约所含的货币数量。各外汇交易所都对货币期货合约的单位作了特别规定。不同的币种，合约单位有所不同；同一币种在不同的交易所，合约单位也会不同。如 IMM 规定英镑期货合约单位是 62 500 英镑，而在 LIFFE 英镑期货合约单位是 25 000 英镑。合约单位是确定货币期货交易量的依据，货币期货的交易量必须是合约单位的整数倍。

表 5-4 CME 中主要货币期货的合约单位

合约币种	合约单位	合约币种	合约单位	合约币种	合约单位
AUD/USD	100 000	NOK/USD	2 000 000	KRW/USD	125 000 000
CAD/USD	100 000	SEK/USD	2 000 000	MXN/USD	500 000
CHF/USD	125 000	CZK/USD	4 000 000	PLZ/USD	500 000
EUR/USD	125 000	BRL/USD	100 000	RMB/USD	1 000 000
GBP/USD	62 500	HUF/USD	30 000 000	RUB/USD	2 500 000
JPY/USD	12 500 000	ILS/USD	1 000 000	ZAR/USD	500 000
NZD/USD	100 000				

资料来源：http://www.cmegroup.com/trading/fx/。

3. 最小变动价位

在货币期货交易中，每种货币期货合约都规定有最小变动价位。最小变动价位是指进行货币期货合约买卖时，合约价格每次变化的最低限额，如 IMM 规定英镑合约的最小变动价位为1个基点数，即 0.000 1 美元，这就意味着每张英镑合约的每次报价必须高于或低于上次报价的 6.25 美元（62 500×0.000 1=6.25）。

表 5－5　CME 中主要货币期货的最小变动价位和最小变动值　　　（单位：美元）

合约币种	最小变动价位	最小变动值	合约币种	最小变动价位	最小变动值
AUD/USD	0.000 1	10	BRL/USD	0.000 05	5
CAD/USD	0.000 1	10	HUF/USD	0.000 000 2	6
CHF/USD	0.000 1	12.5	ILS/USD	0.000 01	10
EUR/USD	0.000 1	12.5	KRW/USD	0.000 000 1	12.5
GBP/USD	0.000 1	6.25	MXN/USD	0.000 025	12.5
JPY/USD	0.000 001	12.5	PLZ/USD	0.000 02	10
NZD/USD	0.000 1	10	RMB/USD	0.000 01	10
NOK/USD	0.000 01	20	RUB/USD	0.000 01	25
SEK/USD	0.000 01	20	ZAR/USD	0.000 025	12.5
CZK/USD	0.000 002	8			

资料来源：根据 CME 集团网站资料翻译整理，http://www.cmegroup.com/。

4. 交割月份

交割月份是指期货交易所规定的期货合约的到期月份。大多数期货交易所一般都以 3 月、6 月、9 月、12 月作为交割月份。

5. 交割日和最后交易日

交割日是指进行货币期货合约实际交割的日期，即具体为交割月份的某一天。如 IMM 规定交割日为交割月的第三个星期三，LIFFE 规定为交割月的第二个星期三。

最后交易日是指货币期货合约交易的最后有效期限，过了最后交易日，该合约就不能再交易。所以对于那些不准备做货币期货实际交割的交易者来说，必须在最后交易日之前进行合约对冲，否则就必须在交割日进行现货交割。货币期货的最后交易日一般规定为交割日之前的第二个营业日。

如 IMM 规定最后交易日为交割月的第三个星期一。

下面以表 5－6 说明 CME 中的欧元期货和人民币期货合约的主要内容。

表 5－6　CME 货币期货合约的主要内容

	欧元/美元期货	人民币/美元期货
合约规模	125 000 欧元	1 000 000 人民币元
交割月份	按 3 月、6 月、9 月、12 月季度月循环的六个月	连续的 13 个日历月加上 2 个延后的季度月
结算方式	实物交割	现金交割
持仓量	10 000 份合约	6 000 份合约
交易代码	电子交易平台：6E 场内：EC	电子交易平台：RMB

续 表

	欧元/美元期货	人民币/美元期货
最小变动价位	正常:1 欧元=0.000 1 美元(1 份合约 12.5 美元) 日历套利:1 欧元=0.000 05 美元(1 份合约 6.25 美元)	正常:1 人民币元=0.000 01 美元(1 份合约 10 美元) 日历套利:1 人民币=0.000 005 美元(1 份合约 5 美元)
交易时间	场内:上午 7:20—下午 2:00 电子交易平台:周日—周四:下午 5:00 到次日下午 4:00;周五下午 4:00 收盘,到周日下午 5:00 重新开盘(按中部时间算)	GLOBEX:周日—周四:下午 5:00 到次日下午 4:00;周五下午 4:00 收盘,到周日下午 5:00 重新开盘(按中部时间算)
最后交易日和时间	交割月的第三个周三之前的第二个营业日(通常是周一)的上午 9:16(中部时间)	交割月的第三个周三之前的第一个北京营业日(通常是北京的周二)的上午 9:00(北京时间),即交割月的第三个周三之前的第二个芝加哥营业日的下午 7:00(冬令时)或下午 8:00(夏令时)(通常是美国中部时间周一晚上)

资料来源:根据 CME 集团网站资料翻译整理,http://www.cmegroup.com/。

二、货币期货行情的识读

在阅读国内外报刊时,我们常常会看到专门登载金融信息的版面,其中包括外汇市场的一些信息。要了解货币期货市场行情,就必须能够看懂这些行情表。下面以 2008 年 12 月 26 日《华尔街日报》刊登的货币期货行情表为例,简要说明如何阅读货币期货行情表。

THE WALL STREET JOURNAL
CURRENCY FUTURES PRICES
Friday, December 26, 2008

	OPEN	HIGH	LOW	SETTLE	CHG	LIFETIME		OPEN INT
						HIGH	LOW	
Japanese Yen (CME)—¥12 500 000; $ per 100¥								
Mar 09	1.106 1	1.108 1	1.102 7	1.105 7	+.001 5	1.149 2	.896 1	99 769
Jun 09	1.106 8	1.108 6	1.106 1	1.108 2	+.001 5	1.150 9	.919 0	3 674

Est vol 6 443; vol Wed 10 556; open int, 103 482, −486.

Canadian Dollar (CME)—CAD 100 000; $ per CAD

Mar 09	.822 7	.823 3	.816 9	.817 7	−.009 2	1.092 7	.769 3	41 116
Jun 09	.819 0	.820 2	.819 0	.819 2	−.009 0	1.017 3	.771 6	1 816

续 表

	OPEN	HIGH	LOW	SETTLE	CHG	LIFETIME		OPEN INT
						HIGH	LOW	
Dec 09	.824 4	.824 4	.822 9	.822 0	−.008 8	.993 7	.772 7	505

Est vol 2 675；vol Wed 4 244；open int, 44 664，+13.

British Pound (CME)— £ 62 500；$ per £

Mar 09	1.469 7	1.474 7	1.455 5	1.465 0	−.003 0	2.076 6	1.448 0	69 677

Est vol 4 728；vol Wed 8 296；open int, 70 893，+288.

Swiss Franc (CME)—CHF 125 000；$ per CHF

Mar 09	.930 0	.939 1	.930 0	.938 6	+.009 7	1.011 1	.817 2	24 179

Est vol 1 812；vol Wed 5 050；open int, 24 503，+431.

Australian Dollar (CME)—AUD 100 000；$ per AUD

Mar 09	.680 0	.745 0	.675 0	.719 8	+.042 1	.952 3	.597 5	32 757
Jun 09	.681 5	.739 8	.674 2	.717 0	+.042 1	.940 9	.660 3	81

Est vol 4 216；vol Wed 3 093；open int, 33 014，+5.

Mexican Peso (CME)—MXN 500 000；$ per 10MXN

Mar 09	.733 25	.735 00	.712 00	.726 25	−.007 00	.975 00	.702 00	13 037
Dec 09	.690 00	.690 00	.690 00	.690 25	−.007 00	.730 00	.690 00	4

Est vol 1 004；vol Wed 2 016；open int, 13 122，−290.

Euro (CME)—OE125 000；$ per OE

Mar 09	1.402 6	1.409 8	1.399 3	1.404 1	+.009 7	1.581 6	1.232 7	116 491
Jun 09	1.404 0	1.406 8	1.399 3	1.401 7	+.009 7	1.574 0	1.234 4	782
Sep 09	1.399 0	1.402 9	1.399 0	1.400 5	+.009 7	1.567 2	1.346 6	1 038

Est vol 13 894；vol Wed 19 053；open int, 118 353，+336.

资料来源：www.wsj.com。

表中第1行"OPEN"为当日开盘价；"HIGH"为当日最高价；"LOW"为当日最低价；"SETTLE"为当日结算价；"CHG"为"CHANGE"的缩写，为当日与前1个交易日相比结算价的变化；"LIFETIME HIGH"为期货合约期内曾出现过的最高价；"LIFETIME LOW"为期货合约期内曾出现过的最低价；"OPEN INT"为当日未平仓的期货合约量。

第2至第5行为日元期货行情。其中，第2行中的"Japanese Yen"表明期货币种是日元；"CME"表示交易场所是芝加哥商品交易所；"¥12 500 000"表示日元期货合约的交易单位是12 500 000日元；"$ per 100¥"表示100日元折合多少美元。第3、4行分别为2009年3月份、6月份到期的日元期货的市场行情。第5行中的"Est vol 6 443"表示当日估计的日元期货成交量为 6 443 份;"vol Wed 10 556"表示周三(即前 1 个交易日)的实际成交量为 10 556 份;"open int, 103 482"表示的是当日未平仓量为 103 482 份;"−486"意为当日未平仓量比前 1 个交易日的未平仓量减少了 486 份。

表中第 6 行至第 10 行为加拿大元期货行情;第 11 行至第 13 行为英镑期货行情;第 14 行至第 16 行为瑞士法郎期货行情;第 17 行至第 20 行为澳大利亚元期货行情;第 21 行至第 24 行为墨西哥比索期货行情;第 25 行至第 29 行为欧元期货行情。

三、货币期货交易的应用

(一) 套期保值(Hedge)

所谓套期保值,是指利用期货交易来减少或降低现货市场价格波动风险的经济活动。

套期保值实际上就是把期货市场当作转移价格风险的场所,利用期货合约作为将来在现货市场上买卖商品的临时替代物,对其将来需要出售的商品或买进的商品价格进行保险。其实质就是买入(或卖出)与现货市场数量相当、但交易方向相反的期货合约,以期在未来某一时间通过卖出(或买入)期货合约来补偿现货市场价格变动所带来的实际价格风险。最终在"现货"和"期货"之间、近期和远期之间建立一种对冲的机制,将价格风险降低到最低限额。

1. 套期保值交易须遵循的原则

(1) 交易方向相反原则。交易方向相反原则是指先根据交易者在现货市场所持头寸的情况,相应地通过买进或卖出期货合约来设定一个相反的头寸,然后选择一个适当的时机,将期货合约予以平仓,以对冲在手合约。通过期货交易和现货交易互相之间的联动和盈亏互补性冲抵市场价格变动所带来的风险,以达到锁定成本和利润的目的。

(2) 商品种类相同的原则。只有商品种类相同,期货价格和现货价格之间才有可能形成密切的关系,才能在价格走势上保持大致相同的趋势,从而在两个市场上采取反向买卖的行动取得应有的效果。否则,套期保值交易不仅不能达到规避价格风险的目的,反而可能会增加价格波动的风险。在实践中,对于非期货商品,也可以选择价格走势互相影响且大致相同的相关商品的期货合约来做交叉套期保值。

(3) 商品数量相等原则。商品数量相等原则是指在做套期保值交易时,在期货市场上所交易的商品数量必须与交易者将要在现货市场上交易的数量相等。只有保持两个市场上买卖商品的数量相等,才能使一个市场上的盈利额与另一个市场上的亏损额相等或最接近,从而保证两个市场盈亏互补的有效性。

(4) 月份相同(或相近)原则。这是指在做套期保值交易时,所选用的期货合约的交割月份最好与交易者将来在现货市场上交易商品的时间相同或相近。因为两个市场出现的盈亏金额受两个市场上价格变动的影响,只有使两者所选定的时间相同或相近,随着期货合约交割期的到来,期货价格和现货价格才会趋于一致,才能使期货价格和现货价格之间的联系更加紧密,达到增强套期保值的效果。

2. 套期保值的步骤

(1)确定买卖方向,即做多头套期保值还是做空头套期保值。做多头套期保值则先在期货市场买进期货合约,通常是对冲未来现货市场价格上涨的风险;做空头套期保值则先在期货市场卖出期货合约,通常是对冲未来现货市场价格下跌的风险。

(2)确定买卖期货合约的份数。一般采用需要保值的现货资产总值除以期货合约单位来确定期货合约的操作份数。但在对证券组合资产进行保值时,通常需要用 β 系数来调整股指期货的份数。

(3)分别对现货市场和期货市场的盈亏进行计算。

3. 货币期货交易的套期保值

货币期货交易最初主要是为套期保值而创设的。20世纪70年代初随着浮动汇率制的普遍实行,对于从事涉外经济活动的一些经济主体来说,面临的汇率风险越来越大,他们迫切希望借助一些交易手段来减少或消除由于汇率变动而给他们的外汇资产或债务带来的风险。当然,远期外汇交易是可以利用的一种手段,但能参加远期外汇交易的仅限于一些大公司、大企业,而一些规模较小的公司、企业及个人则难以参加远期外汇交易,或交易成本增大。货币期货交易的出现为广大的套期保值者提供了一种很好的避险工具。

货币期货的套期保值可分为空头(卖出)套期保值和多头(买入)套期保值两种基本类型。在实际运用中,还可能出现一种交叉套期保值。以下分别进行介绍。

(1)空头套期保值(Short Hedge)。空头套期保值亦称为"卖出套期保值",是指通过期货市场卖出期货合约以防止因现货价格下跌而造成损失的行为。

用货币期货交易来进行空头套期保值,主要是为对冲将来现汇汇率下跌而给外汇资产带来的损失,多为出口商和对外投资者所用。具体做法是:预计未来将要在现汇市场出售某种货币,为防范该种货币汇率下跌的风险,则先于期货市场出售相应的货币期货合约,处于空头地位;到时在现汇市场出售现汇时,再对之前售出的货币期货合约进行对冲(即买进相应的货币期货)。通过货币期货空头交易,交易者可以降低因现汇汇率下跌而给所持有的外汇债权带来的损失。

【例 5-2】 6月5日美国某公司向瑞士出口了一批商品,货物总值 500 000 瑞士法郎,双方商定2个月后以瑞士法郎结算。为防止2个月后瑞士法郎兑美元贬值,美国公司决定利用瑞士法郎期货(每份合约 125 000 瑞士法郎)进行套期保值。当时美元/瑞士法郎的市场行情:即期汇率 0.941 8/21,9月份 CHF 期货价格 1.060 2。

2个月后美元/瑞士法郎汇率的变化可能出现两种情况:(1)瑞士法郎即期汇率果然下跌,变为 0.951 1/16;9月份 CHF 期货价格为 1.050 0;(2)瑞士法郎即期汇率不跌反涨,变为 0.933 6/42;9月份 CHF 期货价格为 1.068 4。试分析两种情况下该美国公司套期保值的结果。

分析:

(1) 2 个月后瑞士法郎即期汇率下跌的情况下,该美国公司套期保值操作过程以及损益状况如表 5-7 所示。

表 5-7 空头套期保值操作

时 间	现 汇 市 场	货币期货市场
6月5日	预收 500 000 瑞士法郎 汇率:1 美元=0.942 1 瑞士法郎 折合美元:500 000÷0.942 1=530 729.22	卖出 4 份 9 月份的瑞士法郎期货 价格:1 瑞士法郎=1.060 2 美元 总价值:125 000×4×1.060 2=530 100(美元)
8月5日	卖出 500 000 瑞士法郎现汇 汇率:1 美元=0.951 6 瑞士法郎 折合美元:500 000÷0.951 6=525 430.85	买进 4 份 9 月份的瑞士法郎期货 价格:1 瑞士法郎=1.050 0 美元 总价值:125 000×4×1.050 0=525 000(美元)
损 益	525 430.85−530 729.22=−5 298.37(美元)	530 100−525 000=5 100(美元)

从表 5-7 可以看出,由于 2 个月后瑞士法郎出现贬值,从而使美国公司 500 000 瑞士法郎现汇少收入 5 298.37 美元,但在期货市场上的空头套期保值却使该公司盈利了 5 100 美元,从而抵消了现汇市场上的大部分损失,净损失降低为 198.37 美元,达到了套期保值的目的。

(2) 2 个月后瑞士法郎即期汇率上升的情况下,该美国公司套期保值操作过程以及损益状况如表 5-8 所示。

表 5-8 空头套期保值操作

时 间	现 汇 市 场	货币期货市场
6月5日	预收 500 000 瑞士法郎 汇率:1 美元=0.942 1 瑞士法郎 折合美元:500 000÷0.942 1=530 729.22	卖出 4 份 9 月份的瑞士法郎期货 价格:1 瑞士法郎=1.060 2 美元 总价值:125 000×4×1.060 2=530 100(美元)
8月5日	卖出 500 000 瑞士法郎现汇 汇率:1 美元=0.934 2 瑞士法郎 折合美元:500 000÷0.934 2=535 217.30	买进 4 份 9 月份的瑞士法郎期货 价格:1 瑞士法郎=1.068 4 美元 总价值:125 000×4×1.068 4=534 200(美元)
损 益	535 217.30−530 729.22=4 488.08(美元)	530 100−534 200=−4 100(美元)

从表 5-8 可以看出,如果 2 个月后瑞士法郎汇率出现上升,该公司在期货市场上会损失 4 100 美元,但在现汇市场上却可以多收 4 488.08 美元。

综合【例 5-2】的分析可知,用期货进行套期保值时,不管将来现汇汇率如何变动,在现汇市场和期货市场上,总是一个盈利、一个亏损,盈亏相抵,降低损失,这就是套期保值的目的。套期保值的目的在于用期货交易来对冲现汇汇率变动的风险,尽量减少损失,而不在于获净利。所以我们看到,套期保值的效果有可能不是百分百的,即不是"完全的套期保值",而是"不完全的套期保值"。所谓"完全的套期保值"是指期货市场上的盈(亏)恰好与现货市场的亏(盈)相等,两个市场的盈亏完全相抵消。但是现实中,往往很难做到这一点,因为期货价格的变动方向虽然与现货价格的变动方向一致,但是其变动幅度往往与现货价格不同步。这就是基差风险。

(2) 多头套期保值(Long Hedge)。所谓多头套期保值亦称为"买入套期保值",是指通过期货市场买入期货合约以防止因现货价格上涨而遭受损失的行为。

用货币期货交易来进行多头套期保值,主要是为对冲将来现汇汇率上涨而给外汇债务带来的损失,多为进口商和外币融资者所用。具体做法是:预计未来将要在现汇市场购买某种货币,为防范该种货币汇率上涨的风险,则先于期货市场购买相应的货币期货合约,处于多头地位;到时在现汇市场购买现汇时,再对之前买进的货币期货合约进行对冲(即出售相应的货币期货)。通过货币期货多头交易,交易者可以降低因现汇汇率上涨而给所承担的外汇债务带来的损失。

【例 5-3】 6月初美国某公司从英国进口了一批价值 250 000 英镑的货物,双方商定 3 个月后以英镑支付货款。为防止因英镑汇率上升而增加进口成本,美国公司便准备通过在 IMM 进行英镑期货(每份合约 62 500 英镑)交易来进行套期保值。当时英镑/美元的市场行情:即期汇率 1.546 0/65,9 月份 GBP 期货价格 1.549 6。

3个月后英镑/美元汇率的变化可能出现两种情况:(1) 英镑即期汇率果然上涨,变为 1.567 2/76;9 月份 GBP 期货价格为 1.568 8;(2) 英镑即期汇率不涨反跌,变为 1.532 8/34;9 月份 GBP 期货价格为 1.535 5。试分析两种情况下该美国公司套期保值的结果。

分析:

(1) 3个月后英镑即期汇率上涨的情况下,该美国公司套期保值操作过程以及损益状况如表 5-9 所示。

表 5-9 多头套期保值操作

时间	现汇市场	货币期货市场
6月初	若购买 250 000 英镑 汇率:1 英镑=1.546 5 美元 折合美元:250 000×1.546 5=386 625	购买 4 份 9 月份的英镑期货 价格:1 英镑=1.549 6 美元 总价值:62 500×4×1.549 6=387 400(美元)
9月初	购买 250 000 英镑现汇 汇率:1 英镑=1.567 6 美元 折合美元:250 000×1.567 6=391 900	出售 4 份 9 月份的英镑期货 价格:1 英镑=1.568 8 美元 总价值:62 500×4×1.568 8=392 200(美元)
损益	386 625-391 900=-5 275(美元)	392 200-387 400=4 800(美元)

从表 5-9 可以看出,由于 3 个月后英镑即期汇率上涨,从而使美国公司在现汇市场购买 250 000 英镑比 6 月初多支付 5 275 美元,但在期货市场上的多头套期保值却使该公司盈利了 4 800 美元,尽管没有达到"完全的套期保值",但是抵消了现汇市场上的大部分损失,净损失降低为 475 美元,达到了套期保值的目的。

(2) 3个月后英镑即期汇率下跌的情况下,该美国公司套期保值操作过程以及损益状况如表 5-10 所示。

表 5-10　多头套期保值操作

时　间	现 汇 市 场	货币期货市场
6月初	若购买 250 000 英镑 汇率：1 英镑＝1.546 5 美元 折合美元：250 000×1.546 5＝386 625	购买 4 份 9 月份的英镑期货 价格：1 英镑＝1.549 6 美元 总价值：62 500×4×1.549 6＝387 400(美元)
9月初	购买 250 000 英镑现汇 汇率：1 英镑＝1.533 4 美元 折合美元：250 000×1.533 4＝383 350	出售 4 份 9 月份的英镑期货 价格：1 英镑＝1.535 5 美元 总价值：62 500×4×1.535 5＝383 875(美元)
损　益	386 625－383 350＝3 275(美元)	383 875－387 400＝－3 525(美元)

从表 5-10 可以看出，如果 3 个月后英镑汇率出现下跌，那么该公司在货币期货市场上的多头操作会出现损失，但期货上的损失可用现汇市场上的收益来抵补。

(3) 交叉套期保值(Cross Hedge)。上述空头套期保值和多头套期保值的做法，要求在期货市场上交易的货币期货和现汇市场上交易的货币是同一种货币，但是现实中，由于货币期货市场上提供的交易币种有限，因此，对于没有相应期货币种的现汇交易，就不能直接采用上述方法进行套期保值。尽管如此，在国际外汇市场上有些货币的汇率变动具有一定的正相关性，即对美元汇率共升共降，变动方向相同。为此，可以选用某种相关货币的期货来为现汇市场上的交易货币进行套期保值。这种在现汇市场和货币期货市场上以不同的货币作为交易对象的套期保值就称为"交叉套期保值"。

【例 5-4】 2013 年 4 月初美国某银行因业务需要，需要在 3 个月后买进 HKD200 万，由于 HKD 不是 IMM 中的期货币种，该银行打算用 CHF 作为相关货币来进行交叉套期保值。当日外汇市场行情如下：

　　　Spot Rate　　　USD/HKD　　　7.762 8/38
　　　　　　　　　　USD/CHF　　　0.931 0/16
　　　Currency Future　CHF Sep 13　　1.074 8

假设 3 个月后市场行情变为：

　　　Spot Rate　　　USD/HKD　　　7.741 2/22
　　　　　　　　　　USD/CHF　　　0.922 1/26
　　　Currency Future　CHF Sep 13　　1.077 5

试问：(1) 该银行如何进行交叉套期保值操作？(2) 保值结果如何？

解答：

(1) 由于该银行面临的是 3 个月后在现汇市场买进 HKD 所存在的 HKD 兑 USD 汇率上升的风险，所以银行应进行多头套期保值，即先在期货市场上买进货币期货，3 个月后再进行对冲。但是，由于 IMM 没有 HKD 期货合约，所以选用 CHF 期货来代替 HKD 进行套期保值，即该银行要先在 IMM 买进相当于 200 万 HKD 的 CHF 的 9 月份期货合约，3 个月后再对 CHF9 月份期货合约进行对冲。由于所选择的 CHF 汇率变动与 HKD 变动具有正相关性,所以,如果 3 个月后 HKD 对 USD 的汇率上升,那么 CHF 兑 USD 的汇率也会上升,CHF 的期货价格也随之上涨,因此 CHF 期货的多头操作就可获利,以此来对冲现汇市场因 HKD 汇率上升而遭受的损失,达到套期保值的目的。

200 万 HKD 按 4 月初市场即期汇率折算为 CHF:

$$2\,000\,000 \div (7.762\,8 \div 0.931\,6) \approx 240\,016(\text{CHF})$$

购买 9 月份 CHF 期货的份数为:$240\,016 \div 125\,000 = 1.9 \approx 2$(份)

具体交易过程如表 5-11 所示。

表 5-11 交叉套期保值操作

时间	现汇市场	货币期货市场
4月初	若购买 HKD 2 000 000 汇率:USD1=HKD7.762 8 折合美元:2 000 000÷7.762 8=257 639	购买 2 份 9 月份的 CHF 期货 价格:CHF1=USD1.074 8 总价值:125 000×2×1.074 8=268 700(USD)
7月初	购买 HKD 2 000 000 现汇 汇率:USD1=HKD7.741 2 折合美元:2 000 000÷7.741 2=258 358	出售 2 份 9 月份的 CHF 期货 价格:CHF1=USD1.077 5 总价值:125 000×2×1.077 5=269 375(USD)
损益	257 639−258 358=−719(USD)	269 375−268 700=675(USD)

(2) 从表 5-11 可以看出,由于 3 个月后 HKD 即期汇率上涨,从而使该银行在现汇市场购买 HKD2 000 000 比 4 月初多支付 719 美元,但在期货市场上由于 CHF 期货价格同样上涨,所以 CHF 期货的多头操作可以使该银行获利 675 美元,尽管没有达到"完全的套期保值",但是抵消了现汇市场上的大部分损失,净损失降为 44 美元,达到了套期保值的目的。

(二) 投机(Speculate)

根据对货币期货价格变动趋势的预测,投机者可以通过低买高卖货币期货合约来谋取货币期货的差价收益。货币期货投机者与套期保值者不同,投机者没有外汇资产或债务需要保值,而是纯粹根据自己对货币期货行情变动的预测,在看涨时先买进、看跌时先卖出,将来再进行合约的对冲。当然,如果对行情的预测准确,则投机可获利;相反,预测错误,投机就会遭受损失。所以,投机是要承担风险的。

根据投机者建立货币期货仓位的不同,可将投机分为买空和卖空两种基本做法。

1. 买空(Buy Long)

预测某种货币汇率将上升时,先买进该种货币的期货合约,将来再卖出该种货币的期货合约,以对冲获利。

【例 5-5】 6 月初某投机者预测 1 个月后瑞士法郎对美元的汇率将上升,于是买进 10 份 9 月份瑞士法郎期货(每份合约单位 125 000),支付保证金 81 000 美元,期货成交价格为 1.060 2。假设 1 个月后瑞士法郎对美元的汇率果然上升,该投机者以 1.068 2 的价格抛出 10 份 9 月份瑞士法郎期货,可获多少投机利润(不考虑其他费用)? 投机利润率(年率)是多少?

解：6 月初投机者买进 10 份 9 月份瑞士法郎期货,总价值为：

$$125\,000 \times 10 \times 1.060\,2 = 1\,325\,250(USD)$$

1 个月后投机者抛出 10 份 9 月份瑞士法郎期货,总价值为：

$$125\,000 \times 10 \times 1.068\,2 = 1\,335\,250(USD)$$

投机利润：$1\,335\,250 - 1\,325\,250 = 10\,000(USD)$

投机利润率：$(10\,000 \div 81\,000) \times (360/30) \times 100\% = 148.15\%$

2. 卖空(Sell Short)

预测某种货币汇率将下跌时,先卖出该种货币的期货合约,将来再买进该种货币的期货合约,以对冲获利。

【例 5 – 6】 由于日本银行坚持无限宽松的货币政策,市场普遍看跌日元。5 月初某投机者预测 1 个月后日元对美元的汇率将出现大幅度下跌,于是卖出 10 份 6 月份日元期货(每份合约单位 12 500 000),支付保证金 54 000 美元,期货成交价格为 1.024 5。1 个月后日元兑美元汇率出现下跌,该投机者以 0.992 8 的价格对冲了 10 份 6 月份日元期货。试分别计算该投机者的投机利润和利润率。

解：5 月初投机者卖出 10 份 6 月份日元期货,总价值：

$$12\,500\,000 \times 10 \times (1.024\,5 \div 100) = 1\,280\,625(USD)$$

1 个月后投机者对冲 10 份 6 月份日元期货,总价值：

$$12\,500\,000 \times 10 \times (0.992\,8 \div 100) = 1\,241\,000(USD)$$

投机利润：$1\,280\,625 - 1\,241\,000 = 39\,625(USD)$

投机利润率：$39\,625 \div 54\,000 \times (360/30) \times 100\% = 880.56\%$

(三) 套利(Arbitrage)

期货市场上的套利并非指套取两种货币的利差收益,而是指通过同时买进和卖出相同或相关的两种期货合约而赚取价差收益的交易行为,即同时在两个期货品种或市场上进行多、空对冲操作,以获取稳定收益。交易者之所以进行套利交易,主要是因为套利的风险较低,套利交易可以为避免始料未及的或因价格剧烈波动而引起的损失提供某种保护,但套利的盈利能力也较直接投机小。套利的主要作用：一是帮助扭曲的市场价格回复到正常水平,二是增强市场的流动性。

套利通常是选取两种相同的或相关的期货合约来进行多、空对冲操作,即一个做多、一个做空,而不是同时做多或做空。这主要是因为同种期货或两种相关期货,它们的价格变动往往是同向的,但是变动幅度可能不同。如果同时做多或做空(投机做法),可能在行情预测准确的情况下,两个期货合约上都可获利,但若出现预测错误,则两个期货合约上都会亏损,相对风险较大。而采取套利做法,则不管行情预测准确还是错误,可以达到两个期货上一盈一亏,盈亏相抵,以获取相对稳定的收益。其基本做法是：在涨幅更大的期货上做多,同时在涨幅较小的期货上做空；或者,在跌幅更大的期货上做空,同时在跌幅较小的期货上做多。

套利一般可分为三类:跨期套利、跨市套利和跨币(品种)套利。

1. 跨期套利

跨期套利是套利交易中最常见的一种。它是利用两种不同交割月份的同一种货币期货合约进行的套利,亦称"跨月套利"。跨期套利中会涉及两种不同交割月份的期货合约,通常称先到期的为"近期交割合约",后到期的为"远期交割合约"。在跨期套利中,以对近期交割合约是先买进还是先卖出为标准将其分为牛市套利(Bull Spread)和熊市套利(Bear Spread)。

(1) 牛市套利。牛市套利是先买进近期交割合约,同时卖出远期交割合约,即在近期交割合约上做多(先买),同时在远期交割合约上做空(先卖)。又称为"买空套利"(Buying Spread)。

通常是基于以下市场预期时进行牛市套利:当近期交割合约的价格高于远期交割合约的价格时,如果预测未来两者的价差将扩大(意味着近期交割合约的价格涨幅将大于远期交割合约的价格涨幅,或近期交割合约的价格跌幅将小于远期交割合约的价格跌幅),则做多涨幅更大或跌幅较小的近期交割合约,同时做空涨幅较小或跌幅更大的远期交割合约。相反,当近期交割合约的价格低于远期交割合约的价格时,预测未来两者的价差将缩小(意味着近期交割合约的价格涨幅将大于远期交割合约的价格涨幅,或近期交割合约的价格跌幅将小于远期交割合约的价格跌幅),同样,做多涨幅更大或跌幅较小的近期交割合约,同时做空涨幅较小或跌幅更大的远期交割合约(见表5-12)。

(2) 熊市套利。熊市套利是卖出近期交割合约,同时买入远期交割合约,即在近期交割合约上做空(先卖),同时在远期交割合约上做多(先买)。又称为"卖空套利"(Selling Spread)。

通常是基于以下市场预期时进行熊市套利:当近期交割合约的价格高于远期交割合约的价格时,如果预测未来两者的价差将缩小(意味着近期交割合约的价格涨幅将小于远期交割合约的价格涨幅,或近期交割合约的价格跌幅将大于远期交割合约的价格跌幅),则做空跌幅更大或涨幅较小的近期交割合约,同时做多跌幅较小或涨幅更大的远期交割合约。相反,当近期交割合约的价格低于远期交割合约的价格时,预测未来两者的价差将扩大(意味着近期交割合约的价格涨幅将小于远期交割合约的价格涨幅,或近期交割合约的价格跌幅将大于远期交割合约的价格跌幅),同样,做空涨幅较小或跌幅更大的近期交割合约,同时做多涨幅更大或跌幅较小的远期交割合约(见表5-12)。

表5-12 跨期套利策略的选择

当前市场状态	对期货价差变化的预测	期货价格变动趋势比较	两种期货上的操作	套利策略
当$FP_{near}>FP_{far}$时	预测两者价差扩大	FP_{near}涨幅大于FP_{far}涨幅	做多FP_{near}/做空FP_{far}	牛市套利
		FP_{near}跌幅小于FP_{far}跌幅	做多FP_{near}/做空FP_{far}	
	预测两者价差缩小	FP_{near}涨幅小于FP_{far}涨幅	做空FP_{near}/做多FP_{far}	熊市套利
		FP_{near}跌幅大于FP_{far}跌幅	做空FP_{near}/做多FP_{far}	

续 表

当前市场状态	对期货价差变化的预测	期货价格变动趋势比较	两种期货上的操作	套利策略
当 $FP_{near} < FP_{far}$ 时	预测两者价差扩大	FP_{near} 涨幅小于 FP_{far} 涨幅	做空 FP_{near} / 做多 FP_{far}	熊市套利
		FP_{near} 跌幅大于 FP_{far} 跌幅	做空 FP_{near} / 做多 FP_{far}	
	预测两者价差缩小	FP_{near} 涨幅大于 FP_{far} 涨幅	做多 FP_{near} / 做空 FP_{far}	牛市套利
		FP_{near} 跌幅小于 FP_{far} 跌幅	做多 FP_{near} / 做空 FP_{far}	

注：FP_{near} 代表近期交割合约的价格，FP_{far} 代表远期交割合约的价格。

【例 5-7】 2012 年 10 月 25 日 IMM 中的 JPY 期货行情如下：

Dec 12　　　　1.237 0
Mar 13　　　　1.238 4

某套利者预测 1 个月内两种交割月份的日元期货价差将会缩小，于是入市进行套利操作。到 11 月 24 日，JPY 期货行情变为：

Dec 12　　　　1.195 9
Mar 13　　　　1.196 2

问：(1) 该套利者应如何套利？(2) 若套利者在两种不同交割月份的日元期货上各操作 10 份合约，并在 11 月 24 日进行平仓，其套利结果如何？

分析：

(1) 从 2012 年 10 月 25 日的市场行情来看，2012 年 12 月份的日元期货价格要低于 2013 年 3 月份的日元期货价格，根据两者价差将缩小的预测，可能是 2012 年 12 月份的日元期货价格涨幅将超过 2013 年 3 月份的日元期货价格涨幅，也可能是 2012 年 12 月份的日元期货价格跌幅将小于 2013 年 3 月份的日元期货价格跌幅，应做多 2012 年 12 月份的日元期货，同时做空 2013 年 3 月份的日元期货，即采取牛市套利。

(2) 套利结果如表 5-13 所示。

表 5-13　日元期货牛市套利过程及结果

时　间	JPY Dec 12	JPY Mar 13
10 月 25	买入 10 份 价格：1.237 0	卖出 10 份 价格：1.238 4
11 月 24	卖出 10 份 价格：1.195 9	买入 10 份 价格：1.196 2
100 日元的损益	1.195 9 − 1.237 0 = −0.041 1(USD)	1.238 4 − 1.196 2 = 0.042 2(USD)
结　果	12 500 000 × 10 × (0.042 2 − 0.041 1) ÷ 100 = 1 375(USD)	

由表 5-13 可见，做空 2013 年 3 月份日元期货可获利，做多 2012 年 12 月份日元期货有损失，盈亏相抵，最终获利 1 375 美元。

2. 跨市套利

跨市套利是指利用不同交易所的同一币种的货币期货合约进行的套利。当同一币种期货合约在两个或更多的交易所进行交易时,由于区域间的地理差别以及市场供求状况的差异,各货币期货合约间会存在一定的价差关系。如果这种价差关系出现异常变化,说明有一个市场上的货币期货价格被相对高估,而另一个市场上的货币期货价格被相对低估,这就产生了跨市套利的机会,即可在未来涨幅较大或跌幅较小的市场上做多货币期货,同时在另一个市场上做空该货币期货。

【例 5-8】 3 月底某套利者发现 IMM 的 6 月份英镑期货与 LIFFE 的 6 月份英镑期货价差关系出现了异常,6 月份英镑期货在 IMM 的价格偏低,他认为未来 1 个月内 IMM 的 6 月份英镑期货价格将相对上涨,因此决定入市进行跨市套利:先在 IMM 买进 6 月份英镑期货,价格为 1.508 5,同时在 LIFFE 卖出 6 月份英镑期货,价格为 1.514 5。两个交易所操作金额都为 100 万。到 4 月底,6 月份英镑期货在 IMM 的价格变为 1.556 4,在 LIFFE 的价格为 1.556 2,该套利者在两个交易所分别对 6 月份英镑期货进行了对冲。试分析其跨市套利的结果(不考虑佣金)。

分析:该套利者跨市套利过程及结果如表 5-14 所示。

表 5-14 跨市套利过程及结果

时 间	IMM	LIFFE
3 月底	买入 16 份(1 000 000/62 500)6 月份英镑期货 价格:1.508 5	卖出 40 份(1 000 000/25 000)6 月份英镑期货 价格:1.514 5
4 月底	卖出 16 份 6 月份英镑期货 价格:1.556 4	买入 40 份 6 月份英镑期货 价格:1.556 2
1 英镑的损益	1.556 4−1.508 5=0.047 9(USD)	1.514 5−1.556 2=−0.041 7(USD)
结 果	1 000 000×(0.047 9−0.041 7)=6 200(USD)	

由表 5-14 可见,在不考虑佣金的情况下,该套利者运用跨市套利策略可获净利 6 200 美元。

3. 跨币套利

跨币套利是指利用同一交割月份的两种不同币种的货币期货合约进行的套利。跨币套利尽管涉及的货币币种不同,但一般是选择具有同向变动的两种货币,因而同样可以利用两种货币期货变动幅度上的差异来进行套利。即做多未来涨幅较大或跌幅较小的货币期货,同时做空涨幅较小或跌幅较大的另一种货币期货,将来再同时对冲两种货币期货,以获取两种货币期货的价差收益。

【例 5-9】 某年 9 月 24 日 IMM 中的货币期货行情如下:

    GBP Dec 1.580 9
    EUR Dec 1.346 7

某套利者预测近两个月内,12月份 GBP 期货和 12 月份 EUR 期货的价差将会扩大,于是决定入市进行套利操作,并在两种期货上都操作 100 万的金额。到 12 月 2 日,期货行情变为:

GBP　　　Dec　　　1.575 9
EUR　　　Dec　　　1.331 3

问:(1)该套利者应如何进行套利操作?(2)若该套利者在 12 月 2 日进行平仓,其套利结果如何?

分析:

(1) 鉴于对 12 月份 GBP 期货和 12 月份 EUR 期货的价差将会扩大的预测,意味着近两个月内,GBP 期货价格的涨幅将会超过 EUR 期货价格的涨幅,或者 GBP 期货价格的跌幅将会低于 EUR 期货价格的跌幅,因此 9 月 24 日入市进行跨币套利,应先做多 GBP 期货,同时做空 EUR 期货。到 12 月 2 日再同时对冲两种货币期货。

(2) 该套利者的跨币套利过程及结果见表 5-15。

表 5-15　跨币套利过程及结果

时　间	GBP　Dec	EUR　Dec
9月24日	买入 16 份(1 000 000/62 500)12 月 GBP 期货 价格:1.580 9	卖出 8 份(1 000 000/125 000)12 月份 EUR 期货 价格:1.346 7
12月2日	卖出 16 份 12 月份 GBP 期货 价格:1.575 9	买入 8 份 12 月份 EUR 期货 价格:1.331 3
单位损益	1.575 9－1.580 9＝－0.005 0(USD)	1.346 7－1.331 3＝0.015 4(USD)
结　果	1 000 000×(0.015 4－0.005 0)＝10 400(USD)	

由表 5-15 可见,在不考虑其他费用的情况下,该套利者运用 12 月份 GBP 期货和 12 月份 EUR 期货进行跨币套利,可获净利 10 400 美元。

第三节　利率期货交易

一、利率期货的含义与种类

(一)利率期货的含义及发展历程

利率期货(Interest Rate Futures)是指以利率作为交易标的的金融期货。由于利率只是一个反映市场资金价格水平的指标,所以涉及利率期货实物交割时,往往要以某种依附于利率水平来决定其价格的证券资产作为交割资产,由此也常常把利率期货解释为标的资产价格依赖于利率水平的金融期货。当然,现在有不少利率期货可以不作实物交割,而是采用现金结算。

利率期货合约最早于1975年10月由CBOT推出,虽然其产生较之货币期货晚了三年多,但发展速度却比货币期货快得多,应用范围也远较货币期货广泛。在期货交易比较发达的国家和地区,利率期货早已超过农产品期货而成为成交量最大的一个类别。在美国,利率期货的成交量甚至已占到整个期货交易总量的一半。

20世纪70年代中期以来,西方各国纷纷推行金融自由化政策,不断放松甚至取消利率管制,导致利率波动日益频繁且剧烈。面对日趋严重的利率风险,各类金融商品持有者,尤其是金融机构迫切需要一种既简便可行、又切实有效的管理利率风险的工具,利率期货应运而生。1975年10月,CBOT推出了政府国民抵押贷款协会(GNMA)抵押凭证期货合约,标志着金融期货"家族"里又诞生了利率期货这一新的"成员"。此后不久,为了满足管理短期利率风险的市场需要,CME于1976年1月推出了3个月期的美国短期国库券期货,并大获成功,在整个70年代后半期,它一直是交易最活跃的短期利率期货。1977年8月22日,美国长期国债期货合约在CBOT上市。这一合约获得了空前的成功,成为世界上交易量最大的一个合约。此前的政府国民抵押贷款协会抵押凭证期货合约,虽然是长期利率期货,但由于交割对象单一,流动性较差,不能完全满足市场的需要,而长期国债则信用等级高,流动性强,对利率变动的敏感度高,且交割简便,成为市场的首选品种。继美国推出国债期货之后,其他国家和地区也纷纷以其本国的长期公债为标的,推出各自的长期国债期货。其中,比较成功的有英国、法国、德国、日本等。

1981年12月,IMM推出了3个月期的欧洲美元定期存款期货合约。这一品种发展很快,其交易量现已超过短期国库券期货合约,成为短期利率期货中交易最活跃的一个品种。由于欧洲美元定期存款不可转让,因此,该品种的期货交易实行现金结算的方式。所谓现金结算,是指期货合约到期时不进行实物交割,而是根据最后交易日的结算价格计算交易双方的盈亏,并直接划转双方的保证金以结清头寸的一种结算方式。现金结算方式的成功,在整个金融期货的发展史上具有划时代的意义。它不仅直接促进了欧洲美元定期存款期货的发展,并且为股指期货的推出铺平了道路。

(二) 利率期货的种类

利率期货的种类繁多,分类方法也有多种。通常是按照利率期货合约标的的期限将其分为短期利率期货和中长期利率期货两大类。

1. 短期利率期货

短期利率期货是指期货合约标的的期限在一年以内的各种利率期货,即以货币市场的各类债务凭证为标的的利率期货,主要包括国库券(Treasury Bill)期货、欧洲美元期货、1个月LIBOR期货、30天联邦基金期货等。

短期利率期货以短期利率为标的,除国库券期货外,一般采用现金结算。交易最活跃的两种短期利率期货是国库券期货和欧洲美元期货。

2. 中长期利率期货

中长期利率期货是指期货合约标的的期限在一年以上的各种利率期货,即以资本市场的各类债务凭证为标的的利率期货,包括中期利率期货和长期利率期货。中期利率期货一般以偿还期限在 1—10 年的国债(Treasury Note)为标的,通常以 5 年期和 10 年期较为常见;长期利率期货则以偿还期限在 10 年以上的国债(Treasury Bond)为标的。中长期国债的付息方式多采用债券期满之前,每半年付息一次,最后一笔利息在期满之日与本金一起偿付。

二、利率期货合约的内容与报价

(一) 短期利率期货合约的内容与报价

1. 短期利率期货合约的内容

短期利率期货合约是由交易所统一设计的,通常其涉及的内容包括合约单位、报价、最小价格波动、交割月份、最后交易日、结算方式、交易时间等方面。下面以列表的形式来介绍 CME 中交易最活跃的两种短期利率期货——国库券期货和欧洲美元期货的主要内容(见表 5-16)。

表 5-16 CME 国库券期货和欧洲美元期货的主要内容

	欧洲美元期货	13 周国库券期货
基础标的	1 000 000 美元的 3 个月期的欧洲美元存款	1 000 000 美元的 13 周到期的国库券
报 价	用 IMM 3 个月 LIBOR 指数报价,或 100 减按 360 天计的年利率(利率 2.5% 时报价为 97.50) 1 基点 = 0.01% = 25 美元	100 减国库券的贴现率(例如,当贴现率为 5.25% 时,报价 94.75)
最小价格波动	最近到期的合约月份为一个基点的 1/4 ($6.25),其他合约月份为一个基点的 1/2。	1 个基点的 1/2(0.005),或 1 份合约 12.5 美元
交割月份	按 3 月、6 月、9 月、12 月循环的 40 个月份,及最近的 4 个系列月份。新的合约在前一个季度合约到期月份后的星期一上市。	三个自然月份加四个季末循环月份(3 月、6 月、9 月、12 月)
最后交易日	合约到期月份的第三个星期三之前的第二个伦敦银行营业日。到期合同交易的最后一个交易日在伦敦时间上午 11:00 终止。	91 天期的美国国库券拍卖在本周交割月份的第三个星期三。到期合同交易的最后一个交易日在中午 12:00 终止。
最后交割	到期合约在最后一个交易日以现金结算,以 100 减去英国银行家协会的调查显示的 3 个月美元伦敦银行同业拆息。最后结算价将四舍五入至小数点后四位,等于 1/10 000 的,或 0.25 美元每合约。	该合约的交割结算价以最后交易日(合约月份第三个星期三)现货市场上 91 天期国债拍卖的最高贴现率为基础。

续表

	欧洲美元期货	13周国库券期货
交易时间 （按中部时间）	场内：周一—周五：上午 7:20—下午 2:00 GLOBEX：周日—周五：下午 5:00—次日下午 4:00	场内：周一—周五：上午 7:20—下午 2:00 GLOBEX：周日—周五：下午 5:00—次日下午 4:00
交易代码	场内：ED GLOBEX：GE	场内：TB GLOBEX：GTB

资料来源：根据 CME 集团网站资料翻译整理，http://www.cmegroup.com/。

2. 短期利率期货合约的报价

（1）国库券期货的报价。国库券期货的报价方法不同于国库券现货的报价，国库券现货一般采用年贴现率报价，而国库券期货采用指数报价，在 CME 中称为 IMM 指数，用 100 减去国库券的年贴现率表示，其计算式为：

$$\text{IMM 指数} = 100 - 100 \times \text{年贴现率} \tag{5-1}$$

例如，13 周国库券贴现率报价 3.5%，则国库券期货报价为 96.5（=100-100×3.5%）。

需要注意的是，指数报价只是一种报价方法，并非国库券期货的实际价格。例如，13 周的国库券期货报价为 96.5，这意味着年贴现率为 3.5%（=100%-96.5%），则 13 周国库券期货价格为：

期货合约单位×(1-贴现率×91/360)
=1 000 000×(1-3.5%×91/360)
=991 153（美元）

由此可得到根据 IMM 指数计算出的 13 周国库券期货合约（按 100 美元面值计）的价格为：

$$P = 100 - \frac{91}{360} \times (100 - IMM) \tag{5-2}$$

式中：P——面值 100 美元的 13 周国库券期货的价格；

IMM——13 周国库券期货的指数报价。

国库券期货之所以采用指数报价，主要是为了便于投资者按习惯的投资理念做出投资选择。通常我们习惯于在资产价格看涨时做多、看跌时做空，而国库券的价格与利率是成反比的，利率上升，国库券价格下跌；利率下跌，国库券价格上涨。所以，如果根据利率的报价来确定投资方向的话，那么结论是：利率看涨时做空、利率看跌时做多，与习惯的投资理念相悖。而采用指数报价则可以解决这一问题。

（2）欧洲美元期货的报价。欧洲美元是指存放在美国银行海外分行或外国银行的美元，即在美国境外流通的美元。

欧洲美元期货以 3 个月的欧洲美元定期存款为基础资产,按相应期限的 LIBOR 计价。但对欧洲美元期货的报价,与国库券期货报价相同,也是采用指数报价:

$$指数 = 100 - 美元 LIBOR \times 100 \qquad (5-3)$$

例如,3 个月欧洲美元 LIBOR 报价为 3.55% 时,则欧洲美元期货的报价为 96.45。

尽管与国库券期货的报价方法相同,基础资产也都是 3 个月的金融工具,但欧洲美元期货与国库券期货有一点不同:国库券期货可以采用实物资产交割(3 个月到期的国库券),而欧洲美元期货没有实物资产交割(因为定期存款单是不能转让的),采用的是现金结算。

(二)中长期利率期货的内容与报价

1. 中长期利率期货合约的内容

中长期利率期货合约也是标准化的,但其内容与短期利率期货有所不同。下面以列表的形式来介绍 CME 中最具有代表性的 3 种中长期国债期货合约的主要内容(见表 5-17)。

表 5-17 CME 中长期国债期货的主要内容

	5 年期国债期货	10 年期国债期货	30 年期国债期货
标的单位	面值为 100 000 美元的美国政府债券	面值为 100 000 美元的 10 年期美国政府债券	面值为 100 000 美元的美国政府长期国债
交割等级	剩余期限离交割月首日为 4 年零 2 个月到 5 年零 3 个月的美国国债券。发票价格等于结算价格乘以转换因子再加上应计利息。该转换因子是将面值 1 美元的可交割债券折成 6% 的标准息票利率时的现值。	剩余期限离交割月首日为 6 年零 6 个月到 10 年的美国国债券。发票价格等于结算价格乘以转换因子再加上应计利息。该转换因子是将面值 1 美元的可交割债券折成 6% 的标准息票利率时的现值。	对于可提前偿还的美国长期债券,其剩余期限离交割月首日应至少为 15 年;对于不可偿还的美国长期债券,其剩余期限离交割月首日应至少为 15 年。发票价格等于结算价格乘以转换因子再加上应计利息。该转换因子是将面值 1 美元的可交割债券折成 6% 的标准息票利率时的现值。
报价方式	一个基点($1 000)以及一个基点的 1/32 的 1/4。例如,119-16 表示 119 16/32,119-162 表示 119 16.25/32,119-165 表示 119 16.5/32,119-167 表示 119 16.75/32。面值为 100 点。	1 个基点(1 000 美元)以及一个基点的 1/32 的 1/2。例如,126-16 表示 126 16/32,126-165 表示 126 16.5/32。面值为 100 点。	1 个基点(1 000 美元)以及一个基点的 1/32 的 1/2。例如,134-16 表示 134 16/32,134-165 表示 134 16.5/32。面值是 100 点。
最小波动价位	1/32 点的 1/4(即 7.812 5 美元,每份合约价格四舍五入),包括跨月价差。	1/32 点的 1/2(即 15.625 美元,合约价格保留两位小数);跨月价差交易的最小波动价位可能达到 1/32 点的 1/4(每合约 7.812 5 美元)。	1/32 点(即 31.25 美元);跨月价差交易的最小波动价位可能达到 1/32 点的 1/4(每合约 7.812 5 美元)

续 表

	5年期国债期货	10年期国债期货	30年期国债期货
合约月份	5个连续的季末循环月份（3月、6月、9月、12月）	5个连续的季末循环月份（3月、6月、9月、12月）	5个连续的季末循环月份（3月、6月、9月、12月）。
最后交易日	合约月份的最后一个营业日，到期合约交易截止时间为当日中午12:01	合约月份的最后营业日之前的第七个交易日，到期合约交易截止时间为当日中午12:01	合约月份最后营业日之前的第七个营业日，到期合约交易截止时间为当日中午12:01
最后交割日	最后交易日后的第三个营业日	交割月份的最后营业日	交割月份的最后营业日
交易时间	公开市场：周一至周五上午7:20—下午2:00 GLOBEX：周日至周五下午5:30—次日下午4:00	公开市场：周一至周五上午7:20—下午2:00 GLOBEX：周日至周五下午5:30—次日下午4:00	公开市场：周一至周五上午7:20—下午2:00 GLOBEX：周日至周五下午5:30—次日下午4:00
订单符号	公开市场：FV GLOBEX：ZF	公开市场：TY GLOBEX：ZN	公开市场：US GLOBEX：ZB

资料来源：根据CME集团网站资料翻译整理，http://www.cmegroup.com/。

2. 中长期利率期货的报价

由于中长期利率期货主要以中长期国债为标的资产，所以通常也称其为"债券期货"或"国债期货"。在美国，中长期国债期货的报价与中长期国债现货的报价方式相同，一般是以票面金额的百分比来表示，通常把票面金额的1%称为1点，以1点的1/32为1个单位。

例如，面值100 000美元的20年期政府债券标价为"119-05"，前面的"119"表示119个点，后面的"05"表示5个单位，即5/32，这意味着该种政府债券的价格为票面金额的$119\frac{5}{32}\%$，即为119 156.25美元$\left(=100\,000\times119\frac{5}{32}\%\right)$。

3. 与中长期利率期货交易相关的几个重要概念

（1）干净价格（Clean Price）与肮脏价格（Dirty Price）。如果中长期利率期货交易中要进行实物交割的话，就会涉及国债现货交易，即空头方要在现货市场买进国债用于交割期货合约。对于国债现货的购买者来说，其支付的现金价格并不等于国债现货的报价，而是在现货报价的基础上，再加"上一个付息日以来的累计利息"，其计算式可表示为：

$$现金价格＝国债现货报价＋上一个付息日以来的累计利息 \quad (5-4)$$

通常将国债现货报价称为干净价格，而将购买者支付的现金价格称为肮脏价格。

【例5-10】 2013年4月1日，债券现货市场上对面值100 000美元、息票率为9%、将在2023年7月1日到期的国债报价109-16。试计算当天该债券的购买价格。

解：① 上一个付息日以来的累计利息的计算。

由于中长期国债采用半年付息一次，而且最后一期利息是在债券到期日与本金一起支付，由此可推算出最近的一次付息日是在 2013 年 1 月 1 日，下一个付息日将在 2013 年 7 月 1 日，两者之间相差 181 天；同时可知上一个付息日距交易日相差 90 天，如此可计算出上一个付息日以来的累计利息为：

$$100\,000 \times \frac{9\%}{2} \times \frac{90}{181} \approx 2\,237.57 (美元)$$

② 当天该债券的购买价格（即肮脏价格）为：

$$100\,000 \times 109\frac{16}{32}\% + 2\,237.57 = 111\,737.57 (美元)$$

答：当天该债券的购买价格为 111 737.57 美元。

（2）转换因子（Conversion Factor）。转换因子是指将符合实际交割的各种现货债券统一于规定收益率的系数。

由于中长期利率期货合约是标准化的，在 CME，5 年期、10 年期、30 年期的国债期货都是以面值 100 000 美元、息票率为 6% 的国债券作为基础资产，而这实际上是一种虚构的债券，现货市场上更多的债券的期限和息票率往往并不符合期货合约要求的交割等级，这样就有必要通过转换因子来对现货债券进行价格调整，使其条件达到国债期货合约的交割标准。一般情况下，在每个交割日之前，期货交易所都会提前以表格形式公布转换因子数据。每种可交割债券都有相应的转换因子，在其他条件相同时，高息票率债券的转换因子要比低息票率债券的转换因子数值大。

（3）发票金额（Invoicing Amount）。在中长期利率期货合约中，交易所会规定交割等级。例如在 CME，中长期国债期货合约的交割等级是息票率为 6% 的国债。然而，如果只允许息票率为 6% 的债券进行交割，那就会出现麻烦。有时候可能正好没有息票率恰好为 6% 的债券，即使有一两种这样的债券，但由于期货市场的交易规模远大于债券发行规模，极易导致债券市场出现价格操纵现象。一部分投资者在买入国债期货的同时大量买入相应的基础国债，这并非难事。当交割月份日趋临近时，期货合约的空头方就要进行平仓，或者大量买入相应的基础国债。当这种空头挤压发生时，期货价格与债券现货价格同时上涨，从而给多头方带来丰厚的利润。为了避免这种情况，期货交易所在设计债券期货合约时已考虑到要防止市场垄断。就国债和大多数与之相似的期货品种来看，交易所可以通过尽可能地延长债券期货的交割期限来防止市场出现人为操纵的局面。在一般情况下，多头期货持有者总希望获得息票率较高且利息增长较为明显的债券，而空头期货的持有者则希望在付息日之后马上交割一些低息票率债券。两者之间的利益矛盾可以通过调整发票金额来解决。所谓发票金额，是指期货空头方交割债券后从多头方得到的实际价格。其计算式可表示为：

发票金额＝期货建仓价格×转换因子＋债券累计利息　　　　(5-5)

【例 5-11】 5 月初某投资者在 CME 卖出 2 份 6 月份的 10 年期国债期货，建仓价格 118-16。在最后交易日之前,该投资者没有对冲合约,所以需要在交割日 6 月 20 日交付债券现货。假设交割时该投资者交付的是 9 月 15 日到期的、剩余年限还有 8 年 3 个月、息票率为 6.5%、转换因子为 1.053 2 的国债,试计算该投资者可得到的发票金额。

解:3 月 15 日—9 月 15 日:共 184 天

3 月 15 日—6 月 20 日:共 97 天

$$\text{自上一个付息日以来的债券累计利息} = 100\,000 \times 2 \times \frac{6.5\%}{2} \times \frac{97}{184} \approx 3\,426.63(美元)$$

$$\text{发票金额} = 200\,000 \times 118\frac{16}{32}\% \times 1.053\,2 + 3\,426.63 = 253\,035.03(美元)$$

答:该投资者若交割现货可得到的发票金额为 253 035.03 美元。

(4) 最便宜的交割债券(Cheapest-to-delivery Bond)。所谓最便宜的交割债券,是指在符合交割条件的多种债券中,对于空头方而言成本最低的债券。在任何时刻,市场上都会有多种可以用来交割中长期债券合约的国债券,但考虑到息票率和到期日,各种债券之间的区别还是很大的。对于空头方而言,总是会尽量在多种可用于交割的债券中选择一种可能产生最大利润或最小损失的债券来用于实际交割。

由于实际交割后,空头方收到的价格为发票金额:期货建仓价格×转换因子+累计利息

而空头方购买债券现货的成本为:债券现货报价+累计利息

因此,最便宜债券应是使[债券现货报价-(期货建仓价格×转换因子)]最小的那种债券。

【例 5-12】 假设有一国债期货交易者,在 106-080 的价位上建了空头仓,其打算在表 5-18 所示的三种债券中选择一种来进行实际交割。试问:他会选择哪种债券?

表 5-18 三种可供交割的债券

债 券	现 货 报 价	转 换 因 子
1	109-16	1.024 4
2	119-24	1.085 6
3	129-30	1.203 2

解:三种债券的交割成本分别为:

$$债券 1:109\frac{16}{32} - \left(106\frac{8}{32} \times 1.024\,4\right) = 0.657\,5$$

$$债券 2:119\frac{24}{32} - \left(106\frac{8}{32} \times 1.085\,6\right) = 4.405$$

$$债券 3:129\frac{30}{32} - \left(106\frac{8}{32} \times 1.203\,2\right) = 2.097\,5$$

答：应选择交割成本最低的债券，即第一种债券。

三、利率期货行情表的识读

下面以《华尔街日报》刊登的利率期货行情表为例，简要说明如何阅读利率期货行情表。

THE WALL STREET JOURNAL
Interest Rate Futures Friday,
June 21，2013

Treasury Bonds (CBT) — $100 000; pts 32nds of 100%

	Open	High	Low	Settle	Chg	LIFETIME		Open Int
						High	Low	
Sep 13	136 – 060	136 – 230	134 – 140	135 – 010	– 1 – 03.0	148 – 280	134 – 140	578 679
Dec 13	134 – 150	135 – 040	133 – 080	133 – 190	– 1 – 03.0	...	...	121

Est vol 1 022 226; vol n. a. n. a.；open int，578 800，n. a.

Treasury Notes (CBT) — $100 000; pts 32nds of 100%

	Open	High	Low	Settle	Chg	LIFETIME		Open Int
						High	Low	
Sep 13	127 – 025	127 – 120	126 – 005	126 – 085	– 26.5	133 – 000	126 – 005	2 176 553

Est vol 3 701 124；vol n. a. n. a.；open int，2 176 561，n. a.

Eurodollar (CME) — $1 000 000; pts of 100%

	Open	High	Low	Settle	Chg	LIFETIME		Open Int
						High	Low	
Jul 13	99.715 0	99.720 0	99.705 0	**99.710 0**	–.007 5	99.735 0	99.635 0	43 757
Aug 13	99.705 0	99.710 0	99.675 0	**99.690 0**	–.015 0	99.725 0	99.640 0	16 713
Sep 13	99.690 0	99.700 0	99.650 0	**99.675 0**	–.020 0	99.800 0	99.430 0	823 125
Oct 13	99.680 0	99.680 0	99.635 0	**99.655 0**	–.025 0	99.710 0	99.645 0	3 431
Nov 13	99.665 0	99.670 0	99.625 0	**99.640 0**	–.025 0	99.700 0	99.635 0	1 648
Dec 13	99.645 0	99.660 0	99.585 0	**99.615 0**	–.040 0	99.755 0	99.405 0	838 379
Mar 14	99.590 0	99.600 0	99.515 0	**99.540 0**	–.055 0	99.710 0	99.370 0	773 976
Jun 14	99.515 0	99.530 0	99.435 0	**99.455 0**	–.065 0	99.675 0	99.420 0	627 058
Sep 14	99.420 0	99.440 0	99.335 0	**99.350 0**	–.070 0	99.645 0	99.260 0	663 122
Dec 14	99.290 0	99.320 0	99.205 0	**99.215 0**	–.075 0	99.600 0	99.170 0	708 199
Mar 15	99.130 0	99.170 0	99.035 0	**99.050 0**	–.075 0	99.550 0	99.025 0	547 308

续 表

	Open	High	Low	Settle	Chg	LIFETIME		Open Int
						High	Low	
Jun 15	98.940 0	98.985 0	98.830 0	**98.850 0**	−.080 0	99.475 0	98.820 0	715 292
Sep 15	98.730 0	98.775 0	98.600 0	**98.625 0**	−.090 0	99.405 0	98.585 0	500 929
Dec 15	98.500 0	98.545 0	98.350 0	**98.380 0**	−.100 0	99.295 0	98.340 0	594 628
Mar 16	98.260 0	98.310 0	98.105 0	**98.135 0**	−.105 0	99.180 0	98.095 0	416 468
Jun 16	98.020 0	98.070 0	97.860 0	**97.890 0**	−.110 0	99.040 0	97.845 0	328 142
Sep 16	97.780 0	97.835 0	97.620 0	**97.650 0**	−.110 0	98.895 0	97.605 0	257 091
Dec 16	97.550 0	97.610 0	97.390 0	**97.425 0**	−.110 0	98.750 0	97.375 0	156 645
Mar 17	97.325 0	97.405 0	97.190 0	**97.220 0**	−.110 0	98.600 0	97.170 0	184 213
Jun 17	97.125 0	97.205 0	96.985 0	**97.025 0**	−.105 0	98.430 0	96.970 0	154 789
Sep 17	96.940 0	97.025 0	96.810 0	**96.850 0**	−.100 0	98.270 0	96.795 0	107 550
Dec 17	96.780 0	96.850 0	96.635 0	**96.685 0**	−.090 0	98.100 0	96.620 0	133 565
Mar 18	96.660 0	96.705 0	96.490 0	**96.550 0**	−.080 0	97.965 0	96.485 0	60 520
Jun 18	96.530 0	96.575 0	96.360 0	**96.420 0**	−.075 0	97.820 0	96.355 0	34 546
Sep 18	96.410 0	96.455 0	96.255 0	**96.305 0**	−.070 0	97.680 0	96.245 0	12 632
Dec 18	96.295 0	96.340 0	96.135 0	**96.190 0**	−.070 0	97.545 0	96.120 0	11 962
Mar 19	96.185 0	96.260 0	96.055 0	**96.110 0**	−.065 0	97.435 0	96.045 0	8 084
Jun 19	96.110 0	96.175 0	95.970 0	**96.025 0**	−.065 0	97.335 0	95.955 0	5 112
Sep 19	96.025 0	96.095 0	95.895 0	**95.945 0**	−.065 0	97.255 0	95.910 0	5 147
Dec 19	95.940 0	96.015 0	95.810 0	**95.860 0**	−.065 0	97.105 0	95.795 0	5 397
Mar 20	95.900 0	95.965 0	95.760 0	**95.810 0**	−.065 0	97.045 0	95.800 0	2 672
Jun 20	95.915 0	95.920 0	95.710 0	**95.755 0**	−.070 0	96.970 0	95.700 0	3 591
Sep 20	95.875 0	95.875 0	95.690 0	**95.700 0**	−.075 0	96.945 0	95.695 0	1 005
Dec 20	95.810 0	95.825 0	95.640 0	**95.635 0**	−.080 0	96.835 0	95.630 0	1 241
Mar 21	95.705 0	95.745 0	95.605 0	**95.600 0**	−.085 0	96.820 0	95.580 0	654
Jun 21	95.770 0	95.770 0	95.565 0	**95.570 0**	−.085 0	96.735 0	95.585 0	995
Sep 21	95.740 0	95.740 0	95.535 0	**95.525 0**	−.090 0	96.680 0	95.540 0	461
Dec 21	95.695 0	95.695 0	95.490 0	**95.485 0**	−.090 0	96.630 0	95.495 0	627
Mar 22	...	95.580 0	95.510 0	**95.460 0**	−.090 0	96.590 0	95.455 0	388
Sep 22	95.495 0	95.565 0	95.435 0	**95.400 0**	−.090 0	96.510 0	95.450 0	717

Est vol 4 646 378; vol n. a. n. a. ; open int, 8 753 143, n. a.

以上选取了《华尔街日报》刊登的2013年6月21日美国期货市场上的三种利率期货的行情。第一、二种分别是CBT中的美国长期国债期货和中期国债期货,第三种是CME中的欧洲美元期货。下面以长期国债期货为例,介绍当天该期货的行情情况:

表头先说明了期货合约的种类、交易地点、合约单位以及价格含义。

表中第1列表示的是合约的交割月份,分别是2013年9月份合约和2013年12月份合约。

第2列表示当天的开盘价,9月份合约开盘价为136-060,即 $136\frac{6}{32}$;12月份合约为 $134\frac{15}{32}$。

第3—6列分别为当日的最高价(High)、最低价(Low)、结算价(Settle)和变化价(Chg)。变化价是指当日与前一个交易日相比结算价的变化。如9月份合约当天的结算价与前一个营业日相比下跌了 $1\frac{3}{32}$。

第7—8列分别表示合约有效期内出现过的最高价和最低价。

第9列表示未平仓的期货合约数量。

表尾的"Est vol 1 022 226"表示当日估计的长期国债期货成交量为1 022 226份;"open int, 578 800"表示的是当日未平仓量为578 800份。

四、利率期货交易的应用

与货币期货交易的应用相似,利率期货交易也可用于套期保值和投机,另外还可进行一些特定的价差交易。

(一) 套期保值

应用利率期货进行套期保值,主要是对冲因市场利率变化而给所持有的债券资产或给未来的投融资活动所带来的风险。例如,对于那些持有债券资产的投资者或将来需要在市场上融资的筹资者来说,如果市场利率出现上升,则会出现风险损失,此时可运用利率期货空头来对冲风险,因为市场利率如果出现上升,意味着债券价格下跌,那么在利率期货的空头上则可获利,以此来抵消出市场利率上升而带来的现货市场上的损失。相反,如果将来需要在市场进行投资(购买债券或贷款),则会担心利率下跌而遭受损失,那么可运用利率期货的多头来进行套期保值。下面通过实例来说明利率期货交易在套期保值中的运用。

1. 空头套期保值

在利率期货上先建空头仓,以对冲现货市场上因利率上升而带来融资成本增加或债券价格下跌的风险。利率期货的空头套期保值主要适用于那些将来需要融资或持有证券资产的投资者。

(1) 短期利率期货的空头套期保值。

【例5-13】 3月中旬,3个月欧洲美元LIBOR是4.25%,6月份欧洲美元期货报价 95.75。某公司计划在 6 月份借入 3 个月的 1 000 万美元,但预计到 6 月份 3 个月 LIBOR 可能会上升,因此公司决定采用欧洲美元期货进行套期保值。假设到 6 月初,3 个月 LIBOR 上升到 5%。试分析该公司的套期保值结果。

分析:

① 公司需要防止的是到 6 月份 LIBOR 上升而加大融资成本,所以在利率期货上应采用空头套期保值的做法,即在 3 月中旬时,先卖出 6 月份的欧洲美元期货 10 份(因为 1 份合约 1 000 000 美元),到 6 月份再做对冲。如果 6 月份 LIBOR 上升,那么欧洲美元期货价格就会下跌,由此可用利率期货上的盈利来抵消融资成本增加带来的损失。

② 具体交易过程及结果如表 5-19 所示。

表 5-19 欧洲美元期货的空头套期保值操作

时 间	现 货 市 场	期 货 市 场
3 月中旬	3 个月 LIBOR:4.25%	卖出 10 份 6 月份的欧洲美元期货 价格:95.75
6 月初	融资 1 000 万美元,LIBOR:5%	买入 10 份 6 月份的欧洲美元期货 价格:95.00
损 益	$10\,000\,000 \times (4.25\% - 5\%) \times 1/4$ $= -18\,750\,(USD)$	$10 \times (95.75 - 95) \times 100 \times 25$ $= 18\,750\,(USD)$

由表 5-19 可见,该公司运用欧洲美元期货空头达到了完全的套期保值效果,即用期货市场上的盈利正好全部抵消了现货市场上的损失。

(2) 长期国债期货的空头套期保值①。长期国债期货的套期保值在套保比率上通常需区分三种情况:

① 现货头寸是最便宜交割债券。因为现货和期货套利将导致债券期货的价格趋于最便宜交割债券的价格,所以对最便宜交割债券进行套保可用转换因子作为套保比率。套保的期货合约数用计算式可表示为:

$$期货合约数 = \frac{债券现货头寸总值}{债券期货合约单位值} \times 转换因子 \qquad (5-6)$$

② 现货头寸是其他长期国债。对其他的非最便宜交割债券的长期国债进行套保时,必须对现货资产的相对价格波动幅度进行补贴。这是因为,收益率变化对期限较长、息票率较低的债券价格波动的影响比对期限较短、息票率较高的债券价格波动的影响更敏感。套保的期货合约数用计算式可表示为:

$$期货合约数 = \frac{债券现货头寸总值}{债券期货合约单位值} \times \frac{最便宜交割债券转换因子}{} \times \frac{现货债券价格波动}{最便宜交割债券价格波动}$$
$$(5-7)$$

---

① 此部分内容主要参考王政霞、张卫编著《国际金融实务》,科学出版社,2006 年版。

对于公式中的两类债券的价格波动,可采用波动分析方法来衡量,即在假设两类债券规定收益率按一定比例变化的条件下,计算其对两类债券价格的影响。

③ 现货债券非国债,而是其他长期债券。对非最便宜交割债券的长期国债的套保比率也可适用于对非国债的长期债券的套保。

【例 5-14】 2004 年 4 月 18 日,某投资基金持有一批美元债券(见表 5-20),但担心 1 个月内市场利率出现上升而使这批美元债券遭受损失,因此决定采用长期国债期货来进行套期保值,以 84-28 的价格建立了 6 月份长期国债期货的空头仓位。

表 5-20 某投资基金持有的债券现货品种

债券类型	息票率	到期日	面 值	价 格	偿还收益率	市场价值
长期国债	12.75%	2 028	$10 000 000	153-11	7.50%	$15 334 375
长期国债	8.75%	2 026	$20 000 000	113-13	7.36%	$22 681 250
欧洲美元债券	11.625%	2 012	$5 000 000	122-16	7.66%	$6 125 000
欧洲美元债券	10.25%	2 018	$10 000 000	109	9.08%	$10 900 000
合 计						$55 040 625

注:息票率为 12.75% 的长期国债为最便宜交割债券,其转换因子为 1.800 6。

问:该投资基金如何进行套期保值操作?

分析:

第一步:假设收益率增加 0.5% 的条件下,计算各类债券的价格变化。如表 5-21 所示。

表 5-21 0.5% 的收益率变化对债券价格的影响

债券类型	息票率	到期日	新收益率	新价格	价格变化
长期国债	12.75%	2 028	8.00%	145-04	8-07
长期国债	8.75%	2 026	7.86%	107-20	5-25
欧洲美元债券	11.625%	2 012	8.16%	116-16	6-00
欧洲美元债券	10.25%	2 018	9.58%	103-02	5-30

第二步:确定套保期货合约的份数。

(1) 息票率为 12.75% 的长期国债:

$$套保合约份数 = \frac{10\,000\,000}{100\,000} \times 1.800\,6 = 180.06$$

(2) 息票率为 8.75% 的长期国债:

$$套保合约份数 = \frac{20\,000\,000}{100\,000} \times 1.800\,6 \times \frac{5-25}{8-07} = 253.32$$

（3）息票率为 11.625% 的欧洲美元债券：

$$套保合约份数 = \frac{5\,000\,000}{100\,000} \times 1.800\,6 \times \frac{6-00}{8-07} = 65.73$$

（4）息票率为 10.25% 的欧洲美元债券：

$$套保合约份数 = \frac{10\,000\,000}{100\,000} \times 1.800\,6 \times \frac{5-30}{8-07} = 130.08$$

四种债券套保合约数总计 629 份。因此，4月18日在期货市场以 84-28 的价格出售 629 份 6 月份长期国债期货。

第三步，分析1个月后的套保效果。假设到5月21日，由于市场利率的上升，使得该投资基金持有的债券市场价值大幅度缩水（如表 5-22 所示），同时6月份长期国债期货的价格也跌为 76-29，最终套保效果见表 5-23。

表 5-22　某投资基金持有的债券现货品种

债券类型	息票率	到期日	价　格	偿还收益率	收益率变化	市场价值
长期国债	12.75%	2 028	140-22	8.45%	0.95%	$14 068 750
长期国债	8.75%	2 026	103-30	8.32%	0.96%	$20 787 500
欧洲美元债券	11.625%	2 012	121-00	7.86%	0.20%	$6 050 000
欧洲美元债券	10.25%	2 018	105-20	9.50%	0.42%	$10 562 500
合　计						$51 468 750

表 5-23　套期保值结果

时　间	现　货　市　场	期　货　市　场
4月18日	债券总值 $55 040 625	卖出 629 份 6 月份的长期国债期货 价格：84-28
5月21日	债券总值 $51 468 750	买入 629 份 6 月份的长期国债期货 价格：76-29
损　益	$51 468 750 — $55 040 625 = —$3 571 875	629×[(84-28)-(76-29)]×1 000 = $5 012 343.75

由表 5-23 可见，通过空头套期保值，该投资基金用期货市场上的盈利有效地抵补了现货债券的损失。

2. 多头套期保值

多头套期保值是在利率期货上先建多头仓，以对冲现货市场上因利率下跌而带来投资收益下降或投资成本上升的风险。利率期货的多头套期保值主要适用于那些将来需要进行投资的交易者。

【例 5-15】 4月初,某投资者计划在3个月后购买2 000万美元的91天国库券,当时国库券贴现率为9%,相当IMM指数91.00点。由于预测3个月后市场利率可能会下降,为避免因利率下降导致购买国库券成本增加,于是决定在4月初以国库券期货来进行套期保值。假设3个月后,91天国库券贴现率变为8%,该投资者同时在期货市场上进行对冲,试分析其套期保值结果。

分析如下:

为避免3个月后因市场利率上升而增加购买国库券的成本,该投资者应做多头套期保值,即在国库券期货上先买进20份9月份合约,3个月后再进行对冲。如果3个月后市场利率上升,购买2 000万美元国库券现货的成本会增加,但是在国库券期货上的对冲也可以获利,以此来抵消国库券现货市场上的损失。具体操作及结果见表5-24。

表 5-24 套期保值结果

时间	现货市场	期货市场
4月初	国库券贴现率9%,2 000万美元91天国库券的价值为: 20 000 000×(1-9%×91/360)= $19 545 000	买入20份9月份的国库券期货价格:91.00
7月初	国库券贴现率8%,2 000万美元91天国库券的价值为: 20 000 000×(1-8%×91/360)= $19 595 556	卖出20份9月份的国库券期货价格:92.00
损益	$19 545 000 - $19 595 556 = -$50 556	20×(92.00-91.00)×100×25 = $50 000

由表5-24可见,由于市场利率下跌,3个月后该投资者购买91天国库券比4月初多支付了50 556美元,但通过多头套期保值,该投资者可以将损失减少50 000美元,有效地规避了利率上升而给未来的投资所带来的风险。

(二) 投机

利率期货的投机是根据对市场利率变动的预测,然后通过买卖利率期货合约,以从利率期货价格的变动中获取利润。其做法主要有两种:买空和卖空。

1. 买空

通常是在预测市场利率将下降的情况下,利用利率期货进行买空投机,即先买进利率期货,待利率期货价格上涨后再进行对冲,以从中获利。因为如果市场利率下降,债券价格则上涨,那么在利率期货上的买空操作就有利可图。

【例 5-16】 6月初,某投机者预期近期内欧洲美元利率将会呈现下跌趋势,由此会导致欧洲美元期货价格出现上涨,于是便在IMM以99.682 5的价格买入10份7月份欧洲美元期货。该笔投机交易的损益状况如表5-25所示。

表 5-25 利率期货买空投机损益分析

如果 1 个月内欧洲 美元期货价格涨至 99.737 5	如果 7 月份合约到期时欧洲 美元期货价格跌至 99.63
建仓价格(买价)：99.682 5	建仓价格(买价)：99.682 5
对冲价格(卖价)：99.737 5	对冲价格(卖价)：99.63
获利：(99.737 5－99.682 5)×100×25×10 　　＝ \$1 375	损失：(99.63－99.682 5)×100×25×10 　　＝－\$1 312.5

由表 5-25 可见，当投机者对欧洲美元期货价格变动的预期准确时，投机可以获利；但是当欧洲美元期货价格变动与投机者的预期相反时，投机则会遭受损失。

2. 卖空

通常是在预测市场利率将上升的情况下，利用利率期货进行卖空投机，即先卖出利率期货，待利率期货价格下跌后再进行对冲，以从中获利。因为如果市场利率上升，债券价格则下跌，那么在利率期货上的卖空操作就有利可图。

【例 5-17】 6 月中旬，某投机者预测 3 个月后市场长期利率将会出现上升，由此会导致长期国债期货价格下跌，现在入市进行卖空投机是个比较好的时机。当前 CBOT 9 月份长期国债期货报价为 144-190，该投机者以此价格卖出了 20 份 9 月份长期国债期货。该笔投机交易的损益状况如表 5-26 所示。

表 5-26 利率期货卖空投机损益分析

如果 3 个月后 9 月份长期 国债期货价格跌至 135-050	如果 3 个月后 9 月份长期 国债期货价格涨至 148-300
建仓价格(卖价)：144-190	建仓价格(卖价)：144-190
对冲价格(买价)：135-050	对冲价格(买价)：148-300
获利： $\left(144\frac{19}{32}-135\frac{5}{32}\right)\%\times 100\,000\times 20 = 188\,750$	损失： $\left(144\frac{19}{32}-148\frac{30}{32}\right)\%\times 100\,000\times 20 = -86\,875$

由表 5-26 可见，当 3 个月后 9 月份长期国债期货价格出现大幅度下跌时，此笔卖空投机将会给该投机者带来丰厚的投机利润，但是如果 3 个月后 9 月份长期国债期货价格并未下跌，该投机者将会面临亏损。

(三) 套利

如同货币期货的套利一样，运用利率期货进行套利，实际上也是利用两种不同的利率期货合约来进行多空对冲操作，以获取相对稳定的收益。由于在利率期货中有一些固定的价差可用于进行套利交易，所以在利率期货市场上经常会运用这些价差来进行套利。下面对几种主要的价差进行重点介绍。

1. TED 价差

所谓 TED 价差，是指国库券期货与欧洲美元期货之间的价格差额。在 CME 中，国库券期货的交易代码为 TB，欧洲美元期货的交易代码为 ED，所以将这两种短期利率期货的价差简称为 TED 价差。进行 TED 价差交易必须利用同一交割月份的国库券期货和欧洲美元期货。

由于相同期限的国库券收益率总是低于欧洲美元收益率,因此,3个月的国库券期货价格总是会高于3个月的欧洲美元期货价格。当预测两者的价差将会发生变化时,便可通过买入 TED 价差或卖出 TED 价差来获利。

(1) 买入 TED 价差。买入 TED 价差,表示先买入国库券期货,同时卖出欧洲美元期货,将来再同时对冲两种期货。通常在预测 TED 价差将扩大时采用该种策略(见表 5-27)。因为如果两者价差将扩大的话,意味着国库券期货价格的涨幅将大于欧洲美元期货价格的涨幅,或者国库券期货价格的跌幅将小于欧洲美元期货价格的跌幅。本着做多涨幅更大或跌幅较小的期货、同时做空涨幅较小或跌幅更大的期货的原则,应在国库券期货上做多,同时在欧洲美元期货上做空,即买入 TED 价差。

(2) 卖出 TED 价差。卖出 TED 价差,表示先卖出国库券期货,同时买入欧洲美元期货,将来再同时对冲两种期货。通常在预测 TED 价差将缩小时采用该种策略(见表 5-27)。因为如果两者价差将缩小的话,意味着国库券期货价格的涨幅将小于欧洲美元期货价格的涨幅,或者国库券期货价格的跌幅将大于欧洲美元期货价格的跌幅。本着做空涨幅较小或跌幅更大的期货、同时做多涨幅更大或跌幅较小的期货的原则,应在国库券期货上做空,同时在欧洲美元期货上做多,即卖出 TED 价差。

表 5-27 TED 价差交易策略的选择

FP_{TB} 与 FP_{ED} 的关系	对 TED 变化的预测	期货价格变动趋势比较	两种期货上的操作	套利策略
$FP_{TB} > FP_{ED}$	价差将扩大	FP_{TB} 涨幅大于 FP_{ED} 涨幅	做多 FP_{TB}/做空 FP_{ED}	买入 TED
		FP_{TB} 跌幅小于 FP_{ED} 跌幅	做多 FP_{TB}/做空 FP_{ED}	
	价差将缩小	FP_{TB} 涨幅小于 FP_{ED} 涨幅	做空 FP_{TB}/做多 FP_{ED}	卖出 TED
		FP_{TB} 跌幅大于 FP_{ED} 跌幅	做空 FP_{TB}/做多 FP_{ED}	

注:FP_{TB} 代表国库券期货的价格,FP_{ED} 代表欧洲美元期货的价格。

【例 5-18】 5月中旬,6月份欧洲美元期货的结算价格为 99.725,而6月份国库券期货的价格为 99.945,两者价差为 22 个基点。某交易者预测近 1 个月内,两者的价差将呈现扩大趋势,于是入市购买了 50 份 TED 价差。到6月上旬,如其所料,TED 价差果然扩大了,6月份欧洲美元期货的结算价格变为 99.68,6月份国库券期货价格变为 99.94。该交易者以此价格进行平仓,最终交易结果见表 5-28。

表 5-28 买入 TED 价差交易

	TB 操作	ED 操作
5月中旬	购买 50 份 TB:价格 99.945	出售 50 份 ED:价格 99.725
6月上旬	出售 50 份 TB:价格 99.94	买入 50 份 ED:价格 99.68
损　益	损失:0.005	获利:0.045

最终获利:$(0.045-0.005) \times 100 \times 25 \times 50 = 5\,000$(USD)。

2. NOB 价差

所谓 NOB 价差,是指中期国债期货与长期国债期货之间的价格差额。进行 NOB 价差交易必须利用同一交割月份的中期国债期货和长期国债期货。

通常情况下,长期利率要高于短期利率,但两者之间的差额幅度经常会发生变化。当能够预测两者之间的差额变化幅度时,交易者便可像利用 TED 价差一样,利用中期国债期货与长期国债期货之间的价差变化来进行 NOB 价差交易。

NOB 价差交易策略分为:买入 NOB 价差和卖出 NOB 价差。

(1) 买入 NOB 价差。买入 NOB 价差,表示先买入中期国债期货,同时卖出长期国债期货,将来再同时对冲两种期货。通常在预测中期国债期货价格的涨幅将大于长期国债期货价格的涨幅,或者中期国债期货价格的跌幅将小于长期国债期货价格的跌幅时,采用该种策略,即做多中期国债期货,同时做空长期国债期货(见表 5-29)。

(2) 卖出 NOB 价差。卖出 NOB 价差,表示先卖出中期国债期货,同时买入长期国债期货,将来再同时对冲两种期货。通常在预测中期国债期货价格的涨幅将小于长期国债期货价格的涨幅,或者中期国债期货价格的跌幅将大于长期国债期货价格的跌幅时,采用该种策略,即做空中期国债期货,同时做多长期国债期货(见表 5-29)。

表 5-29 NOB 价差交易策略的选择

交易策略	两种期货价格变动趋势比较	两种期货上的操作
买入 NOB	FP_{TN} 涨幅大于 FP_{ZB} 涨幅	做多 FP_{TN}/做空 FP_{ZB}
	FP_{TN} 跌幅小于 FP_{ZB} 跌幅	做多 FP_{TN}/做空 FP_{ZB}
卖出 NOB	FP_{TN} 涨幅小于 FP_{ZB} 涨幅	做空 FP_{TN}/做多 FP_{ZB}
	FP_{TN} 跌幅大于 FP_{ZB} 跌幅	做空 FP_{TN}/做多 FP_{ZB}

注:FP_{TN} 代表中期国债期货的价格,FP_{ZB} 代表长期国债期货的价格。

【例 5-19】 5 月初,A 公司证券部经理根据美国经济发展现状做出预测,年内美国经济将呈现减速趋势,受此影响,美国长期利率也将下降,导致长期国债价格将出现快速上涨。基于此种判断,该经理决定进行卖出 10 份 NOB 价差交易。当时 CBOT 中,6 月份中期国债期货价格为 129-260,6 月份长期国债期货价格为 139-300。到 6 月初,6 月份中期国债期货价格变为 133-195,6 月份长期国债期货价格变为 149-040。试分析该经理 NOB 价差交易的结果。

分析:交易结果如表 5-30 所示。

表 5-30 卖出 NOB 价差交易

	TN 的操作	ZB 的操作
5 月初	出售 10 份 TN:价格 129-260	购买 10 份 ED:价格 139-300
6 月初	购买 10 份 TN:价格 133-195	出售 10 份 ED:价格 149-040
损 益	损失:3-255	获利:9-6

最终获利：$\left(9\frac{6}{32}-3\frac{25.5}{32}\right)\%\times 100\,000\times 10 = 53\,906.25(\text{USD})$

或：$[(9\times 32+6)-(3\times 32+25.5)]\times 31.25\times 10 = 53\,906.25(\text{USD})$

3. LED 价差

所谓 LED 价差，是指 LIBOR 期货与欧洲美元期货之间的价格差额。LIBOR 期货以 1 个月欧洲美元存款利率为标的，欧洲美元期货以 3 个月的欧洲美元存款利率为标的。一般来说，3 个月的利率应该会高于 1 个月的利率。利用两者的价差变化，同样可以利用同一交割月份的两种利率期货来进行价差交易。

买入 LED 表示买进 LIBOR 期货，同时卖出欧洲美元期货；卖出 LED 表示卖出 LIBOR 期货，同时买进欧洲美元期货。

第四节　股票指数期货交易

一、股票指数期货的含义与特点

（一）股票指数期货的含义

股票指数期货（Stock Index Futures）的全称是股票价格指数期货，简称股指期货，是指以某种股价指数为标的物的标准化期货合约。交易双方约定在未来的某个特定日期，可以按照事先确定的股价指数的大小，进行标的指数的买卖。

股指期货是金融期货中产生最晚的一种类别。1982 年 2 月 24 日，美国堪萨斯期货交易所（KCBT）推出了全球第一份股指期货合约——价值线综合指数期货。随后，4 月 21 日，芝加哥商品交易所（CME）推出了 S&P500 指数期货合约；同年 5 月，纽约期货交易所推出纽约证券交易所综合指数期货交易。股指期货推出后，迅速在世界各国发展起来。到 20 世纪 80 年代末和 90 年代初，许多国家和地区都推出了各自的股票指数期货交易。股票指数期货与货币期货、利率期货现已成为世界金融期货市场的"三大支柱"。

（二）股指期货的特点

作为金融期货市场的"三大支柱"之一，股指期货却有着不同于货币期货和利率期货的一些特点，主要表现在：

1. 其标的物为特定的股票指数

股指期货以股票价格指数作为标的物，在交易过程中没有股票的转手，而只是指数期货合约的买卖。

2. 合约价值采用合约乘数与股指报价的乘积来表示

在货币期货和利率期货中，每份合约单位都是由交易所事先定好、标准化的，而股指期货每份合约的价值则取决于股指期货报价与合约乘数（即每个指数点的价值）的乘积。交易所确定的是合约乘数（例如恒指期货合约乘数为 50 港元，S&P500 指数期货的合约乘数是 250 美元),股指期货报价则由交易双方竞价而成。

3. 采用现金交割方式

货币期货和部分利率期货可以采用实物交割,而股指期货只能采用现金交割,而不可能实际交割股票。因为股票价格指数反映的是一个股票组合的价值,要做实物交割的话,意味着必须要拿出一组股票来,这不太现实。

二、股指期货合约的主要内容

一份标准的股票指数期货合约通常包括以下方面的内容。

(一) 每份合约的价值

合约价值等于合约指数报价乘以合约乘数。合约乘数是将以"点"为计价单位的股价指数转化为以货币为计价单位的金融资产的乘数。由于指数点和合约乘数不同,全球主要交易所的股指期货合约价值也不相同。

合约价值的大小与标的指数的高低和规定的合约乘数大小有关。例如,股票指数为 300 点,如果乘数为 500 美元,合约价值就是 300×500=15 万美元。当股票指数上涨到 1 000 点时,合约价值就变为 1 000×500=50 万美元。

(二) 最小变动价位

最小变动价位是指股指期货交易中每次报价变动的最小单位,通常以标的指数点数来表示。投资者报出的指数必须是最小变动价位的整数倍,合约价值也必须是交易所规定的最小变动价值的整数倍。比如,S&P500 指数期货合约的最小变动价位是 0.1 点,只有报 1 582.4 或 1 582.5 进行交易才有效,而 1 582.45 的报价是无效的。

(三) 每日价格波动限制

为了防止市场发生恐慌和投机狂热,同时也是为了限制单个交易日内太大的交易损失,一些交易所规定了单个交易日中合约价值最大的上升或下降极限,这就是涨跌停板。股指价格只能在涨跌停板的范围内交易,否则交易就会被暂停。

涨跌停板通常是与前一交易日的结算价相联系的。如果出现了在涨跌停板交易的情况,随后的交易只允许在这个范围内进行。如果出现连续几天涨跌停板,交易就会被暂停。并非所有的交易所都采用涨跌停板的限制,譬如,香港的恒指期货交易、英国的金融时报 100 指数期货交易都没有这种规定。而 CME 不但规定了每日价格波动限制,而且还规定了在达到最大跌幅之前必须经历的一系列缓冲阶段及如何执行的程序。该程序被称为"断路器"(Circuit Breakers),是美国 1987 年股灾("黑色星期一")后的产物。

(四) 保证金

合约交易保证金占合约总价值的一定比例。但交易所经常会调整保证金比例。

(五) 交割月份

股指期货的合约月份是指股指期货合约到期结算所在的月份。不同国家和地区的股指期货合约月份不尽相同。某些国家股指期货的合约月份以 3 月、6 月、9 月、12 月为循环月份,比如 2013 年 2 月,S&P500 指数期货的合约月份为 2013 年 3 月、6 月、9 月、12 月和 2014 年 3 月、6 月、9 月、12 月。而香港恒生指数期货的合约月份为当月、下月及最近的两个季月(季月指 3 月、6 月、9 月、12 月)。例如,2013 年 2 月,香港恒生指数期货的合约月份为 2013 年 2 月、3 月、6 月、9 月。

(六)最后交易日和最后结算日

最后交易日是指股指期货在合约到期月份中最后可以交易的一天;最后结算日是指股指期货在合约到期月份进行实际现金结算的一天。

需要指出的是,最后交易日和最后结算日不一定在每月的月末。最后结算日一般在最后交易日之后的下一个工作日。例如,S&P500 股指期货合约的最后交易日为合约月份第三个周五之前的那个周四,最后结算日为合约月份第三个周五。

(七)结算方法与交割结算价

股指期货交易中,大多数交易所采用当天期货交易的收盘价作为当天的结算价,CME 的 S&P500 股指期货合约与香港的恒生指数期货合约交易都采用此法。也有一些交易所不采用这种方法,如西班牙衍生品交易所(MEFFRW)的 IBEX-35 股指期货合约规定为收市时最高买价和最低卖价的算术平均值。

交割结算价(Final Settlement Price)是在最后结算日股指期货合约的最后一个结算价,它是未平仓的合约进行现金交割的依据。

下面以表 5-31 和表 5-32 分别说明 S&P500 指数期货合约和沪深 300 指数期货合约的主要内容。

表 5-31　S&P500 指数期货合约的主要内容

合约价值	$250×指数点
最小变动价位	0.1
交割月份	3 月、6 月、9 月、12 月
结算方式	现金交割
每日价格波动限制	最大价格波动不得高于或低于上一交易日结算 5 个指数点
交易时间	8:30 a.m.—3:15 p.m.
最后交易日	合约月份第三个周五之前的那个周四,最后结算日为合约月份第三个周五

资料来源:http://www.cmegroup.com/trading/fx/。

表 5-32　沪深 300 股指期货合约的内容

合约标的	沪深 300 指数
合约乘数	每点 300 元
报价单位	指数点
最小变动价位	0.2 点
合约月份	当月、下月及随后两个季月

续 表

交易时间	上午：9:15—11:30,下午：13:00—15:15
最后交易日交易时间	上午：9:15—11:30,下午：13:00—15:00
每日价格最大波动限制	上一个交易日结算价的±10%
最低交易保证金	合约价值的12%
最后交易日	合约到期月份的第三个周五，遇国家法定假日顺延
交割日期	同最后交易日
交割方式	现金交割
交易代码	IF
上市交易所	中国金融期货交易所

资料来源：中国金融期货交易所网站。

三、股指期货交易的应用

（一）套期保值

股指期货套期保值和其他期货套期保值一样，其基本原理是利用股指期货与股指现货之间的相同走势，通过在期货市场进行股指期货的相应操作来管理现货市场的股票头寸风险。套期保值的基本做法主要包括两种：空头套期保值和多头套期保值。

1. 空头套期保值

已经拥有股票的投资者，如证券投资基金或股票仓位较重的机构等，在对未来的股市走势没有把握或预测股价将会下跌的时候，为避免股价下跌带来的损失，卖出股指期货合约进行保值。这样一旦股市真的出现下跌，投资者可以从股指期货的空头交易中获利，以弥补股票现货市场上的损失，达到保值的目的。

【例5-20】 5月初，某证券基金经理持有500万美元的股票，预测近期内股市会下跌，为避免损失，决定利用S&P500指数期货进行套期保值，于是在CME以1 636点卖出6月份S&P500指数期货。此后股市不断下滑，到6月初，该经理的股票市值缩水为480万美元，6月份S&P500指数期货结算价也跌为1 577.30。若此时在期货市场上进行平仓，可以对冲多少股票现货资产的损失？

分析：在1 636点的价位上对冲500万美元股票资产的风险，S&P500指数期货应交易的份数为：

$$\frac{5\,000\,000}{1\,636 \times 250} \approx 12(\text{份})$$

保值过程及结果如表5-33所示。

表 5-33 套期保值过程及结果

时间	现货市场	期货市场
5 月初	持有 500 万美元股票	卖出 12 份 6 月份的 S&P500 期货 合约总价值：1 636×\$250×12=\$4 908 000
6 月初	股票市值降为 480 万美元	买入 12 份 6 月份的 S&P500 期货 合约总价值：1 577.3×\$250×12=\$4 731 900
损益	\$4 800 000−\$5 000 000=−\$200 000	\$4 908 000−\$4 731 900=\$176 100

由表 5-33 可见：该经理在 S&P500 指数期货上的空头操作，获利 176 100 美元，从而将股票现货资产 200 000 万美元的损失降低到 23 900 美元。

【例 5-21】 2012 年 10 月底某机构投资者准备在 1 个月后出售 β 值为 1.1、总值为 1 000 万元的证券组合。为避免股价下跌而受损，该投资者决定用 12 月份交割的沪深 300 指数期货（代码为 IF1212，合约乘数 300 元）进行套期保值。10 月底，该机构投资者以 2 268.2 的价格建仓。到 11 月底，该证券组合价值下跌 5%，IF1212 的结算价为 2 140.2。试计算该机构投资者的套期保值结果。

解：通常对证券组合资产进行保值时要用 β 系数来调整期货合约的份数，所以该机构投资者应操作的合约份数为：

$$\frac{10\ 000\ 000}{2\ 268.2 \times 300} \times 1.1 \approx 16 (份)$$

套期保值结果如表 5-34 所示。

表 5-34 套期保值结果

时间	现货市场	期货市场
10 月底	计划出售 1 000 万元的证券组合	以 2 268.2 出售 16 份 IF1212
11 月底	出售证券组合，价值 950 万元	以 2 140.2 平仓
损益	9 500 000−100 000=−500 000(元)	(2 268.2−2 140.2)×300×16=614 400(元)

由表 5-34 可见：该机构投资者在沪深 300 指数期货上的空头操作，获利 614 400 元，不仅全部抵消了证券组合资产 500 000 元的损失，而且还净获利 114 400 元。

2. 多头套期保值

当投资者准备在未来的某个时间将资金投入股市时，担心股市会出现上涨，便可以先在股指期货市场买入股指期货合约，等到资金到位进入股市时，如果股价真的出现上涨，便可通过对冲股指期货合约获利，以股指期货上的盈利来抵消股票价格上涨带来的股票现货投资上的损失。

【例 5-22】 5 月初某投资者准备将 1 个月后收到的一笔资金投入日本股市，并打算分别购买 A、B 两种股票各 500 手（每手 100 股），当时股价为：A 股票 200 元/股，B 股票 180 元/股。为防止 1 个月后股市上升的风险，该投资者决定利用日经 225 股指期货交易来进行套期保值,于是在 10 532 点上买进 6 月份日经 225 股指期货。1 个月后,A 股票涨到 210 元/股,B 股票涨到 200 元/股,日经 225 指数期货结算价升到 11 534。试分析该投资者 1 个月后入市购买两种股票的实际成本。

分析:5 月初该投资者应操作的期货合约份数为:

$$\frac{(200+180)\times 500\times 100}{10\,532\times 1\,000}\approx 2(份)$$

套期保值结果如表 5-35 所示。

表 5-35 套期保值结果

时间	现货市场	期货市场
5 月初	计划购买两种股票,总成本为: ¥(200+180)×500×100 　=¥19 000 000	买入 2 份 6 月份日经 225 指数期货 合约总价值:10 532×¥1 000×2=¥21 064 000
6 月初	实际购买两种股票,总成本为: ¥(210+200)×500×100 　=¥20 500 000	卖出 2 份 6 月份日经 225 指数期货 合约总价值:11 534×¥1 000×2=¥23 068 000
损益	¥19 000 000−¥20 500 000 　=−¥1 500 000(日元)	¥23 068 000−¥21 064 000=¥2 004 000
实际成本	¥20 500 000−¥2 004 000=¥18 496 000(日元)	

由表 5-35 可见:尽管 1 个月后该投资者购买两种股票要支付 2 050 万日元,比 1 个月前的股价多支付了 150 万日元,但在期货市场上因多头对冲操作获利 200.4 万日元,实际上降低了投资成本,也就是说该投资者的实际购买成本为 1 849.6 万日元。

【例 5-23】 3 月初,某机构投资者准备将一笔 3 个月后收回的 1 亿港元资金在香港股市进行一证券组合投资,该组合 β 值为 1.2。但担心未来 3 个月内香港股市上涨而带来风险,于是计划在恒指 18 976 点上利用恒指期货来进行套期保值。3 个月后,该证券组合的价值上升了 5%,达到 1.05 亿港元,恒指也升到 19 845 点。试分析该机构投资者的套期保值操作步骤及其保值结果。

分析:

(1) 首先确定保值方向,即做多头套期保值还是做空头套期保值。由于该机构投资者是要规避 3 个月后股市上升的风险,所以应该在恒指期货上进行多头套期保值,而且选择 6 月份期货比较合适。

(2) 确定恒指期货合约的操作份数。由于保值对象是一证券组合资产,所以需要用 β 系数来调整合约份数。根据计算式可得合约数为:

$$\frac{100\,000\,000}{18\,976\times 50}\times 1.2\approx 126(份)$$

(3) 核算保值结果。保值结果如表 5-36 所示。

表 5-36　套期保值结果

时　间	现　货　市　场	期　货　市　场
3 月初	计划投资总值为 1 亿港元、β 值为 1.2 的证券组合	买入 126 份 6 月份恒指期货 合约总价值：18 976×50×126＝119 548 800（港元）
6 月初	实际买入证券组合资产，总值 1.05 亿港元	卖出 126 份 6 月份恒指期货 合约总价值：19 845×50×126＝125 023 500（港元）
损　益	100 000 000－105 000 000＝－5 000 000（港元）	125 023 500－119 548 800＝5 474 700（港元）
实际成本	105 000 000－5 474 700＝99 525 300（港元）	

由表 5-36 可见：通过恒指期货的多头套期保值，该机构投资者很好地规避了 3 个月后在香港股市进行证券组合投资所面临的股市上升所带来的风险，实际投资成本降为 9 952.53 万港元。

（二）投机

股指期货的推出为股票市场又提供了一种投机工具。其投机策略就是利用对股价走势的预测，以股指期货交易来获取投机利润。相对于投机股票，股指期货的低交易成本及高杠杆比率使其更能吸引投机者。利用股指期货进行投机的做法有以下两种：

1. 买空

通常是在看涨股市时，采取先买进股指期货，待股指上涨后以对冲（再卖出股指期货）获利。

【例 5-24】　在 4 月初，投资者 A 认为近 2 个月内股市将出现上涨，于是在沪深 300 股指合约 IF1306 报价 2 483.2 点时买进 2 份合约。到 6 月初，IF1306 涨到了 2 595.6，若该投资者对冲合约就可获利（手续费忽略）：

$$(2\ 595.6－2\ 483.2)×300×2＝67\ 440（元）$$

支付保证金为：

$$2\ 483.2×300×2×12\%＝178\ 790.4（元）$$

收益率（年率）为：

$$(67\ 440÷178\ 790.4)×12/2×100\%＝226.32\%$$

2. 卖空

通常是在看跌股市时，采取先卖出股指期货，待股指下跌后以对冲（再买进股指期货）获利。

【例 5-25】　在 4 月初，投资者 B 认为近 2 个月内股市将出现下跌，于是在沪深 300 股指合约 IF1306 报价 2 483.2 点时卖出 2 份合约。到 6 月份合约的最后交易日（6 月 21 日），IF1306 果然跌到 2 315，若该投资者对冲合约就可获利（手续费忽略）：

$$(2\ 483.2－2\ 315)×300×2＝100\ 920（元）$$

支付保证金为：

$$2\,483.2 \times 300 \times 2 \times 12\% = 178\,790.4(元)$$

收益率(年率)为：

$$(100\,920 \div 178\,790.4) \times 12/2 \times 100\% \approx 338.68\%$$

(三) 套利

可以利用两种不同的股指期货合约之间的价格变动不同步进行多空对冲交易。与货币期货交易的套利相似，也可分为跨期套利、跨品种套利两种。

1. 跨期套利

跨期套利是利用不同月份的股票指数期货合约之间的价格差异进行多空对冲操作以获取利益的套利方式。它同样也可以分为牛市套利(买近卖远)和熊市套利(卖近买远)。当股票市场价格上涨，且交割月份较近的股指期货合约价格比交割月份较远的股指期货合约价格上升快时，套利者就买进近期月份合约而卖出远期月份合约。到未来价格上升后，再卖出近期月份合约并同时买入远期月份合约。由于近期月份合约价格上升快于远期月份合约价格的上升，套利者就可得到跨期套利的盈利。相反，则采用熊市套利。

【例 5 - 26】 4 月初，某套利者分析近期内沪深 300 指数期货 9 月份合约的涨幅将超过 6 月份合约的涨幅，于是入市进行跨期套利：做多 10 份 9 月份合约、同时做空 10 份 6 月份合约。当时成交价为：9 月份合约 2 484 点，6 月份合约 2 483.2 点。到 6 月初，9 月份合约涨到 2 603 点，6 月份合约涨到 2 595.6 点。若该套利者以此价格进行平仓，试计算其套利损益结果。

解：该套利者进行跨期套利损益结果如表 5 - 37 所示。

表 5 - 37 跨期套利结果

时　间	6 月份合约	9 月份合约
4 月初	卖出 10 份 6 月份合约 价格：2 483.2 点	买入 10 份 9 月份合约 价格：2 484 点
6 月初	买入 10 份 6 月份合约 价格：2 595.6 点	卖出 10 份 9 月份合约 价格：2 603 点
损　益	(2 483.2－2 595.6)×300×10＝－337 200(元)	(2 603－2 484)×300×10＝357 000(元)
最终结果	357 000－337 200＝19 800(元)	

答：通过此跨期套利操作，该套利者最终获利 19 800 元。

2. 跨品种套利

跨品种套利是指利用两个不同的但存在相关关系的股票指数期货之间的价格差异进行的套利。这两种股指通常应受同一供求因素的制约，从而在价格的变化上表现出一定的同向关系。基本做法如同货币期货的跨币套利，做多涨幅更大的股指期货的同时，做空涨幅较小的股指期货，或者做空跌幅更大的股指期货的同时，做多跌幅较小的股指期货。

【例 5-27】 5 月初,某交易者预测在不久将出现的股市看涨行情下,Nasdaq 指数期货(合约乘数 100 美元)的上涨势头会大于 S&P 指数期货(合约乘数 250 美元)的涨势。于是,他在 2 863.5 点的水平上买进 10 份 6 月份 Nasdaq 指数期货合约,并在 1 577.3 点的水平上卖出 4 份 6 月份 S&P 指数期货合约。之所以买进 10 份 Nasdaq 指数期货,而卖出 4 份 S&P 指数期货,是因为两者的合约乘数不同,Nasdaq 指数期货的合约乘数是 100 美元,而 S&P 指数期货的合约乘数是 250 美元。到 6 月 20 日,6 月份 Nasdaq 指数期货价格为 2 886.5 点,6 月份 S&P 指数期货价格为 1 590.4 点。试分析该套利者以此价格对冲两种合约后的损益状况。

分析:该套利者进行跨品种套利损益结果如表 5-38 所示。

表 5-38 跨品种套利结果

时 间	Nasdaq 指数期货	S&P 指数期货
5 月初	买入 10 份 6 月份合约 价格:2 863.5 点	卖出 4 份 6 月份合约 价格:1 577.3 点
6 月 20 日	卖出 10 份 6 月份合约 价格:2 886.5 点	买入 4 份 6 月份合约 价格:1 590.4 点
损 益	(2 886.5−2 863.5)×100×10 =23 000(美元)	(1 577.3−1 590.4)×250×4 =−13 100(美元)
最终结果	23 000−13 100=9 900(美元)	

由表 5-38 可见:如套利者所预期的,由于 6 月份 Nasdaq 指数期货的涨幅果真超过了 6 月份 S&P 指数期货的涨幅,所以做多 Nasdaq 指数同时做空 S&P 指数期货的跨品种套利最终获利 9 900 美元。

第五节 金融期货交易在我国的发展

一、20 世纪 90 年代我国金融期货市场的尝试

在 20 世纪 90 年代中期,我国曾经尝试开办过三类金融期货交易,后因市场条件不成熟,短期内又停办了三大金融期货交易。

(一) 外汇期货

1992 年 7 月,我国开始试办外汇期货交易。上海外汇调剂中心成为我国第一个外汇期货交易市场。经过半年的运转,到 1992 年年底上海外汇期货市场共交易标准合约 10 813 份,交易金额达 21 626 万美元。其规模不大,与上海每天外汇现汇交易高达 3 000 多万美元的水平很不相配。具体的交易规则参照了国外的做法,同时结合我国的特点,设计了外汇标准合约,如表 5-39 所示。

表 5-39 1992 年的我国外汇合约规格

项　　目	规　　格
交易单位	25 000 美元
最小变动价位	0.000 1 美元（每张合约 25 美元）
每日价格最大波动限制	开市 15 分钟内限价为 15 点,15 分钟后无限价
合约月份	3 月、6 月、9 月、12 月
交易时间	见交易所通知
最后交易日	合约到期月份的第 22 天
交割日期	交割月份的第 23 天
初始保证金	每张合约值的 5.5%

由于各种原因,我国的外汇期货试点了一年多,就受到了比较严格的管制,基本上禁止外汇投机交易。1993 年 7 月,国家外汇管理局发出通知,要求各地已设立的外汇期货交易机构必须停止办理外汇期货交易,并限期进行登记和资格审查;办理外汇期货交易仅限于广州、深圳的金融机构进行试点。通知还规定,金融机构办理外汇期货交易,以企业进出口贸易支付和外汇保值为目的,不得引导企业和个人进行外汇投机交易。企业和个人的外汇交易必须是现汇交易,严禁以人民币资金做抵押办理外汇交易,严禁买空卖空的投机行为。实际上,由于严格的管制办法,我国外汇期货的试点处于停顿状态。

（二）国债期货

1992 年 12 月由上海证券交易所首次推出我国的国债期货,最初仅限于个别证券公司之间交易,由于各证券公司对我国国债期货了解不多,因而参与者很少,交易清淡。1993 年 9 月,为活跃国债流通市场,有利于国债的发行,创造更完善的市场环境,上海证券交易所在财政部、上海市政府的支持下,决定扩大我国国债期货交易范围,国债期货市场对个人开放。到 1993 年 10 月底,上交所登记结算公司开户达 230 家,上交所还批准了 27 家证券公司为国债期货自营商。

国债期货交易规则采用国际惯例。以北京商品交易所国债期货交易为例,北京商品交易所制定了三年期和五年期国债期货合约的规格,见表 5-40。

表 5-40 1992 年我国国债期货合约规格

项　　目	规　　格
交易单位	面值为 10 000 元的 1992 年三年期国库券 面值为 10 000 元的 1992 年五年期国库券 面值为 10 000 元的 1993 年三年期国库券
最小变动价位	每 100 元面值国库券 0.05 元（每张合约 5 元）
每日价格最大波动限制	每 100 元面值国库券不高于或低于上一交易日结算价格 2 元

续　表

项　目	规　格
合约月份	3月、6月、9月、12月
最后合约月份	1995年6月 1997年3月 1996年2月
交易时间	交易所公告
最后交易日	合约到期月份的第29日
交割日期	合约到期月份的第30日
初始保证金	每张合约值的2%

从我国国债期货的试点情况来看,由于国债流通市场规模迅速发展,迫切要求发展国债期货市场,通过期货市场功能促进国债的流通,帮助国债的发行者、交易者规避利率波动所引起的价格风险。经过几年的试点,国债期货市场迅速活跃起来,但是由于我国各方面条件还存在一些问题,包括体制上、管理上等因素,国债期货发展过猛,投机气氛过重,最终导致1995年的震动全国的上海万国证券公司严重违规事件,即"3·27"事件。不久,国务院发出通知,暂停国债期货市场的试点工作。至此,我国首次进行的国债期货的尝试告一段落。

(三) 股票指数期货

我国股票指数期货开始于1993年3月,由海南证券交易中心推出深证指数期货(简称"深指期货")交易,推出的期货合约共有6个,即深证综合指数当月、次月、隔月合约,深证A股指数当月、次月、隔月合约。合约主要内容如表5-41所示。

表5-41　1993年我国的股票指数期货合约规格

项　目	规　格
合约单位	深证指数乘以500元
最小变动单位	0.1元,即50元(500×0.1)
每日价格最大波动限制	10点,即5 000元
交割月份	当月、次月、隔月
交易方式	现金结算
最后交易日	交割月倒数第二个营业日
初始保证金	每张合约15 000元
交易手续费	每份合约200元

由海南推出的深指期货采用标准的国际期货交易规则,操作上可以双向下单,既可

先作买单,也可先作卖单,平仓时由证券公司按成交价与投资者结算,期指每变化一个点,投资者的盈亏值是 500 元。

经过几个月的运作,海南深指期货交易日趋活跃。但是由于投资者对这一投资方式的认识不足,再加上中国股票市场的不稳定,在管理上出现不少问题。海南深指期货仅运作了几个月,便被停止交易了。海南证券交易中心也被撤销。

二、我国金融期货市场的最新发展

2006 年 9 月 8 日,中国金融期货交易所在上海正式成立。中金所是经中国证监会批准,由上海期货交易所、郑州商品交易所、大连商品交易所、上海证交所和深圳证交所共同设立的金融期货交易所,注册资本为 5 亿元人民币。

中国金融期货交易所的上市品种由沪深 300 指数期货首发登场。2006 年 10 月 30 日推出沪深 300 股指期货仿真交易。2010 年 4 月 16 日,中国内地资本市场首个金融期货品种——沪深 300 股指期货在中金所正式上市。沪深 300 股指期货合约内容见表 5-42。

表 5-42 沪深 300 股指期货合约

项　　目	规　　格
合约标的	沪深 300 指数
合约乘数	每点 300 元
报价单位	指数点
最小变动价位	0.2 点
合约月份	当月、下月及随后两个季月
交易时间	上午:9:15—11:30,下午:13:00—15:15
最后交易日交易时间	上午:9:15—11:30,下午:13:00—15:00
每日价格最大波动限制	上一个交易日结算价的±10%
最低交易保证金	合约价值的 12%
最后交易日	合约到期月份的第三个周五,遇国家法定假日顺延
交割日期	同最后交易日
交割方式	现金交割
交易代码	IF
上市交易所	中国金融期货交易所

资料来源:中国金融期货交易所网站,http://www.cffex.com.cn。

2012 年 2 月 13 日中国金融期货交易所启动国债期货仿真交易。2013 年 9 月 6 日中金所正式推出 5 年期国债期货交易。5 年期国债期货合约内容见表 5-43。

表 5-43 5 年期国债期货合约

项　　目	规　　格
合约标的	面值为 100 万元人民币、票面利率为 3% 的名义中期国债
可交割国债	合约到期月首日剩余期限为 4—7 年的记账式附息国债
报价方式	百元净价报价
最小变动价位	0.002 元
合约月份	最近的三个季月(3月、6月、9月、12月中的最近三个月循环)
交易时间	09:15—11:30，13:00—15:15
最后交易日交易时间	09:15—11:30
每日价格最大波动限制	上一交易日结算价的±2%
最低交易保证金	合约价值的 2%
最后交易日	合约到期月份的第二个星期五
最后交割日	最后交易日后的第三个交易日
交割方式	实物交割
交易代码	TF
上市交易所	中国金融期货交易所

资料来源：中国金融期货交易所网站，http://www.cffex.com.cn。

另外，随着人民币汇率制度改革的推进和人民币汇率弹性的不断增加，汇率风险也越来越大，在国内金融期货市场上尽快推出货币期货的呼声也日趋强烈。

本 章 小 结

1. 金融期货是指以金融工具作为标的物的期货合约。金融期货交易是指交易者在特定的交易所通过公开竞价方式成交，承诺在未来特定日期或期间内，以事先约定的价格买入或卖出特定数量的某种金融工具的交易方式。金融期货交易不同于金融现货交易和商品期货交易，它具有自身的特点。

2. 成功运作的金融期货市场具有风险转移和价格发现两大基本功能；作为一个完善的金融期货市场，其构成包括期货交易所、期货结算所、期货经纪公司和期货交易者四个不可或缺的组成部分。为保证金融期货市场的高效运转，必要的制度规范也是不可缺少的，其中保证金制度和日结算制度是两项最基本的制度。从一般交易者的角度来看，金融期货交易的程序大致可分为以下四步：选择经纪商，开立保证金账户；下达订单，委托买卖；执行委托，场内竞价；登记交易，每日清算。

3. 货币期货是以某种货币为标的物的金融期货，它是一种标准化的合约，其规格由交易所统一制订，包括货币期货的币种、合约单位、最小变动价位、合约交割月份、最后交易日和交割日等方面。货币期货交易可应用于套期保值、投机和套利等活动。套期保值又可分为多头套期保值、空头套期保值和交叉套期保值；投机的做法主要有买空和卖空;套利也可以采用不同的策略,主要包括跨期套利、跨币套利和跨市套利。

4. 利率期货是指以利率作为交易标的的金融期货。按标的资产的期限长短不同可分为短期利率期货和中长期利率期货。短期利率期货和中长期利率期货在合约内容以及报价方式上都存在较大的差异。最具代表性的短期利率期货主要有国库券期货和欧洲美元期货;最具代表性的中长期利率期货主要有美国中期国债期货和美国长期国债期货。利率期货交易同样可应用于套期保值、投机和套利等活动。但在套利中,利率期货有特定的价差交易,主要有 TED 价差和 NOB 价差。

5. 股票指数期货简称股指期货,是指以某种股价指数为标的物的标准化期货合约。股指期货在合约价值的确定以及交割方式上与货币期货、利率期货都有较大的差异。在套期保值、投机和套利活动等方面,股指期货也具有其特定的作用。

6. 我国金融期货市场在 20 世纪 90 年代曾进行过三类金融期货交易的尝试,但因条件不成熟,最终都停办了。但是随着我国金融体制改革的深化以及金融市场的快速发展,重新开办金融期货交易已成为大势所趋。

本章专业词汇

Financial Futures	Buying Spread
Financial Futures Transaction	Selling Spread
Initial Margin	Currency Futures
Maintenance Margin	Interest Rate Futures
Marking to Market	Stock Index Futures
Market Order	Clean Price
Limit Order	Dirty Price
Short Hedge	Conversion Factor
Long Hedge	Invoicing Amount
Cross Hedge	Cheapest-to-delivery Bond

思 考 题

1. 什么是金融期货交易?
2. 金融期货市场具有哪些功能?一个完善的金融期货市场必须包括哪几个组成部分?
3. 简述保证金制度和每日结算制度的内容。
4. 期货套期保值应遵循哪些原则?
5. 阐述当前我国金融期货市场的发展现状及其缺陷。如何推进我国金融期货市场的发展?

练 习 题

一、单项选择题

1. 如果你下指令交易期货合同,应在_____支付初始保证金。
   A. 合同交易时　　　　　　　　　B. 合同到期日

C. 只要购买合同就需支付　　　　D. 只要出售合同就需支付

2. 报价为 109-18,面值为 10 000 000 美元的债券,其市场价值为_____。
   A. 9 100 000　　B. 10 956 250　　C. 12 700 000　　D. 1 095 625 000

3. 卖出 TED 价差是指建仓时,_____。
   A. 同时卖出国库券期货和欧洲美元期货
   B. 同时卖出两种不同交割月份的国库券期货
   C. 卖出欧洲美元期货,同时买入国库券期货
   D. 卖出国库券期货,同时买入欧洲美元期货

4. 报价为 99-13,面值为 10 000 000 美元的债券,其市场价值为_____。
   A. 8 600 000　　B. 9 940 625　　C. 11 200 000　　D. 994 062 500

5. 跨期套利中的熊市套利是指_____。
   A. 同时买进两种不同交割月份的期货合约
   B. 同时卖出两种不同交割月份的期货合约
   C. 买进较近交割月份的期货合约,同时卖出较远交割月份的期货合约
   D. 买进较远交割月份的期货合约,同时卖出较近交割月份的期货合约

6. 报价为 99.84 的短期国库券期货,其实际价格为_____。
   A. 999 600　　B. 998 400　　C. 99 960　　D. 99 840

7. 买空套利是指_____。
   A. 同时买进两种不同交割月份的期货合约
   B. 同时卖出两种不同交割月份的期货合约
   C. 买进较近交割月份的期货合约,同时卖出较远交割月份的期货合约
   D. 买进较远交割月份的期货合约,同时卖出较近交割月份的期货合约

8. 卖出 NOB 价差是指建仓时,_____。
   A. 卖出长期国债期货,同时买入中期国债期货
   B. 卖出中期国债期货,同时买入长期国债期货
   C. 同时卖出中期国债期货和长期国债期货
   D. 同时卖出两种不同交割月份的中期国债期货

9. 债券的肮脏价格是指_____。
   A. 不包括应计利息在内的债券价格　　B. 债券的应计利息
   C. 包括应计利息在内的债券价格　　　D. 债券的报价

10. 债券的干净价格是指_____。
    A. 不包括应计利息在内的债券价格　　B. 债券的应计利息
    C. 包括应计利息在内的债券价格　　　D. 等于债券的总价格

11. 结算价格 99-16,利率 12% 的长期债券转换因子为 1.215,则合约金额为 100 000 美元的长期债券期货的发票金额为_____。
    A. 99 500.00+应计利息　　B. 120 892.50+应计利息
    C. 121 000.50+应计利息　　D. 121 500.50+应计利息

12. 卖出 NOB 价差是指建仓时,_____。

A. 卖出长期国债期货,同时买入中期国债期货
B. 卖出中期国债期货,同时买入长期国债期货
C. 同时卖出中期国债期货和长期国债期货
D. 同时卖出两种不同交割月份的中期国债期货

13. 在跨期套利时,牛市套利是指_____。
A. 同时买进两种不同交割月份的期货合约
B. 同时卖出两种不同交割月份的期货合约
C. 买进较近交割月份的期货合约,同时卖出较远交割月份的期货合约
D. 买进较远交割月份的期货合约,同时卖出较近交割月份的期货合约

二、计算题

1. 9月底某机构投资者准备在1个月后投资一个 β 值为1.2、总值为4 000万元的证券组合。为避免股价上升带来不利影响,该投资者决定用12月份交割的沪深300指数期货(代码为IF1012,合约乘数300元)进行套期保值。9月底,IF1012为2 957.8。1个月后证券组合价值上升20%,达到4 800万元。到10月底,IF1012的结算价为3 476.6。试计算该机构投资者的保值结果。

2. 10月底某交易商预计未来一个月内欧洲美元利率的上升将快于国库券利率的上升,于是决定进行20份TED价差交易。数据信息如下:

10月底	3个月国库券利率	2.30%
	3个月欧洲美元利率	2.60%
11月底	3个月国库券利率	3.00%
	3个月欧洲美元利率	3.40%

根据以上数据信息,试问该交易商如何操作才能获利? 获利多少?

3. 某年6月初,美国某公司预计3个月后要在现汇市场上买入SGD1 500 000,由于SGD不是IMM中的期货币种,因此拟选用CHF作为相关货币来进行交叉套期保值。当时外汇市场行情如下:

Spot Rate	USD/SGD	1.276 2/72
	USD/CHF	0.942 0/30
Currency Futures	CHF Sep	1.060 2

假设2个月后的市场行情变为:

Spot Rate	USD/SGD	1.276 2/72
	USD/CHF	0.942 0/30
Currency Futures	CHF Sep	1.060 2

试分析该公司套期保值的结果。

4. 2010年5月初,欧洲美元期货市场行情如下:
2010/5/3   Jun 10: 99.53; Sep 10: 99.36
某套利者预期在未来的1个月内,两种交割月份的欧洲美元期货合约的价差将逐

渐扩大,于是,该套利者入市进行跨月套利。

(1) 问该套利者应如何操作来进行跨月套利?

(2) 2010 年 6 月 3 日,该套利者入市进行对冲,对冲价格为:Jun 10:99.442 5; Sep 10:99.245。若该套利者在两种交割月份的期货上各操作 20 份合约,试计算套利结果(不考虑其他费用)。

5. 下表是 2011 年 5 月 12 日《华尔街日报》刊登的利率期货行情。

Interest Rate Futures
Thursday, May 12, 2011

Treasury Bonds (CBT) — $100 000; pts 32nds of 100%

	OPEN	HIGH	LOW	SETTLE	CHG	LIFETIME HIGH	LIFETIME LOW	OPEN INT
Jun 11	124 - 100	124 - 220	123 - 170	123 - 260	−19.0	132 - 100	115 - 050	673 913
Sep 11	123 - 020	123 - 130	122 - 070	122 - 160	−19.0	123 - 130	114 - 000	16 924

Est vol 363 489; vol Wed 328 917; open int, 690 839, +30 203.

请回答下列问题:

(1) 2011 年 6 月份的 Treasury Bonds 期货在 5 月 11 日、5 月 12 日的结算价分别是多少?

(2) 按照 5 月 11 日和 5 月 12 日的结算价计算,1 份 Treasury Bonds 期货的市场价值分别是多少?

(3) 若某投资者在 5 月 11 日以结算价买进 10 份 6 月份 Treasury Bonds 期货,并且在 5 月 12 日未做对冲。试问在这两个交易日内,该投资者的保证金账户的现金流量会发生什么变化?变化额为多少?

(4) 若该投资者在 5 月 13 日以当天的最高价 125 - 040 进行了平仓,试问该投资者最终是盈利还是亏损?金额是多少?

6. 下表是 2010 年 6 月 9 日《华尔街日报》刊登的利率期货行情。

Interest Rate Futures
Wednesday, June 9, 2010

Eurodollar (CME) — $1 000 000; pts of 100%

	OPEN	HIGH	LOW	SETTLE	CHG	LIFETIME HIGH	LIFETIME LOW	OPEN INT
Aug 10	99.325 0	99.345 0	99.325 0	99.345 0	+.030 0	99.575 0	98.935 0	6 384
Sep10	99.275 0	99.310 0	99.245 0	99.305 0	+.040 0	99.550 0	92.080 0	952 296
Dec 10	99.135 0	99.195 0	99.115 0	99.190 0	+.070 0	99.325 0	91.010 0	1 066 493

Est vol 1 657 726; vol Tue 1 961 644; open int, 7 620 858, −4 589.

请回答下列问题:

(1) 2010年9月份的Eurodollar期货在6月8日和6月9日的结算价分别是多少?

(2) 2010年6月8日和6月9日CME中未平仓的Eurodollar期货总头寸分别是多少?

(3) 若某投资者在6月8日以结算价建立20份9月份的Eurodollar期货的多头仓,并且在6月9日未做对冲。试问:在6月9日交易结束后,该投资者的保证金账户的现金流量会发生什么变化? 计算其变化额。

7. 假设某年5月9日的市场行情如下:

| FX | USD/CHF | Spot | 1.507 8/88 |
| Future | CHF | Sep | 0.666 0 |

某公司预计2个月后要在现货市场上买入CHF1 000 000,以支付进口货款。为规避2个月后CHF可能升值带来的风险,拟通过外汇期货市场进行套期保值操作。假设2个月后的市场行情为:

| FX | USD/CHF | Spot | 1.506 0/70 |
| Future | CHF | Sep | 0.668 0 |

试计算该公司套期保值的结果。

8. 某公司财务经理发现他在1988年3月1日至12月中旬将有一笔闲置资金,总金额3 000 000美元,通过对市场的观察,他打算投资于收益率较高的长期国债,但长期国债的二级市场价格随市场利率的变化波动很大,为避免因利率下跌造成资本损失,他决定利用长期国债期货进行套期保值。市场行情如下:

3月1日 面值1 000 000、息票率7.25%、2016年5月到期的30年长期国债价格 82-9

12月长期国债期货价格 89-19

假设到12月8日,市场行情变为:

面值1 000 000、息票率7.25%、2016年5月到期的30年长期国债价格 88-1

12月长期国债期货价格 92-5

问:该经理应如何进行套期保值? 其损益情况如何?

9. 假设10月20日的EUR与CHF的外汇期货市场行情如下:

| Future | EUR Dec | 1.332 1 |
| | CHF Dec | 1.024 8 |

某投资者预测差价在未来将扩大,因此入市进行操作,并于12月1日平仓了结,假设这时的外汇期货行情如下:

| Future | EUR Dec | 1.354 6 |
| | CHF Dec | 1.035 8 |

假设该投资者在 12 月份的 EUR 与 CHF 期货上各操作 10 份合约,试问应如何投资操作?结果如何?

10. 香港某基金经理在 2 月 1 日持有市价总额为 100 万港元投资组合的股票(β 值为 1.3),预期股市下跌,当时股价指数为 10 000 点。到 3 月 10 日,股市跌落,使该公司投资组合的股票市值下降到 80 万港币。同时在股票指数期货市场上,股价指数到 3 月 10 日下降到 9 600 点。问该基金经理应如何利用股票指数期货进行保值?结果如何?

11. 现有三种长期债券,现货报价分别为:98.65、109.5、134.45;对应的转换因子分别为:1.024 8、1.161 6、1.407 5。在一笔报价为 95 - 15 的长期国债期货交易中,若空头方要在以上三种债券中选择一种用来进行实际交割,试根据计算确定出哪一种是最便宜的交割债券。

第六章 金融期权交易

开篇案例

2008年10月20日，中信泰富发布公告爆出投资外汇衍生品亏损，预计亏损超147亿港元，并同时宣布其大股东中信集团将安排15亿美元的借款助其度过危机。这被列为美国次贷危机以来，港交所绩优股公司最大的一宗亏损事件，也是金融危机爆发以来，全球公司因为投资外汇衍生产品产生的最大一单亏损，更是2008年爆出的中国企业最大外汇交易亏损案。

这起外汇杠杆交易是因为中信泰富在澳大利亚有一个名为SINO-IRON的铁矿项目而引起的，它是西澳大利亚州最大的磁铁矿项目。该项目总投资约42亿美元，很多设备和投入都必须以澳元来支付。整个投资项目的资本开支，除目前的16亿澳元之外，在项目进行的25年期内，还将在全面营运的每年度投入至少10亿澳元。

中信泰富与汇丰、花旗和法国巴黎百富勤等外资银行签订的四种外汇期权合约，也是累计期权(Accumulator Option)的变异。四份合约中，损失最大的是每月结算澳元合约。合约锁定的汇率是1澳元兑换0.87美元。根据合约，中信泰富可以行使的澳元兑美元汇率为0.87，即当澳元兑美元汇率高于0.87时，中信泰富可以0.87的汇率获得澳元；而当汇率低于0.87时，中信泰富仍必须以0.87的高汇率两倍买入澳元，直到2010年10月。

而事实却是，澳大利亚在这次金融风暴中根本无法独善其身。9月和10月，澳大利亚储备银行连续两次降息，后一次的降息幅度达到100个基点，这是其继1992年经济萧条以来的最大降幅，澳元大幅跳水，持续贬值，最低跌至0.6美元左右。

2008年9月初，中信泰富似乎察觉到合约的风险所在，于是中止部分合约，实时损失8亿港元。而按照目前澳元兑美元的汇率计算，中信泰富手上尚未中止的合约，账面损失高达147亿港元。也就是说，中信泰富在这次外汇衍生品交易中损失已经达到155亿港元。

在投资银行口中千好万好的一种名为累计期权的金融衍生产品最终让中信泰富伤痕累累。事实上在中信泰富事件之前，累计期权因为高风险在业内已经声名狼藉，并获得了"I kill you later"(我早晚灭了你)的绰号。

(资料来源：根据新浪财经网报道资料整理)

【学习要点】

本章将在介绍金融期权概念、特征、常见类型等基本原理的基础上,分别就三大类金融期权——货币期权、利率期权和股票期权的含义、合约内容、特点以及实际运用情况进行重点阐述。

第一节 金融期权概述

一、金融期权的含义与特征

(一) 金融期权的含义

1. 期权的含义

所谓期权(Option),是期权购买者在向出售者支付一定费用后,就可获得在一定期限内以某一特定价格向出售者买进或卖出一定数量的某种特定商品的权利。期权实际上是一种选择权,期权买方有权选择是否执行期权合约,当合约到期时或到期前,合约价格比市场价格有利时,即可执行期权;而当市场价格比合约价格有利时,则可放弃期权合约。

在期权交易中,会涉及以下重要术语:

(1) 期权的买方。支付一笔费用,购买期权并有权行使期权的一方。支付的费用是期权费。

(2) 期权的卖方。收取一笔费用,在期权被行使时按合约履行义务的一方。

(3) 协定价格(Strike Price)或执行价格(Exercise Price)。期权被执行时,期权交易双方买卖基础资产的价格,一般在期权成交时确定。

(4) 期权费或权利金(Premium)。期权的买方支付给卖方的费用,是买方获得期权的代价,也是卖方获得的风险补偿。

(5) 有效期。交易双方约定的行使期权的期限。

2. 金融期权的含义

金融期权(Financial Option)是以金融商品为基础资产或标的资产的期权。具体而言,金融期权是赋予其购买者在规定期限内按协定价格或执行价格购买或出售一定数量某种金融资产(如货币、股票、长短期债券、金融期货合约等)的权利的合约。

(二) 金融期权的发展

18世纪,英国南海公司的股票价格飞涨,股票期权市场也有了发展。南海"气泡"破灭后,股票期权曾一度因被视为投机、腐败、欺诈的象征而被禁止交易长达100多年。早期的期权合约于18世纪90年代引入美国,当时美国纽约证券交易所刚刚成立。19世纪后期,被喻为"现代期权交易之父"的拉舍尔·赛奇(Russell Sage)在柜台交易市场组织了一个买权和卖权的交易系统,并引入了买权、卖权平价概念。然而,由于场外交易市场上期权合约的非标准化、无法转让、采用实物交割方式以及无担保,使得这一市场的发展非常缓慢。

现代金融期权交易始于20世纪70年代初。1973年4月26日,芝加哥期权交易所(CBOE)成立,推出了买权交易,也标志着期权交易开始向规范化、标准化发展。70年代中期,美洲交易所(AMEX)和费城股票交易所(PHLX)相继引入期权交易,使期权获得了空前的发展。1977年,卖权交易推出。与此同时,芝加哥期权交易所开始了非股票期权交易的探索。1982年,芝加哥商品交易所(CME)开始进行S&P 500期权交易,它标志着股票指数期权的诞生。同年,由芝加哥期权交易所首次引入美国国库券期权交易,成为利率期权交易的开端。同年,加拿大蒙特利尔交易所(ME)首次推出货币期权;该年12月,费城股票交易所也开始了货币期权交易。1984年,货币期货期权在CME的IMM登台亮相。随后,期货期权迅速扩展到欧洲美元存款、90天短期及长期国库券、国内存款证等债务凭证期货,以及黄金期货和股票指数期货等,几乎所有的期货都有相应的期权交易。

此外,在20世纪80年代金融创新浪潮中还涌现出一些"奇异期权"(Exotic Options),它的出现格外引人注目。"奇异期权"不同于以往的普通期权,它的奇异之处主要在于它的结构很"奇特",通常在选择权性质、基础资产以及期权有效期等内容上与标准化的交易所交易期权存在差异。例如,有的期权合约具有两种基础资产,可以择优执行其中一种(任选期权);有的可以在规定的一系列时点行权(百慕大期权);有的对行权设置一定条件(障碍期权);有的行权价格可以取基础资产在一段时间内的平均值(平均期权或亚洲式期权),等等。由于结构过于复杂,定价困难,市场需求开始减少,但进入20世纪90年代以后,这一趋势已大为减弱。到20世纪90年代,金融期权的发展出现了另一种趋势,即金融期权与其他金融工具的复合物越来越多,如与公司债券、抵押担保债券、各类权益凭证以及保险产品等相结合,形成了一大类新的金融期权产品。

(三) 金融期权的主要特征

金融期权的不对称性使得它成为一种独特的金融衍生产品。金融期权的主要特征在于买卖双方的权利和义务的不对称。期权的买方在支付了期权费后,就获得了期权合约所赋予的权利,即在期权合约规定的时间内,以事先确定的价格(协定价格)向期权的卖方买进或卖出某种金融工具的权利,但并没有必须履行该期权合约的义务。期权的买方可以选择行使他所拥有的权利,也可以放弃权利;而期权的卖方在收取期权费后,就承担着在规定时间内履行该期权合约的义务,即当期权的买方选择行使权利时,卖方必须无条件地履行合约规定的义务,而没有选择的权利。

表6-1 期权交易双方的权利与义务比较

	期 权 买 方	期 权 卖 方
权 利	按协定价格购买或出售金融资产	收取期权费
义 务	支付期权费	无条件履约

(四) 与金融期货的区别

虽然与金融期货一样,金融期权也是在20世纪70年代金融创新浪潮中出现的金融衍生产品,但是与金融期货相比,两者还是有诸多的区别,主要体现在以下方面。

1. 交易场所有所不同

金融期货只能在交易所内进行交易,属于一种场内交易,其合约也是标准化合约;而金融期权既可以在交易所内进行交易,也可以在交易所之外进行交易,所以其合约可以是标准化的合约(在场内交易中),也可以是非标准化的合约(在场外交易中)。

2. 交易双方的权利与义务的对称性不同

金融期货交易双方的权利与义务具有对称性,即对交易的任何一方而言,都既有要求对方履约的权利,又有自己对对方履约的义务。而金融期权交易双方的权利与义务存在着明显的不对称性,期权的买方只有权利而没有义务,而期权的卖方只有义务而没有权利。

3. 损益特点不同

金融期货交易双方都无权违约也无权要求提前交割或推迟交割,而只能在到期前通过反向交易实现对冲或到期进行实物交割,而市场价格的变动必然使期货交易的一方盈利而另一方亏损,其盈利或亏损的程度取决于价格变动的幅度。因此从理论上说,金融期货交易中双方潜在的盈利和亏损都是无限的(见图6-1和图6-2)。相反,在金融期权交易中,由于期权购买者与出售者在权利和义务上的不对称性,从而使得他们在交易中的盈利和亏损也具有不对称性。从理论上说,期权购买者在交易中的潜在亏损是有限的,仅限于所支付的期权费,而可能取得的盈利却是无限的(见图6-3);相反,期权出售者在交易中所取得的盈利是有限的,仅限于所收取的期权费,而可能遭受的损失却是无限的(见图6-4)。

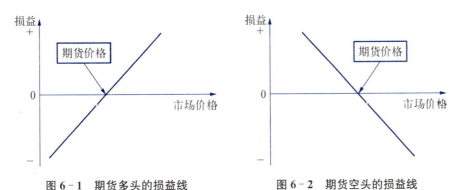

图6-1 期货多头的损益线　　图6-2 期货空头的损益线

4. 履约保证不同

金融期货交易的双方均需开立保证金账户,并按规定缴纳初始保证金以及补交保证金。而在金融期权交易中,只有期权出售者才需开立保证金账户,并按规定缴纳保证金,以保证其履约的义务;至于期权购买者,因为在期权交易中并无履约义务,所以无需缴纳任何保证金,但是必须先支付期权费。

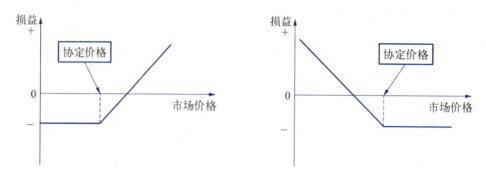

图 6-3 期权买方的损益线

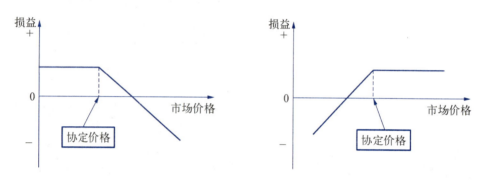

图 6-4 期权卖方的损益线

5. 现金流动情况不同

由于在金融期货交易中实行每日结算制度,所以交易双方成交后,每天(交易所的营业日)都将因期货价格的变动而发生现金流动,即盈利一方的保证金账户余额将会增加,而亏损一方的保证金账户余额将会减少,且当亏损方保证金账户余额低于维持保证金时,必须按规定及时追缴保证金。因此,金融期货交易中实际上每天都可能发生现金流动。而在金融期权交易中,在成交时,期权购买者为取得期权合约所赋予的权利,必须向期权出售者支付一定的期权费;但在成交后,除了到期履约外,交易双方不发生任何现金流动。

6. 套期保值的作用与效果不同

金融期权与金融期货都具有套期保值功能,但是两者的作用与效果不同。利用金融期货进行套期保值,在避免价格不利变动造成损失的同时,也放弃了若市场价格发生有利变动可能获得的利益。而利用金融期权进行套期保值,若市场价格发生不利变动时,期权持有者可通过执行期权来避免损失;若市场价格发生有利变动,则可通过放弃期权来保护利益。由此可见,通过金融期权交易,既可避免价格不利变动造成的损失,又可在相当程度上获得价格有利变动带来的利益。

二、金融期权的普通类型

金融期权的类型名目繁多,五花八门,尤其是自 20 世纪 80 年代以来,金融期权中还出现了很多奇异期权。以下仅介绍一些常见的普通期权类型。

(一) 按行使期权的有效期限划分

按行使期权的有效期限不同,可将期权划分为美式期权(American Style Option)和欧式期权(European Style Option)。

1. 美式期权

美式期权是指期权买方在期权合约到期日之前的任何一个营业日都可以按协定价格履约的期权。例如4月1日签订的为期3个月的美式期权合约,到期日在7月3日,那么该期权持有者(买方)可以在自即期日(4月3日)起至合约到期日为止的任何一个营业日,选择按协定价格履行期权合约。

2. 欧式期权

欧式期权是指期权合约的买方仅在合约到期日才能决定是否按协定价格行权的一种期权。例如4月1日签订的为期3个月的美式期权合约,到期日在7月3日,那么该期权持有者只能在7月3日决定是否按协定价格履行期权合约。

美式期权和欧式期权的叫法最初源于美洲和欧洲所采用的期权交易方式,现在已经与地理位置无关,如在欧洲可以做美式期权、在美洲可以做欧式期权,在世界其他任何地方,两种方式的期权都可以做。由于美式期权行权时间比欧式期权更灵活,赋予了买方更大的获利空间,因此在其他条件相同的情况下,美式期权的期权费往往要比欧式期权的期权费更高。

另外还有一种行权时间介于欧式和美式之间的百慕大期权(Bermudan Option),即期权持有者可以在期权合约期内的某一段时间来决定是否行权。

三种期权行权时间的区别见图6-5。

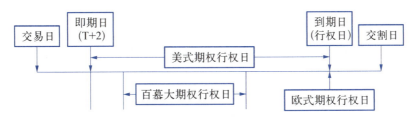

图6-5 美式期权、欧式期权与百慕大期权行权时间的比较

(二) 按买方的权利划分

按买方行使期权时是购买金融工具还是出售金融工具,可以将期权分为看涨期权(Call Option)和看跌期权(Put Option)。

1. 看涨期权

看涨期权又称为买权,是指在期权到期日或到期日以前,买方可以按照协定价格买进某种金融工具的权利。看涨期权是一种买的权利,通常买方只有在对市场行情看涨时才会买进看涨期权,因为市场行情上涨后,行权会比较有利。

2. 看跌期权

看跌期权又称为卖权,是指在期权到期日或到期日以前,买方可以按照协定价格卖出某种金融工具的权利。看跌期权是一种卖的权利,通常买方是在对市场行情看跌时才会买进看跌期权,因为市场行情下跌后,行权会比较有利。

(三) 按交易场所划分

按进行期权合约交易的场所可将期权分为场内期权(Exchange Traded Option)和场外期权(Over the Counter Option)。

1. 场内期权

顾名思义,场内期权是指在交易所内买卖的期权。1973年芝加哥期权交易所(CBOE)的建立标志着现代意义上的场内交易期权的诞生。现在世界各地的许多交易所都交易着范围广泛的金融期权。在美国,大多数金融期权交易都是在五大交易所中进行的,这五大交易所包括:芝加哥期权交易所(CBOE)、美国证券交易所(AMEX)、费城股票交易所(PHLX)、太平洋股票交易所(PSE)和国际证券交易所(ISE)。多数情况下,场内金融期权以金融合约为基础资产,但也有一些用于现货或实际交付的期权,如货币期权、股票期权。

与金融期货交易相同,场内期权交易也是采用公开竞价系统,合约也都是标准化的,所有的交易都要通过清算所登记、结算。与金融期货交易不同的是,有些交易所中的期权买方可以不交保证金,但期权卖方必须在清算所存入一定比例的保证金①,以保证他们能履行义务。保证金可以是现金,也可以采用其他金融工具形式。

场内期权的买方和卖方可以像场内期货合约交易那样采用对冲的方式在到期日前冲销他们的仓盘,因为场内期权合约都是标准化的,到期日、合约单位、交割月份、协定价格、保证金、头寸限额、交易时间以及行权时间都是由交易所来确定的,交易者需要确定的只是期权费和合约交易数量。需要注意的一点是,场内期权合约的协定价格不是交易双方竞价达成的,而是由交易所统一规定的,而且会有若干档的协定价格,每档协定价格之间相差的点数也都是相同的。

尽管并非全部,但是许多场内交易的期权都是美式期权,所以交易者必须确认不同交易所对于不同期权合约的规定类型。

2. 场外期权

场外期权是指在交易所之外买卖的期权。通常由一些金融机构来经营,主要是商业银行。

与场内交易的期权不同,由于在场外交易中,往往是由买卖双方直接约定期权合约的内容,而不同的交易者约定的期权合约内容并不相同,所以场外期权是一种非标准化的期权合约,它没有相同的合约规格。但是对于场外期权合约,交易双方必须明确下列内容:(1) 权利内容(买权还是卖权);(2) 合约金额与协定价格;(3) 期权费(由做市商报价);(4) 成交日、期权费支付日、到期日(Expiry Date)及截止时间(Cut-off Time)、交割日等。

场外期权的卖方不必支付保证金,但场外期权的买方必须支付全部期权费。在大

---

① 在LIFFE,金融期权采用与金融期货相同的方式进行交易,即意味着买方和卖方都要支付保证金,但买方不必一次性缴足所有的期权费。

多数情况下,场外期权的买方很难冲销其头寸,这是因为场外期权是一种非标准化的期权合约,缺乏流动性,要冲销的话必须与最初的卖方进行交易,而该期权的卖方可能不愿意进行平仓。所以,场外期权多半为欧式期权。

(四) 按期权内在价值状态划分

期权的价值包括内在价值(Intrinsic Value)和时间价值(Time Value)。所谓内在价值,是指期权持有者立即行权时可直接获取的利润,即期权本身所具有的价值。时间价值也称为外在价值,是指期权在有效期内因存在标的资产价格向有利价方向变化的可能性而具有的价值,任何一项未到期的期权都具有时间价值。

按期权的内在价值状态,可将期权分为:价内期权(In-the-Money Option)、价外期权(Out-of-the-Money Option)和平价期权(At-the-Money Option)。

1. 价内期权

价内期权亦称为实值期权,是指具有内在价值的期权。对于看涨期权而言,当协定价格低于标的资产的市场价格时,即属于价内期权;而对于看跌期权而言,当协定价格高于标的资产的市场价格时,即属于价内期权。例如,协定价格为 GBP1=USD1.520 0 的英镑看涨期权,当市场即期汇率为 GBP1=USD1.522 0 时,该期权就属于价内期权,其内在价值为 GBP1=USD0.002,若市场即期汇率为 GBP1=USD1.518 0,那么该期权就无内在价值。又如,协定价格为 EUR1=USD1.302 0 的欧元看跌期权,当市场即期汇率为 EUR1=USD1.301 0 时,该期权就属于价内期权,其内在价值为 EUR1=USD0.001,若市场即期汇率为 EUR1=USD1.303 0,那么该期权就不具有内在价值。

2. 价外期权

价外期权亦称为虚值期权,是指不具有内在价值的期权。对于看涨期权而言,当协定价格高于标的资产的市场价格时,即属于价外期权;而对于看跌期权而言,当协定价格低于标的资产的市场价格时,即属于价外期权。例如,当英镑即期汇率为 GBP1=USD1.522 0 时,凡是协定价格高于 GBP1=USD1.522 0 的英镑看涨期权都属于价外期权;又如,当欧元即期汇率为 EUR1=USD1.301 0 时,凡是协定价格低于 EUR1=USD1.301 0 的欧元看跌期权都属于价外期权。

3. 平价期权

平价期权是指协定价格等于标的资产市场价格的期权,亦称平值期权。例如,当英镑即期汇率为 GBP1=USD1.522 0 时,协定价格也为 GBP1=USD1.522 0 的英镑看涨期权或看跌期权都属于平价期权。

(五) 按期权合约标的资产的类型划分

按期权合约标的资产类型的不同,可将期权分为货币期权(或外汇期权)、利率期权和股票及股指期权。货币期权是以货币作为合约标的资产的期权;利率期权是以债券作为期权合约标的资产的期权;股票及股指期权则是以股票或股指作为期权合约的标的资产。本章的第二节、第三节、第四节将分别就这三类金融期权的相关内容进行详细介绍。

(六) 按期权合约标的资产的性质划分

按期权合约标的资产的性质不同,可将期权分为现货期权和期货期权。现货期权到期交割的是现货资产,而期货期权到期交割的是期货合约,即到期时将期权合约转为期货合约。在交易所交易的金融期权中,有的是以现货作为标的资产(如货币期权、指数期权和债券期权),有的则是以期货作为标的资产(如货币期货期权、利率期货期权、股指期货期权)。前者属于现货期权范畴,后者则属于期货期权范畴。

三、影响金融期权价格的主要因素

金融期权的价格即是指期权买方支付给期权卖方的期权费。在场内期权交易中,期权费是由买卖双方竞价决定的;而在场外期权交易中,期权费则由做市商报价决定。其实,不管场内交易还是场外交易,交易者都要了解影响金融期权价格变动的因素。综合起来看,影响金融期权价格的主要因素包括以下方面。

(一) 期权合约的协定价格

这是决定金融期权内在价值的一个重要因素。在其他条件一定的情形下,看涨期权的协定价格越低,期权买方就越有可能获利,故要为此支付较多的费用,反之则可少支付费用;看跌期权的协定价格越高,期权买方获利的机会越大,故要支付较多的费用,反之则可少支付费用。由此可见,看涨期权的价格与协定价格成反比;看跌期权的价格与协定价格成正比。两者的关系可通过公式来反映:

$$看涨期权价格 = IV + TV = (S - E) + TV \quad (6-1)$$

$$看跌期权价格 = IV + TV = (E - S) + TV \quad (6-2)$$

式中:IV——期权的内在价值;

TV——期权的时间价值;

S——期权标的资产的市场价格;

E——期权的协定价格。

(二) 标的资产的市场价格

这是决定金融期权内在价值的另一个重要因素。在其他条件一定的情形下,看涨期权的内在价值随着标的资产市场价格的上升而上升;看跌期权的内在价值随着标的资产市场价格的上升而下降,因此,看涨期权的价格与标的资产的市场价格成正比(见式6-1);看跌期权的价格与市场即期汇率成反比(见式6-2)。

(三) 到期期限

对于美式期权而言,无论是看跌期权还是看涨期权,在其他条件一定的情形下,到期时间越长,期权的时间价值就越高;相反,到期时间越短,期权的时间价值就越低。但需注意,该结论对于欧式期权而言未必成立,这是因为,期限较长的期权并不会比期限较短的期权增加执行的机会。

(四) 标的资产价格波动率

金融期权价格与标的资产价格波动率成正比,标的资产价格波动率越大,期权价值越大。对于买入看涨期权的投资者来说,当标的资产价格上升时可以无限获利,而标的资产价格下降带来的最大损失以期权费为限,两者不会抵消,因此,标的资产价格波动率越大,期权价值越大;对于买入看跌期权的投资者来说,当标的资产价格下降时可以无限获利,而标的资产价格上升带来的最大损失以期权费为限,两者不会抵消,因此,标的资产价格波动率越大,期权价值越大。

(五) 无风险利率

如果考虑货币的时间价值,则投资者购买看涨期权未来协定价格的现值随利率的提高而降低,即投资成本的现值降低,此时在未来时期内按固定的协定价格购买金融资产的成本降低,看涨期权的价值增大,因此,看涨期权的价值与利率正相关变动;而投资者购买看跌期权未来履约价格的现值随利率的提高而降低,此时在未来时期内按固定协定价格销售金融资产的现值收入越小,看跌期权的价值就越小,因此,看跌期权的价值与利率负相关变动。

四、金融期权交易的基本类型

(一) 买入看涨期权(Buy Call Option 或 Long Call Option)

买入看涨期权是指期权买方获得了在到期日或到期日以前按协定价格购买合约规定的某种金融工具的权利。通常在预测标的资产价格上升时采用此种期权交易策略。

若交易者买进看涨期权之后,标的资产的市场价格果然上涨,且升至协定价格之上,则交易者可执行期权从而获利。从理论上说,资产价格可以无限上涨,所以买入看涨期权的盈利在理论上是无限大的。但当资产市场价格朝着与预测相反的方向变动或资产市场价格趋向下降时,则购买者的损失是有限的,其最大的损失就是支付的期权费。当资产市场价格变化到协定价格加上支付的期权费时,则购买者不亏不盈,此时的市场价格也成为盈亏平衡点。买进看涨期权的损益状况如图6-6所示。

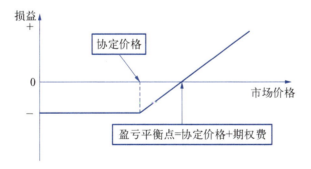

图6-6 买进看涨期权的损益线

(二) 卖出看涨期权(Sell Call Option 或 Short Call Option)

卖出看涨期权是指如果买入看涨期权合约者执行合约,出售者就有责任在到期日之前或到期日按协定价格出售合约规定的某种金融工具。出售这种期权合约者通常预测市场价格将下降。为了承担责任,出售者要收取一定的期权费。当市场价格朝着出售者预测方向变动时,出售者最大的利益就是收取的期权费;但当市场价格朝着相反的方向变化即市场价格趋向上升时,出售者的风险是无限的。当市场价格变化到协定价格加上收取的期权费时,出售者不亏不盈,此时的市场价格即为盈亏平衡点。卖出看涨期权的损益状况如图 6-7 所示。

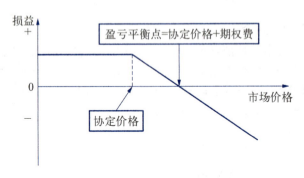

图 6-7 卖出看涨期权的损益线

(三) 买入看跌期权(Buy Put Option 或 Long Put Option)

买入看跌期权是指合约买入者获得了在到期日之前或到期日按协定价格出售合约规定的某种金融工具的权利。买入看跌期权者预测市场价格将趋于下跌,当市场价格朝着下跌方向变动时,购买者的利益可能是无限的;但当市场价格朝着与预测相反的方向变动,购买者的损失是有限的,最大的损失就是支付的期权费。当市场价格变化到协定价格减支付的期权费之差时,购买者正好不亏不盈,即为盈亏平衡点。买入看跌期权的损益状况如图 6-8 所示。

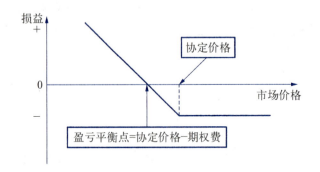

图 6-8 买入看跌期权的损益线

(四) 卖出看跌期权(Sell Put Option 或 Short Put Option)

卖出看跌期权是指买入看跌期权者如果行使权利,出售者就有责任在到期日以前或到期日按协定价格买入合约规定的某种金融工具。为了承担这种责任,出售者要收取一定的期权费。出售这种期权合约者通常预测市场价格将上升。当市场价格朝着下跌的方向变化时,出售者有无限的风险;当市场价格朝着上升方向变化时,出售者最大收益就是收取的期权费。当市场价格变化到协定价格减收取的期权费时,出售者将不盈不亏。此时,即为盈亏平衡点。卖出看跌期权的损益状况如图 6-9 所示。

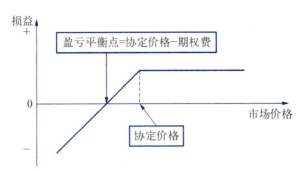

图6-9 卖出看跌期权的损益线

第二节 货币期权交易

一、货币期权的含义

货币期权(Currency Option)又称为"外汇期权"(Foreign Exchange Option),是指买方在支付了期权费后即取得在合约有效期内或到期时以约定的汇率购买或出售一定数额某种货币的权利。

货币期权交易于1982年前后起源于欧美金融市场。第一批货币期权是英镑期权和德国马克期权,由美国费城股票交易所(PSE)于1982年承办。

货币期权的产生归因于两个重要因素:国际金融市场日益剧烈的汇率波动和国际贸易的发展。随着20世纪70年代初期布雷顿森林体系的崩溃,汇率波动越来越剧烈。例如,1959—1971年当时联邦德国马克对美元的日均波动幅度1马克为0.44美分,而1971—1980年增长了近13倍,1马克达5.66美分。同时,国际商品与服务贸易也迅速增长,越来越多的贸易商面对汇率变动日益剧烈的市场,积极寻求避免外汇风险更为有效的途径。在远期外汇和货币期货这两种保值交易的基础上,期权的产生不仅具有能避免汇率风险、固定成本的同样作用,而且克服了远期与期货交易的局限,因而颇受国际金融市场的青睐。对于那些不确定收入或投资(诸如竞标国外工程或海外公司分红)所需要的保值来说,期权交易更具有优越性。

目前,场内货币期权交易主要集中在美国和英国,其中以费城股票交易所和芝加哥期权交易所最具代表性,且交易的货币期权合约主要以欧元、日元、英镑、瑞士法郎、加拿大元及澳大利亚元等货币期货合约为标的物。而场外期权交易则主要以伦敦和纽约的银行同业市场为中心。

在三大类金融期权——利率期权、股票指数期权和货币期权交易中,目前货币期权所占的份额是最小的。

二、场内货币期权合约的内容和货币期权价格的识读

(一) 场内货币期权合约的内容

CME集团是世界两大外汇交易平台之一,每天的流动资金超过1 000亿美元,目前可为所有参与者提供基于20种世界主要货币和新兴市场货币的32种期权合约。表6-2列出了CME中的几种主要货币期权合约的内容。

表6-2 CME货币期权合约的规格

	欧元期权	日元期权	英镑期权	瑞士法郎期权
合约规模	1份欧元期货 125 000 欧元	1份日元期货 12 500 000 日元	1份英镑期货 62 500 英镑	1份瑞士法郎期货 125 000 欧元
最小价格变动点	$0.000 1/欧元 ($12.50)	$0.000 001/日元 ($12.50)	$0.000 1/英镑 ($6.25)	$0.000 1/瑞士法郎 ($12.50)
价格限制	无			
定约价限制	$0.005/欧元	$0.000 05/日元	$0.01/英镑	$0.005/瑞士法郎
合约月份	3月、6月、9月、12月			
交易时间	公开喊价	7:20 a.m.—2:00 p.m.		
	电子交易平台	周日至周四:5:00 p.m.至次日4:00 p.m.(美国中部时间)		
最后交易日	合约月份第3个周三前的第2个周五			

资料来源:根据CME集团网站资料翻译整理,http://www.cmegroup.com/。

(二) 场内货币期权价格的识读

表6-3反映的是《华尔街日报》登载的2013年6月28日(周五)CME中日元期货期权的价格。

表6-3 日元期货期权价格

Currency Futures Options
For Friday, June 28, 2013

JAPANESE YEN (CME)
12 500 000 yen, cents per 100 yen

Strike Price	Calls			Puts		
	Jul	Sep	Dec	Jul	Sep	Dec
800	20.87	20.87	—	—	0.01	—
815	19.37	19.37	19.54	—	0.01	0.15
820	18.87	18.87	19.05	—	0.01	0.16
……						

续 表

Strike Price	Calls			Puts		
	Jul	Sep	Dec	Jul	Sep	Dec
1 440	—	—	—	43.13	43.13	
1 445	—	—	—	43.63	43.63	
Open Interest	Calls	76 984		Puts	90 409	

资料来源：http：//online.wsj.com/mdc/public/page/2_3024-futopt_currency.html.

表6-3中，第2行表示的是日元期货期权合约单位是12 500 000日元，以100日元等于多少美分报价。

第1列表示的是期权的协定价格，这是场内期权不同于场外期权之处。场内期权的协定价格是交易所事先规定的、标准化的，会有很多档次（限于篇幅，此处只选取了最低的三档协定价格和最高的两档协定价格，中间的都省略了），但每档的间距也是标准化的，如日元期货期权协定价格的价格间距是每100日元0.005美元。注意日元协定价格的含义，如"800"，表示的是协定价格为100日元＝0.8美元，"1 445"表示协定价格为100日元＝1.445美元。

第2列—第4列表示的是看涨期权的价格，分别有7月份、9月份和12月份合约；第5列—第7列表示的是看跌期权的价格，同样有7月份、9月份和12月份合约。"—"表示有行无市。

最后1行表示的是未平仓的期权合约，看涨期权共计76 984份，看跌期权共计90 409份。

表中的价格都是指相应协定价格和交割月份的期权费。例如，协定价格"820"的9月份看涨期权的期权费为"18.87"，实为"100日元＝18.87美分"；协定价格"1 445"的9月份看跌期权的期权费为"43.63"，实为"100日元＝43.63美分"。

由表6-3我们还可以看出：看涨期权的期权费与协定价格成反比；而看跌期权的期权费与协定价格成正比。

三、场外货币期权交易的操作

（一）场外期权合约的内容

场外货币期权交易多半通过银行来进行，类似于远期外汇交易，所以场外期权合约是非标准化的，合约内容由交易双方自由议定。但是合约必须包含以下内容：

1. 交易方向和权利内容

要明确交易中谁是期权的买方、谁是期权的卖方，还要明确是买权还是卖权，以及哪种货币的买权、哪种货币的卖权。

2. 合约金额和协定价格

由交易双方协商议定。

3. 期权费

场外交易中期权费是由报价行报价决定的。通常采用双向报价,即同时报出买价和卖价。报价方式有三种:

(1) 点数报价。采用与汇率相同的表示方法。如合约金额 100 万美元、协定价格 USD 1＝CHF 0.945 2 的 3 个月美元看跌期权,银行报价"0.002－0.004"。若有交易者向该银行买此期权,意味着他要向银行支付的期权费是 USD 1＝CHF 0.004,总的期权费为 4 000 瑞士法郎。

(2) 百分比报价。采用交易金额的百分比来报价。如上述期权的期权费,若银行报价为 0.3%—0.4%,则向银行购买此期权的期权费为合约金额的 0.4%,即 4 000 美元。

(3) 波动率报价。银行报出的是汇率波动率(可以是历史波动率,也可以是隐含波动率)。若采用波动率报价,期权费则需根据期权定价模型进行计算。

4. 成交日和期权费支付日

成交日即交易双方达成交易的日期。

一般情况下,期权买方须在成交后的第二个营业日将期权费全额支付给卖方。

5. 到期日(Expiry Date)和交割日(Delivery Date)

到期日即是期权合约的最后有效期,也是期权买方决定是否行权的最后期限,亦称为行权日。期权买方若要行权,必须在到期日的截止时间之前通知卖方。如果超过截止时间,买方未通知卖方要求履约,则表明买方放弃了权利。

交割日即是指交易双方办理货币清算的日期。如果在到期日,期权买方做出了行权表示,则意味着双方要进行外汇买卖,通常以到期日之后的第二个营业日作为交割日。

(二) 场外期权交易的操作实例

下面以银行间交易为例,说明通过路透交易系统来完成的一笔期权交易操作流程。

【例 6 - 1】 4 月 17 日(周三)A 银行向 B 银行询价,发起交易:

A:USD CALL CHF PUT AMOUNT USD 10 MIO STRIKE PRICE AT 0.945 0 EUROPEAN STYLE EXPIRY MAY 20 NY CUT

【1 000 万美元、协定价格 0.945 0、5 月 20 日到期、按纽约截止时间的欧式美元买权瑞士法郎卖权,请报价】

B:0.3/0.4 IN USD PCT

【按美元的 0.3%/0.4%】

A:I BUY

【我买进】

B:OK DONE TO CFM AT 0.4% WE SELL OPTION FOR USD CALL CHF PUT AMOUNT 10 MIO STRIKE AT 0.945 0 EXPIRY MAY 20 NY CUT 10:00AM EUROPEAN STYLE PREMIUM AMOUNT USD 40 000 PLS PAY TO B BANK NY BRANCH FOR OUR ACCOUNT 1 234 567 TKS FOR THE DEAL BI

【同意成交。按 0.4%,我们卖给你 1 000 万美元、协定价格 0.945 0、5 月 20 日到

期、按纽约截止时间上午10点的欧式美元买权瑞士法郎卖权,期权费40 000美元,请转到B银行纽约分行,账号1 234 567,谢谢交易,再见】

A: OK AGREED TKS N BI

【同意证实。谢谢,再见】

到5月20日,纽约时间上午10:00前,A银行就执行期权与B银行再次对话:

A: OPTION EXE PLS

WE BUY USD 10 MIO AG CHF AT 0.945 0 VAL MAY 22 USD PAY TO A BANK NY BRANCH PLS TKS

【请行权。我们在0.945 0上买进1 000万美元兑换瑞士法郎,5月22日起息。请将美元转至我行纽约分行。谢谢】

B: OK AGREED CHF PAY TO B BANK ZURICH BRANCH TKS N BI

【同意,请将瑞士法郎转至我行苏黎世分行,谢谢,再见】

如果在5月20日纽约时间上午10:00前,A银行未与B银行联系,则表示A银行放弃了期权。

通常情况下,场外交易规模较场内交易大许多,期限也更长,适合于有特殊需要的客户。由于场外期权具有更高的灵活性,故比场内期权更受欢迎。到20世纪90年代,场外期权已占外汇期权交易额的80%以上。

四、货币期权交易的应用

(一) 保值性应用

由于货币期权交易比货币期货交易和远期外汇交易更能有效规避汇率波动风险,因而现已成为进出口商及一些投资者进行保值的一种重要手段。基本做法包括:

1. 买入看涨期权:防止汇率上升风险

通常是将来需要支付外汇的进口商或外币借款者,为避免将来外汇汇率上升而加大购汇成本或债务成本,便可通过买入看涨期权来进行保值。

【例6-2】 某加拿大公司计划从美国进口一批设备。按协议,公司将在3个月后向出口方支付货款,货款总价为500万美元。公司根据对今后几个月美元/加元汇率变动趋势的预测,认为随着美国贸易收支项目的改善,3个月后美元/加元汇率有可能出现上升。基于此种分析,该公司应该尽快在现货市场上买进美元,以免将来美元/加元汇率上升而造成汇率损失,从而增加公司的进口成本。但是,考虑到影响美元/加元汇率变化的因素很多,虽然美国贸易收支改善有利于提振美元,但一些突发性因素和投机买卖等偶然性的大量需求也将对汇率产生影响,因此很难准确地预测3个月后某一时点上的汇率水平。如果现在购入美元现货,一旦加元出现升值,公司就丧失了盈利的机会。经过多方面综合分析,公司最终决定采用货币期权方式进行套期保值。该公司与A银行达成的期权合约内容如下:

交易方向:买入美元看涨期权

交易金额:500万美元

协定价格：USD/CAD=1.055 0

期权费用：USD/CAD=0.002 5

期权期限：3 个月

3 个月后美元/加元汇率有可能出现三种情况，假设为：(1) USD/CAD=1.058 0；(2) USD/CAD=1.055 0；(3) USD/CAD=1.052 0。试分析公司的交易情况。

分析：

(1) 若 3 个月后 USD/CAD=1.058 0，市场汇率高于美元看涨期权的协定价格，公司可选择行权，按 USD/CAD=1.055 0 向 A 银行买进 500 万美元，购买美元的总成本为：

$$5\,000\,000 \times (1.055\,0 + 0.002\,5) = 5\,287\,500 (CAD)$$

比市场价格节省成本：

$$5\,000\,000 \times [1.058\,0 - (1.055\,0 + 0.002\,5)] = 2\,500 (CAD)$$

(2) 若 3 个月后 USD/CAD=1.055 0，市场汇率等于美元看涨期权的协定价格，公司可选择行权，按 USD/CAD=1.055 0 向 A 银行买进 500 万美元，购买美元的总成本为：

$$5\,000\,000 \times (1.055\,0 + 0.002\,5) = 5\,287\,500 (CAD)$$

比不做期权保值多支付了 12 500 加元的期权费。

(3) 若 3 个月后 USD/CAD=1.052 0，市场汇率低于美元看涨期权的协定价格，公司可放弃行权，按 USD/CAD=1.052 0 从市场买进 500 万美元，购买美元的总成本为：

$$5\,000\,000 \times (1.052\,0 + 0.002\,5) = 5\,272\,500 (CAD)$$

由此可见，通过买入美元看涨期权来进行保值，当美元/加元汇率出现上升，不管其升到多少，公司可以将其购买 500 万美元的加元成本锁定在 5 287 500 的水平上，而当美元/加元汇率出现下跌时，公司则可放弃期权，而得到汇率下跌带来的好处。

2. 买入看跌期权：防止汇率下跌风险

通常是有预期外汇收入的出口商或投资者，为避免将来市场汇率下跌而遭受损失，便可通过买入看跌期权来进行保值。

【例 6-3】 5 月初某中国贸易企业向美国出口了一批机电产品，600 万美元的货款要到 3 个月后才能收到。为避免美元/人民币汇率下跌的风险，该企业决定通过向银行购买期限为 3 个月的、协定价格 6.204 0 的欧式美元看跌期权来进行保值。当日的即期汇率为 USD/CNY=6.201 2/30，协定价格 6.204 0 的欧式美元看跌期权的期权费报价为 0.005 4-0.006 2。

试分析：(1) 该出口商应支付的期权费总额。(2) 该期权的盈亏平衡点。(3) 若 3 个月到期时，USD/CNY 的即期汇率为 6.182 8/36，该出口商会执行期权还是放弃期权？其出售 600 万美元的实际人民币收入是多少？

分析：

(1) 期权费总额＝6 000 000×0.006 2＝37 200(CNY)

(2) 盈亏平衡点＝6.204 0－0.006 2＝6.197 8

(3) 若3个月到期时,USD/CNY的即期汇率为6.182 8/36,意味着企业卖美元现汇的价格6.182 8低于看跌期权的协定价格,因此该企业应选择行权,可按协定价格6.204 0向银行出售600万美元兑换人民币,扣除期权费后,其实际人民币收入为:

$$6\ 000\ 000×6.204\ 0－37\ 200＝37\ 186\ 800(CNY)$$

如果不做该期权交易,企业按3个月后的市场汇率兑换600万美元,人民币收入为:

$$6\ 000\ 000×6.182\ 8＝37\ 096\ 800(CNY)$$

通过上述期权交易,该企业可以用较低成本(期权费)来规避美元/人民币汇率大幅度下跌的风险,同时也可以获取美元汇率上升的好处,一旦美元/人民币汇率不跌反升,企业则可放弃期权,按市场汇率出售600万美元,损失的只是期权费。

(二) 投机性应用

根据对未来市场汇率走势的判断,同样可利用货币期权交易来进行投机。以下仅介绍期权的单项式投机。

1. 行情看涨时：买入看涨期权

当预期市场汇率将呈现上升趋势时,可通过买入看涨期权来进行投机。买入看涨期权后,如果市场汇率如预期一样出现上升,则可通过执行期权或再卖出期权来获取投机利润。执行期权意味着可按协定价格买进外汇,再以市场汇率卖出外汇,赚取汇差收益(当市场汇率高于看涨期权盈亏平衡点时,可获净利)。卖出期权则可赚取期权费差价收益,因为当市场汇率上升时,固定协定价格的看涨期权的内在价值会增大,其期权费也会随之上涨,所以投机者可在期权到期前再转手将期权卖出,以达到低价买进期权、高价卖出期权的获利目的(这种做法通常利用场内期权交易)。

【例6-4】 某日芝加哥商品交易所日元期货期权交易行情如表6-4所示。

表6-4 日元期货期权行情

JAPANESE YEN (CME)
12 500 000 yen, cents per 100 yen

Strike Price	Calls			Puts		
	Aug	Sep	Dec	Aug	Sep	Dec
995	1.38	1.92	3.22	1.76	2.30	3.53
1000	1.18	1.71	3.00	2.06	2.59	3.81
1005	1.01	1.53	2.80	2.39	2.91	4.11
1010	0.86	1.36	2.61	2.74	3.24	4.41
1015	0.73	1.21	2.43	3.11	3.59	4.73

续　表

Strike Price	Calls			Puts		
	Aug	Sep	Dec	Aug	Sep	Dec
1020	0.62	1.08	2.26	3.50	3.96	5.06
1025	0.52	0.96	2.11	3.90	4.33	5.41
1030	0.44	0.85	1.97	4.32	4.72	5.77
1035	0.37	0.76	1.83	4.75	5.13	6.12
1040	0.32	0.67	1.71	5.20	5.54	6.50

甲公司多年来一直从事期权交易的投资。根据该公司的预测，本年9月份日元币值将有一次回升过程，虽然这个过程不会很长，但值得利用这个机会做一笔期货期权交易，以获得收益。因此，甲公司决定在7月9日进行一笔日元的期货期权交易：买进日元期货看涨期权。交易内容如下：

合约月份：9月份

交易数量：10份合约，每份合约为1 250万日元

协议价格：每100日元为1.005美元(1美元≈99.50日元)

以美元计价的交易金额：12 500 000×10×1.005/100＝1 256 250(美元)

期权费用：每100日元为1.53美分

以美元计算的期权费用总额：1.53/100×12 500 000×10/100＝19 125(美元)

那么，A公司这笔交易的损益情况分析如下：

(1) 期权到期日，若日元币值呈回升状态，即期价格为100日元＝1.04美元(1美元≈96.15日元)，A公司则按计划行使期权，以100日元＝1.005美元的协议价格购入日元期货，将期权协议转换为不可撤销的期货协议，其收益情况为：

每100日元收益：1.04－1.005－1.53/100＝0.019 7(美元)

总收益：0.019 7×12 500 000×10/100＝24 625(美元)

(2) 期权到期日，若日元币值无变化或呈疲软状态，甲公司则不行使期权。放弃期权的损失为甲公司在购入期权时所支付的期权费用总额19 125美元。

行情看涨时，也可通过卖出看跌期权来进行投机，因为当行情看涨时，看跌期权的持有者会放弃期权，投机者可净赚期权费，当然这也是卖出看跌期权的最高的投机利润，而要承担的风险却是无限的，所以若不是有十足的把握看涨行情，尽量不要采用此种投机做法。

2. 行情看跌时：买入看跌期权

当预期市场汇率将出现下跌时，可通过买入看跌期权来进行投机。买入看跌期权后，如果市场汇率果真出现下跌，则可通过执行看跌期权或再卖出看跌期权来获取投机利润。执行看跌期权意味着可从市场以较低的汇价买进外汇，然后按较高的协定价格交割(卖出)外汇，从而赚取汇差收益(当市场汇率低于看跌期权盈亏平衡点时，可获净利)。卖出看跌期权则可赚取期权费差价收益，因为当市场汇率下跌时，固定协定价格的看跌期权的内在价值会增大，其期权费也会随之上涨，所以投机者可在看跌期权到期

前再转手将此期权卖出,以达到低价买进看跌期权、高价卖出看跌期权的获利目的(这种做法适用于场内期权交易)。

【例 6-5】 8月初,A公司在IMM买入10份12月份协议价格为GBP1＝USD1.6510的英镑看跌期权合约(每份合约金额62 500英镑),当时该看跌期权价格为GBP1＝USD0.025,则10份英镑合约的期权价格为USD 15 625(＝0.025×62 500×10)。到9月初,英镑汇率果然下跌,英镑看跌期权价格上涨到GBP1＝USD0.035,则此笔英镑看跌期权的总价格变为USD21 875(＝0.035×62 500×10)。若此时公司将10份英镑看跌期权转手出售,结算后,该公司的盈利现金流为USD6 250(＝21 875－15 625)。

(三) 货币期权在国际投标中的应用

1. 一般做法

货币期权在国际投标活动中有着特别的作用,因为对于参加国际投标的投资者来说,有可能中标,也可能不能中标。若中标,将来就会有一笔外汇收入或外汇支出,如果不采取相应的措施,则会遭受汇率风险。假若是以远期外汇交易或货币期货交易来保值,则又可能面临未中标而无法履约的窘境。采用货币期权交易则可解决这一问题。在参加国际投标时,同时买进相应的货币期权,若中标,则可视届时市场汇率变动情况决定是否执行期权;若未中标,则可放弃期权,损失的仅是期权费。

【例 6-6】 某机械公司在美国参加一次生产竞标,是否中标要到3个月后才能知晓。若中标,公司可立即获得50%的美元价款,另50%的美元价款可在第一次收款后3个月取得。公司目前无法确知是否中标,但若中标,则会面临汇率风险。

公司如何运用期权交易规避汇率风险?

公司可购买两种到期日不同的美元看跌期权:一种是3个月期的美元看跌期权;另一种是6个月到期的美元看跌期权。如果中标,公司可根据到时的市场即期汇率,选择是否执行两份美元看跌期权;如果没有中标,公司则可放弃两份美元看跌期权,损失的仅是期权费。

2. 改进做法

(1) 投标期间买汇的期权。这是银行为客户在投标期间提供外汇兑换担保的一种期权交易。其特点是:

① 如果中标,客户可按正常远期外汇买卖从事交易,按预定汇率结算,但不能像期权那样,因市场有利而放弃履行。如果市场汇率不利,客户将受到保护。

② 期权费先付一部分,其余在中标后补足。

③ 如果未中标,担保自动消失,不作他用,已付的部分期权费不退还。

(2) 投标中分担权益的期权。这是一种先由银行把期权卖给招标人,再由招标人转卖给各投标人,费用由投标人分摊的期权交易。其特点是:

① 银行把期权卖给招标人,招标人再转卖给各投标人,费用由投标人分摊。

② 哪家中标,就自动获得期权;未中标的自动解除权利。

③ 如果没宣布投标结果,或宣布结果时已超过期权到期日,投标人可按比例分享期权利益。

第三节 利率期权交易

一、利率期权的含义

利率期权(Interest Rate Option)是一种买方在支付期权费后所取得的在合约到期前或到期时以一定的利率(价格)买入或卖出一定金额的某种利率工具的权利。利率期权合约通常以欧洲美元存款单、政府长短期债券、欧洲美元债券等利率工具为基础资产,这些基础资产可以现货形式也可以期货形式出现在利率期权交易中。

利率期权实际上是一种与利率变化挂钩的金融期权。买方在支付一定金额的期权费之后,就可以获得在到期日或到期日之前按预先约定的利率,买入或卖出合约规定的某种利率工具的权利(见表6-5)。这样,当市场利率向不利方向变动时,买方可通过执行利率期权来固定其利率水平;而当市场利率向有利方向变化时,买方可放弃利率期权,从而获得利率变化的好处。同样,在利率期权交易中,利率期权的卖方只有义务没有权利,由利率行情变化而产生的风险和损失,由期权卖方承担,对其风险补偿是买方支付的期权费。

表6-5 利率期权买方的权利与目的

期权类型	权利	目的
看涨期权	以协定价格买入债券	对冲因利率下降而带来的债券价格上涨的风险
看跌期权	以协定价格卖出债券	对冲因利率上升而带来的债券价格下跌的风险

最早出现的利率期权是1985年在场外交易市场推出的利率上限期权。20世纪90年代后,在三大类金融期权中,利率期权已成为交易份额最大的部分(见表6-6),占三大类金融期权交易的近60%。

表6-6 三类金融期权交易量比较(单位:10亿美元)

	未平仓量	平均每日交易量
场外交易		
货币期权	2 379	41
利率期权	3 548	21
股票及股指期权	527	—
交易所交易		
货币期权	80	2.6
利率期权	3 290	124
股票及股指期权	287	—

资料来源:路透编,《金融衍生工具导论》,北京大学出版社,2001。

二、利率期权的类型

利率期权的种类繁多,下面从场外交易和场内交易的角度来介绍其主要种类(见图6-10)。

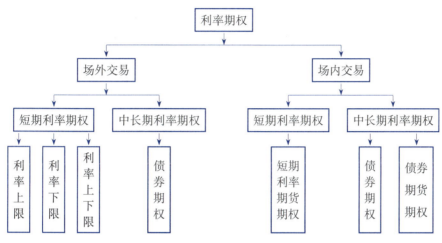

图 6-10 利率期权的构成图

(一) 场外交易的利率期权

场外交易的利率期权种类很多,如以利率期限为标准,又可将其分为短期利率期权和中长期利率期权。其中,交易最活跃的品种主要有利率上限和利率下限。

1. 短期利率期权

短期利率期权主要是指以短期利率为交易标的的利率期权。常见的有利率上限、利率下限和利率上下限。

(1) 利率上限(Interest Rate Caps)。利率上限又称为"封顶式利率期权",它是买方在支付一定期权费后,可获得在协议期内当市场利率超过协定利率时由卖方支付利息差额的权利合约。在利率上限交易中,交易双方要约定一个利率作为固定利率(亦称为上限利率),在合约期限内,如果市场利率(通常以短期性的 LIBOR 为参考)超过了上限利率,则买方可行使期权合约,即获得由卖方支付的市场利率高于上限利率的差额部分;如果市场利率低于或等于上限利率,买方则可放弃期权合约。由于买方获得了上述权利,故必须向卖方支付一定数额的期权费。

利率上限主要适用于有浮动利率债务的筹资者和有固定利率债权的投资者。对于前者来说,如果市场利率上升,就会增加债务负担。通过买入一个利率上限,则可固定其债务成本,因为当市场利率上升并超过上限利率时,他可获得利率上限的卖方支付的利差,以此补偿增加的债务成本;而当市场利率未出现上升(低于上限利率)时,他可放弃合约。对于后者来说,当市场利率上升而高过其投资的固定收益率时,意味着投资有损失。通过买入一个利率上限,同样可以在市场利率出现上升时以获得利率上限卖方支付的利差来弥补其投资上的损失。可见,在利率上限交易中,买方通过支付一定的期权费,可以锁定由利率上升而带来的利率风险,因此对于那些承担了浮动利率债务或持有固定利率资产的经济单位来说,买入利率上限不失为一种有效管理利率风险的工具。

【例6-7】 某公司现有1 000万美元、期限6个月的、以6个月LIBOR计息的浮动债务,公司既希望在市场利率降低时能享有低利率的好处,又想避免市场利率上涨时利息成本增加的风险。这时,公司通过支付合约金额0.1%的期权费,向银行买入6个月期的、上限利率为3%的利率上限,合约金额与债务金额相等。6个月后,如果市场上6个月的美元LIBOR上升为5%,意味着市场利率超过了上限利率,公司则选择行使利率上限期权,即可获得银行向公司支付的市场利率与上限利率的差价(5%−3%=2%),公司可以由此而有效地固定其债务利息,实际成本为3.1%(=5%+0.1%−2%);相反,若6个月后,市场上6个月的美元LIBOR低于3%,公司可选择不实施该权利,而以较低的市场利率支付其债务利息,其实际债务成本可控制在LIBOR+0.1%的水平上(肯定会低于3.1%)。由此可见,不管将来市场利率如何上升,利率上限的买方可以将其最高利率成本控制在上限利率与期权费之和的水平上(封顶),规避了利率上升的风险。

利率上限一般在国际银行同业间市场成交,签订利率上限合约时,买方(即利率上限持有者)向卖方(即利率上限出售者)支付一定比例的费用作为转移利率风险的成本,期权费高低与上限利率水平和协议期限有关。相对而言,上限利率水平越高,期权费率越低;期限越短,期权费率也越低。利率上限的期限一般为2—5年,比较适合于用来管理中长期贷款中的利率风险。

(2) 利率下限(Interest Rate Floors)。利率下限又称为"保底式利率期权",它是买方在支付一定期权费后,可获得在协议期内当市场利率低于协定利率时由卖方支付利息差额的权利合约。在利率下限交易中,交易双方要约定一个利率作为固定利率(亦称为下限利率),在合约期限内,如果市场利率低于下限利率,则买方可行使期权合约,即获得由卖方支付的市场利率低于下限利率的差额部分;如果市场利率高于或等于下限利率,买方则可放弃期权合约。由于买方获得了上述权利,故必须向卖方支付一定数额的期权费。

与通过买入利率上限来防止利率上升风险的做法相反,买入利率下限主要是防止利率下跌的利率风险,所以利率下限主要适用于有浮动利率债权的投资者和有固定利率债务的筹资者。对于这些人而言,当市场利率出现下跌时,他们的浮动利率债权和固定利率债务会有风险,通过买入利率下限,则可在市场利率出现下跌时,以获得利率下限卖方支付的利差来弥补其损失。

【例6-8】 某金融机构为了避免利率下降而给其发放的一笔1 000万美元的3年期的浮动利率贷款带来损失,以每年支付0.5%的价格购买了一笔为期3年、合约金额1 000万美元、协定利率为6%的利率下限,市场利率以1年期的美元LIBOR为参考。在合约期内,到利息支付日时(有3次利息支付),若1年期的美元LIBOR为5%,则该金融机构可获得交易对手支付的利差1%(=6%−5%),其实际贷款收益为5.5%(=5%+1%−0.5%);而如果在利息支付日1年期的美元LIBOR超过了下限利率,该金融机构可放弃期权,其实际贷款收益为 LIBOR－0.5%。由此可见,不管将来市场利率下降多少,利率下限的买方可以将其最低收益锁定在下限利率与期权费之差的水平上(保底),规避了利率下降的风险。

(3) 利率上下限(Interest Rate Collar)。利率上下限又称"双限利率期权"。它是将利率上限和利率下限两种利率期权合成的一种利率期权。具体而言,买入利率上下限是指在买进一项利率上限的同时,卖出一项利率下限。卖出利率上下限是指在卖出一项利率上限的同时,买入一项利率下限。

在"利率上下限"交易中,通过出售期权合约可以获得一定的期权费,从而以收入的期权费来部分抵消因购买期权合约而支出的期权费,达到既规避利率风险又降低费用成本的目的。

2. 中长期利率期权

场外交易的中长期利率期权主要是以政府中长期债券及其代理机构发行的债券为基础资产的期权合约,又称为"债券期权"或"实货期权"。其购买者在支付期权费后,有权利而非义务以预定价格买进或卖出特定数量的政府债券。若购买者决定行权,那么期权的卖方就有义务交付特定的债券——实物交割。但大多数场外交易中往往不会采用实物交割,而是按期权协定价格与结算日的债券现货市场价格的差额进行现金结算。

场外债券期权为众多的债券投资者提供了一种政府债券在市场出现反向利率波动时的对冲方法,同时又能从有利的利率波动中获利。

根据国际清算银行的相关统计,场外利率期权交易所涉及的货币主要集中在主要国家的货币上,如欧元、美元、日元和英镑;期限分布则比较均匀,其中期限在 1—5 年内的利率期权未平仓合约数额占比略微大些,期限在 1 年以内和 5 年以上的利率期权未平仓合约数额基本差不多。

(二) 场内交易的利率期权

场内交易的利率期权多以利率期货合约为标的物,亦称为"利率期货期权"。也有一些交易所以债券现货为标的资产。下面分短期利率期权和中长期利率期权来分别介绍。

1. 短期利率期权

场内交易的短期利率期权主要以短期利率期货合约为标的物。最具有代表性的场内短期利率期权就是欧洲美元利率期货期权。欧洲美元利率期货期权是以欧洲美元利率期货合约为标的物的期权合约,当期权买方决定行权时,则可以协定价格买进或卖出欧洲美元期货合约,即将期权合约转为期货合约。

2. 中长期利率期权[①]

场内交易的中长期利率期权主要以中长期政府债券为标的资产。它可以采用债券现货形式,称为"债券期权",也可以采用债券期货形式,称为"债券期货期权"。

(1) 债券期权。场内交易的债券期权以中长期政府债券现货为标的资产。在芝加

---

① 此部分内容主要参考:路透编,《债券市场导论》,北京大学出版社,2001。

哥期权交易所(CBOE)交易的债券期权具有以下特点：

① 现金结算。场内债券期权的买者或卖者不需要持有债券，而是采用现金结算。现金结算的就是期权协定价格与执行结算价格或即期收益①之差乘上合同乘数100美元再乘上合同数后的差额。用计算式可表示为：

现金结算额＝(结算价格－协定价格)×乘数($100)×合约数　　　(6－3)

② 按欧洲模式执行。场内债券期权按欧洲模式行权，即期权的持有者只能在到期时行使买或卖的权利，这消除了提前结算的风险，同时使投资决定简单化。这也是与多数场内期权采用美式期权模式的不同之处。

(2) 债券期货期权。场内交易的债券期货期权的标的资产是中长期政府债券期货合约。当期权买方决定行权时，则可以协定价格买进或卖出政府债券期货合约。场内债券期货期权有以下标准化的条件：

① 原生工具和交易金额。

② 协定价格。会有若干的档次，每档相隔价位相同。交易所一般尽量用有实值、平值、虚值的三种协议价格。

③ 到期日：期权合约的最后交易期限。

④ 模式。大多数场内交易债券期货期权都是美国式的。

⑤ 期权费报价。一般以基点或分数表示的百分比数来报价。

⑥ 需要向结算所支付的保证金。通常是卖方缴纳初始保证金，买方不缴保证金，只支付期权费。

期权合约的内容细节随类型和期货交易所的不同而不同。表6-7列举的是比较典型的芝加哥期货交易所中的美国国债期货期权的合约条款。

表6-7　美国国债期货期权合约的内容

原生合约	美国国债期货合约——100 000 美元
期权费报价	1/64 点的乘数
最小价格波动（波动值）	1/64％（15.625）
合约交割月	3月、6月、9月、12月
行使程序	美式

三、场内利率期权价格的识读

(一) 短期利率期货期权的价格

表6-8是《华尔街日报》刊登的某日CME中3个月欧洲美元期货期权的价格。

---

① 即期收益是纽约联邦储备银行发布的最新发行证券的到期收益。

表 6-8　3 个月欧洲美元期货期权的价格

Strike Price	Calls			Puts		
	Jun	Jul	Sep	Jun	Jul	Sep
993 750	30.50	22.50	25.75	0.25	3.75	6.75
995 000	18.25	11.75	15.50	0.25	5.25	9.00
996 250	6.50	3.25	6.00	0.75	9.25	12.00
997 500	0.50	0.50	0.50	7.00	18.50	19.00

INTEREST RATE Futures Options

EURODOLLARS (CME)
　$1 million, pts of 100 pct.

注：限于篇幅，此表只截取了 4 种协定价格的期权价格。

从表 6-8 的第 2 行可以看出，欧洲美元期货期权合约单位为 100 万美元，期权价格按百分比报价。

表 6-8 的第 1 列为期权的协定价格，与欧洲美元期货价格相对应，欧洲美元期货期权的协定价格也是采用指数价格，"993 750"的协定价格实际上表示 100 元面值的债券指数价格为"99.375 0"，也即意味着 3 个月欧洲美元利率为 0.625%（=100－99.375）。

第 2—4 列为不同交割月看涨期权的价格（期权费），第 5—7 列为不同交割月看跌期权的价格。根据报价可以计算出不同协定价格的期权费，其计算公式为：

$$\text{期权费} = (\text{期权费报价}/0.01) \times \text{合约最小波动值}$$
$$= \text{期权费报价} \times 100 \times \text{合约最小波动值} \quad (6-4)$$

（注：最小波动点值会在期权合约中说明，CME 的 3 个月欧洲美元期货期权的最小波动值是 25 美元）。

例如，协定价格"993 750"的 1 份 6 月份看涨期权的期权费为：

$$30.50 \times 100 \times 25 = 76\,250(\text{美元})$$

（二）中长期利率期货期权的价格

鉴于中期国债期货期权和长期国债期货期权的价格含义基本相同，此处仅以 CBOT 中的长期国债期货期权的价格为例来说明其价格含义。表 6-9 是《华尔街日报》刊登的某日 CBOT 长期国债期货期权的价格。

从表 6-9 的第 2 行可以看出，长期国债期货期权合约单位为 10 万美元，期权价格按 1/64% 报价。

表 6-9 的第 1 列为长期国债期货期权的协定价格，表示期权买方若行权，则以此价格买进或卖出长期国债期货合约。

表 6-9　CBOT 长期国债期货期权的价格

Strike Price	Calls			Puts		
	Jan	Mar	Jun	Jan	Mar	Jun
116	9-17	9-44	9-26	0-01	0-29	1-42
117	8-18	8-51	8-41	0-02	0-36	2-12
118	7-19	7-03	7-58	0-03	0-45	2-09
119	5-20	7-07	7-12	0-06	0-56	2-27

INTEREST RATE Futures Options
US TREASURY BONDS (CBOT)
$100 000, pts & 64ths of 100 pct

注：限于篇幅，此表只截取了 4 种协定价格的期权价格。

第 2—4 列为不同交割月份的看涨期权的价格（期权费），第 5—7 列为不同交割月份的看跌期权的价格。根据报价可以计算出不同协定价格的期权费，其计算公式为：

$$期权费 = [期权费报价/(1/64)] \times 合约最小波动值$$
$$= 期权费报价 \times 64 \times 合约最小波动值 \quad (6-5)$$

（注：最小波动点值会在期权合约中说明，CBOT 的长期国债期货期权的最小波动值是 15.625 美元）。

例如，协定价格"116"的 1 月份看涨期权的价格为"9-17"，则购买 1 份 1 月份看涨期权的期权费为：

$$9\frac{17}{64} \times 64 \times 15.625 = 9\,265.625（美元）$$

四、利率期权交易的应用

利率期权交易的目的有两个：一是通过利率期权交易进行套期保值；二是通过利率期权交易进行投机。

（一）保值——防范利率波动风险

1. 防范利率上升的风险①

对于承担了浮动利率债务的筹资者和持有固定利率债权的投资者而言，一旦市场利率出现上升，将会遭受损失。为防范利率上升带来的风险，可通过利率期权交易来进行保值。做法有以下两种：

（1）买入利率看跌期权。

【例 6-9】 甲公司根据业务需要拟于 6 月底借入 100 万美元，期限为 3 个月。目

---

① 参见王政霞、张卫，《国际金融实务》，科学出版社，2006 年。

前是 5 月中旬,到 6 月中旬这一段时间内,美元短期利率有可能发生变化,因此在筹资成本上存在风险。为避免或减少这种风险,甲公司可以通过期货或期权方式进行套期保值。利率期货方式虽然能事先确定筹资成本,在一定程度上可避免利率上升时产生的风险,但当利率下降时,则无法享受因利率下降而产生的利益。而利率期货期权方式的优点是,既可以事先确定筹资成本,避免利率大幅度上升时所产生的风险;而当利率下降时,也可以选择放弃该期权,以市场利率水平筹资,降低筹资成本。最终,在利率变化趋势不明朗的情况下,甲公司选择了利率期货期权方式,购买了 1 份 6 月份的欧洲美元利率期货看跌期权。

当前的市场行情是:

3 个月的欧洲美元利率	6.0%
欧洲美元利率期货看跌期权的协定价格	93.50
6 月份的欧洲美元利率期货看跌期权价格	0.10%
6 月份的欧洲美元利率期货价格	94.00

根据目前市场行情计算,通过利率期货期权方式进行套期保值时,最高筹资成本为 100－协定价格＋期权费用,即 100－93.50＋0.10＝6.6%;若通过利率期货方式进行套期保值,则筹资成本为 100－利率期货价格,即 100－94＝6%。

依据目前的市场行情分析,通过利率期货方式进行套期保值的方法是有利的,筹资成本为 6%,低于利率期货期权的保值成本。但 1 个月之后,若欧洲美元利率下降,甲公司也只能执行期货合约,以 6% 的成本筹集资金,无法获取因利率下降而带来的好处。

分析 1 个月后的交易及损益情况:

① 1 个月后,利率上升到 7%。

甲公司同时进行三项交易:

a) 以 7% 的利率水平借入 100 万美元;

b) 执行 1 个月前购入的欧洲美元期货看跌期权,协议价格为 93.50;

c) 以 93.00 的现时价格水平买回一份相同的期货,用以平仓。

上述交易完成后的交易成本为:

3 个月期的欧洲美元借款成本为 $1 000 000×7.0%×90/360＝$17 500

1 个月前支付的期权费:0.1×100×25×1＝$250

利率期货权的收益:(93.50－93)×100×25×1＝$1 250

实际成本支出:17 500＋250－1 250＝$16 500

换算成年利率为 16 500/1 000 000×360/90×100%＝6.6%

可见,1 个月后当市场利率上升到 7% 时,甲公司通过利率期货期权方式能以 6.6% 的实际成本筹集到 100 万美元。

② 1 个月后,利率下降到 5%。

甲公司放弃期权,以 5% 的现时价格借入 100 万美元,期限为 3 个月。实际筹资成本为:

3 个月期的欧洲美元借贷成本:$1 000 000×5%×90/360＝$12 500

1 个月前支付的期权费:0.1×100×25×1＝$250

实际成本支出：12 500+250＝\$12 750

换算成年利率为 12 750/1 000 000×360/90×100％＝5.1％

可见，1 个月后当市场利率下降到 5％时，由于甲公司采用利率期货期权方式进行套期保值，并依据市场行情放弃了期权，则能以 5.1％的实际成本筹集到 100 万美元。

（2）买入利率上限。

【例 6-10】 B 公司拟以浮动利率方式借入一笔资金，为避免将来利率上升造成借款成本增加，决定同时购买一笔利率上限，形成附带利率上限交易条款的贷款方式。

① B 公司的主要借款条件：

金额　　　　USD1 000 000

期限　　　　3 年

利率　　　　6 个月期 LIBOR+0.5％

② B 公司购入的利率上限条件：

金额　　　　USD1 000 000

期限　　　　3 年

基准利率　　6 个月 LIBOR

上限利率　　5％

费用　　　　0.5％，每年分两次支付

假设 3 年内的 6 个月期 LIBOR 水平（％）分别为：3.0；4.0；5.0；6.0；7.0；8.0。试分析 B 公司的交易及损益情况。

分析：B 公司该笔借款实际成本如表 6-10 所示。

表 6-10　B 公司的实际融资成本　　　　　　　　　（单位：％）

6M-LIBOR	浮动利率筹资成本 （6M-LIBOR+0.5）	购入利率上限		实际筹资成本
		支付费用	收取利差	
3.0	3.5	0.5	0	4.0
4.0	4.5	0.5	0	5.0
5.0	5.5	0.5	0	6.0
6.0	6.5	0.5	1.0	6.0
7.0	7.5	0.5	2.0	6.0
8.0	8.5	0.5	3.0	6.0

可见：不管将来市场利率如何上升，B 公司通过买入利率上限可将最高融资成本控制在 6％（上限利率＋利率上限购买费用－0.5％），形成"封顶"利率（见图 6-11），规避了利率上升带来的风险。

交易结果是：当基准利率（6 个月期 LIBOR）超过上限利率（5.0％）时，B 公司可以收到利息差额；即使利率暴涨到 8.0％，B 公司也能将筹资成本固定在 6.0％的水平上。

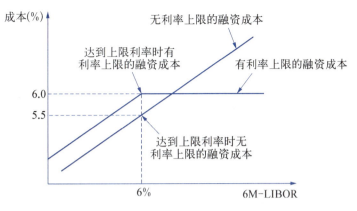

图 6-11 利率上限交易下的筹资成本曲线

2. 防范利率下跌的风险

对于承担了固定利率债务的筹资者和持有浮动利率债权的投资者而言,一旦市场利率出现下跌,将会遭受损失。为防范利率下跌带来的风险,可通过利率期权交易来进行保值。做法有以下两种:

(1) 买入利率看涨期权。

【例 6-11】 某投资者决定在 3 个月后买进美国长期政府债券,为了对冲利率下跌的风险,故买入了 10 份 9 月份 CBOT 的长期政府债券期货期权,期权协定价格为 120,期权费为 3-18。当前债券期货价格为 121-18。3 个月后由于利率下降,美国长期政府债券价格出现了上涨,该投资者通过行权进行平仓时,债券期货价格上涨至 124-16,那么他的仓盘收益或损失是多少?

计算如下:

期权合约平仓的收益 = (结算价格 − 协议价格) × 32 × 最小波动值 × 合约份数

$$= \left(124\frac{16}{32} - 120\right) \times 32 \times 31.25 \times 10 = 45\,000(美元)$$

$$期权费 = 3\frac{18}{64} \times 64 \times 15.625 \times 10 = 32\,812.5(美元)$$

仓盘收益 = 45 000 − 32 812.5 = 12 187.5(美元)

由此可见:通过买入利率看涨期权,该投资者可以在期权交易中获利 12 187.5 美元,以此对冲购买美国长期债券时的损失。

(2) 买入利率下限。

【例 6-12】 A 公司拟以浮动利率存款方式运用自己的闲置资金,为避免将来利率下降而造成存款收益率降低,便决定购买一笔利率下限,以形成附带利率下限交易条款的存款方式。

A 公司的主要存款条件如下:

金额　　　　　1 000 万美元

期限　　　　3 年
利率　　　　6 个月 LIBOR－0.5%

A 公司购入的利率下限交易条件：

金额　　　　1 000 万美元
期限　　　　3 年
基准利率　　6 个月 LIBOR
下限利率　　4.0%
费用　　　　0.3%，每年分两次支付

假设 3 年内的 6 个月期 LIBOR 水平(%)分别为：2.0；3.0；4.0；5.0；6.0；7.0。试分析 A 公司的实际收益情况。

分析：A 公司资金运用的实际收益如表 6-11 所示。

表 6-11　A 公司的实际存款收益　　　　　　　　（单位：%）

6M-LIBOR	浮动利率存款收益 (6M-LIBOR－0.5)	购入利率下限		实际存款收益
		支付费用	收取利差	
2.0	1.5	0.3	2.0	3.2
3.0	2.5	0.3	1.0	3.2
4.0	3.5	0.3	0	3.2
5.0	4.5	0.3	0	4.2
6.0	5.5	0.3	0	5.2
7.0	6.5	0.3	0	6.2

可见：不管将来市场利率如何下降，A 公司通过买入利率下限可将最低存款收益保证在 3.2%（下限利率－利率下限购买费用－0.5%），形成"保底"利率（见图 6-12），规避了利率下降带来的风险。

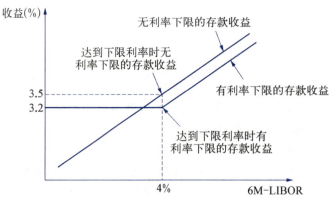

图 6-12　利率下限交易下的存款收益曲线

(二) 投机

利用利率期权来进行投机的做法，可以分为两种：

1. 预测利率上升:买入利率看跌期权或者买入利率上限

如果预测未来市场利率将上升,意味着债券价格将下跌,因此应采用买入利率看跌期权,或者买入利率上限的做法,此举可以获得利率上升带来的收益。

【例 6‑13】 2 月中旬,CME 中 6 月份欧洲美元期货合约的价格为 94.78(对应于年利率为 5.22% 的 3 个月欧洲美元利率),基于该合约的、协定价格为 94.20 的看跌期权的报价为 0.02%。某投资者认为市场利率将会上涨,于是买入了 10 份 6 月份欧洲美元期货看跌期权。假设到 5 月份,市场短期利率果然出现了上涨,欧洲美元期货合约的价格变为 93.82(对应于年利率为 6.18% 的 3 个月欧洲美元利率)。试计算该投资者行权后的收益。

解:若该投资者行权,其收益为:

$$(94.20-93.82)\% \times 100 \times 25 \times 10 - 0.02 \times 100 \times 25 \times 10 = 9\ 000(美元)$$

答:该投资者从 10 份看跌期权中可获利 9 000 美元。

2. 预测利率下降:买入利率看涨期权或者买入利率下限

如果预测未来市场利率将下降,意味着债券价格将上涨,因此应采用买入利率看涨期权,或者买入利率下限的做法,此举可以获得利率下降带来的收益。

【例 6‑14】 8 月初,CBOT 交易的 12 月份到期的长期国债期货的价格为 96‑09,长期政府债券的收益率为 6.4%。某投资者认为长期政府债券收益率在 12 月份前将会下跌,于是便买入了 5 份协定价格为 98 的长期国债期货看涨期权,购买看涨期权的价格为 1‑04。当长期收益率下跌到 6% 时,长期国债的价格上涨到 100‑00。若该投资者行权,试计算其投资损益。

解:若该投资者行权,则可获利:

$$(100-98)\% \times 100\ 000 \times 5 - 1\frac{4}{64}\% \times 100\ 000 \times 5 = 4\ 687.5(美元)$$

答:该投资者从 5 份看涨期权中可获利 4 687.5 美元。

第四节 股票期权与股指期权交易

一、股票期权与股指期权简介

(一) 股票期权简介

股票期权(Stock Option)是在单个股票基础上衍生出来的选择权。具体而言,股票期权是指期权买方在支付期权费后获得的可在约定期限内按协定价格买进或卖出规定数量股票的选择权。交易所交易的股票期权一般每份以 100 股股票作为基础资产。

股票期权交易根据期权交易的场所可分为有组织的期权交易市场(Organized

Exchange)(即交易所市场)和场外期权市场(Over-the-Counter,OTC)。期权交易起源于公元6世纪,于18世纪被引入金融市场,以现货股票作为交易对象,即早期的股票期权交易。之后一直到20世纪70年代以前,股票期权交易一直较为零散,直到20世纪70年代到80年代,股票期权逐渐规范并得到发展。80年代后发达国家均在各自的交易所开始了大规模的股票期权交易,进入了繁荣发展的阶段。1973年4月26日,全球第一个有组织的、规范化的、由政府监督管理的股票期权场内交易市场——芝加哥期权交易所(CBOE)由美国证券交易委员会(SEC)批准成立,同时推出了标准化股票期权合同,正式挂牌交易。初期只交易16种股票的买权,第一天成交量只有911张合约,之后其交易量迅速增加,1974年3月成交量已超过1972年OTC市场全年的交易量,而1974年全年成交合约所代表的股数,已超过美国证交所全年的股票成交量。

1974年美国证券交易所、1975年费城证券交易所、1976年太平洋证券交易所和中西部证券交易所先后推出了股票期权交易业务。1977年3月SEC批准上述交易所可进行股票卖权交易。1982年纽约证券交易所也开始从事股票期权交易。由于在交易所内的股票期权是标准化合约,有规范的运行规则和监管制度作保障,更方便了一般投资者交易,克服了OTC规范性和流动性不足、交易成本较高等缺陷,因此股票期权市场得到了迅速发展。

目前,美国是全球最大的股票期权交易中心,交易的股票期权已从1973年CBOE成立时的16家最热门股票发展到1 400多种,其中包括在证券交易所挂牌交易和在NASDAQ交易的最活跃的美国股票和外国公司股票。CBOE是当今世界最大的期权交易所,拥有在美国证券交易所委员会注册的300 000多个经纪商和强大的销售网络。

1978年英国伦敦证券交易所、荷兰的欧洲期权交易所也开始办理股票期权业务。20世纪80年代以后,股票期权市场在全球发展迅猛,法国、德国、日本、新加坡、中国香港等国家和地区的许多交易所都开始了股票期权交易,交易量猛增。同时,以股票为原生产品的期权品种也不断推出。

(二) 股指期权简介

股指期权(Stock Index Option)是以股票指数为标的物的期权,期权买方在支付期权费后即可获得在约定期限内按协定价格买进或卖出某种股票价格指数的选择权。股指期权以普通股股价指数作为标的,其价值决定于作为标的的股价指数的价值及其变化。例如,在日本市场上,股票指数期权交易就是以日经平均股票指数和TOPIX等股票指数为交易对象的期权交易。由于股指期权的对象不是实物而是抽象的指数,没有可作实际交割的具体股票,一般是采取现金轧差的方式结算,因此对股指期权买方而言,实际上是在支付期权费后取得了在合约有效期内或到期时以协议指数与市场实际指数进行盈亏结算的权利。

股指期权主要分为两种:一种是股指期货衍生出来的股指期货期权,例如新加坡交易所交易的日经225指数期权,是从新加坡交易所交易的日经225指数期货衍生出来的;另一种是从股票指数衍生出来的现货期权,例如大阪证券交易所日经225指数期权,是从日经225指数衍生出来的。两种股指期权的执行结果是不一样的,前者执行得到的是一张期货合约,而后者则进行现金差价结算。

第一份普通股指期权合约于1983年3月在芝加哥期权交易所(CBOE)出现。该期权的标的物是标准普尔100种股票指数。随后,美国证券交易所和纽约证券交易所迅速引进了指数期权交易。经过30多年的发展,新产品不断被创新出来,股票指数期权的品种已十分丰富。从期权属性来分,如今美国上市的股票指数期权已包括了许多种类。从大的方面来看,有看涨期权和看跌期权、欧式期权和美式期权。此外还有一些其他类型的新型期权,如长期期权(LEAPS)、封顶期权(CAPS)、股票指数期货期权等。从标的指数的类型来看,芝加哥期权交易所交易的指数类型包括分别基于标准普尔(S&P)、道琼斯(Dow Jones)、纽约证交所(NYSE)、卢塞尔(Russell)、摩根士丹利(Morgan Stanley)等指数的期权品种数十种。费城股票交易所则推出了20多种不同的行业指数期权,如 KBW 银行指数期权、KBW 保险指数期权等。1997年,芝加哥商品交易所开始交易 E－miniS&P500 股指期货合约,成为其增长最快的产品。这种 Mimi 模式,很快推到期权产品中去,并为其他交易所所仿效。与此同时,一些期权交易所还纷纷推出国际指数期权。如芝加哥商品交易所开发出了日经225指数期货期权。美国证券交易所(AMEX)也开发了基于中国指数(CZH)和日本指数(JPN)、香港指数(HKO)、英国富时100指数(FTSE)等指数期权。芝加哥期权交易所(CBOE)也推出了亚洲25指数(EYR)、欧洲25指数(EOR)、墨西哥指数(MEX)的期权。2004年5月6日,美国股票交易所(AMEX)推出了中国指数期权(CZH)。芝加哥期权交易所(CBOE)也于2004年11月8日开始上市中国指数期权(CYX),这是继 CBOE 下属的期货交易所(CFE)于2004年10月18日推出中国股指期货后的又一个新产品。

股票指数期权在金融期权交易中虽比不上利率期权,但在场内交易中比货币期权的交易份额要大得多(可参见表6－6)。

二、股票期权合约与股指期权合约的设计内容

(一) 股票期权合约的设计内容

前面我们所提到的股票期权合约是美式期权合约,每一份合约可以购买或出售100股股票。交易所对股票期权合约的内容要做出明确的规定,包括失效日、协议价格、宣布红利时发生的情况、每一投资者可持有的最大头寸等等。

1. 失效日

失效日是用于描述股票期权的一个术语,是指股票期权失效的那个月份。如6月份 IBM 的看涨期权,其失效日在6月份的某一天。精确的到期时间是到期月第三个星期五之后紧随的那个星期六美国中部时间的上午10:59。期权的最后交易日是到期月的第三个星期五。持有期权多头的投资者通常在这个星期五中部时间下午4:30之前向其经纪人发出执行期权的指示。经纪人在第二天中部时间上午10:59之前完成书面报告并通知交易所打算执行期权。

2. 协定价格

指交易所选定期权的协定价格,具有这样协定价格的期权才可以交易。交易所通常规定如下:当股票价格低于$25时,协定价格的变动间隔为$2.5;当股票价格高于

$25 但低于 $200 时,协定价格的变动间隔为 $5;当股票价格高于 $200 时,协定价格的变动间隔为 $10。例如,在订立期权合约时,某股票的价格为 $12,则交易的期权的协定价格分别为 $10、$12.5、$15、$17.5 和 $20;当股票的价格为 $100 时,则交易的期权的协定价格分别为 $90、$95、$100、$105 和 $110。

当引入新的到期日时,交易所通常选择最接近股票现价的那两个协定价格,如果其中一个很接近股票现价,交易所也可以另外选择最接近股票现价的第三个协定价格。如果股票价格的波动超过了最高协定价格和最低协定价格的范围,交易所通常引入新协定价格的期权。现举一实例说明这些规则的运用。

例如,假定 10 月份期权刚开始交易时,股票价格为 $53。交易所最初提供的看涨期权和看跌期权的协定价格分别是 $50 和 $55。当股票价格上涨到 $55 美元以上时,交易所将提供协定价格为 $60 的期权;当股票价格跌到 $50 以下时,交易所将提供协定价格为 $45 美元的期权,以此类推。

3. 期权费

期权费通常为协定价格的 5%—30%。股价每天都在波动,所以期权费也发生变动,即使股票价格不变,期权费仍然会发生变动。期权费金额大小主要取决于以下四个因素:

(1) 签约日与到期日之间相隔时间越长,期权费相应越高。因为期限长,期权卖方风险就大,而买方选择的机会和余地就越多。

(2) 协定价格。当股票协定价格越接近股票市价时,其期权费就越高;反之就越低。

(3) 期权所指的股票的活跃程度。如果在股市中该股票的价格波动较小,甚至在很长一段时间内没有明显变化,说明卖出期权方的风险就小些,期权费当然也低;相反,如果股票的市价波幅很大,价格非常活跃,那么卖出期权方的风险可能加大,期权费就会相应提高。

(4) 供求关系。如果在一段时间,要求购进期权的买方增多,则卖出期权方收取的期权费也增加;反之,期权费降低。此外,有的期权交易买卖双方在到期之前可以转让其期权,那么供求关系的影响作用将更为明显。

4. 股票的种类和交易数量

每份期权合约都要规定具体的股票种类和一定的数量,通常是每份 100 股。

5. 期权合约的类别

合约须规定是看涨期权合约还是看跌期权合约,或是双向合约。

6. 红利和股票分割

早期的场外交易的期权是受红利保护的。如果公司派发一项红利,则在除权日,公司股票期权的协定价格应减去红利金额。无论是否派发红利,场内交易的期权通常并不进行调整。

当股票分割时,场内交易的期权要进行调整。股票分割时,现有的股票被分割成更多的股票。例如,在某个股票的 3 对 1 分割方式中,3 股新发行股票将代替原来的 1 股股票。由于股票分割并不改变公司的资产和盈利能力,它对公司的股东权益并不产生影响。其他条件相同时,3对1股票分割方式将会使该公司股票价格降为分割前股价的1/3。那么,期权合约中的相应条款将有所调整,以反映股票分割所引起的股票价格的预期变化。如果股票价格按预期的那样降低,则期权合约买卖双方的头寸保持不变。

7. 头寸限额和执行限额

交易所为每一只股票规定了期权交易的头寸限额(Position Limit)。它规定了每一投资者在单边市场中可以持有的期权合约的最大数量,即持仓量。一般将看涨期权的多头和看跌期权的空头认为是处于市场看涨的同一方;而将看涨期权的空头和看跌期权的多头认为是处于市场看跌的同一方。

期权市场中的个人投资者和机构投资者在基础证券上受到持仓限制。它规定了单个参与者一次可以拥有的未平仓合约的最大数额。持仓限制会随着基础证券的规模以及交易量的变化而波动。例如,对于大型的交易活跃的股票,同方市场的持仓限制为75 000份合约;而其他股票的持仓限制为60 000、32 500、22 500或13 500份合约。

执行限额等于头寸限额。它规定了任一投资者在任意5个连续的交易日中可以执行期权合约的最大数量。

(二) 股指期权合约的设计内容

1. 股票指数

股票指数是股票指数期权的标的物或基础资产,是开展股票指数期权的重要基础。在国外,许多股票指数期权与股票指数期货的标的物相同,如S&P500指数期权和S&P500指数期货均以标准普尔500种股票价格指数为标的物,纽约证券交易所的综合指数期货和相应推出的综合指数期权等。

2. 乘数

乘数即为每1点股票指数所代表的金额,根据指数乘数可以确定出一份股指期权合约的价值等于指数点×乘数。不同的交易所对不同的股指期权会有不同的乘数规定。如在美国,每份股权合约的面值是用100美元乘以当时的市场股票指数来表示的。在日本,则是把1 000日元乘以日经指数得出的数额作为一个合约单位。

如前所述,股票指数期权是用现金交割而不是用指数所包含的证券交割。也就是说,在执行期权时,期权持有者将可获得一笔现金收入。1份期权合约的现金收入由下式计算:

$$看涨期权的现金收入 = (S-E) \times N \tag{6-6}$$

$$看跌期权的现金收入 = (E-S) \times N \tag{6-7}$$

其中:S——指数的实际值;

E——协定价格;

N——合约乘数(如100或1 000)。

3. 品种

设计股票指数期权的品种主要考虑两个问题,即对欧式与美式期权的选择以及期限的类型。场内期权一般以美式期权为主,因为它可以在到期日之前随时执行合约,能够带给投资者更大的方便,因此,其价值也比欧式期权大;而场外期权多以欧式期权为主。

股票指数期权的合约交割月份一般为3月、6月、9月及12月。

4. 最小波动点

最小波动点是股票指数期权的最小价格变化,各个国家对不同期权品种有不同的规定。例如,美国对期权价格大于3美元的股票指数期权,其最小波动点为1/8个指数点;而对于期权价格小于3美元的股票指数期权,其最小波动点为1/16个指数点。

5. 保证金

缴纳股票指数期权的保证金是期权出售者单方面的事情(这与期货保证金不一样)。股票指数期权的购买者在支付全部的期权价格后,对其就不再有保证金的要求,因为其最大损失仅为已交付的期权购买价格。而股票指数期权的卖方则承担基础资产(指数)价格变动的全部风险,通常要求他将收到的期权出售价格作为保证金。另外,一旦价格变动不利于期权的卖方,交易所还要求卖方额外缴纳保证金。

阅读链接

美国股指期权市场

股票指数期权市场的发展是期权市场和期权理论发展到一定阶段的产物。早在19世纪后半叶,期权的店头市场交易就开始在美国出现。只不过那时的期权交易投机性较强,市场相对比较混乱。正因为如此,20世纪30年代,新成立的美国证券交易委员会还曾考虑是否要取消期权市场。幸运的是,他们并没有这样做,而是加强了对期权市场的监管。

股票期权市场发展的一个里程碑式的标志是,1973年4月26日新成立的芝加哥期权交易所(CBOE)推出的标准化的、分别基于16种股票的看涨期权合约。不过在第一天的交易中,交易量仅有911张合约。正当人们对以前主要从事粮食期货交易的芝加哥期货交易所是否有能力办好这个相对复杂的期权市场的时候,股票期权的交易量迅速扩大,交易所的席位价格也因此大幅上涨。CBOE的成功很快吸引了其他竞争者加入到期权市场中来,如纽约证券交易所、费城证券交易所等。市场竞争者的增加一方面有利于扩大整个期权市场的总量,吸引更多的投资者;另一方面也使CBOE感受到了强大的竞争压力。可喜的是,芝加哥期权交易所持续的创新意识和能力使它能长期保持在期权市场中的龙头地位。

第一个股票指数期权同样产生于芝加哥期权交易所。1983年3月11日,该交易所开发了CBOE-100指数期权,后更名为标准普尔S&P100(OEX)指数期权。1983年7月1日,基于S&P500的指数期权开始上市交易。其后股票指数期权的发展向两个方向展开,一个是许多的交易所都相继推出了股票指数期权,另一个是股票指数期权的品种也不断增多。如美国股票交易所推出了主要行业市场指数期权,纽约证券交易所推出了NYSE综合指数期权等。现在,股票指数期权已扩展到美洲、欧洲、亚洲、大洋洲等许多地区。

三、股票期权与股指期权交易的应用

(一) 套期保值

利用股票期权或股票指数期权可以对有关的资产进行套期保值,锁住价格变动的风险,同时也可以获取价格有利变动中的收益。而利用股票指数期货来对同样的资产进行套期保值,也可以锁住价格变动方面的风险,但该过程中投资者放弃了价格变动中获利的机会,即用价格有利变动的收益来换取对价格不利变动损失的风险防范。

1. 防范股价下跌的风险:买入看跌期权

【例 6-15】 某证券公司与一家上市公司签订协议,3 个月内按每股 8 美元的价格包销 100 万股该公司股票,签约后该证券公司便买入 50 份 3 月期的某股票指数看跌期权合约,每份期权合约价格为 80 美元,合约执行价格为指数点 1 000,若每一点代表 100 美元,则 50 份合约的总价值为 1 000×100×50=500 万美元。3 个月后,股票指数下跌到 950 点,该证券公司执行期权合约,获利(1 000-950)×100×50-50×80=24.6 万美元。但是,受到股指下跌影响,股票以每股 7.50 美元发行,则该证券公司损失 50 万美元。由于采取了购买看跌期权的套期保值措施,该公司少损失 24.6 万美元,最终损失为 50 万-24.6 万=25.4 万美元。若在 3 个月后,股票指数上涨到 1050 点,则放弃执行期权,但此时因指数上涨而导致公司股票发行价上升到 8.2 美元/股,则在股票上盈利 20 万美元,除掉购买期权的费用 50×80=4 000 美元,最终净盈利为 19.6 万美元。

【例 6-16】 某管理者负责的证券组合价值为 $500 000,该管理者担心未来 3 个月内股市下跌而给该证券组合带来损失,决定采用股指期权来对证券组合进行保护,以保证证券组合价值不低于 $450 000。这一证券组合收益与 S&P 500 指数类似,S&P 500 指数的当前价格为 1 000。该证券组合管理者通过买进 5 份期限为 3 个月、协议价格为 900 的 S&P 500 指数看跌期权,以达到保值目的。

假设 3 个月后股票指数下降到 880 点,该证券组合价值下跌到 440 000 美元 $\left(=500\ 000-500\ 000\times\dfrac{1\ 000-880}{1\ 000}\right)$,损失了 $60 000,但是该管理者可以从股指看跌期权中获得收益 $10 000$[=(900-880)\times100\times5]$,这样就保证了证券组合的总价值仍为 $450 000。

2. 防范股价上涨的风险:买入看涨期权

【例 6-17】 某投资者由于某种原因需要卖出 10 万股 A 公司股票,假定股票卖出价格为 10 美元/股。但该投资者预计日后股票市场会上涨,于是便买入 50 份 S&P100 股票指数的看涨期权,每份合约的购买价格为 40 美元,到期日为 6 月 1 日,执行价格为 500 点。若在期权的到期日,指数现货价格为 540 点,A 公司股票上涨到 12 美元/股,则该投资者在股票上的相对损失为(12-10)×100 000=20 万美元,但投资者执行期权合约,他在股指期权交易上盈利(540-500)×100×50-50×40=19.8 万美元,最终净损失为 2 000 美元;反之,若在到期日,股票指数下跌到 480 点,则该投资者放弃执行期权,损失期权购买成本 50×40=2 000 美元;而 A 公司股票跌到 9 美元/股,则在股票上相对盈利(10-9)×100 000=10 万美元,最终该投资者净盈利为 98 000 美元。

(二) 投机

股票指数期权作为股票指数与期权的结合,具有明显的投机价值。对利用股票指数期权进行投机的投机者来说,他首先应该对市场做出预测:市场将进入熊市还是牛市?其涨跌幅度如何?市场价格指数变动的因素是由蓝筹股带动还是小范围的股票带动?……他需要针对不同的情况,确定不同的交易策略,选择不同的交易组合。最基本的投机做法包括:

1. 股价看涨:买入看涨期权

【例 6-18】 某投机者预测股市行情看涨,以 800 港元的期权费购买协定价格为 20 800 港元的恒生指数看涨期权。当恒生指数出现上升,并且超过协定价格与期权费之和 21 600 港元(20 800+800)时,该投机者通过行权可获得净收益。反之,当恒生指数下跌并跌破协定价格与期权费之和 21 600 港元时,该投机者则会出现亏损。但是,无论恒生指数平均股价怎样下跌,其损失会被限定在期权费 800 港元的范围内。该投机者的收益如图 6-13 所示。

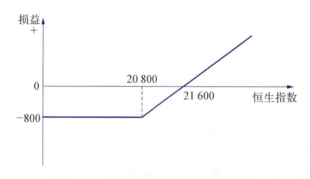

图 6-13 买入股票指数看涨期权损益线

2. 股价看跌:买入看跌期权

【例 6-19】 假设目前日经平均股价指数较高,但 A 公司预测在将来一段时间内,股价将下跌。为此 A 公司制定一个投机交易计划,决定在 13 850 的指数点上购买一笔看跌期权,当股价下跌时,A 公司行使期权,以获取期权价格与市场价格的价差收益。

交易单位:1 份合约,每个交易单位为日经平均股价指数的 1 000 倍
协定价格:13 850
支付期权费:每 1 交易单位为 400 日元,计:400 日元×1 000=40 万日元
交易结果分析:

在期权执行期内,股价行情正如预测的那样开始下降,由 13 850 降到 13 150,A 公司决定执行期权,从而获得收益为:

$$(13\ 850-13\ 150)\times 1\ 000-400\ 000=200\ 000(日元)$$

即该公司通过这笔期权交易获取净盈利额为 20 万日元。

如果股价行情发展状况与预测相反,不但没下跌,反而出现上升,A 公司可以放弃期权,损失额为初期支付的 40 万日元的期权费用。

第五节　金融期权在我国的发展

一、外汇期权

2002 年 12 月 12 日,中国银行上海分行在中国人民银行的批准下,宣布推出个人外汇期权交易,名称为"两得宝",打响了中国金融期权交易的第一枪。

2011 年 2 月 16 日,为进一步发展外汇市场,为企业和银行提供更多的汇率避险保值工具,国家外汇管理局发布《关于人民币对外汇期权交易有关问题的通知》,决定推出人民币对外汇期权交易。2011 年 4 月 1 日,人民币外汇期权业务同时在银行间市场和银行对客户零售市场上正式推出。交易首日,银行间外汇市场共达成人民币对美元期权交易 10 笔,期限覆盖 1 至 6 个月,名义本金合计 4 900 万美元。

截至 2012 年 6 月底,外汇期权市场共达成交易 280 笔,总成交金额 20.9 亿美元。其中美元对人民币期权共成交 230 笔,成交量为 20.88 亿美元。

在人民币汇率弹性日益彰显的大背景下,市场人士普遍认为,该工具的推出不仅能进一步完善人民币汇率产品线,满足企业对避险工具的需求,而且也有助于进一步推进人民币汇率改革。从宏观角度看,当前国际市场动荡,汇率波动频繁且幅度加大,国内进出口企业存在巨大的外汇风险。对于银行来说,在代理客户进行操作的同时,自身也存在相应的风险管理需求,如其在海外以欧元、美元形式存在的金融资产,亦面临着汇率风险。在这样的背景下,推出外汇期权组合产品有其客观的市场需要。

(一) 个人外汇期权交易

近年来我国银行界借鉴国际金融市场期权产品的模式,推出了一系列结合国内市场外汇业务特点的期权产品,不仅面向企业,也为个人客户提供风险规避,获得额外收益。如各行相继推出的结构性存款,类型共有十多种;"期权宝"、"两得宝"、"外汇宝"等外汇增值、保值产品交易量迅速攀升,企业及个人有了更多的外汇资金管理选择。

1. 锁定风险可买入期权

如果希望锁定风险,客户最好选择买入期权。以期权宝产品为例:当前美元兑日元汇率为 1∶100.00,客户预期美元兑日元两周后大幅升值可能性很高,于是可买入美元看涨、日元看跌期权。

客户选择以 5 万美元作为期权面值进行期权宝交易,客户同银行签订银行期权投资协议书,确定期权的协定汇率为 1∶100.00,期限为 2 星期,根据期权费率即时报价(例如 1.0%)缴纳期权费为 500 美元(=5 万×1%),客户买入此期权的含义是:期权到期时不论汇率如何变化,客户都有权按 1∶100.00 的协定汇率买入 5 万美元,即客户拥有一个美元看涨日元看跌期权。

盈利情况分析：

（1）假设选择到期前将所购权利卖出。例如，期权到期日之前该期权报价变为1.5%，则客户可选择卖出手中的这份美元看涨日元看跌期权，收取期权费750美元（=50 000×1.5%），总盈利为250美元（=750－500），投资回报率为50%（=250/500×100%）。

（2）假设选择持有该期权到期。期权到期时，如果美元兑日元汇率果真出现上升，即期汇率变为1∶105.00，则客户执行该期权，每1美元可获利5日元（=105－100），5万美元面值共可获利25万日元，在客户选择轧差交割的情况下，则银行将25万日元按到期日即时汇率105.00折成2 380.95美元（=250 000/105）转入客户指定账户，投资回报率为376%[=（2 380.95－500）/500×100%]。

期权到期时，如果即期汇率低于或等于105.00，则客户手中的期权没有收益，银行与客户不进行任何交易。客户损失的则是期权费。

2. 外汇波动不明显选择卖出期权

如果在一段时间内外汇波动不明显，通过单纯的买卖货币获利空间不大，可选择卖出期权。例如：当美元兑日元汇率为1∶118，客户存款货币是美元10万元，客户判断美元兑日元未来1个月将横盘整理或小幅下跌，可向银行卖出一份期权，如"两得宝"产品，期限是1个月，存款货币是美元，指定挂钩货币是日元。签约日美元兑日元汇率是1∶118.00，客户以此为协定汇价同银行签订期权投资协议书，指明挂钩货币是日元。此期权的含义是：银行在到期日有权按1∶118.00的汇率将客户的10万美元存款折成日元（相当于银行持有一个看涨美元看跌日元期权）。

客户除可以得到1个月美元定期存款利息外，还可获得一笔额外的期权费收入。例如交易日银行的期权费率报价为1.5%，则客户可得到的期权费为1 500美元（=10万×1.5%），期权费由银行在交易日后的第二个工作日转入客户指定账户。

期权到期日，汇率变为1∶110.00，则银行不会行使期权，客户的美元定期存款自行解冻。如果到期日汇率高于或等于118.00，则银行将行使期权，按协定汇率1∶118.00将客户的10万美元存款折成为11 800 000日元（=100 000×118）。

卖出期权在外汇定期存款利率非常低的情况下可以增加投资收益，外汇市场汇率出现横盘整理的行情时也可以获得收益。风险则是如果客户对未来汇率的变动方向判断错误，则手中的存款将被折成另一种货币。

（二）我国银行间市场的外汇期权交易

1. 产品定义

2011年4月1日我国外汇市场推出人民币外汇期权。所谓人民币外汇期权，是指交易双方以约定汇率，在约定的未来某一日期（非即期起息日）进行人民币对外汇交易的权利。

我国银行间外汇市场外汇期权为普通欧式期权。交易双方若无其他约定，看涨期权与看跌期权均表示为基准货币的看涨期权与基准货币的看跌期权，即期权买方有权买入或卖出约定金额的基准货币。

2. 期权费类型(Premium Type)

指双方约定期权费率的报价表示方式,包括非基准货币百分比(Term%)和基点(Pips)。

期权费金额(Premium Amount)以人民币表示:

(1) 若期权费率采用非基准货币百分比报价方式,则期权费金额＝非基准货币金额×期权费率。

(2) 若期权费率采用基点报价方式,则期权费金额＝基准货币金额×期权费率。

采用基点报价方式时,表示每单位基准货币的费率,应采用基准货币金额数值计算,最终结果直接用人民币表示。

【例6-20】 成交一笔美元对人民币期权交易,基准货币金额 USD1 000 000,非基准货币金额 CNY6 500 000,执行价格为 6.500 0,则:

若期权费类型为非基准货币百分比,期权费率 2%,期权费金额为:

$$CNY6\ 500\ 000 \times 2\% = CNY130\ 000$$

若期权费类型为基点,期权费率 2.00 个基点,期权费金额为:

$$1\ 000\ 000 \times 0.000\ 2 = CNY200$$

3. 交割方式(Delivery Type)

所谓交割方式,指交易双方在期权交易达成时约定的、期权买方行权后,在交割日进行资金清算的方式,包括全额交割与差额交割:

全额交割(Full Amount Delivery)指期权买方在到期日,按照约定的执行价格和约定金额,与期权卖方达成即期交易。

差额交割(Netting Delivery)指交易双方在到期日当天,按照约定的执行价格与当天人民币对相应货币汇率中间价进行轧差,并在交割日对差额进行交割。

(1) 对于交易双方约定全额交割的期权,到期日当天 15:00 之前,买方有权选择行权或放弃行权。如买方选择行权,则交易系统将根据执行价格、交易金额自动产生一笔即期交易,并实时通知期权卖方;如买方到期日当天 15:00 之前未行权则视为放弃行权。

(2) 对于交易双方约定差额交割的期权,到期日当天人民币对相应外币汇率中间价产生后,系统根据执行价格和当日中间价计算该笔期权的盈亏,对于价外期权或平价期权,外汇交易系统将自动代买方放弃行权(中间价产生后一分钟内);对于价内期权,买方在到期日当天 15:00 之前有权选择行权或放弃行权,15:00 之前未行权则系统自动行权。

4. 外汇期权交易举例

【例6-21】 2011 年 2 月 22 日,机构 A 通过外汇交易系统向机构 B 买入一笔金额为 USD10 000 000,期限为 1M 的美元对人民币看涨期权交易,机构 A 为发起方,机构 B 为报价方。双方约定期权费率 2.00 个基点,隐含波动率为 2.000 0%,行权价格为 6.568 0,约定差额交割,2011 年 3 月 22 日中间价为 6.578 0。则:

2011 年 2 月 24 日,机构 A 向机构 B 支付期权费:

$$10\ 000\ 000 \times 0.000\ 2 = 2\ 000(CNY)$$

2011 年 3 月 22 日,机构 A 在 15:00 前选择行权,采用差额交割方式,则机构 B 需要在 3 月 24 日向机构 A 交付:

$$10\ 000\ 000 \times (6.578\ 0 - 6.568\ 0) = 100\ 000(CNY)$$

【例 6-22】 某国际贸易企业需进口原材料,并将于 3 个月后支付 1 000 万美元的货款,但企业又不愿意现在买入并持有 3 个月的美元头寸。此时,该企业就可以与银行办理一笔期限为 3 个月的、执行价格为 6.197 8 的美元对人民币的看涨期权交易,并支付一定期权费。

3 个月后,如果美元对人民币即期价格高于 6.197 8,则企业可以按照 6.197 8 的价格买入 1 000 万美元用于支付;如果美元对人民币即期价格低于 6.197 8,则企业可以放弃期权,并按照即期价格买入美元用于支付。

通过上述交易,该企业可以用较低成本(期权费)获得美元汇率上升的好处,并避免了美元汇率下跌的损失,从而锁定其汇率风险,达到规避风险的目的。

二、隐性利率期权产品——结构性存款

结构性存款是银行根据客户对币种、期限及风险的承受能力,与国际市场利率、汇率走势挂钩设计的存款和期权组合产品,对于进出口贸易企业、外商投资企业及个人具有很大的外汇保值增值空间。

例如,某公司有银行存款 600 万美元闲置资金有待运用,希望获得高息收入,但仅能承担部分利息损失的风险。与银行联系,银行可以根据客户的需要和要求设计该类存款:固定利率和浮动利率相结合的结构性存款。

产品基本情况:存款起息日——2002 年 12 月 30 日;存款到期日——2006 年 12 月 30 日。

利率:第 1 年为固定利率 3.55%,以后 3 年为浮动利率,与 6M—LIBOR 挂钩;第 2 年利率 4.5%,第 3 年利率 5.5%,第 4 年利率 6.5%,每半年付息一次。

挂钩利率区间:第 1 年:无区间;第 2 年:$0 \leqslant 6M-LIBOR \leqslant 4\%$;第 3 年:$0 \leqslant 6M-LIBOR \leqslant 5\%$;第四年:$0 \leqslant 6M-LIBOR \leqslant 6\%$。

利息支付条件:处在上述利率区间内的天数,按规定利率计息;不在区间内的天数,不计息。

其他条件:银行有权在每半年单方面终止本协议,并将提前 2 个工作日书面通知客户。未经银行允许,客户不能提前终止协议和提前支取该笔存款。

该笔存款第 1 年内无论市场如何变化,只要银行不行使终止权,客户则可以安全获得 3.55% 的年利率,在目前国际市场利率水平较低的情况下此收益是比较理想的。如果银行在付息日行使终止权,则客户第 1 半年可以收到本息合计 6 106 500 美元,是同

期普通大额存款收益的 2 倍多。若银行不提前终止，后 3 年与 6 个月 LIBOR 挂钩，当前 6 个月 LIBOR 水平在 1.40% 附近，4%、5%、6% 的上限还是非常安全的。如果公司要求更高的收益率，也可以通过调整观察区间的方式达到。该存款的风险在于如果美元利率增长过快，超出利率区间，存款者的利息收益将递减，利率上升得越高，存款的利息越低。

结构性存款的特点是在普通外币存款上附加期权产品，即客户向银行卖出某种期权，从而获得比普通利息更高的收益，100% 保本型，客户所承担的风险在于利息发生损失。对于该例产品来说，适用于公司预测未来市场利率将保持稳定，即使上升，升幅也不会太大，公司为获得高息收入，愿意承担若美元 LIBOR 利率上升超过一定幅度，公司将损失部分存款利息的机会。

三、股指期权筹备工作的新进展

2013 年 6 月底根据财经媒体透露的信息，中金所将针对股指期权展开新一轮测试，与以往不同，此次测试将面向全体会员。据了解，中金所日前已向会员单位下发《关于开展会员股指期权业务测试的通知》。中金所在通知中表示，为进一步推动期权市场建设，推进会员单位的期权业务准备工作，决定为会员单位提供股指期权业务测试平台。会员可以申请开立多个交易编码，通过该平台测试期权业务系统、期权业务制度与业务流程管理。

事实上，股指期权早在 2012 年 8 月就已启动首轮内部测试，不过当时的测试仅向 20 家会员单位开放，此次测试范围扩大至全体会员，标志着股指期权的筹备工作正在有条不紊地推进。

就交易策略而言，期权的策略比期货更复杂，机构投资者利用期权可以设计更多元化的产品，而机构投资者的参与，能让金融市场更为成熟，也有利于金融创新。

根据此前公布的《股指期权仿真交易业务规则（征求意见稿）》，股指期权仿真交易产品为沪深 300 股指期权合约，合约标的为中证指数有限公司编制和发布的沪深 300 指数。沪深 300 股指期权合约交易代码为 IO，沪深 300 股指期权合约权利金报价单位为点，合约乘数为每点 100 元人民币，执行方式为欧式，到期时采用现金交割方式。

期权业务对于期货市场发展具有多方面意义：一是对现有期货品种风险的再对冲；二是风险控制功能，多了一个风险管理和投资工具；三是促进期货公司的技术升级，进一步提高期货公司在风险管理、产品设计方面的能力；四是带动期货公司的收入增长。

另据了解，2013 年度中金所会员期权业务准备联合研究计划也将同步启动。相关通知显示，此次联合计划旨在推进金融期货市场期权研发，尽快完成会员端期权系统软硬件建设方案制订、系统开发和相关期权业务准备。

联合计划的具体目标包括：充分借鉴相关市场经验，完成一套可与中金所系统对接的会员端期权交易、结算和风控系统；对市场现有期权技术系统进行改造和深化，形成一定的突破;对公司如何开展股指期权业务进行准备,并形成公司内部相关制度和流程等。

阅 读 链 接

期权:银行业金融创新的利器

期权是一种权利的交易。期权的买方在支付给卖方一笔期权费后,获得在约定期间选择执行或者不执行约定交易的权利,如外汇期权交易就是一种未来外汇交易权利的买卖。几年前,当我们讨论发展国内金融衍生品的路径选择时,绝对没有想到外汇期权以柜台交易的方式成为金融衍生品交易的"先行者"。近两年来,期权一词,出现在投资者视野中的频率愈来愈高。从2001年中国银行率先推出"外汇期权宝"以来,各商业银行在外汇产品方面展开了一场让外汇投资者眼花缭乱的创新热潮,纷纷推出外汇理财的新产品。如中国银行的"日进升金"、工商银行的"聚金理财"、花旗银行的"优利账户",一直到建设银行最近推出的"汇得盈"。综观各家中外银行发明的新名词,仔细研究就会发现,这些新产品都是围绕着期权这一金融工具展开的。

一、外汇期权宝

中国银行的"外汇期权宝"包括"两得宝"和"期权宝"。投资者首先需要向银行存入存款货币作为担保,再选择一种挂钩货币(按照中国银行的规定:存款货币和挂钩货币中有一种必须是美元,交易限于美元和日元、欧元、英镑及澳元五种货币之间),银行报出一个存款货币和挂钩货币之间的协定汇率和权利金。"两得宝"和"期权宝"的区别在于投资者和银行在交易中的方向不同。"两得宝"的客户是期权的卖方,银行是期权的买方;"两得宝"对于客户存款货币来说是卖权,对于挂钩货币来说是买权;银行报出的协定汇率即执行价格。银行通过支付权利金得到选择支付的权利,如果到期时汇率对银行有利,银行将行使权利买入存款货币。反之,银行会放弃权利。客户既得期权费,又得利息,是谓"两得宝"。与之相反,"期权宝"投资者是期权买方,银行是期权卖方。客户根据自己对国际外汇市场汇率走势的判断,向银行支付一定的期权费,从而获得买入看涨货币、卖出看跌货币的选择权,以求赚取相应期限里市场汇率和期权费率变动带来的价差收益。

二、优利账户

花旗银行上海分行推出的"优利账户",是外汇定期存款与外汇期权的组合产品。当客户开立了一个"优利账户"时,客户在做一笔外汇定期存款的同时向银行卖出了一个外汇货币期权。客户收益包括普通定期存款利息及客户向银行卖出期权之期权收益。可见,该产品类似于"两得宝"。但与"两得宝"相比,花旗银行为投资者提供了更大的灵活性:包括20种货币组合及每一种货币组合、同一投资期限,30多种不同挂钩汇率的投资选择。

三、外汇结构性存款

外汇结构性存款是一种特殊外汇存款业务,可根据客户的盈利目标和所愿承担的风险程度及对汇率、利率等金融产品的价格预期,设计出的一系列风险、收益程度不同的存款产品,即可度身定制合适的投资理财方案。中国银行的"日进升金",工商银行的"聚金理财",建设银行的"汇得盈"均属于此类产品。其共同特点:银行拥有单方面根据市场利率波动状况定夺存期的权利。即存款人对存款的期限没有选择权,期限选择权在银行。其实质是一种隐性的利率期权结构性产品。如"日进升金"的收益率与伦敦同业拆借利率挂钩,当市场利率下降,银行可以以更低的利率吸收存款时,银行会行使终止权;而当市场利率上升时,银行就不会行使这一权利,由此规避利率下降后的资金成本压力。如果说"外汇期权宝"等是以汇率期权来运作的,外汇结构性存款投资产品则在国内开创了利率期权的概念。

综合分析,上述产品的设计中,无一例外地应用了期权交易原理。特别是"期权宝"等产品,中途可以平盘,到期可以选择执行,可以按协议交割,也可以轧差交割,期权交易机制已相当完善。期权买方具有风险确定和收益无限的损益特征。而在汇率横向盘整时,通过卖出期权可以获得较大的收益。因此,期权对外汇投资者有着很强的吸引力,期权产品也成为各商业银行工具创新和业务竞争的利器。

本 章 小 结

1. 金融期权是以金融商品为基础资产或标的资产的期权。具体而言,金融期权是赋予其购买者在规定期限内按协定价格或执行价格购买或出售一定数量某种金融资产(如货币、股票、长短期债券、金融期货合约等)的权利的合约。金融期权的主要特征在于买卖双方的权利和义务的不对称,这也就使得金融期权交易不同于金融期货交易。

2. 金融期权种类繁多,可按不同标准进行划分。常见的分类:按行使期权的有效期限分为美式期权和欧式期权;按买方权利分为看涨期权和看跌期权;按交易场所分为场内期权和场外期权;按期权的内在价值状态分为价内期权、价外期权和平价期权;按期权合约标的资产的类型分为货币期权(或外汇期权)、利率期权和股票及股指期权;按期权合约标的资产的性质分为现货期权和期货期权。

3. 金融期权的价格即是指期权买方支付给期权卖方的期权费。影响金融期权价格的主要因素有:期权合约的协定价格;标的资产的市场价格;到期期限;标的资产价格波动率;无风险利率。金融期权交易的基本类型可分为:买入看涨期权;卖出看涨期权;买入看跌期权;卖出看跌期权。

4. 货币期权又称为"外汇期权",是指买方在支付期权费后即取得在合约有效期内或到期时以约定的汇率购买或出售一定数额某种货币的权利。货币期权可在场内交易也可在场外交易,两种交易方式具有不同的特点及操作流程。货币期权可用来防范市场汇率波动的风险。

5. 利率期权是一种买方在支付期权费后所取得的在合约到期前或到期时以一定的利率(价格)买入或卖出一定金额的某种利率工具的权利。利率期权种类复杂,既有场内交易的利率期权,也有场外交易的利率期权;既有以短期利率为标的物的利率期权,也有以中长期利率为标的物的期权。利率期权可用来防范市场利率波动的风险。

6. 股票期权是在单个股票基础上衍生出来的选择权。具体而言,股票期权是指期权买方在支付期权费后获得的可在约定期限内按协定价格买进或卖出规定数量股票的选择权。股指期权是以股票指数为标的物的期权,期权买方在支付期权费后即可获得在约定期限内按协定价格买进或卖出某种股票价格指数的选择权。这两种期权都可用来防范股价波动的风险。

本章专业词汇

Financial Option	Long Put Option
At-the-Money Option	Short Put Option
Out-of-the-Money Option	Strike Price
American Style Option	Premium
European Style Option	Interest Rate Floor
Call Option	Interest Rate Caps
Put Option	Interest Rate Collar
Exchange Traded Option	Stock Option
Over the Counter Option	Stock Index Option
Long Call Option	Currency Option
Short Call Option	Interest Rate Option

思 考 题

1. 何谓金融期权?在原理上它和金融期货有什么区别?
2. 哪些因素会对金融期权的价格产生影响?
3. 作图说明金融期权交易四种基本类型的损益状况。
4. 何谓利率上限?如何运用它来防范利率风险?
5. 何谓利率下限?如何运用它来防范利率风险?
6. 何谓利率上下限?它有何特点?
7. 举例说利率期权在防范利率风险中的应用。

练 习 题

1. 当市场利率低于下限利率时,以下说法正确的是_____。
   A. 利率下限的卖方向买方支付市场利率与下限利率的差额
   B. 利率下限的买方向卖方支付市场利率与下限利率的差额
   C. 利率下限的买方将放弃利率下限
   D. 利率下限的卖方将放弃利率下限
2. 在三大类金融期权交易中份额占比最大的是_____。

A. 货币期权　　　　　　　　　B. 利率期权
C. 股票期权　　　　　　　　　D. 股指期权

3. 场内交易的金融期权大多为_____。
A. 亚洲式期权　　　　　　　　B. 美式期权
C. 欧式期权　　　　　　　　　D. 百慕大式期权

4. 场外交易的金融期权大多为_____。
A. 亚洲式期权　　　　　　　　B. 美式期权
C. 欧式期权　　　　　　　　　D. 百慕大式期权

5. 当市场利率高于上限利率时，以下说法正确的是_____。
A. 利率上限的卖方向买方支付市场利率与上限利率的差额
B. 利率上限的买方向卖方支付市场利率与上限利率的差额
C. 利率上限的买方将放弃利率上限
D. 利率上限的卖方将放弃利率上限

6. 下表是2012年12月10日《华尔街日报》刊登的利率期货期权行情。

INTEREST RATE Futures Options
For Monday, December 10, 2012

中期债券(CBOT)
$100 000,基点为100%的1/64

协议价格	看涨期权			看跌期权		
	1月	3月	6月	1月	3月	6月
123.75	0-62	1-05	—	—	0-08	—
124.00	0-46	0-55	—	0-01	0-10	—
124.25	0-31	0-43	—	0-02	0-13	—
124.50	0-18	0-31	—	0-05	0-18	—
124.75	0-08	0-22	—	0-10	0-24	—
125.00	0-02	0-14	—	0-21	0-33	—
125.25	0-01	0-08	—	0-35	0-43	—

根据上表的期权报价数据，回答下列问题：

（1）看涨期权的期权费与协议价格之间存在何种关系？看跌期权的期权费与协议价格之间又存在何种关系？并解释其中的原因。

（2）若有交易者买入协议价格为124.00的3月份看跌期权，他的盈亏平衡点是多少？

（3）买入5份协议价格为125.00的1月份看涨期权的期权费为多少？

7. 下表是2012年12月6日《华尔街日报》刊登的货币期货期权行情。

Currency Futures Options
For Thursday, December 6, 2012

加拿大元(CME)
100 000 加元;美分/每加元

协议价格	看涨期权			看跌期权		
	12月	1月	3月	12月	1月	3月
995	1.32	1.31	1.85	0.01	0.20	0.74
1 000	0.84	0.94	1.53	0.02	0.33	0.92
1 005	0.40	0.63	1.23	0.09	0.52	1.12
1 010	0.13	0.40	0.98	0.32	0.79	1.37
1 015	0.03	0.23	0.77	0.73	1.12	1.66
1 020	0.01	0.13	0.59	1.20	1.52	1.98
1 025	—	0.07	0.45	1.70	1.96	2.34

注：协议价格 995 表示 1 加元＝0.995 美元。

根据上表的期权报价数据，回答下列问题：

（1）看涨期权的期权费与协议价格之间存在何种关系？看跌期权的期权费与协议价格之间又存在何种关系？并解释其中的原因。

（2）若有交易者买入协议价格为 1 005 的 3 月份看涨期权，他的盈亏平衡点是多少？

（3）买入 3 份协议价格为 1 020 的 1 月份看跌期权的期权费为多少？

8. 下表是 2012 年 12 月 6 日《华尔街日报》刊登的利率期货期权行情。

INTEREST RATE Futures Options
For Thursday, December 6, 2012

长期债券(CBOT)
$100 000,基点为 100%的 1/64

协议价格	看涨期权			看跌期权		
	1月	3月	6月	1月	3月	6月
144	6-33	7-02	7-11	0-01	0-35	1-54
145	5-34	6-12	6-28	0-02	0-45	2-07
146	4-35	5-25	5-47	0-03	0-58	2-26
147	3-38	4-41	5-05	0-06	1-09	2-48
148	2-45	3-60	4-30	0-13	1-28	3-08
149	1-58	3-18	3-58	0-26	1-50	3-36
150	1-15	2-44	3-26	0-47	2-12	4-04

根据上表的期权报价数据,回答下列问题:

(1) 看涨期权的期权费与协议价格之间存在何种关系?看跌期权的期权费与协议价格之间又存在何种关系?并解释其中的原因。

(2) 若有交易者买入协议价格为 146 的 3 月份看跌期权,他的盈亏平衡点是多少?

(3) 买入 4 份协议价格为 149 的 3 月份看涨期权的期权费为多少?

9. 12 月中旬,某美国出口商 3 个月后将有 200 万瑞士法郎的收入,为了防范瑞士法郎贬值而导致的风险,该出口商决定购买瑞士法郎期权合约进行保值。其合约的内容如下:

当日的即期汇率 USD/CHF=0.932 6/34
协议价格   1.071 0
合约期限   3 个月
期权费   2%

试计算:(1) 该出口商应支付的美元期权费。(2) 该期权的盈亏平衡点。(3) 若 3 个月到期时,USD/CHF 的即期汇率为 0.938 0/85,该出口商会执行期权还是放弃期权?其出售瑞士法郎的美元收入是多少?

10. 某美国进口商 6 个月后将支付一笔 10 亿日元的货款。他预计日元将升值,因此决定运用期权交易进行保值。此时,该期权的协议价格为 100JPY/USD=0.892 2,有效期为 6 个月,期权价格为 1.7%,试问该进口商如何进行操作?若期权到期日,USD/JPY 即期汇率为 106.01/08,该进口商是否行权?他购买 10 亿日元的实际美元成本为多少?

11. 假设现在是 2 月份,6 月份到期的欧洲美元期货合约的价格是 93.82,协议价格为 94.00 的基于该合约的看涨期权的报价为 0.20%(每 0.01% 为 25 美元)。某个投资者觉得利率有可能下跌,于是买入 10 份该看涨期权。3 个月后,3 个月期的欧洲美元利率下降了大约 100 点,此时欧洲美元期货价格为 94.78,这时,该投资者履行了看涨期权。试分析该投资者的盈亏状况。

12. 8 月初在 CBOT 中交易的 12 月份到期的长期国债合约的期货价格是 96 - 09,而长期政府债券的收益率大约是 8.4%。某投资者预计此收益率到 12 月份将会下降,于是,购买了 5 份协议价格为 98 的 12 月份到期的看涨期权,该期权的报价是 1 - 04。如果到时长期利率下降到年利率 8%,长期国债的期货价格上升到 100 - 00,那么该投资者的获益情况如何?

13. 一个证券组合当前价值为 $1 000 万,$\beta$ 值为 1.2,S&P100 目前指数为 270。试问一个协议价格为 260、标的物为 S&P100 的看跌期权如何为该组合进行保险?若 S&P100 指数下降到 250,该投资者的盈亏状况如何?(S&P100 的交易单位为指数×$100)

第七章 其他衍生金融产品交易

> **开篇案例**
>
> ### 人民币远期利率协议起步 中信银行达成首笔交易
>
> 中信银行昨天与一家机构达成了一笔人民币远期利率协议,这是自中国人民银行公布《远期利率协议业务管理规定》后国内发生的首笔远期利率协议。同时,中信银行自11月1日起首家通过路透对以三个月Shibor为参考利率的远期利率协议向全市场进行报价。这标志着继人民币利率互换之后央行推出的新一种利率衍生工具正式登陆我国金融市场。
>
> 据透露,该交易本金为2亿元人民币,参考利率是三个月Shibor,标的为三个月后的三个月利率。
>
> 远期利率协议是指交易双方约定在未来某一日,交换协议期间内一定名义本金基础上分别以合同利率和参考利率计算利息的金融合约。其中,远期利率协议的买方支付以合同利率计算的利息,卖方支付以参考利率计算的利息。央行在2007年10月8日推出《远期利率协议业务管理规定》,该规定自11月1日起开始实施。
>
> 根据管理规定,金融机构在开展远期利率协议交易前,应将其远期利率协议的内部操作规程和风险管理制度送交易商协会和交易中心备案。目前只有中信银行与另外两家机构已经备案。根据管理规定,在这三家机构中,只有中信银行可以与包括其他金融机构和非金融机构在内的所有市场参与者进行远期利率协议交易。
>
> (资料来源:上海证券报,2007-11-02)
>
> 什么是人民币远期利率协议?什么是人民币利率互换?它们之间有何联系与区别?本章将对包括利率互换、远期利率协议等内容的衍生金融产品进行解读。

【学习要点】

为规避日益增加的汇率风险和利率风险,20世纪80年代国际金融领域掀起了金融业务创新浪潮,其中诞生了诸如金融互换、远期利率协议、票据发行便利等金融衍生产品,这些衍生产品与金融期权被誉为是20世纪80年代国际金融市场上的"四大发明"。本章将主要围绕金融互换、远期利率协议和票据发行便利这三种主要金融衍生产品的基本原理和实际运用进行介绍。

第一节 金融互换

一、金融互换概述

(一) 金融互换的概念

金融互换(Financial Swap)是指交易双方按市场行情同意在约定的期限内互相交换一系列现金流的金融交易。

金融互换交易是继 20 世纪 70 年代初出现金融期货后,又一典型的金融市场创新业务,曾被西方金融界誉为 20 世纪 80 年代最重要的金融创新之一。由于金融互换属于一种表外业务(Off-Balance-Sheet Business),对其监管较松,所以目前有许多大型的跨国银行和投资银行机构都提供金融互换交易服务,其中最大的金融互换交易市场是伦敦和纽约的国际金融市场。金融互换交易的开拓,不但为金融市场增添了新的保值工具,而且也为金融市场的运作开辟了新的空间。目前,金融互换交易已经从量向质的方面发展,在这个市场上,金融互换交易的一方当事人提出一定的互换条件,另一方就能立即以相应的条件承接下来。利用金融互换交易,就可依据不同时期的不同利率、汇率或资本市场的限制动向筹措到理想的资金。

(二) 金融互换的产生背景与发展趋势

1. 金融互换的产生背景

金融互换实际上是从"平行贷款"(Parallel Loan)和"背对背贷款"(Back-to-Back Loan)演变而来的。

(1) 平行贷款。所谓平行贷款,是指不同国家的两个母公司分别向对方公司在本国境内的子公司提供价值相当的本币贷款,并承诺在指定到期日,各自归还所借货币。

20 世纪 70 年代初,平行贷款首先在英国出现,它是一种目的在于逃避外汇管制的创新业务。20 世纪 70 年代初,英格兰银行为保证英国有充足的外汇储备,实行了外汇管制,其中有一项"美元溢价"规定,即要求英国公司欲以美元投资国外资产时,必须在市场上以市价购买美元,而收回投资出售美元时,却不能全部按市价出售,因此购买美元对外投资会有部分损失。为逃避外汇管制,英国的公司便不在英国境内购买美元,而是以借贷方式在英国境外得到美元,于是有些银行便安排了平行贷款(见图 7-1),即:英国公司将英镑贷给美国公司在英国的子公司,相应地,该美国公司则将美元贷给该英国公司在美国的子公司,英国公司便无需通过外汇市场购买美元而得到了美元,由此逃避了政府的外汇管制。

平行贷款是两个独立的贷款协议,分别具有法律效力。若有一方违约,另一方仍须履约,不得自动抵消。为了降低平行贷款中的这种违约风险,"背对背贷款"应运而生。

(2) 背对背贷款。背对背贷款是指两个国家的母公司相互直接贷款,贷款币种不同但币值相当,贷款到期日相同,各自支付利息,到期各自偿还贷款货币。

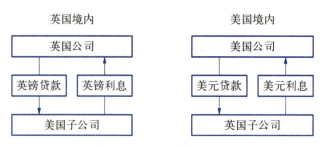

图 7-1 平行贷款示意图

背对背贷款是为了解决平行贷款中的信用风险问题而产生的。从实际操作来看,即:由美国母公司贷美元给英国母公司,同时,英国母公司也将等值的英镑贷给美国母公司,两笔贷款期限相同,双方按期支付利息,到期各自偿还贷款本金。如图 7-2 所示。

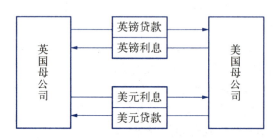

图 7-2 背对背贷款示意图

背对背贷款是两国境内的两个母公司的直接贷款,尽管涉及了两笔不同币种的贷款,但是只需签订一个贷款协议。而且协议中明确规定,若有一方违约,另一方有权自动从本身的贷款中抵消损失,从而降低了贷款的信用风险,并且使用一个贷款协议也简化了文件工作。

1979 年英国取消外汇管制后,"背对背贷款"作为一种金融创新业务而在金融市场上流行开来,最终演变成了金融互换中的货币互换业务。

2. 金融互换的发展趋势①

自 20 世纪 90 年代以来,金融互换呈现出一些新的发展趋势。

(1)市场参与者的构成由直接用户(End-user)向金融中介转移。互换市场参与者主要由直接用户(包括公司、保险机构、国际组织代理机构、政府部门等)和金融中介两部分构成。两种市场参与者利用互换交易的目的有所不同。

直接用户运用金融互换的主要目的是:① 获得低成本的筹资;② 获得高收益的资产;③ 对利率、汇率风险进行保值;④ 进行短期资产负债管理;⑤ 进行投机。金融中介或银行间运用金融互换主要是为了获得手续费收入,或从交易机会中获利,它包括美国、日本、英国以及其他欧洲国家的一些银行和证券公司。对商业银行和投资银行来说,互换交易是一种具有吸引力的脱离资产负债表的收入来源。

---

① 参见王爱俭,"金融互换市场的功能与发展趋势",《国际金融研究》,1997 年第 7 期。

从互换交易金额的实际构成中可以看到,自20世纪90年代后,直接用户参与交易的金额占比不断下降,而金融中介参与交易的币种则不断上升。1989年年底,直接用户和银行间的利率互换名义本金额分别占总利率互换的64%和36%。进入20世纪90年代,随着公司收购兼并浪潮的减退,运用互换市场的杠杆性交易以及与兼并有关的互换交易不断减少,直接用户对互换的需求增长幅度减小。相比之下,金融中介对互换的运用增加较多,1990年年底时,在总的利率互换未偿名义本金额中,直接用户和金融中介所占比重分别为61%和39%;到1991年上半年,银行间新安排互换额已达3 354亿美元,占新安排的总利率互换名义本金额的44%。

(2) 注重对交易对手风险的考虑。互换交易有双重特征。一方面,互换交易具有批发市场特征,交易双方遵循预先确定的规则,进行着较为标准化的交易(大约有1/3的利率互换和1/4的货币互换);另一方面,互换交易又具有零售市场的特征,采用场外交易方式进行,每笔交易需要分别安排。这虽然对交易双方来说更具有灵活性,但往往因个别安排或直接用户的套利动机从而使得互换交易具有很大的不确定性,市场潜在的风险很高。

市场对交易对手风险增大的反应是,新安排的利率互换期限普遍缩短,较长期的互换要由那些具有更高信用级别的机构来安排。为降低互换交易中的信用风险和支付风险,国际互换和衍生品协会(ISDA)①也在"利率和货币互换协议"修订本中,对会员在交易存续期内的信用风险加以控制。标准协议运用一系列条款,如陈述、约定事项、违约事项和终止事项、非法事件、信誉改变事件和银行资本改变等,规定交易双方有关信用方面的权利和义务。同时,为减少交易对手支付方面的风险,标准协议在"总协议"中规定轧差支付的支付方式,即交易双方在交易支付日将所有同种货币的互换交易收入与支出相互轧抵,由支付金额较大的一方支付轧抵后的差额。"利率和货币互换协议"是互换交易中具有一定约束力的法律文件,协议的市场参与者通过上述风险管理条款能降低互换交易中的财务及信用风险。但从市场总体看,由于场外交易工具本身都缺乏统一的协议会计制度和财务公开系统,即使交易者关注对手财务状况,谨慎行事,也难以有效地避免交易过程中由交易对手风险带来的损失。

(3) 涉及美元计值的互换占总互换额的比重不断降低。1989年,美元计值的利率互换额占总利率互换的66%;1991年,美元计值和其他非美元货币计值的利率互换额占总未偿利率互换额的比重分别为49%和51%,美元计值的利率互换额占绝对优势的地位已发生了逆转。

在货币互换的货币构成中也反映了同样的特点。有美元一方参加的货币互换虽然仍是货币互换的主要业务,但在非美元货币间安排的互换额增长较快。互换市场中美元作用的降低与市场结构变化有关。近年来,互换业务的直接用户逐步由美国市场向

---

① 国际互换和衍生品协会(International Swaps and Derivatives Association,ISDA)为非营利性组织,成立于1985年。目前有来自46个国家的超过600个机构会员,其中包括世界主要从事衍生性商品交易的金融机构、政府组织、使用OTC衍生性商品管理事业风险的企业以及国际性主要法律事务所等。ISDA自成立以来,对于衍生商品品种、ISDA法律文件、净额结算(Netting)及担保品(Collateral)方面的法律意见以及风险管理具有显著的贡献,同时也致力于与各国政府机构维持密切沟通渠道,促使这个交易市场更健全地发展。

欧洲的金融机构和政府部门以及亚洲的非金融公司转移,新的直接用户多以非美元互换作交易。同时,非美元货币的较高利率水平以及币值较强的特点,也促进了非美元互换业务的扩大。

(三) 金融互换与外汇掉期交易的区别

从英文上来看,互换交易与掉期交易都用了"Swap"这个单词,但是这两种金融交易实际上是有区别的,主要体现在以下方面。

1. 期限不同

金融互换交易的期限一般都在 1 年以上,长的可达 10 年以上;而外汇掉期交易中尽管涉及的远期外汇交易期限也可在 1 年以上,但因实务中一般较少出现这类远期外汇交易,所以外汇掉期交易的期限多为 1 年以内。

2. 涉及的市场不同

随着金融互换交易的快速发展,现在国际上已经形成专门的互换市场,互换交易是在专门的互换市场上达成的,多半与资金的借贷活动相关;而外汇掉期交易则涉及外汇买卖,属于外汇市场上的交易活动。

3. 形式不同

金融互换的基本形式有两种,即货币互换和利率互换,而且货币互换中都包含利率互换;此外,货币互换中前后两次货币交割的汇率可以相同,也可以不同。外汇掉期交易按掉期期限分为即期/远期掉期、即期/即期掉期和远期/远期掉期,尽管从表面上看,掉期交易也涉及前后两次货币的交换,但其不包含利率互换,而且前后两次交割的汇率必不相同。

4. 最初运用目的不同

金融互换交易最初是为了帮助参与者降低融资成本,而外汇掉期交易则主要用于管理外汇头寸的汇率风险。当然,从现在的发展来看,两种交易都可以用来规避汇率风险和利率风险。

(四) 金融互换的功能[①]

金融互换之所以成为金融衍生产品中发展最快的品种之一,与其在功能上有独特的优势密切相关。其主要功能体现为以下几个方面。

1. 填充市场空间功能

所谓填充市场空间,从理论上讲是指金融机构依靠创新工具提供金融中介,以弥合总体空间中存在的缺口和消除在此范围内的不连续性,形成一个理想的各种工具特征的不同组合,创造一个平滑连续的融资空间。此处的缺口包括发行形式间(证券筹措和银行信贷间)存在的差异、工具运用者信用级别差异、市场进行资格限制等。事实上,这种缺口的存在正是互换能够进行的基础。

从本质上讲,互换就是对不同融资工具的各种特征进行交换,它就像融资空间中的一架梭机,有人称之为金融交易中的"集成电路"。货币互换可以把一种货币负债换为另一种货币负债,从而弥合了两种货币价值间的缺口;利率互换如将浮动利率负债换为

---

① 参见王爱俭,"金融互换市场的功能与发展趋势",《国际金融研究》,1997 年第 7 期。

固定利率负债,等于在浮动利率债券市场上筹措资金,而得到固定利率债券的效益。受到进入某一特定市场限制的机构或信用级别较低的机构可以通过互换,得到与进入受限制或信用级别要求较高的市场的同等机会,从而消除了业务限制和信用级别差异引起的市场阻隔。互换交易具有明显的对融资工具不同特征的"重新组合"的特征。

2. 规避风险功能

当某种货币的币值极不稳定,而该货币又是某交易者想要的货币时,通过货币互换足以用一种货币换得想要的币值相对稳定的货币,结果避免了因币值易变风险而带来的损失。由于交易者们对币值变动预测不同,且有甘愿承担风险的投机者参与,这种为保值、规避风险而进行的互换是能够完成的。在利率互换中,为避免利率上升带来的损失,有浮动利率负债的交易者与负债数额相同的名义本金的固定利率互换,所收的浮动利率与原负债相抵,而仅支出固定利率,从而避免利率上升的风险。

3. 降低筹资成本功能

互换交易是基于比较优势而成立的。交易双方最终分配由比较优势而产生的全部利益是互换交易的主要动机。当一家企业或机构在某一市场具有筹资优势,而该市场与该企业或机构的所需不符时,通过互换可以利用具有优势的市场地位筹措而得到在另一个市场上的所需。如具有信用级别差异的双方,作数额、币种、期限相同的负债互换,以伦敦银行同业拆放利率(LIBOR)成本筹资,信用级别差的一方也可用低于自己单独筹资的利率成本获得资金,这样双方均可以较低的成本满足其最终的需求。

4. 加强资产负债管理功能

互换是以名义本金为基础进行的,利率互换在对资产和负债利率暴露头寸进行有效操作中,具有相对于利用货币市场和资本市场进行操作的优势,它可以不经过真实资金运动而对资产负债额及其利率期限结构进行表外重组,从而有利于加强资产负债管理。

二、利率互换

(一) 利率互换的含义和类型

1. 利率互换的含义

利率互换(Interest Rate Swap)是交易双方在相同期限内,交换币种一致、名义本金相同但计息方式不同的一系列现金流的金融互换交易。它可以是固定利率对浮动利率的互换,也可以是一种计息方式的浮动利率对另一种计息方式浮动利率的互换,但计息的名义本金和币种必须是一致的。因此,利率互换不涉及本金的互换而只是利息的交换。

国际市场上最著名的首次利率互换发生在1982年8月。当时德意志银行发行了3亿美元的7年期固定利率欧洲债券,并安排与其他三家银行进行互换,换成以伦敦银行同业拆放利率(LIBOR)为基准的浮动利率。在该项互换中,德意志银行实际按低于LIBOR的水平支付浮动利率,得到了优惠。而其他三家银行则通过德意志银行所拥有的较高资信级别换到了优惠的固定利率美元债券。通过利率互换,双方能够相互利用各自在金融市场上的有利条件获得利益。这次利率互换交易的成功,推动了利率互换市场的发展。

利率互换最初是为了满足在固定利率和浮动利率上具有不同比较优势的双方降低融资成本的需要。随着越来越多的投资者利用利率互换进行利率风险管理,利率互换市场迅猛发展,目前已成为全球最大的金融市场之一。

2. 利率互换的类型

利率互换的主要类型有:

(1)息票互换(Coupon Swaps)。息票互换是固定利率对浮动利率互换,这是利率互换中最基本的交易类型。在息票互换中,一方向另一方支付一笔以固定利率计算的利息,同时收到对方支付的一笔以浮动利率计算的利息;而另一方相应地收到固定利率利息,支付浮动利率利息。实际操作中,双方只需要就利息差额进行结算,即多付利息的一方将利息差额支付给另一方,因为计息的币种是相同的。

(2)基差互换(Basis Swaps)。基差互换是指按两种不同的浮动利率指标来计算交换的利率水平,例如,互换双方同意对某一数量的名义本金作3个月期美元LIBOR和6个月期美元LIBOR的互换,或以3个月期美元LIBOR对3个月商业票据利率进行交换。

(3)交叉货币利率互换(Cross-Currency Interest Rate Swaps)。交叉货币利率互换是以不同货币并按不同的利率基础(如浮动利率对固定利率)进行支付的互换。一般来说,该种互换常见的做法是把非美元固定利率支付换成美元浮动利率支付。

(二)利率互换的特征

由于利率息票互换即固定利率对浮动利率的互换是利率互换中的最基本交易类型,下面以该种利率互换为例,分析其特征。

1. 利率息票互换交易的一方支付固定利息,另一方支付浮动利息

固定利率水平在签订互换协议时就明确下来,整个互换期限内都以此固定利率计算固定利息;而浮动利率水平在互换期限内则是不确定的,它要以确定日的市场利率水平(通常参照LIBOR)为计算依据,所以每一期支付的浮动利率可能不一样。

2. 利率互换只就名义本金计算的利息进行交换,不涉及本金交换

在利率互换中,交易双方只就名义本金计算出来的利息进行交换,不涉及本金交换,这就大大降低了利率互换交易中的信用风险。

利息计算中应注意的问题:

(1)计息期限的换算标准。由于互换中报价利率通常都是年率,而实际的互换期不一定正好是一年,因此需要将计息期限换算为年,通常以"计息天数/年基准天数"来计算,这里就涉及不同的期限统计标准。目前国际金融市场上常用的计息期限方法包括:

① 英镑法:实际天数/365。这种方法中,计息天数按互换期的实际天数计算,年基准天数按365天算。这是英镑计息的习惯做法,此外日元、加元、港元也都采用此法计息。

② 美元法:实际天数/360。这种方法中,计息天数按互换期的实际天数计算,年基准天数按360天算。这是美元计息的习惯做法,此外欧元、瑞士法郎也都采用此法

计息。

③ 大陆法：30/360。原在欧洲大陆国家习惯采用的计息方法。这种计算惯例规定，计息天数按每月30天计算，年基准天数按360天算。例如互换期为6月1日至9月1日，那么计息天数就是90天，而不是按实际天数92天来计算。

（2）计息天数的确定。要确定计息天数，首先需了解利率互换交易涉及的几个日期：

① 交易日：交易双方签订利率互换协议的日期。通常也是第一个确定日。

② 确定日：确定浮动利率的日期。交易双方在每一个确定日确定下一期的浮动利率水平。在浮动利率支付期内，许多互换交易均以伦敦银行同业拆放利率作为市场利率，而且与欧洲货币存款和远期利率协议的习惯做法一样，通常在计息期开始的前两个营业日确定浮动利率。第二个确定日在第二期互换开始之前，一般也是提前两个营业日。接下去的确定日以此类推，直至最后一期互换前的最后一个确定日。通常在一项利率互换中会有若干个确定日，这要取决于互换期限和利息支付频率。

③ 生效日：互换双方开始计息的日子。第一个生效日一般比交易日晚两个营业日，即成交后的第二个营业日。第二个生效日即在第一个支付日，以此类推。由于每一期的浮动利率总是提前确定的，所以在生效日双方都知道各自计息的利率及到期支付或收取的净额。

④ 支付日：双方互换利息的日期，通常是每一期互换的最后一天。此时互换一方为净债权方，另一方为净债务方，互换双方不需要实际支付按利率计算出来的全部利息数额，而只需由净债务方向净债权方结清按名义本金和事先确定的利率计算的利差。在大部分互换交易中，交易双方经常轮流扮演着债权人和债务人的角色。通常在一项利率互换中也会有若干个支付日。

⑤ 到期日：互换协议到期的日期。到期日通常也是最后一个支付日。

由此可见，每期利率互换的计息天数应按生效日到支付日的天数来计。下面以例说明。

【例7-1】 2012年12月17日A银行与B银行签订了一项为期1年半的利率互换协议，双方约定每半年交换一次利息。该项利率互换涉及日期如图7-3所示。

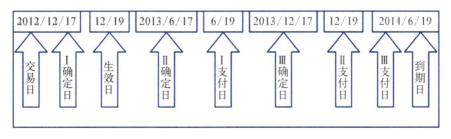

图7-3 利率互换涉及的各日期

由图7-3可见：该项利率互换中，A银行与B银行要交换3次利息，分别在2013年6月19日、2013年12月19日、2014年6月19日（遇周末往后顺延1个营业日）；支付的浮动利率分别按2012年12月17日、2013年6月17日、2013年12月17日的市场6个月LIBOR确定;计息期限分别为2012年12月19日—2013年6月19日、2013年6月19日—2013年12月19日、2013年12月19日—2014年6月19日。

3. 利率息票互换交易中的固定利率通常是在相应期限的国债收益率基础上加一定的点数;浮动利率以LIBOR为参考,通常直接以LIBOR计算,不加任何基差

一般在利率互换中,交易双方收付的浮动利率大多直接以确定日的LIBOR为计算标准,不加基点也不减基点,所以利率互换交易中只需要就固定利率水平来进行报价。通常由互换商在相应期限的国债收益率的基础上加一定的价差来进行双向报价。

表7-1是美元固定利率对浮动利率互换的报价表。第一列表示的是互换期限;第二列表示的是相应期限的国债收益率;第三列表示的是互换商所报的固定利率价差;第四列表示的是相应期限的利率互换价格,即互换商收、支的固定利率。

表7-1 普通利率互换报价表 (单位:%)

US DOLLAR INTEREST RATE SWAP FIXED VS FLOATING RATES			
MATURITY	YIELDS	SPREAD	ACT/360
2YRS	4.46	35-31	4.81-4.77
3YRS	4.94	52-48	5.46-5.42
4YRS	5.47	49-45	5.96-5.92
5YRS	5.94	38-34	6.32-6.28
7YRS	6.44	41-37	6.85-6.81
10 YRS	6.87	42-38	7.29-7.25

(三)利率互换交易的基本策略

利率互换交易的基本策略分为两种:买入利率互换与卖出利率互换。

1. 买入利率互换

买入利率互换表示交易者愿意支付固定利率、同时收取浮动利率。显然,采用买入利率互换的策略是为了防止利率上升的风险。对于承担浮动利率债务或者拥有固定利率资产的单位来说,当未来市场利率呈现上升趋势时,无疑将遭受损失。此时,通过买入利率互换,则可以降低因利率上升而给浮动利率债务或者固定利率资产带来的损失,因为在市场利率上升后,买入利率互换者往往可以在利率互换中成为收取利差的一方。

2. 卖出利率互换

卖出利率互换表示交易者愿意收取固定利率、同时支付浮动利率。与买入利率互换相反,采用卖出利率互换的策略是为了防止利率下跌的风险。对于承担固定利率债务或者拥有浮动利率资产的单位来说,当未来市场利率呈现下跌趋势时,无疑将遭受损失。此时,通过卖出利率互换,则可以降低因利率下跌而给固定利率债务或者浮动利率资产带来的损失,因为在市场利率下跌后,卖出利率互换者往往可以在利率互换中成为收取利差的一方。

利率互换的价格(即固定利率)由做市商(多为商业银行)进行双向报价:买价是做

市商买进利率互换而支付的固定利率;卖价是做市商卖出利率互换而收取的固定利率。一般客户的交易价格恰好与做市商相反:买进利率互换要用做市商的卖价;卖出利率互换则用做市商的买价。例如按表7-1的利率互换报价,若有交易者买进5年期的美元固定利率对浮动利率的互换,其支付的固定利率应为6.32%;若有交易者卖出5年期的美元固定利率对浮动利率的互换,其收取的固定利率则为6.28%。

(四) 利率互换交易的实际运用

1. 负债管理:利用比较优势,降低融资成本

利率互换发生的原理在于具有不同资信的筹资人在不同利率方式筹资上具有比较成本优势。利用这种比较优势,通过互换可以降低融资双方的融资成本。

【例7-2】 A公司和B公司都想借入1000万美元,期限都是5年,其中A公司想借浮动利率的美元,而B公司想借固定利率的美元。由于A公司和B公司的资信等级不同,因此两者在固定、浮动利率市场面临的风险溢价也不同。假设它们的借款利率如表7-2所示。

表7-2 A银行和B公司的美元借款利率

	固 定 利 率	浮 动 利 率
A公司	8%	LIBOR
B公司	9%	LIBOR+0.2%
差 异	1%	0.2%

由表7-2可以看出,由于A公司的资信等级要高于B公司,所以A公司无论是在固定利率上还是在浮动利率上,借款利率都要低于B公司,但是B公司在浮动利率上存在相对优势或比较优势,其借浮动利率美元只比A公司高出0.2%,而借固定利率美元要比A公司高出整整1个百分点。这就意味着市场存在套利机会,即A公司以8%的固定利率去借5年期的美元,而B公司以LIBOR+0.2%的浮动利率去借5年期的美元,然后双方直接进行利率互换或通过互换商进行利率互换,各自都可以降低融资成本。两种互换情况分析如下:

(1) A公司和B公司直接进行利率互换,可以将互换得到的潜在收益0.8%(=1%-0.2%)在两公司间均分。互换交易过程如图7-4所示。

图7-4 A公司和B公司直接进行利率互换示意图

若能在两者间直接进行利率互换,那么在利率互换的 5 年中,A 公司按确定日的 LIBOR 向 B 公司支付浮动利率,B 公司按 8.4%的固定利率向 A 公司支付固定利息,双方都可以将融资成本节省 0.4%。互换后双方节省的融资成本计算如下:

$$A 公司的实际融资成本 = 8\% + LIBOR - 8.4\% = LIBOR - 0.4\%$$

相比原借浮动利率节省:$(LIBOR - 0.4\%) - LIBOR = -0.4\%$

$$B 公司的实际融资成本 = (LIBOR + 0.2\%) + 8.4\% - LIBOR = 8.6\%$$

相比原借固定利率节省:$8.6\% - 9\% = -0.4\%$

以上分析的是 A 公司和 B 公司直接进行利率互换的情况,但是由于市场存在信息不对称,两家公司实际上很难了解到各自的需求。所以更多情况下,两家公司需要通过互换商作为中介来完成利率互换。

(2) A 公司和 B 公司通过互换商进行利率互换,那就需要按互换商的报价进行交易。假设互换商报价为:8.3%—8.5%。互换交易过程如图 7-5 所示。

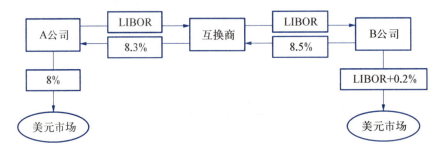

图 7-5 A 公司和 B 公司通过互换商进行利率互换示意图

由图 7-5 可见,若通过互换商进行利率互换,那么在利率互换的 5 年中,A 公司按确定日的 LIBOR 向互换商支付浮动利率,同时可以收取互换商支付的固定利率 8.3%;B 公司按 8.5%的固定利率向互换商支付固定利息,同时可以收取互换商支付的确定日的 LIBOR;互换商收支的浮动利率恰好相抵,但在固定利率上收 8.5%、支 8.3%。参与利率互换交易的三方的收益计算如下:

$$A 公司的实际融资成本 = 8\% + LIBOR - 8.3\% = LIBOR - 0.3\%$$

相比原借浮动利率节省:$(LIBOR - 0.3\%) - LIBOR = -0.3\%$

$$B 公司的实际融资成本 = (LIBOR + 0.2\%) + 8.5\% - LIBOR = 8.7\%$$

相比原借固定利率节省:$8.7\% - 9\% = -0.3\%$

互换商:$8.5\% - 8.3\% = 0.2\%$

可见:A 公司和 B 公司通过利率互换都将融资成本降低了 0.3%,而互换商通过此笔利率互换交易可以获取 0.2%的利差收益。

2. 资产管理:锁定资产风险

在市场利率波动不确定的情况下,以浮动利率计息的资产将面临市场利率下跌而带来的损失,而以固定利率计息的资产将面临市场利率上升而带来的风险。运用利率互换交易可以加强资产管理,以规避市场利率波动而带来的利率风险。如果预测市场利率上升,则通过买进利率互换,将固定利率资产换为浮动利率资产;相反,如果预测市场利率下跌,则通过卖出利率互换,将浮动利率资产换为固定利率资产。

【例 7‑3】 5 月 1 日,某投资基金拥有 1 000 万美元的以 3 个月 LIBOR+0.1% 计息的 3 年期浮息债券。根据预测,未来市场利率将会下降,该基金担心由此而遭受损失,于是决定与 B 银行做一笔利率互换交易。假设当天:B 银行对 3 年期的利率互换报价为:3.55%—3.65%;3 个月 LIBOR 为 3.05%。

问:(1) 该投资基金如何运用利率互换避险?

(2) 第一个支付日该投资基金是向 B 银行支付息差还是收取息差?利息差额为多少?

分析:

(1) 由于该基金持有的美元浮动利率债券会面临美元市场利率下降而带来的损失,所以该基金应向 B 银行卖出利率互换(收取固定利率、支付浮动利率),以期在美元利率下跌后,通过利率互换交易收取利差来弥补在美元浮息债券上受到的损失。

(2) 利息支付情况如图 7‑6 所示。

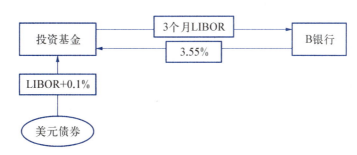

图 7‑6 投资基金和 B 银行的利率互换示意图

5 月 1 日既是交易日也是第一个确定日,当 3 个月 LIBOR 为 3.05% 时,意味着在第一个支付日该投资基金向 B 银行支付的是 3.05% 的浮动利率,同时收取 3.55% 的固定利率,收大于支,应向 B 银行收取息差。

采用 3 个月的 LIBOR 计息,通常表示每 3 个月要交换一次利息,这就意味着第一个计息周期为 5 月 3 日—8 月 3 日,共计 92 天,所以息差为:

$$10\,000\,000 \times (3.55\% - 3.05\%) \times 92/360 = 12\,777.78\,(\text{USD})$$

3. 资产负债综合管理

对于一些从事吸收储蓄存款业务和发放长期贷款业务的金融机构而言,由于存款具有短期内可支取的性质,所以存款利率必须随着市场利率的变动而进行调整。另一方面,它的存款相当一部分是用于住房抵押贷款等长期固定利率的贷款。这样,这类金融机构的负债是浮动利率的,而资产是固定利率的。这就意味着在市场利率上升时,这类金融机构面临着风险,而通过利率互换可以消除利率风险,加强资产负债的综合管理。

【例7-4】 储蓄机构A刚好贷出一笔100万美元的贷款,为期5年,利率为年率7%,而它的储蓄存款利率综合起来,可认为是近似1年期LIBOR+1%。如果1年期LIBOR超过6%,该储蓄机构就会出现损失。通过市场报价,储蓄机构A与B银行达成这样一项互换协议:B向A支付年息LIBOR的浮动利率,A向B支付每年4.5%的固定利率,名义本金为100万美元。

利率互换后储蓄机构A的利息收付情况如图7-7所示。

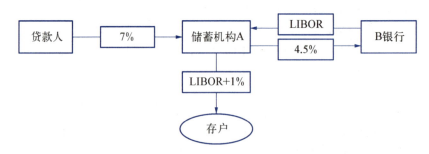

图7-7 储蓄机构A和B银行的利率互换示意图

由图7-7可见,通过利率互换,储蓄机构A将其原来的浮动利率负债变成了固定利率债务,同时将固定利率资产收益转换成了浮息收益,由此可以避免因市场利率上升而遭受风险损失。互换后的净现金流为:

$$7\% + LIBOR - (LIBOR + 1\% + 4.5\%) = 1.5\%$$

由此可知,通过互换,储蓄机构A将资产和负债的收益锁定为1.5%。

4. 投机

根据对市场利率变动趋势的预测,利用利率互换也可以进行投机。当预测市场利率将上升时,买进利率互换,将来支付固定利率、收取浮动利率时,可能得到息差;相反,当预测市场利率将下跌时,卖出利率互换,将来支付浮动利率、收取固定利率时,可以通过获取息差来获利。即看涨利率时买进利率互换、看跌利率时卖出利率互换。

【例7-5】 甲、乙两家公司对于近期内的市场走势有着不同的看法,甲公司认为央行可能继续采用量化宽松货币政策来刺激经济增长,而乙公司认为针对当前已出现的CPI连续两月环比增长的状况,央行可能会适当收缩货币政策。因此,甲、乙两家公司根据各自的预测,在各自的资产、负债结构基本对应的情况下,达成了一项利率互换协议。主要条件如下:合同金额1亿美元;为期3年,每年交换一次利息;固定利率:4.9%,浮动利率:LIBOR。假设三个确定日的LIBOR分别为:5.0%、4.8%、4.6%,试分析甲、乙两家公司的投机结果。

分析:根据甲公司的分析预测,认为市场利率将下跌,所以会卖出利率互换,而乙公司则看涨市场利率,所以会买进利率互换。利率互换情况如图7-8所示:

(1)当LIBOR为5%时,第一个支付日应由A公司向B公司支付0.1%的息差。

(2)当LIBOR为4.8%时,第二个支付日应由B公司向A公司支付0.1%的息差。

图 7-8　A 公司和 B 公司的利率互换示意图

(3) 当 LIBOR 为 4.6% 时,第三个支付日应由 B 公司向 A 公司支付 0.3% 的息差。最后结果:A 公司获取 0.3% 的利差收益,获利 300 000 美元(见表 7-3)。

表 7-3　甲公司互换交易的利率收付情况表　　　　(单位:美元)

利息互换次数	收固定利率	付浮动利率	利　差	现金流量
1	4.9%	5%	−0.1%	−100 000
2	4.9%	4.8%	0.1%	100 000
3	4.9%	4.6%	0.3%	300 000

三、货币互换

(一) 货币互换的含义与基本程序

1. 货币互换的含义

货币互换(Currency Swap)是指交易双方在约定期限内,交换币种不同、计息方式相同或不同的一系列现金流的金融互换交易。实现货币互换的前提,首先是交易双方分别需要对方拥有的币种,其次是所持货币的数值、期限相同。通过货币互换能降低筹资成本;能预先锁定汇率和利率,从而规避汇率风险和利率风险。

阅读链接

国际上第一笔货币互换交易

国际上第一份互换合约出现在 20 世纪 80 年代初,从那以后,互换市场有了飞速发展。这次著名的互换交易发生在世界银行与国际商业机器公司(IBM)之间,它由所罗门兄弟公司于 1981 年 8 月安排成交。

1981 年,由于美元对瑞士法郎(SF)、联邦德国马克(DM)急剧升值,货币之间出现了一定的汇兑差额,所罗门兄弟公司利用外汇市场中的汇差以及世界银行与 IBM 公司的不同需求,通过协商达成互换协议。这是一项在固定利率条件下进行的货币互换,而且在交易开始时没有本金的交换。

世界银行将它的 2.9 亿美元金额的固定利率债务与 IBM 公司已有的瑞士法郎和德国马克的债务互换。互换双方的主要目的是,世界银行希望筹集固定利率的德国马克和瑞士法郎低利率资金,但世界银行无法通过直接发行债券来筹集,而世界银行具有AAA级的信誉,能够从市场上筹措到最优惠的美元借款利率,世界银行希望通过筹集美元资金换取IBM公司的德国马克和瑞士法郎债务;IBM公司需要筹集一笔美元资金,由于数额较大,集中于任何一个资本市场都不妥,于是采用多种货币筹资的方法,运用本身的优势筹集了德国马克和瑞士法郎,然后通过互换,从世界银行换到优惠利率的美元。

（资料来源：http://baike.baidu.com/view/517126.htm）

2. 货币互换的基本程序

货币互换是根据交易双方的互补需求,相互交换不同种类的货币的本金和利息的交易行为,一般分为三步来完成:

第一步,期初的本金互换。双方交换以两种不同货币表示的本金。其主要目的是确定交易双方各自本金的金额,以便将来计算应支付的利息和再换回本金。在有些货币互换中也可省略这一步。在期初互换中,通常以达成互换交易时的市场即期汇率为两种货币的交换汇率。

第二步,期中的利息互换。即交易双方按议定的利率,以互换本金额为基础,进行利息支付。由于利息是以两种不同货币计算的,所以互换双方必须同时向对方支付利息。

第三步,期末的本金再次互换。即在互换合约到期日,双方换回交易开始时互换的本金。

（二）货币互换的类型

货币互换的主要类型有以下几种:

1. 定息-定息货币互换

它是指两个参与互换交易者在整个交易期间,均按固定利率相互交换支付利息,它又被称为"双方总货币交换",是货币交换业务中最重要的一种形式。固定利率货币互换的合同较为简单,在互换开始时,合同双方按即期汇价互换本金,并且决定两种货币本金的利率,并确定将来到期日重新互换回来的汇率。接下来便是一系列的利息交换,按照合同双方同意的利率,以最初互换的本金进行利息计算并分期支付。在到期日,本金额重新按照事先决定的汇价互换回来。

2. 定息-浮息货币互换

它是指在货币互换过程中,互换的一方承担按固定利率支付利息的义务,另一方则承担按浮动利率支付利息的义务。

3. 浮息-浮息货币互换

又称为"双浮息货币互换",其过程与前两种货币互换相仿,只是互换双方彼此承担按浮动利率向对方付息的义务。这一互换形式产生的背景是国际经济金融一体化的加强以及汇率、利率风险的增大,各国银行、投资公司及跨国企业为了消除货币汇率和利率变动的风险,发挥各自筹融资的比较优势而衍生出这样一种货币互换种类。

（三）货币互换的应用

1. 降低融资成本

【例 7-6】 A 公司准备筹措一笔美元资金以便发展海外业务，考虑到美元短期利率将呈下降趋势，因此，A 公司决定以浮动利率借入 5 年期的 1 000 万美元资金，利率为 6 个月 LIBOR+0.35%，但该公司在本国的日元市场上有较好的声誉，能以优惠的固定利率筹集到 5 年期的日元资金，利率水平为 4.4%。此时，5 年期日元固定利率的互换利率为 5%。该公司所得到的优惠利率比同期的日元互换利率低 0.6%（=5%−4.4%），按当时的货币市场的行情分析，美元 6 个月 LIBOR 可以与日元固定利率 5% 平等交换。

与此同时，B 公司想筹措一笔日元资金，但该公司的情况正好和 A 公司相反，它可以在美元市场上以美元 6 个月期 LIBOR−0.3% 的优惠利率筹集到美元资金，但在日元市场上却要以 5.1% 的利率水平筹集资金，于是，在 C 银行的安排下，两公司进行了互换。互换过程如下：

第一步：期初本金互换。当时市场即期汇率 USD/JPY=96.00，A 公司需要在日元市场上以 4.4% 的固定利率筹集 9.6 亿日元，通过 C 银行向 B 公司交换到 1 000 万美元，与此同时，B 公司则需在美元市场上以 6 个月 LIBOR−0.3% 的浮动利率筹措 1 000 万美元，然后通过 C 银行向 A 公司换到 9.6 亿日元（见图 7-9）。

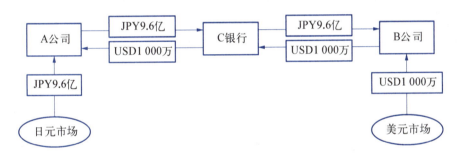

图 7-9 期初本金互换示意图

第二步，期中利息互换。在互换期限的 5 年中，每半年，A 公司按 6 个月 LIBOR 向 C 银行支付 1 000 万美元本金的利息，同时从 C 银行收取按 4.4% 计算的 9.6 亿日元本金的利息；B 公司要向 C 银行支付按 5% 计算的 9.6 亿日元本金的利息，同时从 C 银行收取按 6 个月 LIBOR 计算的 1 000 万美元本金的利息（见图 7-10）。

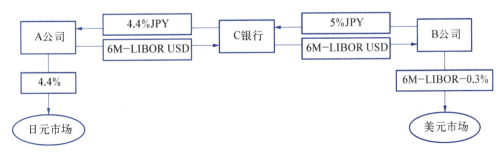

图 7-10 期中利息互换示意图

第三步,期末本金再互换。到互换合约到期日,A 公司和 B 公司通过 C 银行将期初换出去的货币再换回来。即 A 公司以 1 000 万美元换回 9.6 亿日元,然后去偿还期初的日元贷款;B 公司以 9.6 亿日元换回 1 000 万美元,用于偿还期初的美元融资(见图7-11)。

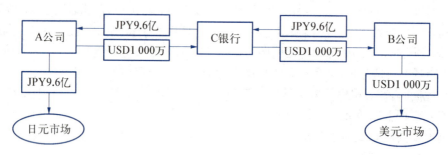

图 7-11　期末本金再互换示意图

由此可见,通过此笔货币互换交易,A 公司和 B 公司都降低了各自的融资成本,同时 C 银行也从互换业务中增加了收益。A 公司通过互换交易,将其支付的美元浮动利率控制在 6M-LIBOR 的水平上,相比直接进行美元融资的成本水平(6M-LIBOR+0.35%)降低了 0.35 个百分点;B 公司通过互换交易,将其日元融资利率固定为 5%,相比直接借日元的利率(5.1%)降低了 0.1 个百分点;C 银行在日元利息的收支上赚取了 0.6%(=5%-4.4%)的利差收益。

2. 防范汇率风险

【例 7-7】　甲公司需要筹借一笔 1 000 万美元的资金,期限为 5 年,市场上可取得的美元资金利率水平为 5.5%,这时一家瑞士银行愿意向公司提供优惠利率的瑞士法郎贷款,利率水平为 3%,当时美元对瑞士法郎的市场汇率为 1∶1.2。于是公司决定以较低的成本借入 1 200 万瑞士法郎,期限为 5 年,每半年付息一次,同时公司在即期外汇市场上将 1 200 万瑞士法郎全部兑换成美元使用。2 年之后,美元对瑞士法郎的市场汇率变成了 1∶1.25,由于美元升值,公司从汇率变化中获益,因为公司的投资收益都是美元。但是公司认为其 1 200 万瑞士法郎的债务在今后的 3 年中存在巨大的汇率风险,即今后 3 年中一旦美元对瑞士法郎汇率出现下跌,则公司需要用更多的美元来购买瑞士法郎以偿还瑞士法郎债务,所以公司希望在目前较为有利的汇率水平上固定汇率成本。

乙银行根据市场情况和甲公司需要设计了一项方案,通过货币互换为甲公司固定成本:货币互换本金为瑞士法郎 1 200 万、美元 960 万,期限为 3 年,与公司债务的本金和剩余期限一致,在期初不发生本金交换。在 3 年中甲公司按 5.5% 的固定利率向乙银行支付美元利息,乙银行按 3% 的固定利率向甲公司支付瑞士法郎利息,每半年付息一次,付息日期与公司债务相一致。该笔货币互换业务的流程分析如下:

第一步:期中利息互换。由于公司已经用从银行得到的 1 200 万瑞士法郎贷款按市场即期汇率兑换到了所需要的美元,所以此笔货币互换业务不涉及期初的本金交换,直接从利息互换开始互换业务。按照互换协议的安排,在互换的 3 年中,每半年,甲公司需向乙银行支付按 5.5% 的固定利率计算的美元利息，同时收取乙银行按 3% 固定利率支付的瑞士法郎利息。过程如图 7-12 所示。

图 7-12 期中利息互换示意图

第二步，期末本金互换。在合约到期日，甲公司与乙银行进行本金交换。本金交换方向与图 7-12 的利息交换方向一致，甲公司向乙银行支付 960 万美元换取 1 200 万瑞士法郎，然后去偿还瑞士银行的 5 年期贷款。

通过以上货币互换交易，公司将利率为 3% 的瑞士法郎债务转换成了利率为 5.5% 的美元债务，避免了 3 年内美元对瑞士法郎汇率下跌的风险。虽然公司在 3 年内支付较高的美元利息，但到期偿还本金只需 960 万美元，节约了本金成本 40 万美元 (=1 000 万－960 万)。

3. 锁定资产收益

运用互换来锁定资产收益与运用互换来降低融资成本是类似的，不同的是降低融资成本是对负债的处理，而锁定资产的收益是对资产的处理。

假设一家美国保险公司准备投资 3 年期国债，当时美国的 3 年期国债的收益率为 8.14%，德国的 3 年期国债的收益率为 8.45%。但是，直接投资于德国国债将给公司带来汇率风险。为此，公司希望在投资于德国国债的同时通过固定利率对固定利率的 USD/EUR 互换来消除汇率风险。

通过向互换交易商询价，公司了解到在 3 年期 USD/EUR 互换中，如果公司支付 8.45% 的 EUR 利率，那么作为回报公司可以得到 8.51% 的 USD 利息。最后，公司决定在投资德国国债的同时利用货币互换来套期保值，这样使得公司获得 8.51% 的 USD 收益率(见图 7-13)。

图 7-13 USD/EUR 互换锁定资产收益示意图

第二节 远期利率协议

一、远期利率协议的含义与特点

(一) 远期利率协议的含义

20 世纪 70、80 年代市场利率变动非常剧烈，公司财务主管积极向银行寻求某种避免利率变动的金融工具,远期对远期贷款应运而生。但这种金融工具并没有真正流行起来,究其原因在于,这类贷款从交易日起到最终贷款到期日的整个时期都要银行借入资金作为融资来源。然而,银行若借款就必然动用信贷额度,而这些额度对银行而言是有限且昂贵的金融资源。如果有办法使远期对远期贷款不反映在资产负债表上,就可以不受资本充足率的约束,从而使银行的利润恢复到原先水平。正是由于这种客观需求,1983年在英国伦敦的场外市场终于诞生了远期利率协议。

远期利率协议(Forward Rate Agreement,FRA)是交易双方约定在未来某一特定时间针对协议金额进行协议利率与参考利率差额支付的一种远期合约。协议利率为交易双方在合同中约定的固定利率,参照利率为基准日的市场利率(通常为LIBOR)。其中,远期利率协议的买方支付以协定利率计算的利息,卖方支付以参考利率计算的利息。实际上到结算日,交易双方只需就协议利率与参考利率的差额进行支付。如果参考利率高于协议利率,由卖方支付利息差额;反之,若协议利率高于参考利率,则由买方支付利息差额。就这点来看,远期利率协议与利率互换交易具有共同点。

远期利率协议的买方相当于名义借款人,如果市场利率上升,他按协议利率支付利息,就避免了利率风险,可以有效防范利率升高造成的借款成本的上升;但若市场利率下跌的话,他仍然必须按协议利率支付利息,就会受到损失。因此,一般情况下,买入远期利率协议是为了防止将来市场利率上升而遭受损失,多半是将来需要进行融资的交易者。当然,买入远期利率协议也可以对利率上涨进行投机。

远期利率协议的卖方相当于名义贷款人,他按照协议利率收取利息,显然,若市场利率下跌,他就避免了利率风险;若市场利率上升,他依然以事先确定的利率收取利息,这就隐含了某种机会成本。因此,一般情况下,卖出远期利率协议是为了防止将来市场利率下跌而遭受损失,多半是将来需要进行投资的交易者。当然,卖出远期利率协议也可以对利率下跌进行投机。

自1983年远期利率协议诞生以来,这一金融工具很快就被欧洲和美国的市场参与者广泛接受,交易量不断增加。为了规范这一产品的交易行为,1985年英国银行家协会(British Bankers' Association,BBA)[1]和外汇与货币经纪人协会(Foreign Exchange & Currency Deposit Brokers Association,FECDBA)一同颁布了远期利率协议的标准化文本,称为《英国银行家协会远期利率协议》(FRABBA)。这一标准化文本对远期利率协议的交易内容和规则进行了详细的说明和解释,推动了这项产品的规范化发展,大大提高了交易的速度和质量,并且有效地降低了交易成本和信用风险。这一标准化文本已被市场所广泛采用。[2]

目前,远期利率协议交易涉及的货币种类很多,从美元、英镑、瑞士法郎到各主要欧洲货币,以及日元、澳元等货币。其中交易量最大的是美元。

(二) 远期利率协议的特点

作为一种金融创新产品,远期利率协议具有不同于以往传统金融工具的一些特点,

---

[1] www.bba.org.uk.
[2] 参见刘玉操编著,《国际金融实务》,东北财经大学出版社,2001年。

主要表现为：

1. 具有极大的灵活性

远期利率协议作为一种场外交易工具，大多数是通过银行来完成交易的，因而其合同条款可以根据客户的要求"量身定做"，以满足个性化需求，具有很大的灵活性。

2. 不涉及资金的实际借贷

远期利率协议中会确定一个协议金额，但该金额只是用来作为计算支付利息依据的，是一个名义上的金额，交易双方并不涉及协议金额的实际借贷。而且，尽管名义本金额可能很大，但由于只是对以名义本金计算的利息的差额进行支付，因此实际结算量可能很小。

3. 只发生一次性利息差额支付

远期利率协议的交易双方，在结算日前不必事先支付任何费用，只在结算日发生一次利息差额的支付。

二、远期利率协议的基本术语与报价

(一) 远期利率协议的基本术语

远期利率协议与互换交易一样，有一个标准化文件，即《英国银行家协会远期利率协议》(FRABBA)。该协议制定于1985年，文件中除了确定远期利率协议交易的合法范畴之外，还规定了一系列重要的术语，亦称为FRABBA词汇。主要术语如下：

合同金额(Contract Amount)——名义上借款的本金总额。

合同货币(Contract Currency)——表示合同数额的货币币种。

交易日(Dealing Date)——远期利率协议成交的日期。

即期日(Spot Date)——协议开始发生效力的时间，一般为交易日后第二个营业日。

基准日(确定日，Fixing Date)——确定参考利率的日期。

结算日(交割日，Settlement Date)——名义贷款开始的日期。

到期日(Maturity Date)——名义贷款到期的日期。

协议期限(Contract Period)——结算日到到期日之间的期限。

协议利率(Contract Rate)——远期利率协议中商定的固定利率。

参考利率(Reference Rate)——基准日的市场利率，通常以LIBOR为参考标准。

交割金额(结算金)(Settlement Sum)——在结算日，根据协议利率和参考利率之间的差额，由交易一方支付给另一方的金额。

以上这些重要概念我们可以用图7-14来加深对它们的理解。

在上述远期利率协议的基本术语中需要特别注意：

(1) 协议期限。协议期限是指结算日到到期日之间的期限，也是远期利率协议中的计息期限，通常以"1×3"、"3×6"、"3×9"等形式来表示。例如，"3×6"读作"3个月对6个月"，前面的"3个月"代表即期日到结算日的期限为3个月，后面的"6个月"代表即期日到到期日的期限为6个月。协议期限应为3个月。

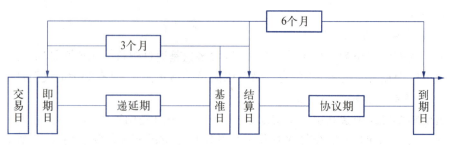

图 7-14 FRA 的时间流程图

(2) 结算日和基准日。结算日即交割日,是名义贷款开始的日期,也是开始计息的日期,同时还是远期利率协议交易双方进行利息差额支付的日期。该日期的确定,通常是在即期日的基础上加上协议期限中前面那个月份。例如,2012 年 12 月 24 日成交的一笔"3×6"的远期利率协议交易,即期日在 2012 年 12 月 26 日,其结算日应在 2013 年 3 月 26 日。

基准日也称确定日,是确定参考利率的日期,即远期利率协议中卖方支付的参考利率要以基准日的市场利率水平为准。通常基准日定为结算日的前 2 个营业日。例如,2012 年 12 月 24 日成交的一笔"3×6"的远期利率协议交易,其结算日在 2013 年 3 月 26 日,基准日则为 2013 年 3 月 24 日,当天的市场利率(LIBOR)即为远期利率协议中卖方支付的参考利率。

(3) 交割金额。即在结算日由远期利率协议交易的一方支付给另一方的金额。交割金额并非合同金额,而是根据协议利率和参考利率之差计算出来的利息差额。但远期利率协议交易双方也不能直接按利息差额交割,因为交割是在协议期限的期初进行的,根据利息计算方法,应将这一差额按参考利率从期末贴现至期初才是交割的实际金额。

交割金额的计算公式如下:

$$\text{交割金额} = \frac{A \times (L\% - R\%) \times \dfrac{D}{B}}{1 + L\% \times \dfrac{D}{B}} \tag{7-1}$$

式中:A——合同金额;

L——参考利率(通常参考 LIBOR);

R——协议利率;

D——协议期限(通常以天数计算);

B——年基准天数。

在结算日,交割金额可能是由买方支付给卖方,也可能是由卖方支付给买方。对此,可以根据交割金额的计算结果是大于 0 还是小于 0 来进行判断:若大于 0,说明参考利率高于协议利率,应由卖方支付交割金额;若小于 0,说明协议利率高于参考利率,应由买方支付交割金额。

(二) 远期利率协议的报价

远期利率协议报价与货币市场同业拆借交易利率报价方式相似,也采用双边报价方式,即做市商同时报出买价和卖价,买价是做市商买进远期利率协议支付的协议利率,卖价是做市商卖出远期利率协议收取的协议利率。一般先报买价、后报卖价。买价、卖价的计算公式分别如下:

$$i_{F1} = \frac{i_3 D_L - i_2 D_S}{D_F \left(1 + i_2 \dfrac{D_S}{B}\right)} \quad (7-2)$$

$$i_{F2} = \frac{i_4 D_L - i_1 D_S}{D_F \left(1 + i_1 \dfrac{D_S}{B}\right)} \quad (7-3)$$

式中：i_{F1}、i_{F2} ——分别为远期利率协议的买价、卖价；

D_S ——即期日至结算日的天数；

D_L ——即期日至到期日的天数；

D_F ——结算日至到期日的天数；

i_1 ——期限为 D_S 的拆入利率；

i_2 ——期限为 D_S 的拆出利率；

i_3 ——期限为 D_L 的拆入利率；

i_4 ——期限为 D_L 的拆出利率；

B ——年基准天数,取 360 或 365(根据不同的货币和不同的市场惯例而定,通常美元按 360 天计,英镑按 365 天计)。

公式计算所得是远期利率协议的理论参考价。作为一项市场价格,远期利率协议的报价还会受到市场供求和预期等多方面因素的影响。做市商可根据需要进行调整报价。

具体远期利率协议行情可通过路透终端机的"FRAT"界面得到(如表 7-4 所示)。远期利率协议的市场报价每天随着市场变化而变化,实际交易的价格要由每个报价银行来决定。

表 7-4 ××银行远期利率协议报价表

××××/11/19			
期限(月)	报价(%)	期限(月)	报价(%)
3×6	3.08-3.14	2×8	3.16-3.22
6×9	3.03-3.09	3×9	3.15-3.21
9×12	3.14-3.20	4×10	3.16-3.23
12×18	3.52-3.58	5×11	3.17-3.24

在远期利率协议报价中,还要增加远期期限。例如表 7-4 显示的××银行报

价表中,第一、第三列为远期利率协议的期限,第二、第四列为远期利率协议的报价。

例如,"3×6"的报价为 3.08 – 3.14,表示 3 个月后起息、期限为 3 个月的协议利率分别为 3.08% 和 3.14%。前面的 3.08% 表示报价行买入 FRA 的价格,即报价银行在结算日支付给询价方的协议利率;后面的 3.14% 表示报价方卖出 FRA 的价格,即报价银行在结算日向询价方收取的协议利率。

三、远期利率协议与利率期货、利率互换、利率上限及利率下限的比较

(一)远期利率协议与利率期货的比较

从功能上来看,远期利率协议与利率期货相同,都可以运用于防范利率风险,但它们之间也有诸多区别,如表 7-5 所示。

表 7-5 远期利率协议与利率期货的区别

	远期利率协议	利率期货
交易方式	场外交易	场内交易
合约条件	交易双方协商合约条件	交易商规定的标准化合约
保证金	没有保证金要求	交易者必须先交一定比例的保证金
信用风险	双方均存在信用风险	信用风险较小
交割前的现金流	不发生现金流	每笔保证金账户内有现金净流动
流动性	不能转让	可以转让、对冲
适用货币	一切可兑换货币	币种有限

(二)远期利率协议与利率互换、利率上限及利率下限的比较

1. 相同之处

(1)都属于场外交易。

(2)买方支付协议利率(或固定利率),卖方支付市场利率(或浮动利率)。

(3)都可用于防范利率风险。

2. 不同之处

(1)利息支付频率。FRA 交易中是一次性支付利息差额。而利率互换、利率上限及下限在合约期限内会有若干次的利息差额支付。

(2)利息差额的支付者。在 FRA 与利率互换交易中,买方不需支付费用,所以利息差额可能是卖方支付给买方,也可能是买方支付给卖方。而在利率上限及下限交易中,买方需先向卖方支付一笔费用才能获得选择权,所以利息差额只能是卖方支付给买方。

(3)利息差额的计算。FRA 的利息差额是在计息期的期初支付,故需将其按参考利率进行贴现变为现值。而利率互换、利率上限及下限的利息差额是在计息期的期末支付,故不需贴现。

四、远期利率协议的运用

由于远期利率协议可以针对未来的市场利率进行交易,故其逐渐成为金融市场上管理利率风险的一种重要工具,可以用来防范未来的筹资或投资所面临的利率风险。

(一) 防止利率上升的风险——筹资

【例 7-8】 5月1日,B公司计划在3个月后筹集一笔1 000万美元的6个月短期资金。公司根据国内当前经济发展形势,预期市场利率不久将会上升。为避免3个月后的筹资因市场利率上升而增加筹资成本,B公司向A银行买进了一份"3×9"的远期利率协议,参照利率为6个月的LIBOR,协议利率为5%。若3个月后市场利率果真上升并超过5%,那么B公司的1 000万美元的6个月融资成本将会增加,但在FRA交易的结算日,B公司会得到A银行支付的一笔交割差额,以此可以抵消一部分实际融资的损失。当然,如果3个月后市场利率未升反跌,那么B公司就需要在FRA交易中向A银行支付交割差额,但是实际融资中可以享受到市场利率下跌的好处。假设基准日6个月的LIBOR为:(1) 6%;(2) 4%。试分别分析两种情况下B公司的实际融资成本。

分析:

(1) 若基准日的6个月LIBOR为6%,则B公司可得到A银行支付的交割金额。协议期限为184天,交割金额为:

$$\frac{10\ 000\ 000 \times (6\% - 5\%) \times \frac{184}{360}}{1 + 6\% \times \frac{184}{360}} = 49\ 590 (USD)$$

B公司的实际筹资金额为:

$$10\ 000\ 000 - 49\ 590 = 9\ 950\ 410 (USD)$$

B公司6个月融资到期需偿还的本息和为:

$$9\ 950\ 410 \times (1 + 6\% \times 184/360) = 10\ 255\ 556 (USD)$$

B公司实际承担的融资利率为:

$$\frac{255\ 556}{10\ 000\ 000} \times \frac{360}{184} \times 100\% \approx 5\%$$

(2) 若基准日的6个月LIBOR为4%,则B公司需向A银行支付交割金额。交割金额为:

$$\frac{10\ 000\ 000 \times (4\% - 5\%) \times \frac{184}{360}}{1 + 4\% \times \frac{184}{360}} = -50\ 087 (USD)$$

B 公司的实际筹资金额为：

$$10\,000\,000 + 50\,087 = 10\,050\,087(USD)$$

B 公司 6 个月融资到期需偿还的本息和为：

$$10\,050\,087 \times (1 + 4\% \times 184/360) = 10\,255\,555(USD)$$

B 公司实际承担的融资利率为：

$$\frac{255\,555}{10\,000\,000} \times \frac{360}{184} \times 100\% \approx 5\%$$

由此可见，在 B 公司购买远期利率协议后，不管 3 个月后市场利率是升还是降，公司都可以将实际融资利率锁定在 FRA 的协议利率水平上(5%)，固定了融资利率成本，规避了利率风险。

（二）防止利率下跌的风险——投资

【例 7-9】 3 月 1 日，A 银行有一笔 1 000 万英镑资金将在 3 个月后收回。该行预测 3 个月后市场利率将呈下降趋势，为避免 3 个月后收到 1 000 万英镑资金再做 3 个月的短期投资而遭受利率下降的风险，A 银行与 B 银行达成一笔 FRA 交易：A 银行以 5.60% 的价格向 B 银行卖出 1 份"3×6"的 FRA，金额为 1 000 万英镑，参照利率为 3 个月的英镑 LIBOR。若基准日 3 个月英镑 LIBOR 为 4.6%，试分析 A 银行运用 FRA 保值的结果。

分析：如果基准日 3 个月英镑 LIBOR 为 4.6%，那么在结算日，A 银行可得到 B 银行支付的交割金额。交割金额为：

$$\frac{10\,000\,000 \times (4.6\% - 5.6\%) \times \frac{92}{365}}{1 + 4.6\% \times \frac{92}{365}} = -24\,917(GBP)$$

因市场利率变化与 A 银行的预测相同，3 个月后英镑 3 个月的 LIBOR 下降到 4.6%，A 银行将 1 000 万英镑做短期投资会有损失，但在 FRA 交易中，A 银行得到了 24 917 英镑的利差收益，由此可以来弥补实际投资中因市场利率下降而减少的投资收益。

第三节　票据发行便利

一、票据发行便利的含义

票据发行便利(Note Issuance Facilities，NIFs)是一种融资方式，是银行与借款人之间签订的在未来一段时间内由银行以承购连续性短期票据的形式，向借款人提供信贷资金的一种协议。票据发行便利是一种颇具活力的国际金融创新业务，与金融期权、金融互换、远期利率协议一起，构成了20世纪80年代以来国际金融创新的最主要内容，也被誉为20世纪80年代国际金融市场上的"四大发明"。

票据发行便利自1981年问世以来发展迅速，特别是1982年国际债务危机发生后，国际银团贷款大为紧缩，票据发行便利更加受到贷款人、投资者的青睐。在1983年年底至1984年间，为满足借款人对特定筹资的需要，或使其能够在最适合的情况下选择成本最低的方式提用资金，出现了多种选择便利。1985年以后，票据发行便利成为经济合作与发展组织成员国运用浮动利率票据和商业票据筹资的替代物或补充，出现了多种变型，主要有短期票据发行便利、全球循环承购便利、可转让循环承购便利和抵押承购便利等。票据发行便利的票据使用的货币单位主要是美元，也有用欧元或新加坡元的。一般而言，票据发行便利的主要借款人是欧洲大型商业银行和经合组织成员国政府，还有一些亚洲、拉美国家的借款人。借款人如果是银行，发行的票据通常是可转让大额定期存单；如果是工商企业，则主要采用本票性质的欧洲票据。

票据发行便利主要运用于欧洲货币市场，发行的票据大部分期限为3个月或6个月，也可达1年，但承诺的期限可达5—7年。票据通常以美元计值，面额一般都在50万美元或50万美元以上。如6个月期票据，承诺期限5年，融资总额1亿美元，每半年发行20张面额为50万美元的票据。

票据发行便利的基本做法是：先由借款人与包销人（多为银行）签订协议，由包销人承诺若不能在二级市场上将短期票据全部出售，则由包销人自己购买这些未能售出的票据，或者向借款人提供等额贷款。实际上NIFs是一种借款人用短期票据借取中长期信贷的融资方式。

二、票据发行便利的优越性

相对于传统的贷款方式，NIFs对借贷双方都具有较明显的优越性。

（一）对借款人而言

一是可以在包销机构承诺的额度和期限内获得支取款项灵活的中长期融资，借款人需要资金时，随时可通过出售短期票据而取得资金。

二是可以降低筹集资金的成本，因为借款人发行的票据是短期票据，但以循环滚动的方式来发行，便可使借款人以短期利率来获得中长期资金。

（二）对承购银行而言

一是分散了传统信贷中的银行信用风险。在票据发行便利中，承购银行通常并不贷出资金，而是在借款人需要资金时提供一种机制，把借款人发行的短期票据转售给投资者，实际上将融资风险转移给了市场投资者，承购银行只对未能售出的票据部分提供资金。

二是票据发行便利通常不在承购银行的资产负债表中表现出来，构成银行的表外业务,由此拓展了银行的业务范围,增加了银行的业务收入。

三、票据发行便利的成本

票据发行便利的成本由两部分构成:一部分是票据本身的利息,另一部分是票据发行的安排和经营有关费用。

(一) 利息部分

NIFs 的利率通常以 LIBOR 为基础,有的借款人需要支付比 LIBOR 更高的利率,有的则能够获得比 LIBOR 更优惠的利率(一般可低 5—7 个基点),这主要取决于借款人的信誉等级。

(二) 费用部分

1. 前端费用或管理费

NIFs 一经安排,借款人必须支付该笔费用。通常是一次性支付,一般是 5—10 个基点(0.05%—0.1%),最高可达 15 个基点(0.15%)。

2. 包销费

每年支付给包销机构的费用,按 NIFs 总额计算,一般为 5—15 个基点,根据借款人的信誉而定。

3. 承诺费

在有些 NIFs 中,除收取包销费外,还要收取承诺费,但有些 NIFs 中,只收取包销费而不收取承诺费。承诺费的收取既有按 NIFs 总额计算的,也有只对未使用部分收取的。每年支付计算,通常为 5—10 个基点。

4. 使用费

根据包销承诺的使用程度收取。最高限为 20 个基点。

以上四种费用并不是每一笔票据发行便利都要负担,视具体情况而不同。一般情况下,借款人在 NIFs 的利率上可以节省费用(因为是以短期利率借取中长期资金),但发行安排的费用较高,因此,利率节省的费用有一部分会被发行费用所抵消。在评价 NIFs 时,应该将利率费用和发行费用综合起来进行考虑,计算实际的融资成本。有研究表明,在一些可比情况下,NIFs 比银团贷款的成本要低约 5—10 个基点。

第四节 其他衍生金融产品在我国的发展

一、利率互换的推出

随着我国利率市场化改革的推进,金融机构尤其是商业银行管理利率风险的要求日益迫切。特别是在贷款利率上限放开和固定利率贷款并存的情况下,商业银行可能出现大量存贷款利率不匹配的情况,从而加大利差风险。

2006年1月24日中国人民银行发布《开展人民币利率互换交易试点》的通知。开展利率互换交易试点，既是为了满足银行间债券市场投资者利率风险管理及资产负债管理的迫切需要，也是加快利率市场化改革进程的必然要求。

通知所称人民币利率互换交易是指交易双方约定在未来的一定期限内，根据约定数量的人民币本金交换现金流的行为，其中一方的现金流根据浮动利率计算，另一方的现金流根据固定利率计算。

自2006年2月正式启动以来，人民币利率互换市场发展迅速并已经成为目前我国最主要的衍生产品市场。从其发展的情况来看，主要呈现出以下特点：备案机构逐渐增多的同时，交易量迅速扩大；随着交易量的扩大，交易品种逐渐增加；利率互换的定价机制逐步形成；对冲以及金融债的匹配成为市场参与机构规避风险的主要手段。

目前人民币利率互换市场发展的主要阻力是来自制度方面的因素。统一衍生产品总协议的缺乏，使交易对手范围狭小，而授信制度、保证金制度的落后也限制了市场流动性，但制度因素会随着市场的发展而逐步解决。

> **阅 读 链 接**
>
> ### 人民币利率互换交易操作规程
>
> 第一条 为规范交易成员通过全国银行间同业拆借中心（以下简称"交易中心"）本币交易系统进行的人民币利率互换交易行为（以下简称"利率互换交易"），防范操作风险，根据《中国人民银行关于开展人民币利率互换业务有关事宜的通知》（银发〔2008〕18号，以下简称《通知》）、《全国银行间债券市场债券交易规则》等有关规定、规则，制定本规程。
>
> 第二条 交易成员按照《关于人民币利率互换交易备案有关事项的通知》（中汇交发〔2008〕43号）备案后，方可通过交易系统进行利率互换交易。
>
> 第三条 利率互换交易单笔名义本金额以万元为单位，最小交易量为10万元，最小变动单位为1万元。互换利率为年利率，保留至小数点后4位。
>
> 第四条 交易系统提供公开报价、双向报价和对话报价三种报价方式。交易双方通过对话报价对交易要素进行商谈，达成一致后确认成交。公开报价和双向报价需转为对话报价后才能成交。
>
> 第五条 交易系统提供计算代理等服务，可以在利率确定日为交易成员提供逐期参考利率的确定值以及双方结算差额的确认单。如果选择交易中心作为计算机构，则交易双方依据交易中心提供的确认单进行差额结算。
>
> 第六条 具有银行间债券市场做市商或结算代理业务资格的金融机构可进行双向报价。
>
> 第七条 交易双方达成交易后，交易系统自动生成成交通知单，交易双方依成交通知单办理结算。交易一经达成，交易双方不得擅自变更。

第八条 交易双方确需对成交进行变更的,需经双方协商一致同意并向交易中心提交书面变更申请。变更当日交易的,交易中心根据书面变更申请修改成交通知单;变更历史交易的,交易中心根据书面变更申请在原成交单上增添备注内容。

书面变更申请应标明待变更成交单编号和变更事项,加盖双方公章并在工作日16:15前提交至交易中心场务值班室。若变更过程中双方签订补充合同,需同时将补充合同提交交易中心备案。

第九条 交易双方可委托交易中心集中保管利率互换的保证金,具体事宜按照《债券远期交易保证金集中管理操作细则》(中汇交发〔2005〕225号)的有关条款或交易中心发布的其他相关规定操作。

第十条 交易中心根据中国人民银行的授权披露利率互换交易有关信息。

第十一条 交易双方中的一方或双方由于系统或网络故障等原因导致不能使用交易系统时,可按照《全国银行间债券市场应急交易规则》进行应急交易(应急成交申请单格式见附件)。

第十二条 交易成员进行利率互换交易时,除遵守本规程外,还需遵守银行间债券市场现行规章及其他规则。

第十三条 本规程由交易中心负责修订和解释。

第十四条 本规程自公布之日起施行。原《银行间市场人民币利率互换交易操作规程》(中汇交发〔2007〕87号)同时废止。

二〇〇八年六月十三日

(资料来源:中国外汇交易中心 http://www.chinamoney.com.cn/fe/Info/110048)

案例 7-1

互换交易:为企业外汇债务保驾护航

随着国际外汇市场的风云变幻,中国企业对外汇风险的防范意识不断加强,它们已不仅仅关注日常贸易收付汇上的汇兑损益,对长期外汇债务的风险也越来越重视。金融衍生品家族中的互换交易,也渐渐地被中国企业所运用。下面以S公司一笔外汇债务互换交易为例,分析互换交易在企业外汇债务中的保值作用。

(一)案例背景回放

这笔外汇债务为我国财政部与国外某银行向S公司发放的政府贷款,金额64亿日元,期限10年。该笔长期债务,自2007年3月5日起,根据本金的余额开始支付利息,每半年(即每年3月5日和9月5日)支付一次;自2013年3月5日起开始分期偿还本金。S公司的产品多为外销,大部分货款用美元结算,而且当前国际金融市场上面临着日元相对美元升值的预期走势。因此,企业有长期规避该笔外债汇率风险以降低财务成本支出的需要。S公司在将其外汇债务情况向其合作银行咨询后,结合当前的国际外汇市场汇率走势,决定采用一套防范外债汇率风险管理方案。在权衡风险和收益后,确定该套方案为10年期的互换交易,并圈定了该笔互换交易的价格和汇率区间。

(二)互换交易操作

由于是长期外汇债务,S公司考虑到日元/美元升值的汇率走势,对该笔债务做了两笔互换交易。第一笔为利息的货币利率双互换交易,第二笔为本金的货币互换交易。

第一笔:利息的货币互换(如图7-15所示)。

原S公司需支付给贷款行固定的日元利息,其执行利率为:2007年3月5日到2009年3月5日为1.50%(年利率);2009年3月5日到2017年3月5日为0.90%(年利率)。这笔利息现由合作银行每半年支付给S公司一次。

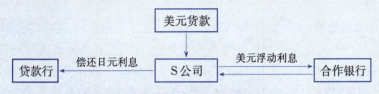

图7-15 利息的货币互换

而现S公司需要每半年向合作银行支付美元浮动利息一次。在其确定执行利率的过程中加入了利率期权:其设定了敲出事件,若美元/日元本金的参考汇率大于或等于125时即没有发生敲出事件,则美元利率为$2.4 \times 6M\ USD\ LIBOR \times n/N$,按每期日元剩余本金/转换汇率确定的美元本金计算;若美元/日元本金的参考汇率小于125时,即发生了敲出事件,则剩余各期美元利率为0%(美元/日元利息参考汇率为东京工作日即期汇率中间价,n/N为时间/12)。

第二笔:本金的货币互换(如图7-16所示)。

图7-16 本金的货币互换

原S公司从2013年3月5日开始需每半年(即3月5日和9月5日)支付给贷款行日元本金,而这笔日元本金现由合作银行支付给S公司,金额为每期日元本金偿还额。而S公司需将美元本金每半年一次支付给合作银行,金额为每期日元本金偿还额/转换汇率。

在确定转换利率的过程中S公司又加入了货币期权,若转换汇率为79≤美元/日元本金参考汇率≤125时,则转换汇率为125;否则转换汇率为美元/日元本金参考汇率(美元/日元本金参考汇率为结息日前第5个东京工作日即期汇率中间价)。

（三）效果分析

该笔外债互换交易属于较为复杂的综合性汇率风险防范交易合约。既包含利率互换和货币互换，又包含了利率期权和货币期权。

1. 利率互换合约

在利率互换中，S公司所偿还给合作银行的美元利息金额的确定结合了欧式期权。该组合产品通过参考当前即期汇率来确定利息交割日的美元利率。对于S公司来讲，美元/日元本金的参考汇率如果小于125，就不需要支付美元利息。这样一来，锁定了汇率波动的区间，也锁定了在整笔互换合约签订后，美元/日元反向升值的情况下仍需支付美元利息所带来的汇兑损失。正如所愿，2007年9月5日，S公司所偿还的第一笔到期债务利息，按此利率互换价格交割后，赚取收入4 870万日元，折合310万人民币。

2. 货币互换合约

在确定S公司支付给合作银行的美元本金时，需要计算日元本金偿还额/转换汇率，所以转换汇率的变动直接影响着S公司的偿还金额。在该笔货币互换合约中也加入了货币期权，约定了汇率的上限和下限，将其美元/日元的转换汇率锁定在79—125之间。加入货币期权的合约充分考虑了汇率波动的敏感性，并采取了灵活的调整措施，达到汇率波动所带来的最大化收益之目的。

综合来看，这笔技术含量较高的互换交易组合产品，参考了未来外汇市场的汇率走势及各项影响汇率变动因素而制定，并采用灵活的交割方式。既充分考虑了远期汇率波动因素，又避免了单一避险方式的局限性，采用多种规避风险交易方式，让企业最大限度地规避了汇率风险，减少了损失。

（资料来源：晏津、杜德顺，"掉期交易：为企业外汇债务保驾护航"，《中国外汇》，2008年第4期）

二、货币互换的推出

2007年8月17日，中国人民银行发布《关于在银行间外汇市场开办人民币外汇货币掉期业务有关问题的通知》。

为进一步满足市场主体规避汇率风险的需求，不断推动外汇市场发展，国家外汇管理局在2011年1月19日发布《关于外汇指定银行对客户人民币外汇货币掉期业务有关外汇管理问题的通知》，在银行对客户市场推出人民币外汇货币掉期业务。《通知》自2011年3月1日起实施。《通知》的发布为企业规避汇率、利率风险提供了更多工具选择，对于促进境内外汇市场发展、提高企业避险意识和能力具有积极意义。

《通知》所称人民币外汇货币掉期是指在约定期限内交换约定数量人民币与外币本金，同时定期交换两种货币利息的交易协议。即金融互换交易中的货币互换。

阅读链接

国家外汇管理局关于外汇指定银行对客户人民币外汇货币掉期业务有关外汇管理问题的通知

（汇发〔2011〕3号）

国家外汇管理局各省、自治区、直辖市分局、外汇管理部，深圳、大连、青岛、厦门、宁波市分局，各外汇指定银行：

为进一步满足国内经济主体规避汇率风险需求，现就外汇指定银行（以下简称银行）对客户人民币外汇货币掉期（以下简称货币掉期）业务有关外汇管理问题通知如下：

一、本通知所称货币掉期，是指在约定期限内交换约定数量人民币与外币本金，同时定期交换两种货币利息的交易协议。

本金交换的形式包括：（一）在协议生效日双方按约定汇率交换人民币与外币的本金，在协议到期日双方再以相同汇率、相同金额进行一次本金的反向交换；（二）中国人民银行和国家外汇管理局规定的其他形式。

利息交换指双方定期向对方支付以换入货币计算的利息金额，可以固定利率计算利息，也可以浮动利率计算利息。

二、取得对客户人民币外汇掉期业务经营资格满1年的银行，可以对客户开办货币掉期业务。银行分支机构经其法人（外国商业银行分行视同为法人）授权后，可以对客户开办货币掉期业务。

三、银行对客户办理货币掉期业务的币种、期限等交易要素，由银行自行确定。

货币掉期中的利率均由交易双方协商确定，但应符合中国人民银行关于存贷款利率的管理规定，银行换入（换出）货币的利率不得突破中国人民银行公布的存（贷）款基准利率上（下）限。

四、银行对客户办理货币掉期业务，应参照执行《国家外汇管理局关于外汇指定银行对客户远期结售汇业务和人民币与外币掉期业务有关外汇管理问题的通知》（汇发〔2006〕52号）和《国家外汇管理局关于印发〈银行结售汇统计制度〉的通知》（汇发〔2006〕42号）等文件中关于外汇掉期业务的相关外汇管理规定和统计要求。

银行应按月报送货币掉期业务人民币利率情况，具体见附件1、2。

五、在货币掉期业务中，银行从客户获得的外币利息应纳入本行外汇利润统一管理，不得单独结汇。

六、银行违反本通知规定办理货币掉期业务，国家外汇管理局将依据《中华人民共和国外汇管理条例》等有关外汇管理法规进行处罚。

七、本通知自2011年3月1日起实施。

二〇一一年一月十九日

（资料来源：中国外汇交易中心 http://www.chinamoney.com.cn/fe/Info/110048）

案例 7-2

货币互换在控制汇率风险中的运用

货币互换是一项常用的债务保值工具,主要用来控制中长期汇率风险,把以一种货币计价的债务或资产转换为以另一种货币计价的债务或资产,达到规避汇率风险、降低成本的目的。早期的"平行贷款"、"背对背贷款"就具有类似的功能。但是无论是"平行贷款"还是"背对背贷款"仍然都属于贷款行为,在资产负债表上将产生新的资产和负债。而货币互换作为一项资产负债表外业务,能够在不对资产负债表造成影响的情况下,达到同样的目的。

例如,A公司有一笔日元贷款,金额为10亿日元,期限7年,利率为固定利率3.25%,付息日为每年6月20日和12月20日。1996年12月20日提款,2003年12月20日到期归还。

A公司提款后,将日元买成美元,用于采购生产设备。产品出口得到的收入是美元收入,而没有日元收入。

从以上的情况可以看出,A公司的日元贷款存在着汇率风险。具体来看,A公司借的是日元,用的是美元。到2003年12月20日时,公司需要将美元收入换成日元还款。那么到时如果日元升值,美元贬值(相对于期初汇率),则A公司要用更多的美元来买日元还款。这样,由于公司的日元贷款在借、用、还上存在着货币不统一,就存在着汇率风险。

A公司为控制汇率风险,决定与中国银行叙做一笔货币互换交易。双方规定,交易于1996年12月20日生效,2003年12月20日到期,使用汇率为USD1=JPY113。这一货币互换,表示为:

1. 在提款日(1996年12月20日)A公司与中行互换本金:

A公司从贷款行提取贷款本金,同时支付给中行,中行按约定的汇率水平向A公司支付相应的美元。

2. 在付息日(每年6月20日和12月20日)A公司与中行互换利息:

中行按日元利率水平向A公司支付日元利息,公司将日元利息支付给贷款行,同时按约定的美元利率水平向中行支付美元利息。

3. 在到期日(2003年12月20日)A公司与中行再次互换本金:

中行向A公司支付日元本金,A公司将日元本金归还给贷款行,同时按约定的汇率水平向中行支付相应的美元。

从以上可以看出,由于在期初与期末,A公司与中行均按预先规定的同一汇率(USD1=JPY113)互换本金,且在贷款期间A公司只支付美元利息,而收入的日元利息正好用于归还原日元贷款利息,从而使公司完全避免了未来的汇率变动风险。

(资料来源:http://baike.baidu.com/view/517126.htm)

三、远期利率协议的推出

为规范远期利率协议业务,完善市场避险功能,促进利率市场化进程,2007年10月8日中国人民银行发布了《远期利率协议业务管理规定》。《规定》自2007年11月1日起施行。2007年11月1日中信银行与一家机构达成了国内首笔人民币远期利率协议。

作为一种典型的利率衍生产品,远期利率协议业务在我国的推出具有非常重要的意义:一是有利于增强投资者管理利率风险的能力;二是有利于促进市场稳定、提高市场效率;三是有利于促进市场的价格发现,为中央银行的货币政策操作提供参考;四是有利于整个金融衍生品市场的协调发展。

阅 读 链 接

《远期利率协议业务管理规定》

(中国人民银行公告〔2007〕第20号)

第一条 为规范远期利率协议业务,根据《中华人民共和国中国人民银行法》等有关法律、行政法规,制定本规定。

第二条 本规定所称远期利率协议是指交易双方约定在未来某一日,交换协议期间内一定名义本金基础上分别以合同利率和参考利率计算的利息的金融合约。其中,远期利率协议的买方支付以合同利率计算的利息,卖方支付以参考利率计算的利息。

第三条 远期利率协议的参考利率应为经中国人民银行授权的全国银行间同业拆借中心(简称交易中心)等机构发布的银行间市场具有基准性质的市场利率或中国人民银行公布的基准利率,具体由交易双方共同约定。

第四条 全国银行间债券市场参与者(简称市场参与者)中,具有做市商或结算代理业务资格的金融机构可与其他所有市场参与者进行远期利率协议交易,其他金融机构可以与所有金融机构进行远期利率协议交易,非金融机构只能与具有做市商或结算代理业务资格的金融机构进行以套期保值为目的的远期利率协议交易。

第五条 市场参与者进行远期利率协议交易应遵循公平、诚信、风险自担的原则,建立健全相应的内部操作规程和风险管理制度,有效防范远期利率协议交易可能带来的风险。

第六条 市场参与者开展远期利率协议业务应签署《中国银行间市场金融衍生产品交易主协议》。《中国银行间市场金融衍生产品交易主协议》中关于单一协议和终止净额等约定适用于远期利率协议交易。

《中国银行间市场金融衍生产品交易主协议》由中国人民银行授权中国银行间市场交易商协会(简称交易商协会)制定并发布。

第七条 金融机构在开展远期利率协议交易前,应将其远期利率协议的内部操作规程和风险管理制度送交易商协会和交易中心备案。内部风险管理制度至少应包括风险测算与监控、内部授权授信、信息监测管理、风险报告和内部审计等内容。

第八条 具有做市商或结算代理业务资格的金融机构在与非金融机构进行远期利率协议交易时,应提示该交易可能存在的风险,但不得对其进行欺诈和误导。

第九条 远期利率协议交易既可以通过交易中心的交易系统达成,也可以通过电话、传真等其他方式达成。

未通过交易中心交易系统的,金融机构应于交易达成后的次一工作日将远期利率协议交易情况送交易中心备案。

第十条 市场参与者进行远期利率协议交易时,应订立书面交易合同。书面交易合同包括交易中心交易系统生成的成交单,或者合同书、信件和数据电文等。交易合同应至少包括交易双方名称、交易日、名义本金额、协议起止日、结算日、合同利率、参考利率、资金清算方式、争议解决方式等要素。交易双方认为必要时,可签订补充合同。

第十一条 市场参与者可按对手的信用状况协商建立履约保障机制。

第十二条 远期利率协议交易发生违约时,对违约事实或违约责任存在争议的,交易双方可以按照合同的约定申请仲裁或者向人民法院提起诉讼,并于接到仲裁或诉讼最终结果的次一工作日12:00之前,将最终结果送达交易商协会,交易商协会应在接到最终结果的当日予以公告。

第十三条 交易商协会要充分发挥行业自律组织作用,制订相应的自律规则,引导市场参与者规范开展远期利率协议业务。

第十四条 交易中心应依据本规定制定远期利率协议交易操作规程,报中国人民银行备案后实施。

第十五条 交易中心负责远期利率协议交易的日常监控工作,发现异常交易情况应及时向中国人民银行报告。

交易中心应于每月后的10个工作日内将本月远期利率协议交易情况以书面形式向中国人民银行报告,同时抄送交易商协会。

第十六条 交易中心应按照中国人民银行的规定和授权,及时公布远期利率协议交易有关信息,但不得泄漏非公开信息或误导参与者。

第十七条 交易中心应定期向中国人民银行上海总部、各分行、营业管理部、省会(首府)城市中心支行以及副省级城市中心支行提供其辖区内市场参与者的远期利率协议交易有关信息,同时抄送交易商协会。各分支机构应加强对辖区内市场参与者远期利率协议交易的日常管理。

第十八条 市场参与者、交易中心违反本规定的,由中国人民银行按照《中华人民共和国中国人民银行法》第四十六条的规定予以处罚。

第十九条 本规定由中国人民银行负责解释。

第二十条 本规定自2007年11月1日起施行。

(资料来源:中国人民银行网站http://www.pbc.gov.cn/)

本 章 小 结

1. 金融互换是指交易双方按市场行情同意在约定的期限内互相交换一系列现金流的金融交易。金融互换实际上是从"平行贷款"和"背对背贷款"演变而来的。20世纪90年代以来,金融互换呈现出一些新的发展趋势。金融互换不同于外汇掉期交易,它具有自身的特征。

2. 利率互换是交易双方在相同期限内,交换币种一致、名义本金相同但计息方式不同的一系列现金流的金融互换交易。其基本形式是息票互换,即固定利率对浮动利率的互换。利率互换不涉及本金的互换而只是利息的交换。买入利率互换表示交易者愿意支付固定利率、同时收取浮动利率;卖出利率互换表示交易者愿意支付浮动利率、同时收取固定利率。利率互换可以用来降低融资成本、锁定资产收益,还可以用来进行投机。

3. 货币互换是指交易双方在约定期限内,交换币种不同、计息方式相同或不同的一系列现金流的金融互换交易。一般分三步:第一步,期初的本金互换;第二步,期中的利息互换;第三步,期末的本金再次互换。货币互换主要用于降低融资成本和防范汇率风险。

4. 远期利率协议是交易双方约定在未来某一特定时间针对协议金额进行协议利率与参考利率差额支付的一种远期合约。其中,买方支付以协定利率计算的利息,卖方支付以参考利率计算的利息。远期利率协议与利率期货、利率互换、利率上限及利率下限等金融衍生产品既有共同点又有不同点。若要防范利率上升的风险,则买入远期利率协议;相反,若要防范利率下降的风险,则卖出远期利率协议。

5. 票据发行便利是一种融资方式,是银行与借款人之间签订的在未来一段时间内由银行以承购连续性短期票据的形式,向借款人提供信贷资金的一种协议。票据发行便利与金融期权、金融互换、远期利率协议一起,构成了20世纪80年代以来国际金融创新的最主要内容,也被誉为20世纪80年代国际金融市场上的"四大发明"。

6. 自2006年以来,我国已在国内金融市场上相继推出人民币利率互换、人民币外汇货币掉期(即货币互换)、人民币远期利率协议等衍生金融产品。

本章专业词汇

Financial Swap
Parallel Loan
Back-to-Back Loan
Interest Rate Swap

Currency Swap
Forward Rate Agreement (FRA)
Note Issuance Facilities (NIFs)

思 考 题

1. 金融互换交易与外汇掉期交易有何区别?
2. 利率互换交易具有哪些特征?
3. 简述利率互换交易的基本策略。

4. 简述货币互换的一般程序。
5. 比较远期利率协议与金融期货的异同。
6. 远期利率协议交易与利率互换交易有何异同？
7. 简述 NIFs 的优越性。

练 习 题

1. 以下不属于 20 世纪 80 年代国际金融市场四大发明的金融衍生产品是_____。
   A. 金融期货　　　B. 金融期权　　　C. 金融互换　　　D. 票据发行便利
2. 以下属于 20 世纪 80 年代国际金融市场四大发明的金融衍生产品是_____。
   A. 货币期货　　　B. 利率期货　　　C. 外汇掉期　　　D. 票据发行便利
3. 5月8日成交的"3×6"的 FRA 交易,其结算日为_____。
   A. 5月8日　　　B. 5月10日　　　C. 8月10日　　　D. 11月10日
4. 5月8日成交的"3×6"的 FRA 交易,其基准日为_____。
   A. 5月8日　　　B. 5月10日　　　C. 8月8日　　　D. 8月10日
5. B公司在3个月后需筹集一笔1 000万美元的6个月(182天)短期资金,预期市场利率不久将会上升,为避免筹资成本增加的风险而买进了1份"3×9"的 FRA,参照利率为3个月伦敦同业拆借利率,协议利率为3.5%。到确定日,若伦敦同业拆借利率为3%,试问：B公司是支付利息差额还是得到利息差额？利息差额是多少？
6. 5月5日A公司欲筹集一笔浮动利率的欧洲美元,但其在欧洲美元市场上具有借固定利率的优势,利率为3%,而借浮动利率则是LIBOR+0.125%的水平。与此同时,B公司欲在市场上筹集一笔固定利率的美元资金,但其借固定利率需要5%,而借浮动利率的水平为LIBOR+0.375%。为此,A、B两公司通过互换商达成了一笔利率互换交易。若将互换节省的潜在收益在三者之间进行如下分配：互换商得0.5%,A、B公司均分。问：(1) 互换商的报价应为多少？(2) 通过互换交易后,A、B两家公司实际支付的利率是多少？
7. 甲公司可以以7.25%的固定利率借入5年期的美元资金,也可以发行浮动利率票据融资,其利率为LIBOR+1%,它希望以固定利率的贷款为其新工厂建筑设备融资。

乙公司是一家货币市场基金,它已经投资了浮动利率资产,其收益率为LIBOR+0.2%。乙明白,如果将其资产目前的利率锁定,它就能够完成年度利润目标(6.5%),因此,它更愿意固定利率收益。

丙银行是美元利率互换的做市商,对于5年期的美元利率互换,它的报价是：5yr. TN+70/75 bps,5年期国债的固定收益率是6%。

试根据以上资料,回答下列问题：

(1) 甲、乙公司在此笔利率互换交易中的买卖方向是什么？为什么？
(2) 若在第一个支付日,LIBOR确定为6%,将发生怎样的利差支付情况？
(3) 分析甲、乙公司和丙银行在此笔利率互换中各自的收益。

8. 甲公司是一家机构投资者。1月初,该公司有一笔为期5年、金额为1 000万美元的投资组合,收益率以"6个月 LIBOR+0.15%"计算。由于目前美元利率走势很不稳定,甲公司担心未来市场利率下跌,将导致这笔以浮动利率计息的投资组合资产收益减少。为防范利率风险,甲公司打算与A银行做一笔美元利率互换交易,从而将浮动利率资产转换成固定利率资产,以避免因市场利率下跌而遭受资产收益损失。查A银行的美元利率互换报价为:

到期期限	买 价	卖 价	当前国债利率(%)
2	2yr. TN+20 bps	2yr. TN+25 bps	2.40
3	3yr. TN+28 bps	3yr. TN+32 bps	2.94
5	5yr. TN+35 bps	5yr. TN+39 bps	3.65
7	7yr. TN+41 bps	7yr. TN+45 bps	4.44

于是,甲公司决定在1月5日与A银行进行一笔期限为5年的美元利率互换交易,每半年交换一次利息。请分析:

(1) 甲公司在此笔利率互换交易中是买入利率互换还是卖出利率互换?

(2) 通过此笔互换交易,甲公司可以将其投资组合的收益率固定为多少?

(3) 如果在第一个利息支付日,该期的6个月LIBOR确定为3.5%,那么甲公司与A银行之间将由谁来支付利息差额?利息差额是多少?

9. 我国某上市公司2010年6月获得某国银行贷款3 000万美元,期限5年,从2010年6月至2015年6月,借贷成本为美元6个月LIBOR+0.45%,每半年付息一次。由于美元的市场利率处在历史较低水平,这对公司偿还债务极为有利。按照现时市场利率水平,公司还债成本仅在4.1%左右。但是该公司认为在未来3—5年中,美元利率有上升的趋势,担忧持有浮动利率债务,利息负担会越来越重。同时,由于利率水平起伏不定,公司也无法准确预测贷款期的利息负担,从而难以进行成本预算与控制。因此,该公司希望通过与A银行叙做一笔利率互换交易,将此贷款的浮动利率固定下来。请分析:

(1) 该公司是买入利率互换还是卖出利率互换?为什么?

(2) 如果A银行对此笔利率互换的报价为3.5%—3.6%,则公司通过利率互换后可将其实际支付的利率固定为多少?

(3) 若在第一个利息支付日,6个月LIBOR为3.5%,该公司和A银行之间将发生怎样的支付情况?支付额为多少?

10. 12月1日,A银行决定在下年3月1日向某企业发放一笔500万美元的贷款,期限为6个月。鉴于国内经济已呈现出企稳回升的态势,该行预测,未来3个月内利率将呈上升的趋势,因此应考虑相应的对策,以避免3个月后筹集该笔贷款资金时市场利率上升的风险。

与此同时,B银行有一笔500万美元的短期资金,将在3个月后收回,该行计划在资金收回后再做短期性运用。12月1日,该行对市场利率进行预测后,感到利率走势尚不明朗,应考虑相应的保值方式,以应对3个月后收回该笔资金再做运用时市场利率下跌的风险,确保资金效益。基于双方各自的需求,A、B银行于12月1日达成了一笔FRA交易。协议利率为4.6%,金额为500万美元。请根据上述材料,回答以下问题:

(1) 在此笔FRA交易中,A、B银行谁是买方、谁是卖方?

(2) 此笔FRA应为何种期限?

(3) 假设3月1日,A、B银行确定3月3日执行的LIBOR为4.8%。那么在结算日,利息差额为多少?由哪家银行支付利息差额?

(4) 通过FRA交易如何达到防范利率风险的目的?

外汇风险管理篇

- 第八章 外汇风险管理概述
- 第九章 外汇风险的管理方法

第八章　外汇风险管理概述

开篇案例

某报道称,安倍晋三领导的自民党自2012年12月掌权之后便迫不及待地推出了自己的经济刺激方案,日本内阁会议2013年1月11日批准了一项总额为20万亿日元(约合1.4万亿人民币)的紧急经济刺激方案,同时宣布要加强与日本央行的合作,共同致力于抗击通货紧缩和支撑经济增长。希望通过日元贬值,以促进日本出口,带动其经济的复苏。截至目前,美元兑日元已经升值超过30%,与此同时,人民币汇率却持续走强,美元兑人民币价格跌至19年来的低点,这意味着人民币兑日元飙升。人民币对日元汇率也创出15年来新高点。100日元可兑换的人民币数量从8.01快速下滑到6.17左右,贬值幅度约达20%,已经深刻影响到了我国进出口情况。有观点认为中国出口商或将成为日元大幅贬值的最大输家。

数据显示,2013年前7个月,中日贸易总额1 740亿美元,同比下降8.8%。其中,中国对日本出口831.9亿美元,同比下降了3.5%;自日本进口908.1亿美元,同比下降13.2%。

商务部新闻发言人沈丹阳在此间召开的例行新闻发布会上说,中日贸易额已经多月连续下降,这种下降是多因素共同作用的结果,主要有三个原因,其中日元贬值对中日贸易产生重要的影响。日元自2012年底开始的大幅贬值造成中国对日本出口商品价格相对上升,影响了中国对日本的出口。

什么是外汇风险?外汇风险有哪些类型?如何分析我国进出口企业的外汇风险以及相关风险的计量等。本章将带大家来解读有关外汇风险的主要内容。

【学习要点】

本章在介绍外汇风险基本概念和分类的基础上,重点阐述交易风险、经济风险和折算风险的基本概念和相互关系,并对外汇风险的识别和计量方法进行比较和分析。

【结构安排】

第一节 外汇风险的概念和分类

一、外汇风险的概念

外汇风险(foreign exchange exposure)是指外汇市场汇率的变化对企业、银行等经济组织或国家、个人以外币计价的资产和负债带来的损失的可能性。从本质上看,风险是指不确定性,因此汇率的变化给外汇市场主体带来的外汇风险应既包括给外汇市场主体带来的可能的收益,也包括给外汇市场主体带来的可能的损失。但从实用的角度来看,外汇风险仅指外汇市场主体因汇率变动而遭受损失的可能性。

外汇持有者或经营者存在的外汇风险一般通过外汇暴露(exposure)来体现。这包括两种情形:一是当公司或个人以外币计价的资产或负债的金额不相等时,就会出现一部分外币资产或负债净额受汇率变动的影响,这一净额称为敞口头寸(open position);二是当公司或个人以外币计价的资产或负债的期限不同时,就会出现所谓期限缺口(maturity gap)或非匹配缺口(mismatch gap)。简言之,体现外汇风险的外汇暴露是指公司或个人在以外币计价的经营活动中受汇率变动影响的那部分资金额。

二、外汇风险的分类

(一) 交易风险(transaction exposure)

交易风险是国际企业面临的一种最主要的风险,是指国际企业在经营过程中,由于货币汇率的变化而引起所拥有的债权或应付的债务价值变化的风险。该风险主要包括三方面:在进出口业务中,购买或出售以外币计价的商品或劳务时,从签订合同到实际支付货款时市场汇率发生了变化;在国际信贷业务中,外币借款或贷款和其他形式的外币资产与负债等,由于市场汇率的变化所带来的资产的减少或负债的增加;在外汇买卖中,由于合同的签订日到交割日的汇率变化使经济主体所面临的风险等。

例如,日本某进口公司于2013年2月向美国一出口公司进口一批商品,价值100万美元,付款日为3个月后,签约日市场汇率为1美元=92.29日元,3个月后市场汇率为1美元=104.45日元,该日本公司的日元支出为10 445万日元,比签约时的9 229万日元多了1 216万,这多支出的1 216万就是美元汇率上升给日本公司带来的外汇风险损失。反之,若美元汇率下跌,将会给日本公司带来外汇风险利润。

> 阅读链接

国际借贷中的交易风险

北京奥林匹克饭店是一家三星级涉外宾馆,占地面积 8 500 多平方米,总建筑面积 27 000 多平方米,是国际奥委会在北京唯一正式考察的饭店。1987 年在饭店成立初期申请了 50 亿日元的贷款,利率很优惠。放贷时的汇率水平是 1 美元兑换 240 日元左右,而此后不久,日元就开始不断升值,最高时达到 1 美元兑换 80 日元以下。1994 年人民币汇率也进行调整,从 1 美元兑 5.7 元人民币调到 8.7 元左右。也就是说,人民币对日元的汇率贬值了近 6 倍。奥林匹克饭店的经营收入基本都是用人民币或美元计价,却要用日元还贷,日元的升值令其蒙受了巨大的损失。2003 年该饭店作为中国银行的不良资产以 2.25 亿元的价格公开拍卖。

分析: 我国交易主体从国际金融市场筹借日元,属于债务人,如果在借款期间日元汇率升值,到还款时就需要花费更多的人民币兑换日元,从而遭受损失;相反,如果日元贬值,归还本息的人民币成本就会减少。但实际上,日元兑美元汇率大幅上升,人民币兑美元汇率下跌,导致人民币兑日元汇率也大幅下跌,归还既定量的日元,需要支付的人民币或美元增加,从而加重了债务负担,遭受了损失。

(二) 经济风险(economic exposure)

经济风险又称为经营风险(operating risk),是指意料之外的汇率变动可能引起企业未来一定期间盈余能力与现金流量变化的一种潜在风险,从本质上说,经济风险代表了企业未来竞争力的可能变化。具体地说,汇率的变动通过对生产成本、销售价格以及产销数量的影响,使企业最终收益发生变化。因此,经济风险对企业经营业绩的影响要比交易风险及会计风险大得多,这种影响是长期的,而后两者对企业的影响只是一次性的。交易风险和折算风险只存在于从事国际经济活动的企业,而经济风险则几乎存在于所有的企业。对于国际企业而言,经济风险是直接的,其在向国外进口商品或向国外出口商品时,进出口商品的成本与市场份额与汇率的波动直接相关;而对于国内企业而言,经济风险是间接的,虽然汇率的变化不会直接影响其成本与市场份额,但会影响其竞争对手——国外企业,从而会间接影响国内企业。

【例 8-1】 我国一利用进口原材料加工生产的×公司,部分产品内销,部分产品外销,2011 年市场汇率为 1 美元=6.4 元人民币,该公司生产单位产品的成本为 9.4 元,其中原材料为 8.2 元,工资 1.2 元,销售价格为 20 元,总量为 300 万单位(内销与外销各一半),企业所得税为 33%,预计 2011 年与 2012 年业绩相同。2011 年×公司的损益与现金流量表与预计的 2012 年×公司损益与现金流量表分别见表 8-1 与表 8-2。

表 8-1 2011 年×公司损益与现金流量表 (单位：万元人民币)	
销售收入	6 000
成本	2 820
营业费用	200
折旧	100
税前利润	2 880
税后利润（收益）	1 929.6
现金流量（收益＋折旧）	2 029.6

表 8-2 预计 2012 年×公司损益与现金流量表 (单位：万元人民币)	
销售收入（295 万单位）	5 900
国外销售（145 万单位）	2 900
国内销售（150 万单位）	3 000
成本	2 743.5
营业费用	200
折旧	100
税前利润	2 856.5
税后利润（收益）	1 913.9
现金流量（收益＋折旧）	2 013.9

2012 年初，市场汇率为 1 美元＝6.30 元人民币，人民币升值后将对生产成本、销售价格、销售数量等产生影响，×公司的收益与现金流量将发生变化。假如×公司的单位产品的销售价格、工资、原材料的外币价格都不变，进口原材料价格仍然为 1 美元，由于汇率的变化，产品的单位成本将由 9.4 元变为 9.3 元，销售价格不变，但以美元表示的外币价格由原来的 3.125 0 美元上升为 3.174 6 美元，由于国外的销售价格的上升，导致国外销售数量减少了 5 万单位。

比较表 8-1 与表 8-2 可以看出，该公司 2004 年收益预计将下降 15.7 万，现金流量下降 15.7 万元，这就是由于汇率的变化给企业带来的经济风险。

阅读链接

广 场 协 议

20 世纪 80 年代初期，美国财政赤字剧增，对外贸易逆差大幅增长。美国希望通过美元贬值来增加产品的出口竞争力，以改善美国国际收支不平衡状况。"广场协议"的表面经济背景是解决美国因美元定值过高而导致的巨额贸易逆差问题，但从日本投资者拥有庞大数量的美元资产来看，"广场协议"是为了打击美国的最大债权国——日本。

1985 年 9 月 22 日，美国、日本、联邦德国、法国以及英国（简称 G5）的财政部长和中央银行行长在纽约广场饭店举行会议，达成五国政府联合干预外汇市场，诱导美元对主要货币（主要是日元和马克）的汇率有秩序地贬值，以解决美国巨额贸易赤字问题的协议。因协议在广场饭店签署，故又被称为"广场协议"。

"广场协议"签订后，上述五国开始联合干预外汇市场，在国际外汇市场大量抛售美元，继而形成市场投资者的抛售狂潮，导致美元持续大幅度贬值。1985 年 9 月，美元兑日元在 250 日元上下波动，协议签订后不到 3 个月的时间里，美元迅速下跌到 1 美元兑 200 日元左右，跌幅 25％。在不到 3 年的时间里，美元对日元贬值了 50％，也就是说,日元对美元升值了一倍。

广场协议之后,日元大幅度地升值,对日本以出口为主导的产业产生相当大的影响。为了要达到经济增长的目的,日本政府便以调降利率等宽松的货币政策来维持国内经济的景气。从1986年起,日本的基准利率大幅下降,这使得国内剩余资金大量投入股市及房地产等非生产工具上,从而形成了20世纪90年代著名的日本泡沫经济。这个经济泡沫在1991年破灭之后,日本经济便陷入战后最严重的不景气状态,一直持续了十几年,日本经济仍然没有复苏之迹象。

(三) 折算风险(translation exposure)

折算风险是指经济主体在对资产负债表和损益表进行会计处理中,在将功能货币(在具体经济业务中使用的货币)转换成记账货币(编制会计报表所使用的货币,通常为会计主体的本国货币)时,因汇率波动而呈现账面损失的可能,又称会计风险或转换风险。跨国公司在编制合并会计报表时,需要将海外分公司的财务报表按照一定的会计准则转换为本国货币来表示,一般企业的外币资产、负债、收益和支出等,通常也需要转换成本国货币来表示。

不同会计制度和税收制度对资产负债的会计处理不同,因此折算风险受不同国家的会计制度与税收制度的制约。例如:香港某公司因业务需要在英国银行存有100万英镑,存放时市场汇率为1英镑=12.181 2港币,折合港币1 218.12万;而三个月后市场汇率为1英镑=11.132 0港币,则该公司国外存款折合港币为1 113.2万,损失了104.92万港币,相反如果三个月后的市场行情英镑升值,则可以获得更多的港币。

三、外汇风险的构成要素及相互关系

外汇风险主要产生于经济主体以外币计价的资产与负债存在"敞口"部分以及跨货币的交易行为。例如,一经济主体买进一个月远期美元100万,同时卖出一个月远期美元80万,那么该经济主体承受汇率风险的部分将不是180万美元,而是其差额20万美元。再如,某中国企业有100万美元的应收账款,若以美元核算则不存在汇率风险,但若以人民币核算,则存在汇率风险,当市场汇率为1美元=6.26元人民币时,应收账款价值为626万元人民币;当市场汇率为1美元=6.25元人民币时,应收账款价值为625万元人民币。两者相差1万元,汇率风险产生了。由此可见,外汇风险主要产生于本币与外币的兑换。另外还有一个因素,那就是时间。汇率的变动总是与时间密不可分。在同一时间,汇率不会变动,汇率风险也就不存在。例如,某进出口商在与对方签订购货合同时就预先支付了货款,那么该进口商也不存在外汇风险。时间越长,汇率变动的可能性越大,相应产生的外汇风险可能性就越大。外汇风险的构成三要素缺一不可,必须同时存在,否则不构成外汇风险。

四、折算风险与经济风险和交易风险之比较

就其本质而言,折算风险表现出的是账面损失,并非实际损失,而经济风险和交易风险涉及的是汇率已经或即将发生的变动对企业实际现金流产生的影响。交易风险和经济风险属于同一种类型,但风险程度不同。例如,经济风险往往在主观上取决于在人为的一段期限内人们所估计的企业未来现金流;而交易风险则往往在客观上取决于那些在汇率变动之前未结清的债务大小,而这些债务将在汇率变动之后进行结算。三种汇率风险的比较见表8-3。

表8-3 三种汇率风险的主要特点比较

变量	折算风险	交易风险	经济风险
合约	具体	具体	笼统
期限	某一时点	合约期限	项目期限
收益(损失)	容易计算	有一定计算难度	难以计算
收益(损失)	账面损益	实际损益	实际损益
测定	取决于会计规则(或方法)	取决于即期汇率的实际变动	取决于即期汇率的实际变动
避险	容易	不十分容易	困难
风险程度	取决于会计规则(或方法)	取决于合约本质	取决于产品和要素市场
价值	资产和负债的账面价值	资产和负债的合约价值	资产的市场价值
风险管理	财务部门	财务部门	企业所有部门

第二节 外汇风险的识别方法

一、风险的识别方法

风险识别是指在风险事故发生之前,人们运用各种方法系统地、连续地认识所面临的各种风险以及分析风险事故发生的潜在原因。风险识别是风险管理的第一步,也是风险管理的基础。只有在正确识别出自身所面临的风险的基础上,人们才能够主动选择适当有效的方法进行处理。风险识别的基本方法有以下几种。

(一) 资产财务状况分析法

企业的财务报表主要有资产负债表、损益表、现金流量表等。通过财务报表分析可获得各种风险指标。进行财务报表分析,不仅要分析风险指标的状况及变化,而且要对

整个财务状况进行综合分析。除了比率、比例静态分析外,还要进行时期、趋势等动态分析。对具体业务,还要对与之往来的客户的财务报表进行风险分析。采用综合、系统的财务报表分析方法,才能准确地确定其目前及未来经营的风险因素。

如杜邦分析法,利用几种主要的财务比率之间的关系来综合地分析企业的财务状况,这种分析方法最早由美国杜邦公司使用,故名杜邦分析法。杜邦分析法是一种用来评价公司盈利能力和股东权益回报水平,从财务角度评价企业绩效的经典方法。其基本思想是将企业净资产收益率逐级分解为多项财务比率乘积,这样有助于深入分析比较企业经营业绩。

将净资产收益率分解为三部分进行分析的方式名称:利润率、总资产周转率和财务杠杆。杜邦分析法说明净资产收益率受三类因素影响:营运效率,用利润率衡量;资产使用效率,用资产周转率衡量;财务杠杆,用权益乘数衡量。

$$净资产收益率 = 利润率(利润/销售收入) \times 资产周转率(销售收入/资产) \times 权益乘数(资产/权益)$$

杜邦分析法的特点是将若干个用以评价企业经营效率和财务状况的比率按其内在联系有机地结合起来,形成一个完整的指标体系,并最终通过权益收益率来综合反映。采用这一方法,可使财务比率分析的层次更清晰、条理更突出,为报表分析者全面仔细地了解企业的经营和盈利状况提供方便。杜邦分析法有助于企业管理层更加清晰地看到权益资本收益率的决定因素,以及销售净利润率与总资产周转率、债务比率之间的相互关联关系,给管理层提供了一张明晰的考察公司资产管理效率和是否最大化股东投资回报的路线图。

(二) 分解法

分解法是分析问题原因时广泛使用的一种方法,其原理是将复杂的事物分解成比较简单的、容易被认识的事物。具体做法是将大的故障分解成各种小的故障,或对各种引起故障的原因进行分解、细化。该法可以将企业面临的主要风险分解成许多小的风险,将产生风险的原因一层又一层地分析,排除无关的因素,从而准确地找到对企业真正产生影响的风险因子。

该方法经常用于技术性强、较为复杂、直接经验较少项目的风险识别,其优点是比较全面地分析了所有故障原因,包罗了系统内外所有失效机理,比较形象化,直观性较强。不足之处是适用于大系统时,容易产生遗漏和错误。一种经营活动可能带有多种风险,这些风险的成因及规律不尽相同。按事物自身的规律,结合分析人员的知识经验,将这种经营活动的总体风险进行分解,将有助于对风险整体的认识和了解。例如,对国际资金市场筹资行为的风险进行分析,我们可将之分解为若干个方面来考虑,如汇率风险、利率风险、信用风险、国家风险、政策风险等。

(三) 专家意见法

这种方法的操作过程是,由风险管理人员制定出调查内容,以发放调查表的方式连同企业经营状况的有关资料一起发给一些专家。专家所涉及的面应尽可能广泛些,有一定的代表性。专家根据调查表所列问题,并参考有关资料各自独立提出自己的意见。

风险管理人员汇集整理专家意见,把这些不同意见及其理由反馈给每位专家。经过这样多次反复,最后由风险管理人员将意见汇总成基本趋势一致的结果。这种识别方法,既能使专家各自提出观点,互不干扰,又能使每个专家从中得到启发,从而达到集思广益的效果。

(四) 筛选—监测—诊断法

筛选就是用某种程序对潜在风险进行分类选择的过程,确定哪些风险因素明显会引起损失,哪些因素需要进一步研究,哪些因素明显不重要应该排除出去,在此基础上对不同的后果进行归类,以便风险管理者用不同的方式处理不同的风险。监测是指对筛选出来的风险因素进行观测、记录和分析,并对风险的发展、演变趋势作出预测和警报。诊断是根据监测结果进行分析、评价和判断,对风险进行识别。筛选、监测和诊断是紧密相连的,由于客观事物的复杂性和可变性,往往一次"筛选—监测—诊断"过程不能彻底解决问题,在诊断之后还有可能产生新的风险因素,因此需要重新进行这一过程。筛选—监测—诊断技术应用中,花费的时间和精力非常多,由于过程很复杂,所以技术应用的过程本身隐藏着许多主观臆断的可能性。

二、外汇风险的识别方法

外汇风险识别是指风险管理人员在进行调查研究之后,运用各种方法对潜在的及实际存在的各种外汇风险进行系统分类和全面识别。外汇风险识别所要解决的主要问题是:影响外汇风险的因素、性质及其后果,识别的方法及其效果。外汇风险识别的第一步是认知外汇风险,只有了解外汇风险在什么样的情况下出现,有什么样的表现形式以及会造成什么样的后果,才能找出适当的管理方式。

(一) 德尔菲法

德尔菲法依据系统的程序,采用匿名发表意见的方式,即专家之间不得互相讨论,不发生横向联系,只能与调查人员发生关系,通过多轮次调查专家对问卷所提问题的看法,经过反复征询、归纳、修改,最后汇总成专家基本一致的看法,作为预测的结果。这种方法具有广泛的代表性,较为可靠。这是一种集众人智慧进行准确预测的方法,被广泛运用于风险管理和风险决策中。

其基本特点是:参加者之间相互匿名,将各种回答进行统计处理,将上一次征询的统计结果反馈给参加者,这一过程反复进行,直到组织者得到满意的结果为止。整个过程均采用匿名形式,这样可以避免权威、资历、劝说、压力等因素的影响,问询进行多轮反复,每一次反复都带有对每一条目的统计反馈,包括中位值及一些离散度的测量数值,有时要提供全部回答的概率分布。对问题回答结果采用"四分点"方法进行统计处理,即将所有回答按一定规则排列,将这一排列做"四分"处理,分成四个区间,相应的划分点称为"下四分点"、"中位数"和"上四分点"。回答在上下四分点之外的回答者可以被请求更正其回答,或陈述理由,对每一次的反复都可以提供必要的信息反馈,当将上一次的统计结果反馈给参加者时,他们会对自己的回答进行调整,这样得到新一轮的调查结果。反复的结果是,专家意见最后出现一定的收敛,即意见逐渐趋于一致。

(二) 专家会议法

专家会议法是指根据规定的原则选定一定数量的专家,按照一定的方式组织专家会议,发挥专家集体的智能结构效应,对预测对象未来的发展趋势及状况,作出判断的方法。运用专家会议法,必须确定专家会议的最佳人数和会议进行的时间。专家小组规模以 10—15 人为宜,会议时间一般以进行 20—60 分钟效果最佳。会议提出的设想由分析组进行系统化处理,以便在后继阶段对提出的所有设想进行评估。"头脑风暴法"就是专家会议预测法的具体运用。专家会议有助于专家们交换意见,通过互相启发,可以弥补个人意见的不足;通过内外信息的交流与反馈,产生"思维共振",进而将产生的创造性思维活动集中于预测对象,在较短时间内得到富有成效的创造性成果,为决策提供预测依据。但是,与德尔菲法相比,有时心理因素影响较大;易屈服于权威或大多数人意见;易受劝说性意见的影响;不愿意轻易改变自己已经发表过的意见等。

> **阅 读 链 接**
>
> ### 头脑风暴法
>
> 头脑风暴法(Brain Storming)又称智力激励法,是现代创造学奠基人美国的奥斯本提出的,是一种创造能力的集体训练法。它把一个组的全体成员都组织在一起,使每个成员都毫无顾忌地发表自己的观念,既不怕别人的讥讽,也不怕别人的批评和指责,是一个使每个人都能提出大量新观念、创造性地解决问题的最有效的方法。头脑风暴法又可分为直接头脑风暴法(通常简称为头脑风暴法)和质疑头脑风暴法(也称反头脑风暴法)。前者是在专家群体决策尽可能激发创造性,产生尽可能多的设想的方法,后者则是对前者提出的设想、方案逐一质疑,分析其现实可行性的方法。它有四条基本原则:
>
> 第一,排除评论性批判,对提出观念的评论要在以后进行。
>
> 第二,鼓励"自由想象"。提出的观念越荒唐,可能越有价值。
>
> 第三,要求提出一定数量的观念。提出的观念越多,就越有可能获得更多的有价值的观念。
>
> 第四,探索研究组合与改进观念。除了与会者本人提出的设想以外,要求与会者指出,按照他们的想法怎样做才能将几个观念综合起来,推出另一个新观念;或者要求与会者借题发挥,改进他人提出的观念。
>
> 头脑风暴法可以在很短的时间内得出风险管理需要的结论,在项目管理实施的过程中,也可以经常采用这种方法,对以后实施阶段可能出现的风险进行预见性的分析。但它适用于探讨的问题比较单纯,目标比较明确、单一的情况。如果问题牵涉面太广,包含因素过多,就要先进行分解,然后再分步进行讨论。

第三节 外汇风险的计量方法

一、风险的计量方法

计量市场风险的常用方式包括缺口分析、久期分析、运用内部模型计算风险价值等。在运用这些方法计量市场风险时应当充分认识到市场风险不同计量方法的优势和局限性。

(一) 缺口分析

缺口分析是衡量利率变动对银行当期收益的影响的一种方法。银行的资产和负债一般有浮动利率和固定利率之分,浮动利率资产和负债的利率随市场利率变化定期调整,这类资产和负债由于受市场利率的影响比较大,因而被称为"利率敏感性资产和负债"。银行固定利率的资产和负债,不根据市场利率定期进行利率调整,但到期后也会存在重新定价的问题,如贷款的收回再贷,其利率需重新确定和调整。当利率发生变化时,由于资产和负债是由不同收益率、面值和到期时间的存贷款或各种证券组成的,对利率的敏感性不可能相等,必然存在一定差距,这个差距就称为资产负债缺口。缺口大表明利率变动时市场价值变动也大,会给银行经营带来较大的利率风险;反之,缺口小则给银行带来的风险就小。利用缺口对利率风险进行度量就是所谓的资产负债缺口分析。

具体而言,就是将银行的所有生息资产和付息负债按照重新定价的期限划分到不同的时间段(如1个月以下,1至3个月,3个月至1年,1至5年,5年以上等)。在每个时间段内,将利率敏感性资产减去利率敏感性负债,再加上表外业务头寸,就得到该时间段内的重新定价"缺口"。以该缺口乘以假定的利率变动,即得出这一利率变动对净利息收入变动的大致影响。

$$缺口 = 利率敏感型资产 - 利率敏感型负债$$
$$净利息变动 = 利率变动 \times 利率敏感性缺口$$

缺口分析是对利率变动进行敏感性分析的方法之一,是银行业较早采用的利率风险计量方法。缺口分析也存在一定的局限性:第一,缺口分析忽略了同一时段内不同头寸的到期时间或利率重新定价期限的差异。第二,缺口分析只考虑了由于重新定价期限的不同而带来的利率风险,未考虑基准风险。同时,忽略了与期权有关的头寸在收入敏感性方面的差异。第三,非利息收入和费用是银行当期收益的重要来源,但大多数缺口分析未能反映利率变动对非利息收入和费用的影响。第四,缺口分析主要衡量利率变动对银行当期收益的影响,未考虑利率变动对银行经济价值的影响,所以只能反映利率变动的短期影响。

(二) 久期分析

久期分析也称为持续期分析或期限弹性分析,是衡量利率变动对银行经济价值影响的一种方法。具体而言,就是对各时段的缺口赋予相应的敏感性权重,得到加权缺口,然后对所有时段的加权缺口进行汇总,以此估算某一给定的小幅(通常小于1%)利率变动可能会对银行经济价值产生的影响(用经济价值变动的百分比表示)。各个时段的敏感性权重通常是由假定的利率变动乘以该时段头寸的假定平均久期来确定。一般而言,金融工具的到期日或距下一次重新定价日的时间越长,并且在到期日之前支付的金额越小,则久期的绝对值越高,表明利率变动将会对银行的经济价值产生较大的影响。

与缺口分析相比较,久期分析是一种更为先进的利率风险计量方法。缺口分析侧重于计量利率变动对银行短期收益的影响,而久期分析则能计量利率风险对银行经济价值的影响。久期分析仍然存在一定的局限性:第一,如果在计算敏感性权重时对每一时段使用平均久期,即采用标准久期分析法,久期分析仍然只能反映重新定价风险,不能反映基准风险,以及因利率和支付时间的不同而导致的头寸的实际利率敏感性差异,也不能很好地反映期权性风险。第二,对于利率的大幅变动(大于1%),由于头寸价格的变化与利率的变动无法近似为线性关系,因此,久期分析的结果就不再准确。

(三) VaR 法(Value at Risk)

VaR 中文译为"风险价值",是指在正常的市场条件和给定的置信度内,用于评估和计量任何一种金融资产或证券投资组合在既定时期内所面临的市场风险大小和可能遭受的潜在最大价值损失。考虑了金融资产对某种风险来源(例如利率、汇率、商品价格、股票价格等基础性金融变量)的敞口和市场逆向变化的可能性。常用的风险价值模型技术主要有三种:方差-协方差、历史模拟法和蒙特卡洛法。现在,风险价值已成为计量市场风险的主要指标,也是银行采用内部模型计算市场风险资本要求的主要依据。为了确保风险评估计量模型的质量和准确性,需经常对模型进行检验。"返回检验"(backtesting)就是一个评价公司的风险计量模型,特别是 VaR 模型的一种常用的计量检验方法。它的核心是将实际交易的结果与根据模型生成的风险值进行比较,以确认和检验 VaR 风险计量方法的可信度。

市场风险内部模型已成为市场风险的主要计量方法,与缺口分析、久期分析等传统的市场风险计量方法相比,市场风险内部模型的主要优点是可以将不同业务、不同类别的市场风险用一个确切的数值来表示,是一种能在不同业务和风险类别之间进行比较和汇总的市场风险计量方法,而且将隐性风险显性化之后,有利于进行风险的监测、管埋和控制。同时,风险价值具有高度的概括性,简明易懂。

二、外汇风险的计量方法

外汇敞口分析法是一种传统和简便、清晰的外汇风险计量方法。它用于衡量汇率变动对银行当期收益的影响,外汇敞口主要来源于银行表内外业务中的货币错配。当在某一时段内,银行某一币种的多头头寸与空头头寸不一致时,所产生的差额就形成了外汇敞口。在存在外汇敞口的情况下,汇率变动可能会给银行的当期收益或经济价值带来损失,从而形成汇率风险。在进行敞口分析时,要注意分析银行账户和交易账户的单币种敞口头寸和总敞口头寸,并采用套期保值和限额管理(包括交易限额、风险限额和止损限额等方式)对风险进行控制。其主要分析方法包括以下几种。

(一) 总汇总敞口(the gross aggregate position)

简称 GAP,国内又称其为累计总敞口头寸法。即银行各种外币多头头寸形成的长敞口与缺口头寸形成的短敞口相加,是以德国为代表的一些国家的银行业所采用的计量银行外币总敞口的方法。当外汇敞口组合中的货币汇率变动完全不相关时,最合适的方法是采用 GAP 方法计量银行外汇总敞口。但是当货币汇率变动有相关性时,采用 GAP 方法计量就高估了银行的外汇总敞口。因此,这种方法趋于保守。用公式表示为:$GAP = L + S$,其中,L 表示外汇多头,S 表示外汇空头。

(二) 净汇总敞口(the net aggregate position)

简称 NAP,国内又称其为净总敞口头寸法。即银行各外币多头头寸形成的长敞口与缺口头寸形成的短敞口相减后的绝对值,是日本金融监管当局等所采用的计量外汇总敞口的一种方法。当外汇敞口组合中的货币汇率变动完全高度相关时,外汇的长头寸的外汇敞口与短头寸的外汇敞口的外汇风险可以相互抵消,在这种情况下,NAP 计量法较为可行;但外汇敞口组合中的货币汇率变动完全不相关时,该计量方法则较为激进。用公式表示为:

$$NAP = L - S$$

(三) 汇总短敞口(shorthand aggregate position)

简称 BAP,国内又称其为短边法。即在银行各外币多头头寸形成的长敞口与缺口头寸形成的短敞口之间取值较大的一方。也就是说,分别加总每种外汇的多头和空头(分别称为净多头头寸之和与净空头头寸之和),比较两个总数,把较大的一个总数作为银行的总敞口头寸。用公式表示为:

$$BAP = (GAP + NAP)/2$$

短边法的优点在于既考虑到多头与空头同时存在风险,又考虑到它们之间的抵补效应。BAP 计量法是由英国银行监管当局提出的,后来被其他国家所采用。BAP 计量方法也是巴塞尔委员会在计算银行外汇风险的资本要求时采用的计量外币总敞口的方法。根据中国银行业监督管理委员会颁布的《商业银行资本充足率管理办法》(2004 年 3 月 1 日起施行)中的相关规定,我国商业银行计量外币总敞口采用的是 BAP 计量法。

外汇敞口分析也存在一定的局限性,主要是忽略了各币种汇率变动的相关性,难以揭示由各币种汇率变动的相关性所带来的汇率风险。

案 例 8-1

某涉外公司规避交易风险

×国某进出口公司,其进口支付的货币以欧元为主,而其外汇收入以美元为主。该公司于 2004 年 1 月签订了一批进口合同约合 100 万欧元,双方约定 6 个月后付款。该公司外汇收入基本以美元为主,这样该企业存在收入外汇的币种、金额与支付外汇的币种、金额的不匹配问题,收付时间也可能不一致,而且这种不匹配的情况在可预见的未来一段时期内依然存在。由于收入的货币主要是美元,而支付的货币主要是欧元,表明该公司面临交易风险,有必要采取积极的保值避险措施,对未来可测算的外汇收付(特别是非美元货币的对外支付)锁定汇率风险。

2012年1月的市场行情如下:

即期汇率　　　EUR/USA 1.2900

远期汇率(6)　　EUR/USA　 1.3100

6个月欧元看涨期权(履约价格1.3000)　　0.020—0.025

6个月欧元看跌期权(履约价格1.3000)　　0.030—0.035

假如6个月后,市场汇率可能出现以下三种情况:

第一种情况:欧元贬值,美元升值,市场汇率为EUR/USA1.2700;

第二种情况:市场汇率与签约时相同,市场汇率为EUR/USA1.3000;

第三种情况:欧元升值,美元贬值,市场汇率为EUR/USA 1.3300。

以下我们可以分析该公司采取几种方法来防范汇率风险的效果。

方案一:准确判断市场汇率走势,获取超额风险收益

该公司可积极分析当前市场汇率的走势,如果认为汇率将朝有利的方向变化,可以不必采取任何保值措施,而获得超额的汇率风险收益。从6个月后的三种市场汇率来看,对于第一种情况,欧元的贬值使得该公司可以获得实际债务减少的风险收益(6个月前欧元债务的美元值为129万美元,6个月后为127万美元,减少了2万美元),但此种方法必须依赖对汇率波动的准确预测,否则将给该公司带来更大的风险;对于第三种情况,欧元的升值使得该公司由于实际债务的计价货币的升值造成债务增加,该公司面临汇率波动带来的风险损失(6个月前债务成本的美元值为129万美元,6个月后为133万美元,债务成本增加了4万美元)。

方案二:事先确定未来资金收付时的汇率,规避风险

公司在签订进出口合同时,事先确定了货币汇率为EUR/USA1.2900,以防范未来资金支付时汇率波动的风险。为达到公司保值避险的目标,在签订非美元商务合同或开立非美元远期信用证时,公司通过合同将支付时的汇率提前确定了,这样到实际支付时,由于市场的即期汇率大幅升值造成汇率风险损失的局面就可以有效地避免了。从6个月后的市场汇率的三种可能来看,对于第一种情况,该公司由于事先在合同中确定了债务支付时的汇率水平,因此由美元汇率的不变和升值带来的债务成本的下降的风险收益,该公司将不能享受(如果没有事先约定汇率,100万欧元的债务成本分别为127万美元,由于事先约定了汇率,实际债务成本为129万美元,这样债务成本实际增加了2万美元);对于第二种和第三种情况,也正是由于事先确定了汇率水平,欧元升值带来的债务成本的增加则有效地避免了(实际的债务成本为129万美元,如果没有事先约定则为130万美元和133万美元,实际债务成本分别增加了1万美元和4万美元)。

方案三：利用远期合同，规避风险

按照该方法，公司在叙做远期外汇买卖时，交易当天并没有实际的资金交换，而是在预先确定的到期日才按照交易时已确定的远期汇率完成实际资金交割。买进远期的欧元，卖出美元，在交割时，公司可以选择用已收入的美元支付。如果美元收入小于欧元的支付，不足部分可用人民币即期购买美元完成远期外汇买卖项下的资金交割。另外，公司在进行远期外汇买卖交割美元时，如果时间不匹配的话，需支付的美元也可考虑用美元的短期流动资金贷款解决，到期后用美元收入归还。该公司可以买入6个月的远期欧元与它6个月后的欧元债务匹配。这样，无论6个月后市场汇率将如何变动，该公司的100万欧元的债务成本已事先确定了，汇率风险也已经有效地防范了。根据6个月的远期欧元的报价，其100万欧元的成本为131万美元（不计手续费等费用）。与期权法相比，该公司将放弃汇率如果向有利方向发展所带来的汇率收益。如在第一种情况下，如果没有买进6个月的远期欧元合约，该公司的100万欧元的成本为127万美元，由于事先买入的远期欧元合约，反而使其债务成本增加了4万美元。

方案四：利用外汇期权合同，规避风险

运用该方法时，公司作为期权的买方，有权在能够执行该期权的时间里，决定是否按期权的协议价和金额买入该货币、卖出美元。一旦作为期权买方的公司决定执行合同，则期权的卖方（银行）有义务按协议价卖出该货币。公司买入期权后，便达到了既能规避汇率朝不利方向变动的风险，又能在汇率朝对公司有利的方向大幅变化时，可以选择不执行期权而在即期外汇市场用更有利的汇率买入需对外支付的货币的目的。为了享有期权的这种全面性好处，公司必须先行支付一笔期权费，如果期权费用小于汇率波动带来的风险收益，期权交易将优于远期交易。如果该公司卖出期权，则可以获得一笔稳定的期权费，以此降低债务成本。根据分析，该公司可以有以下两种选择：

（1）买入欧元的看涨期权：

$$期权费 = 1\,000\,000 \times 0.025 = 25\,000(美元)$$

第一种情况：债务成本 $= 1\,000\,000 \times 1.27 + 25\,000 = 1\,295\,000$（美元）

第二种情况：债务成本 $= 1\,000\,000 \times 1.3 + 25\,000 = 1\,325\,000$（美元）

第三种情况：债务成本 $= 1\,000\,000 \times 1.3 + 25\,000 = 1\,325\,000$（美元）

（2）卖出欧元的看跌期权：

$$期权费 = 1\,000\,000 \times 0.030 = 30\,000(美元)$$

第一种情况：债务成本 $= 1\,000\,000 \times 1.3 - 30\,000 = 1\,270\,000$（美元）

第二种情况：债务成本 $= 1\,000\,000 \times 1.3 - 30\,000 = 1\,270\,000$（美元）

第三种情况：债务成本 $= 1\,000\,000 \times 1.33 - 30\,000 = 1\,300\,000$（美元）

[讨论题]

你认为运用哪种方法规避交易风险效果最佳？

本 章 小 结

1. 外汇风险(foreign exchange exposure)是指外汇市场汇率的变化对企业、银行等经济组织或国家、个人以外币计价的资产和负债带来的损失的可能性。

2. 交易风险是国际企业的一种最主要的风险,是指国际企业在经营过程中,由于货币汇率的变化而引起所拥有的债权或应付的债务价值变化的风险。经济风险又称为经营风险(operating risk),是指意料之外的汇率变动可能引起企业未来一定期间盈利能力与现金流量变化的一种潜在风险。折算风险是指经济主体在对资产负债表和损益表进行会计处理中,在将功能货币(在具体经济业务中使用的货币)转换成记账货币(编制会计报表所使用的货币,通常为会计主体的本国货币)时,因汇率波动而呈现账面损失的可能。

3. 风险识别是指在风险事故发生之前,人们运用各种方法系统地、连续地认识所面临的各种风险以及分析风险事故发生的潜在原因。识别方法包括资产财务状况分析法、分解法、专家意见法、筛选—监测—诊断法等。外汇风险的识别方法主要有德尔菲法、专家会议法等。

4. 计量市场风险的常用方式包括缺口分析、久期分析、运用内部模型计算风险价值等。外汇风险的计量方法包括总汇总敞口、净汇总敞口、汇总短敞口等。

本章专业词汇

Foreign Exchange Exposure   Transaction Exposure
Economic Exposure   Brain Storming
Value at Risk   Gross Aggregate Position
Net Aggregate Position   Shorthand Aggregate Position

思 考 题

1. 比较德尔菲法与专家会议法的差异。
2. 简述缺口分析的主要局限性。
3. 分析总汇总敞口分析法、净汇总敞口分析法、汇总短敞口分析法的区别。

练 习 题

1. 外汇风险主要包括以下哪些类型_____。
    A. 交易风险   B. 财务风险   C. 会计风险   D. 经济风险
2. 因汇率的波动而导致实际收入减少的风险为_____。
    A. 经济风险   B. 交易风险   C. 会计风险   D. 财务风险
3. 外汇银行卖出外汇多于买进的外汇而产生的风险为_____。
    A. 经济风险   B. 交易风险   C. 会计风险   D. 财务风险

第九章　外汇风险的管理方法

> **开篇案例**
>
> 　　自从 2005 年 7 月 21 日人民币汇率不再钉住单一美元，而是实行以市场供求为基础、参考一篮子货币进行调节、有管理的浮动汇率制度以来，人民币汇率一直呈现"稳步渐进"的升值趋势，截至 2013 年 9 月 13 日，人民币汇率已由当初的 1 美元兑 8.11 元人民币，中间价升至 1 美元兑 6.157 5 元人民币左右，累计升值幅度近 30%。美元兑人民币的大幅贬值，对我国出口企业产生深远的影响，如纺织业，我国是第一大纺织品出口国，纺织服装的出口率为 50%—60%，由于下游谈判能力较弱，出口获利能力低，人民币升值对纺织行业有较大的负面影响。据研究，人民币每升值 1%，纺织行业销售利润率将下降 2%—6%，如果人民币升值 5%—10%，纺织行业利润率将下降 10%—60%。同样出口依存度较高的服装行业受损也非常严重。
>
> 　　据海关总署统计，2013 年 6 月份我国纺织品服装出口 240.9 亿美元，同比增长 5.3%，增速与上月持平，比 1—5 月增速低 8.5 个百分点。1—6 月，纺织品服装累计出口 1 272.1 亿美元，同比增长 12.1%。截至 6 月份，2012 棉花年度纺织品服装累计出口 2 201.8 亿美元，同比增长 11%。
>
> 　　2013 年 1 月 4 日美元兑人民币汇率中间价是 6.289 7，到 7 月 1 日，人民币中间价升至 1 美元兑 6.180 5 元人民币左右，升值近 2%，初略计算，将使我国的纺织品出口企业利润减少约 300 亿人民币，还没有包括由于人民币升值对出口企业出口总量的影响。由此可见，汇率的变化对一国经济将产生深远的影响。
>
> 　　出口型企业，尤其是中小型出口企业应如何规避汇率风险？有哪些成本低廉的避险工具可以运用？其效果如何等？本章将带大家来解读有关外汇风险管理的具体方法。

【学习要点】

　　本章将主要围绕外汇风险的三大类风险——交易风险、折算风险和经济风险的管理展开，重点阐述交易风险、折算风险和经济风险的主要管理方法，并分别结合实例介绍三类风险管理方法的具体运用。

第一节 交易风险的管理方法

一、货币选择法

货币选择法就是在对汇率变化进行正确预测的基础上,选择适当的计价和结算货币以规避风险。在实际的交易中,选择哪种货币作为计价货币是一个比较复杂的问题,它涉及交易双方的实力和一些国际惯例。例如,如果以本币作为计价货币,外汇风险则转移到交易对手一方,出口以本币计价的比例高,说明海外对本国商品的需求强烈。从国际惯例来说,目前使用国际关键货币——美元的情况较多,特别是各种原材料和原油的交易;而对于工业制成品来说,如果出口国的货币为可自由兑换货币,则以出口国货币为计价货币的机会较多。

(一) 选择可自由兑换的货币

对于跨国公司而言,选择可自由兑换的货币有助于外汇资金的调拨和运用,也便于及时将一种外汇风险较大的货币兑换成风险较小的货币。

(二) 选择有利的外币或本币为计价货币

外汇风险的大小与外币币种有着密切的联系,交易中收付货币币种不同,所承受的外汇风险会有所不同。在外汇收支中,原则上应争取用硬货币收汇,用软货币付汇。例如,在进出口贸易中,进口支付争取用软货币,出口收汇争取用硬货币。硬货币是指在国际金融市场上汇价坚挺并能自由兑换,币值稳定,可以作为国际支付手段或流通手段的货币。通常是由高度工业化国家发行,被全球广泛接受用于贸易支付的货币,其币值在中短期内保持稳定,并且在外汇市场有极高的流动性,主要有美元、英镑、日元、欧元等。软货币指在国际金融市场上汇价疲软,不能自由兑换他国货币,信用程度低的国家货币。硬货币和软货币是相对而言的,它会随着一国经济状况和金融状况的变化而变化。例如,美元在20世纪50年代是硬货币,在60年代后期到70年代是软货币,80年代以来,美国实行高利率政策和紧缩银根政策,美元又成为硬货币。此外,在签订进出口合同时,应尽量采用本国货币为计价货币,这样进出口商就不需要买卖外汇了,也就避免了外汇汇率波动的风险。

(三) 实施资产债务调整

以外币表示的资产及债务容易受到汇率波动的影响。汇率的变化可能会造成利润下降或者折算成本币后债务增加。资产和债务管理是将这些账户进行重新安排或者转换成最有可能维持自身价值甚至增值的货币。这一方法的核心是尽量持有硬货币资产或软货币债务。硬货币的价值相对于本币或另一种基础货币而言趋于不变或上升,软货币则恰恰相反,其价值趋于下降。作为正常业务的一部分,实施资产债务调整策略有利于企业对交易风险进行自然防范。如采取借贷法,当企业拥有以外币表示的应收账款时,可借入一笔与应收账款等额的外币资金,以达到防范交易风险的目的。

(四) "软"、"硬"货币搭配

在国际贸易中以硬货币结算一般有利于出口商,在国际信贷中以硬货币贷款则有利于债权人。若买卖双方在货币的选择上难以达成协议,为了国际贸易的顺利进行,双方可以互相让步,采用"软"、"硬"货币搭配的方式,使双方都可以接受,如"软"货币50%,"硬"货币50%,当然,最终的比例以双方磋商而定。

> **阅读链接**
>
> **跨境贸易人民币结算**
>
> 2009年4月8日正式决定,在上海和广州、深圳、珠海、东莞等城市开展跨境贸易人民币结算试点。这将迈开人民币走向国际化的关键一步,有利于人民币国际地位的逐步提升。所谓跨境贸易人民币结算,是指经国家允许指定的、有条件的企业在自愿的基础上以人民币进行跨境贸易的结算,商业银行在中国人民银行规定的政策范围内,可直接为企业提供跨境贸易人民币相关结算服务。
>
> 跨境贸易人民币结算将有利于企业有效规避汇率风险。美、欧、日等境外企业与中国境内企业之间的贸易,通常以美元、欧元和日元进行计价结算,由此带来的美元、欧元和日元与人民币之间的汇率风险通常主要由境内企业承担。如果能以人民币进行国际结算,则境内企业可以避免承受这类汇率风险。中国与其他国家的贸易,其中主要是与东南亚和韩国等的贸易通常是以第三国货币进行计价结算,这样中国境内企业和这些国家企业也都要承担汇率风险。当人民币用于跨境贸易结算时,中国和周边地区使用人民币进行国际结算的企业所承受的外币汇率风险即可部分消除。
>
> 人民币跨境结算节省了企业两次汇兑所引起的部分汇兑成本。中国周边国家和地区与中国之间的贸易大都采用美元结算,而其国内又不能进行美元流通。因此结算通常要经过本币—美元—本币的两次兑换,这种情况主要发生在公司的内部交易即子公司与子公司或子公司与母公司的贸易之中。以美元兑换人民币为例,银行按交易金额的1.25%收取汇兑费用。若人民币可用于跨境贸易结算,则可减少其中一次兑换并节省有关费用。
>
> 最后,跨境贸易用人民币结算可以加快结算速度,提高企业资金使用效率。减少一次汇兑本身就减少了资金流动的相关环节,缩短了结算过程,提高了资金使用效率。同时,由于不需要进行外币衍生产品交易,企业可以减少相应的人力资源投入和相关资金投入,这也有利于企业加快运转速度。

二、货币保值法

所谓货币保值法,是指在交易谈判时,经过双方协商,在合同中订立适当的保值条款,以防止汇率多变的风险。货币保值条款的种类很多,并无固定模式,但无论采用何种保值方式,只要合同双方同意,便可达到保值目的。常见的保值条款有以下几种。

(一)"硬"货币保值条款

"硬"货币保值条款是在合同中规定以"硬"货币计价,以"软"货币支付,并事先确定两种货币的汇率。在执行的过程中如果用于支付的货币汇率下跌,则支付的金额要等比例进行调整。收付货款时,如果结算货币贬值超过合同规定幅度,则按结算货币与保值货币的新汇率将货款加以调整,使其仍等于合同中原折算的保值货币金额。订立这种保值条款时,需注意三点:首先,要明确规定货款到期应支付的货币;其次,选定另一种"硬"货币保值;最后,在合同中标明结算货币与保值货币在签订合同时的即期汇率。

(二)黄金保值条款

黄金保值条款是一种传统的货币保值条款,该条款是将合同货币的金平价记入合同,在订立合同时,按当时的黄金市场价格将支付的货币金额折算为若干盎司黄金。到实际支付日,若金平价发生变动,则支付或偿还的合同货币金额将做相应的调整,以此来防范由于货币汇率变动所带来的风险。

其具体做法是:在订立合同时按签约日的黄金价格将支付货币的金额折合为一定数量的黄金,到支付日再将特定数量的黄金按当时的金价转换成一定数量的计价货币。如果黄金价格上涨,则支付货币金额要相应增加,反之,则相应减少。实行黄金保值条款的前提是黄金价格保持稳定,目前黄金价格本身不断波动,这种方法已不能起到避免风险的作用。

例如,进出口货款为1 000万美元,签订合同时1美元的含金量为1克纯金,则1 000万美元折算成黄金为1 000万克纯金,到货款结算时1美元的含金量为0.98克纯金,则1 000万克纯金折算成美元为1 020.4万美元,故进口商应支付货款1 020.4万美元,即由于美元贬值,进口商在结算时所支付的1 020.4万美元,只相当于签订合同时的1 000万美元,这样对出口商来说有效地防范了汇率风险。黄金保值条款通行于固定汇率时期,现今由于黄金非货币化,以及黄金价格的不稳定,此方法已不再采用。

(三)外汇保值条款

外汇保值条款也称货币风险条款,即在国际经济合同中规定,从签订合同到货币的实际支付结算期间,当交易的结算货币贬值或升值超过双方规定的幅度时,由买卖双方按一定的比例共同承担外汇风险。

例如,中国某企业从德国进口了一套设备,货款为1 000万欧元。签约时双方商定以欧元计价,美元支付。签约时1欧元兑1.25美元,折合美元约1 250万美元,半年后付汇时欧元上浮为1欧元兑1.30美元,折合美元1 300万美元。如果不采取任何规避汇率风险的对策,则我国企业要损失50万美元。但是由于该企业在与外商签约时,加列了外汇保值条款这一防范措施,进口设备的货款从1 000万欧元调整为980万欧元。我方买进欧元需支付约1 275万美元,比签约时需多支付25万美元。德方实收货款较原货款少20万欧元,双方平均分摊了汇率风险带来的损失。

(四)一揽子货币保值条款

一揽子货币保值条款是指交易双方在合同中明确规定支付货币与多种货币组成的一揽子货币的综合价值挂钩的保值条款,也就是在签订合同时,确定支付货币与一揽子货币中各种货币的汇率,并规定汇率变动的调整幅度,如到期支付汇率变动超过规定的幅度,则按照支付时的汇率调整。由于一揽子货币中各种汇率有升有降,汇率风险分散,从而可以有效地避免外汇风险。

具体做法是:签订合同时,按当时的汇率和各保值货币的权数将货款分别折算成各保值货币;货款支付日时,再根据汇率变动幅度和每种所选择货币的权数,对支付的合同货币金额作相应的调整。

例如,某进出口贸易合同货款为 500 万美元,为防范汇率风险,双方决定在贸易合同中规定用美元、日元、英镑组成的"一揽子"货币来对货款进行保值,其中美元占 30%,日元占 30%,英镑占 40%。假设签订合同时的汇率为:1 美元=120 日元,1 美元=0.666 7 英镑。则 500 万美元折算成保值货币为:500×30%×1=150 万美元;500×30%×120=1 800 万日元;500×40%×0.666 7=133.34 万英镑。假设货款支付日的汇率为:1 美元=130 日元,1 美元=0.7 英镑。则各保值货币分别折回美元为:150 万美元;1 800/130=138.46 万美元;133.34/0.7=190.48 万美元。合计为:150+138.46+190.48=478.94 万美元。即货款支付日支付 478.94 万美元。

在实际操作中,通常选用特别提款权作为"一揽子"保值货币。在期限长、金额大的进出口贸易中,以"一揽子"货币保值来避免外汇风险是一种有效的方法。

三、调整贸易条件法

(一) 调整贸易价格法

在进出口贸易中,一般应坚持出口收硬货币、进口付软货币的原则,但有时由于某些原因使出口不得不用软货币成交,进口不得不用硬货币成交,这样就存在外汇风险。为了防范风险,可采取调整价格法,主要有加价保值法和压价保值法两种。加价保值用于出口贸易中,当出口商接受"软"货币计价时,出口商将汇率损失摊入商品价格中,以转嫁汇率风险,加价的幅度相当于软货币的预期贬值幅度,加价后的单价=原单价×(1+货币的预期贬值率);压价保值用于进口贸易中,当进口商接受"硬"货币计价时,将汇率损失从进口商品的价格中剔除,以转嫁汇率风险,压价的幅度相当于硬货币的预期升值幅度,压价后的单价=原单价×(1-货币的预期升值率)。

(二) 调整国内合同条件法

调整国内合同条件法是将进出口商的汇率风险转嫁给国内的交易对象或消费者的一种方法。办理进口业务的公司把进口商品卖给国内生产厂家、商家或消费者时,以外币计价或加价,来避免自己的汇率风险。例如,某进口公司的进口商品主要来自欧洲市场,为了防止欧元对人民币的升值导致进口商品的本币价格上升的风险,事先在合同中约定以外币结算或将价格上升的部分通过商品加价转嫁给消费者承担。

四、提前推后法

在国际金融市场瞬息万变的情况下,提前或推迟收款、付款对外贸企业来说会产生不同的利益效果。因此,企业应根据实际情况灵活掌握收付时间。作为出口商,当计价货币坚挺时,即汇率呈上升趋势时,由于收款日期越向后推就越能收到汇率收益,故企业应在合同规定的履约期限内尽可能推迟出运货物,或向外方提供信用,以延长出口汇票期限。若汇率呈下跌趋势时,应争取提前结汇,即加速履行合同,如以预收货款的方式在货物装运前就收汇。当然,这要在双方协商同意的基础上才能进行。反之,当企业作为进口商时,则作出相应调整、由于使用这种方法,企业所得利益便是对方的损失,故不易为对方所接受。

五、金融交易法

企业还有很多外部套期保值工具可供选用,如远期外汇合同、外汇期权交易等,开展外汇交易管理交易风险是一种常用的方法。

(一) 即期合同法

即期合同法是指公司与外汇银行签订买卖外汇的即期合同,以消除本公司业务经营在两天内存在的汇率变动的风险。以即期交易防范外汇风险,需要实现资金的反向流动。企业若在近期预定时间有出口收汇,就应卖出手中相应的外汇头寸;企业若在近期预定的时间有进口付汇,则应买入相应的即期外汇。

(二) 远期合同法

远期合同法指具有外汇债权或债务的公司与银行签订卖出或买进远期外汇的合同,以消除外汇风险的方法。做法是:出口商在签订贸易合同后,按当时的远期汇率预先卖出与合同金额相等、币种相同的远期,在收到货款时再按约定的汇率进行交割。进口商则预先买进所需外汇的远期,到支付货款时,按原定汇率进行交割。这样无论将来外汇市场的即期汇率如何变化,该公司都能有效地防范汇率风险。

例如:2012 年 7 月 20 日国内某出口商预计 3 个月后将收入 100 万美元。此时美元即期结汇价为 6.645 0,而中国银行 3 个月远期美元对人民币报价 6.625 0。由于美元对人民币一直处于疲势当中,为防范美元进一步贬值带来的风险,出口商与中国银行签订了远期合同,规定合同到期时,出口商可按 1 美元兑 6.625 0 元人民币的价格向中国银行出售美元。果然,美元兑人民币的汇价一路下滑,三个月后,美元兑人民币的即期汇价跌至 6.555 0。但由于客户已远期结汇,锁定了美元兑人民币的汇率风险,仍可以 6.625 0 卖出美元 100 万,收入人民币 662.5 万元。如果出口商没有采取相应措施,则只能以 6.555 0 的即期汇价卖出美元,仅收入人民币 655.5 万元,损失高达 70 万元人民币。

(三) 期货合同法

期货合同法指具有远期外汇债务或债权的公司,委托银行或经纪人购买或出售相应的外汇期货,借以消除外汇风险的方法。这种方法具体有"多头套期保值"和"空头套期保值"两种。期货合同法与远期合同法相似,区别在于后者通常用于数量、金额较大的交易,而前者较适合于数量较少的交易活动。企业购买期货合约是为了在特定的日期按确定的价格购进特定货币的确定数量。持有这种合约可以锁定企业应支付的本币数量。使用期货合约可以减少企业的交易风险,但有时也会产生相反的情况。

例如:假设美国的一家出口企业3月1日向德国出口一批货物价值100万欧元,双方约定以欧元结算,3个月后付款,此时即期汇率为1欧元=1.2956 USD。为避免汇率风险该出口商进行套期保值,卖出8份6月份的欧元期货合约,期货价格1欧元=1.2936 USD。

3个月后欧元果然下跌,即期汇率1 CHF=1.2756 USD,6月份期货价1 CHF=1.2676 USD。

根据以上材料分析:由于欧元对美元的升值,与三个月前相比,其100万欧元的货款兑换美元将损失:1 000 000×(1.2956-1.2756)=20 000美元。

期货市场的空头套期保值将获利:1 000 000×(1.2936-1.2676)=25 000美元。

因为事先在期货市场上做了反向交易,当欧元贬值以后,虽然现货市场有潜在的损失,但可以利用期货市场的反向交易所产生的盈利部分或全部弥补损失。

(四) 外汇期权合同法

外汇期权合同法是外汇期权交易双方按照协定的汇率,就将来是否购买某种货币或是否出售某种货币的选择权,预先签订一个合约。外汇期权合约给期权买方的是权利,而没有义务,期权分为看涨期权和看跌期权。对套期保值者来说,外汇期权有三个其他保值方法无法相比的优点:其一,将外汇风险局限于期权保险费;其二,保留获利的机会;其三,增强了风险管理的灵活性。当然,外汇期权交易的买方(获得选择权的一方)无论该合约是否执行都应支付相应的期权费。

例如:某年6月1日美国进口商A与日本出口商B签订5 000万日元的进口合同,约定在3个月后付款。签约时,即期汇率为USD/JPY=108.10/21,为避免汇率风险,与银行签订外汇期权交易合约,协议价格为USD/JPY=107.40,期权到期日为9月1日,期权费为2 000美元。

假设9月1日的即期汇率为:① USD/JPY=107.80/90;② USD/JPY=106.20/30。

分析:

第一种情况:市场即期汇率高于期权合同的协议价格,即美元升值日元贬值,则该进口商会放弃合约,可以获得美元升值日元贬值带来的成本减少的风险收益。

第二种情况:市场即期汇率低于期权合同的协议价格,即美元贬值日元升值,则该进口商会执行合约,可以按照合同的约定买进5 000万日元,有效地防范了日元升值所带来的成本增加的风险。

(五) 掉期合同法

掉期合同法指具有远期的债务或债权的公司,在与银行签约卖出或买进即期外汇的同时,再买进或卖出相应的远期外汇,以防范风险的一种方法。它与套期保值的区别在于:套期保值是在已有的一笔交易基础上所做的反方向交易,而掉期则是两笔反方向的交易同时进行。掉期交易中两笔外汇买卖币种、金额相同,买卖方向相反,交割日不同。这种交易常见于短期投资或短期借贷业务外汇风险的防范上。

例如,某中国进出口商一个月后将有一笔100万美元的应付款,三个月后又将有一笔100万美元的应收款。尽管该进出口商的外汇收付金额都为100万美元,即美元资产与负债刚好相抵,但由于两笔资金的交割时间不一致,因此依然面临期限结构的汇率风险。为了化解汇率风险,该进出口商可以利用掉期交易。

假设某日市场汇率如下: USD/CNY
即期汇率 6.216 8/78
一个月远期差价 30/20
三个月远期差价 60/50

操作如下:叙做买进1个月的远期美元100万和卖出3个月的远期美元100万的掉期交易,净结果为40点的成本,其掉期成本为4 000元人民币,也就是该进出口商用4 000元人民币的代价,化解了两笔外汇交易的汇率风险。

(六) 借款法与投资法

借款法用于有未来外汇收入的场合。出口商在签订合同之后,可向银行借入一笔与未来外汇收入相同币种、金额和期限的款项,在现汇市场上换成本币,到期用出口收入的外汇偿还借款,避免汇率波动的风险。例如,某英国公司3个月后将收进100万美元,为了防止3个月后美元汇率下跌的风险,现从银行借入100万美元,期限为3个月,并将这笔美元卖出套出英镑现汇,3个月后收进100万美元归还银行借款,到时即使美元汇率下跌,该公司也不必承担汇率风险了。当然,借款法是要支付成本的,因此借款的利息也是必须考虑的。

投资法用于有未来外汇支出的场合。进口商在签订合同之后,可在现汇市场上买入与将要支付的外汇币种、金额相同的外汇,将其投放于短期资金市场,例如购买国库券、商业票据、大额存单等,其投资期限与未来外汇支出的期限相同。投资法要占用企业的大量流动资金,企业也可以从银行借入相同期限的本币贷款用于投资。到结算日,投资到期,用收回的外汇支付货款,同时偿还银行的本币贷款。

例如,美国A公司在30天后需支付一笔1 000万欧元的货款,在近期市场上,欧元的汇率急剧波动,为避免欧元的汇率风险,美国A公司可以本公司的不动产作抵押,借入1 300万的美元,然后以EUR/USD1.300 0的价格买入1 000万欧元并存入银行,30天后取出1 000万欧元支付货款;或者直接用自有资金在即期市场中买入1 000万欧元,并存入银行,到期用于支付货款。再如,德国A公司30天后可收到一笔1 000万欧元的货款,它可在市场中借入1 000万欧元,然后在即期外汇市场中将这些欧元抛售,换取美元;30天后以收到的货款1 000万欧元来偿还欧元贷款,从而消除了30天内欧元汇率可能变动的风险。

六、BSI 法与 LSI 法

(一) BSI 法(borrow-spot-invest)

BSI法即借款-即期合同-投资法,也可以很好地消除交易风险。公司在有应收外汇账款的情况下,为防止应收外币的汇价波动,首先借入与应收外汇相同数额的外币,将外汇风险的时间结构转变到现在办汇日。借款后,时间风险消除,但货币风险仍然存在,此风险则可通过即期合同法予以消除,即将借入的外币卖给银行换回本币,使外币与本币价值波动风险不复存在。此法虽有一定费用支出,但可将借外币后通过即期合同法卖得的本币存入银行或进行投资,以其赚得的投资收入抵冲一部分采取防险措施的费用支出。

(二) LSI 法(lead-spot-invest)

LSI 法即提早收付-即期合同-投资法,是具有应收外汇账款的公司,征得债务方的同意,请其提前支付货款,并给其一定折扣。公司应收外币账款收讫后,时间风险消除。以后再通过即期合同,换成本币从而消除货币风险。公司为取得一定的利益,可将换回的本币再进行投资。LSI 法与 BSI 法的全过程基本相似,只不过将第一步从银行借款对其支付利息,改变为请债务方提前支付,给其一定折扣而已。

例如,德国的 D 公司 90 天后有一笔 US$100 000 的应收贷款。为防止届时美元贬值给公司带来损失,该公司征得美国进口商的同意,在给其一定付现折扣的情况下,要求其在 2 天内付清款项(暂不考虑折扣数额)。D 公司提前取得美元货款后,立即进行即期外汇交易。随即 D 公司用兑换回的欧元进行 90 天的投资(暂不考虑利息因素)。这样通过提前收付,消除了时间风险,通过即期外汇交易,把美元变成等价值本币,又消除了价值风险。以本币进行投资,将来不再有真正的外汇流动,仅有一笔本币的回收。

第二节 经济风险的管理方法

经济风险管理是指把握经济风险状况并及时进行有效防范和控制工作。它涉及公司的财务战略、购买战略和营销战略,并要求这些战略协调一致。管理的目的在于预测和引导意外外汇汇率波动对公司未来现金流量的影响。公司管理者不仅要能迅速判断外汇汇率与所涉及国家的通货膨胀率以及利率之间的有效均衡关系是否存在,而且还要在意外汇率波动发生前就已准备好最佳对策。

一、市场营销管理法

(一) 市场选择与分割

市场选择是出口企业在汇率变动时要考虑的问题之一。一般来说,当一国货币升值时,其出口产品的外币价格将由于汇率的变化而上升,该国出口产品的价格竞争力将削弱,这时对于国外企业而言,则是其产品依靠价格竞争优势扩大在该国市场份额的好机会。此外,适当地将产品出口市场进行分割也是必要的。例如,福利水平比较高的发达国家对进口商品价格变动的敏感度低于福利水平较低的发展中国家。因此,当本国货币升值时,出口企业可以适当地增加对福利水平较高的国家的出口,减少对福利水平较低的国家的出口,以降低汇率波动对出口企业的影响;反之,就扩大对福利水平较低的国家的出口。

以海尔为例,20 世纪 90 年代以来,首先建立海外市场网络,产品出口是海尔实现跨国经营的第一步。海尔在一向重视产品质量的基础上,取得一系列国际公认的产品质量认证,这些质量认证成为海尔产品走向世界市场的通行证。目前,海尔品牌产品已先后进入美国、德国、法国、日本等发达国家市场。海尔集团已形成了有效的海外营销网络,在海外发展了31家海尔专营商,经销点达8 000余个,并建立起售前宣传、售中安装、售后服务的全方位营销体系,为海外建厂打下良好基础。其次尝试海外建厂,1996年12月,海尔集团在印度尼西亚投资建厂,建立海尔莎保罗有限公司,首次实现海外投资跨国生产。1997年6月,菲律宾海尔LKG电器有限公司成立。1997年8月,马来西亚海尔工业有限公司成立。1997年2月,南斯拉夫生产厂成立。最后,产品设计国际化,为了实现本土化设计、本土化生产,海尔集团坚持"市场设计产品"的经营理念,以最快的速度捕捉市场信息,使产品设计紧跟市场变化。1998年以来,海尔集团明确提出"国际化的海尔"这一战略目标。海尔的国际化战略由三部分组成:质量国际化、科技国际化、市场国际化。海尔集团基本上实现了"三个三分之一"战略,即国内生产国内销售三分之一、国内生产国外销售三分之一、海外生产海外销售三分之一。

(二) 定价策略

企业在调整定价策略时必须考虑两方面的问题:市场占有率与利润额。按照经济学的原理,企业产品销售价格的确定应使利润最大化,即边际收益等于边际成本,同时也应该利用收入时本币真实预期价值的远期汇率对利润进行折算。

本币贬值时,本国的出口品自然在国际市场上具有更强的竞争力,这时出口商将面临两种选择:维持价格,扩大市场份额;提高价格,维持市场份额,提高利润率。本币升值时,出口商的两种选择是:维持价格,降低市场份额;降低价格,维持市场份额。

企业在考虑价格调整政策是否可行时,需要考虑的因素包括:消费者对价格变动的敏感程度、汇率变动的时间性、产品的可替代性、潜在的竞争是否激烈、重新进入的难度和规模效益等。

当价格需求弹性足够大时,出口产品价格的下降将增加产品的销售,进而使利润增加。例如,1993年2月,市场汇率为1美元等于123日元,美国某公司将其钢笔的单位价格降低了20%(由10 000日元降为8 000日元),假设单位产品的制造和运输成本25美元,销售成本2 000日元,则汇率变动前销售利润为40美元(10 000÷123－25－2 000÷123)。假设上述成本保持不变,在美元对日元贬值加10%之后则市场汇率为1美元等于111日元,该公司在汇率变动之后的销售利润为29美元(8 000÷111－25－2 000÷111)。

当存在规模经济时,随着单位生产成本的降低,降低的价格将有助于扩大产品的销售。当然,如果不存在规模经济,或者价格需求弹性不够大的话,则降低产品价格对扩大产品销售影响不大。

此外,当企业有明显的技术优势,其产品在市场有很大的垄断性且不可替代时,则该企业承担的经济风险较小;反之,将承担较大的经济风险。

(三) 促销策略

任何一个企业,尤其是跨国公司,在确定用于广告、推销和直销的预算规模时,应该考虑由于汇率的变化而带来的风险,在全球范围内安排促销预算。当本国货币贬值后,出口企业用于广告或销售的单位本国货币支出带来的回报,将会由于出口产品的价格的下降而增加。相反,在本国货币升值时,营销支出所带来的回报将减少,此时企业需要进行产品策略调整。

(四) 投融资策略

投融资策略是指投资与融资的多样化,即在多个资金市场寻求多个资金来源和去向。在市场上运用各种金融手段,通过各种相应的金融机构进行资金融通。跨国公司进行国际融资采用不同的渠道和方式。融资渠道方面,有来自跨国公司内部的资金融通、来自跨国公司母国的资金融通、来自跨国公司东道国的资金融通和来自国际间的资金融通(包括向第三国或国际金融机构借款、在国际资本市场筹资)等几类;筹资方式方面,有国际股权筹资、国际债券筹资、国际信贷筹资、国际租赁筹资、国际贸易筹资和国际项目筹资等。在融资方面,充分考虑汇率与利率的变化趋势,在货币趋于贬值的市场借入该种货币,如果判断正确的话,可以获得较大的利益,另外借入多种货币,以此来降低汇率波动的风险;对投资而言,可以选择多种货币进行投资,在同一币种中选择多种不同类型、不同期限的证券进行投资。公司在选择了不同种类和期限的证券后,往往根据其对未来市场发展趋势的预测,不断交易与更新其持有的证券,以达到增加收益、降低风险的目的。

(五) 产品策略

产品策略是指企业在新产品投放市场的时机选择、新生产线的建立以及新产品的研制等方面进行调整,以规避汇率风险。

在新产品投放的时机选择上,如果本国货币贬值,企业可以利用贬值对出口所带来的价格竞争优势推销新产品;在建立新的生产线方面,当本国货币贬值时,企业将能够在国内外建立新的生产线,并扩大产品的消费群体,当本国货币升值时,企业将其新生产线建立在高福利、对价格变动不敏感的国家或地区;在新产品的研制方面,企业应注重在研究与开发方面投入足够的资金,以确保不断向市场投放新产品,增强市场竞争力,针对市场汇率的变化,根据不同的消费市场投放相应的新产品。

二、生产经营管理法

经营多元化,即是跨国公司在采购、生产、销售各方面的分散化策略。在竞争日益激烈的现代社会,公司要在全球拓展市场,单靠某一种或几种产品和过于依赖某一个或几个生产和销售市场都是不行的,必须考虑多种经营、开发多种产品、建立多个生产和销售市场,这种经营可以从横向和纵向两方面进行。实践证明,实行多种经营对分散企业的经济风险效果非常明显。

(一) 改变生产投入

如果企业产品生产投入实现分散化,则能够有效地应对汇率风险。例如,自 20 世纪 80 年代初美元升值后,许多美国跨国公司为了降低生产成本,纷纷到国外投资建立子公司,实现就地生产,有的则从海外进口低价零部件。那些进口成分较少的产品和劳务与含有高比例进口成分的商品和劳务相比,由于其本币价格较高,因此很有可能在市场竞争中处于劣势。

（二）调整产品生产和销售基地

当汇率变化后，比较不同国家和地区的子公司的生产与销售状况，据此迅速调整整个公司的生产和销售基地，增加有竞争力的子公司的份额，减少竞争力弱的子公司的份额，使整个公司的竞争力增强，避免依赖某一个或几个生产、销售基地的风险。例如，在当地货币升值时，可以减少在该国的生产，而在当地货币贬值时可以增加在该国的生产。

（三）选择合适的厂址

对于向货币贬值国家出口并且没有海外子公司的企业而言，从国外进口零部件可能还不足以维持其单位获利能力。面对本币升值，这些企业有必要在海外建立新的厂址。例如，20世纪90年代初面对日元的升值，许多日本企业纷纷在美国设立子公司，而不是在日本扩大生产，从而避免由于日元对美元的升值而导致对日本出口企业的影响。到1998年为止，在美国市场上销售的日本汽车，有60%是在美国当地生产的。

三、自然套期保值法

自然套期保值就是使企业的现金流入和流出币种相匹配，或者现金流入时选择一些汇率变动与现金流出的货币具有正相关或负相关的货币，以达到避免风险的目的。这种方法既可以用于跨国公司内部，也可用于与其他公司之间。

（一）自然匹配

自然匹配是指企业融资货币与其出口收益货币完全相同，即在收入某种外币时，不将其兑换成本币，而是直接用于支付，从而达到规避风险的目的。例如，我国某进出口公司长期向美国一公司出口产品，以美元计价，这样该公司每月将有一笔固定的美元收入，为了规避汇率风险，该公司可以在金融市场上获得美元的融资，然后以固定的美元收入来偿还美元债务，这样就可以达到有效规避风险的目的。

（二）平行匹配

平行匹配是指企业收入与支出的不是同一种货币，但两种货币之间有固定或稳定的关系，如正相关性或负相关性，使现金流入与流出所承担的汇率风险相互冲抵。例如，如果美元与港币的汇率波动存在正相关性，那么企业可利用其不断的美元收入去获得港币的融资，使其资产与负债所承担的汇率风险相互冲抵以达到规避风险的目的；反之，如果是负相关关系，那么可以同时保有两种货币的多头或空头。

自然套期保值可以大大减少为换汇而承担的汇率风险，但要求跨国公司内部或跨国公司与其他公司之间存在着双向的资金往来，这种双向性的资金往来一旦遭到破坏，对方不能如期支付，企业将面临资金困难。

第三节 折算风险的管理方法

折算风险管理是通过调整资产负债表中资产与负债的构成进行的，使以某种外币表示的资产总额与负债总额相等,从而使折算风险为零。从本质上看,折算风险并不一定对跨国公司的收益与现金流产生实际影响,因此有些企业认为不必采取相应的措施去规避折算风险,如飞利浦石油公司、百事可乐公司在其年报中就表示不规避会计风险。但不可否认,折算风险对跨国公司的价值将产生一定的影响,因此,应当重视折算风险的管理。

一、常见的四种会计处理方法

会计人员在处理会计报表时,面临的一个重要的问题就是:在资产负债表中,一些以外币计价的资产、负债、收入和费用在折算成本国货币时,应使用什么样的会计处理方法以及采用什么汇率。会计处理方法和汇率的选择方法不同导致折算的结果不同,会计风险也就不同。

可供选择的汇率有历史汇率和现行汇率。历史汇率是资产与负债最初发生时的汇率,现行汇率是对资产与负债进行折算时的汇率,由于时间的不同,这两种汇率会不一样。现行汇率法是目前跨国公司采用最多的一种折算方法。对资产而言,现行汇率与历史汇率相比下跌,就构成折算风险;对负债而言,现行汇率与历史汇率相比上升,就构成折算风险。

常见的可供选择的会计处理方法有以下四种:

(一) 流动/非流动项目法

流动/非流动项目法又称营运资本法,这是一种最古老的折算方法。按会计中的流动项目与非流动项目的传统分类,前者适用现行汇率折算,后者则适用历史汇率。在该折算法下,资产负债表风险的测量等于风险性流动资产减去风险性流动负债的净额,即净营运资本。对损益表上的项目一般按每一营业月份的平均汇率折算,但对于那些与非流动性资产和长期负债有联系的项目,如折旧费用、公司债券溢价或折价摊销等,则仍按与资产负债表相对应的历史汇率折算。存货由于是流动资产而承担汇率风险,子公司或分支机构的长期债务却不存在折算风险。

这一方法有着明显的缺陷,即它对流动性项目采用现行汇率折算,对非流动性项目采用历史汇率折算,这样处理缺乏足够的理论支持;它对存货与现金、应收账款一样采用现行汇率折算,意味着存货与现金、应收账款一样承受汇率风险,这样未能反映出存货的实际情况;它对长期应收款、长期应付款、长期借款、应付债券等项目采用历史汇率折算,没有反映这些项目承受的汇率风险。

(二) 货币/非货币性项目法

这一折算方法与流动/非流动项目法一样,也是利用资产负债表的分类来确定所选用的汇率。根据这一折算方法,资产负债表风险的测量等于以外币测量的货币性资产净额或货币性负债净额。所谓货币性项目,是指资产、负债和股本中通过合约以若干货币单位固定下来的项目,它代表着在未来收到或偿付一笔货币金额的权利或义务。货币性资产有现金、应收账款、应收票据等,货币性负债有应付账款、应付票据等,除此之外的都是非货币性项目。至于损益表的项目,除了折旧、摊销费用以及销售成本用历史汇率折算以外,其余项目都按会计期间的平均汇率折算。

由于货币性项目或者是现在收到或支付的金额固定的现金,或者是将来收到或支付的金额固定的现金,因此它会直接受到汇率变动的影响,而且这种折算方法与外币交易会计处理方法是协调一致的。所以说,这种方法的理论依据是比较充分且逻辑性较强的。但是,如果设置于国外的子公司或分支机构独立性很强,很少使用母公司货币进行收付,那么按照货币/非货币性项目法,将由于汇率变动导致的折算差额计入当期损益,会降低利润和利润分配表反映利润的真实性。因此,这一方法的应用是有条件的,即它只适用于国外子公司或分支机构与国内母公司依赖性强、业务往来频繁,从而对母公司经营活动现金流量影响较大的情况,即通常所说的母公司经营活动在国外的延伸这样一种情况。

(三) 时态法

时态法规定:现行汇率运用于一切以现行成本表示的项目,而所有以历史成本表示的项目则使用历史汇率。对于利润或亏损账户中的营业收入与费用项目,最理想的是按各个交易的汇率折算表期间的加权平均汇率折算。时态法同货币/非货币性项目法的理论依据不同,它不是以资产、负债项目的货币性与非货币性作为选择折算汇率的依据,而是以资产、负债项目的计量属性作为选择折算汇率的依据。但从时态法的具体操作来看,它同货币/非货币性项目法大体相同。不同之处是在存货、投资等项目按成本与市价孰低法(若这些项目的市价低于成本)计价时,则采用的折算汇率是现行汇率。

(四) 现行汇率法

如果收入与费用交易是大额的,也可采用现行汇率法,又称单一汇率法。该方法是各种折算方法中最简便易行的一种,即对列入资产负债表中的所有外币资产和外币负债项目都按编表日的现行汇率折算。因此,在现行汇率法下,资产负债表风险等于以外币计算的净资产额。至于损益表中的收入和费用项目,则按确认这些项目时的历史汇率折算,但为简便起见,也可采用会计期间的加权平均汇率。它只改变外币报表的形式,并未改变其实质内容,经过汇总的财务报表仍保持了个别项目原先所反映的财务状况以及各个项目之间的关系。按照现行汇率法折算,等于确认了汇率变动对各资产、负债项目的影响,即按照汇率变动的影响额,调增(或调减)了各资产、负债项目,只是没有同时将该影响额确认为当期损益而已。

二、折算风险的管理方法

(一) 缺口法

对于外币资产或负债来说,折算时使用现行汇率的资产或负债对汇率的变动是敏感的。缺口管理的核心思想是分别计算出风险资产和风险负债的大小并调整其差额使其变为零缺口,从而避免汇率风险所带来的损失。

要求企业调整资产和负债,使其以各种功能货币表示的资产和负债的数额相等,折算风险头寸为零,这样无论汇率如何变化,也不会出现汇率风险。具体步骤如下:首先计量资产负债表中各账户、各科目上各种外币的规模,并明确净折算风险的大小,即资产和负债的缺口。然后确定调整的方向。如果某种外币表示的受险资产大于受险负债,就需要减少受险资产,或增加受险负债,或者同时进行。反之,如果以某种外币表示的受险资产小于受险负债,则需要增加受险资产,减少受险负债。最后,在明确调整方向和规模后,要进一步确定需要对哪些账户、哪些科目进行调整,使其调节的成本最低。

(二) 合约保值法

通过金融市场操作,利用外汇合约的盈亏来冲销折算盈亏。首先确定企业可能出现的预期折算损失(由资产负债表而来),再采取相应的远期交易避免风险。例如,假定在美国的法国子公司预期其资产负债表存在10万欧元的损失,在预测欧元将贬值的情况下,可以于期初在远期市场上卖出欧元,到期末再买进等额的欧元,并进行远期合约的交割。如果期初远期市场汇率大于预期的期末即期汇率,则在远期市场卖出欧元而获得的美元肯定大于购回等额欧元所花费的美元数,也即交易有利可图;反之,若期初远期市场汇率等于或小于期末的即期汇率.则进行远期交易无效。将要进行交易的远期合约金额用公式表示为:

$$预期折算损失 = 远期合约的收益$$
$$= 期初合约金额 \times (期初远期汇率 - 预期期末汇率)$$

故有:

$$远期合约金额 = \frac{以报告货币计价的预期折算损失}{期初远期汇率 - 预期的期末即期汇率(RC/LC)}$$

式中:RC——报告货币;
LC——当地货币。

由此可见,这种合约的保值方法与一般的保值方法不同,它以折算结果为基础,并且与预期期末折算货币密切相关,只要预测准确就可以避免汇率风险。

当然,不可避免的是这种方法有许多的缺陷:首先,折算风险头寸是未知的,远期或期货合约的避险金额很可能不同于折算风险暴露;其次,合约保值法实际上是用实现的外汇合约盈亏抵冲未实现的账面折算盈亏,而外汇合约的这种盈亏要计入应税所得,折算盈亏通常并不纳入所得税的征收范围(视各国法规而异)。由于税收差异的存在,金融市场风险对冲操作并未有效地降低企业的实际风险。

(三) 资产负债保值法

资产负债保值法是指通过调整短期资产负债结构,从而避免或减少外汇风险的方法。基本原则是:如果预测某种货币将升值,增加以此种货币持有的短期资产,即增加以此种货币持有的现金、短期投资、应收款、存货等,或者减少以此种货币持有的短期负债;反之,如果预期某种货币将贬值,则减少以该种货币持有的短期资产,增加短期负债。如某商业银行主要资产为美元资产,近期对国际经济金融形势的判断认为,美元将出现较大幅度的下调,为了防范汇率风险,该银行决定将资产通过金融交易转换为欧元资产从而化解汇率风险。

(四)债务净额支付法

债务净额支付法是指公司在清偿其内部交易所产生的债权与债务关系,对各子公司、母公司与子公司之间的应付账款和应收账款进行划转与冲销时,仅定期对净额部分进行支付,以此减少风险性现金流动。具体包括:双边债务净额支付和多边净额支付。例如,某跨国公司各子公司之间,法国子公司欠英国子公司等值于 500 万美元的英镑,英国子公司欠意大利子公司等值于 300 万美元的欧元,意大利欠瑞士公司等值于 300 万美元的瑞士法郎,经过冲抵后,法国子公司支付等值于 200 万美元的预先商定的货币,尽管资金总量高达 1 100 万,而净流量仅为 200 万,冲抵 900 万,这样就减少了支付的数额和次数,从而很大程度上化解了折算风险。

(五)澄清事实

向外界澄清汇总后公司利润受汇率变动影响的事实,也不失为公司管理折算风险的一种好方法。澄清事实后,股东和潜在的投资者会认识到折算风险表现出的是一种账面损失,而非实际损失。于是,即使子公司实现的当地货币利润被按照更疲软的汇率汇总到母公司后,公司以母国货币表示的利润出现大幅下降,公司股东和投资者也不会因此改变对公司的看法。

此外,企业还可有其他一些处理折算风险的方法。例如,在某些国家会计制度和税法允许的情况下,企业可以将折算损益作为递延项目逐年累积,不计入企业当期损益,也不影响应纳所得税金。因此,递延处理可以在很大程度上降低会计风险的不利影响。又例如,企业可以直接对股东、债权人等会计报表的重要使用者解释会计折算损益的性质,让使用者了解财务报表的真正意义,无须担心折算损益导致的账面盈余波动。

案 例 9-1

BSI 法的成功运用

BSI 法即借款-即期合同-投资法。拥有应收账款的出口商,为了防止汇率变动,先借入与应收外汇等值的外币(以此消除时间风险);同时,通过即期交易把外币兑换成本币(以此消除价值风险);然后,将本币存入银行或进行投资,以投资收益来贴补借款利息和其他费用。届时应收款到期,就以外汇归还银行贷款。

例如,2012 年 4 月 5 日,德国 B 公司预计 90 天后将有一笔 500 000 美元的应收账款,当前的市场即期汇率为 1.245 6/66。由于近期欧元对美元的汇率持续上升,为防止美元对欧元汇价波动的风险,B 公司决定采取 BSI 法进行保值。

首先,B 公司向德国银行借入相同金额的美元(500 000 美元)(暂不考虑利息因素),借款期限也为 90 天,从而改变外汇风险的时间结构。B 公司借得这笔贷款后,立即与银行签订即期外汇合同,按 EUR1=USD1.246 6 的汇率,将该 500 000 美元的贷款换为欧元,共得 40.109 8 万欧元。随之 B 公司又将手中的 40.109 8 万欧元投放于德国货币市场(也暂不考虑利息因素),投资期也为 90 天。

国际金融实务

  90天后,欧元果然升值,市场即期汇率为1.315 6/66,但是由于B公司事先已经通过BSI法进行保值,在90天之前就将借入的500 000万美元以当时的汇率卖出,现在其将进口商支付的500 000美元应收账款支付给德国银行,以归还借款,这样便有效地消除了这笔应收账款的交易风险。如果其没有采取保值措施,按照现行的汇率1.316 6,将美元换成欧元则为37.98万欧元,比90天之前少收2.13万欧元,可见该保值方案有效地防范了汇率。

  当然,以上案例分析中我们忽略了欧元和美元的融资成本与投资收益,若出口商进行欧元投资的收益低于美元借款利息成本,则出口商付出了防范风险的代价,承担利率风险,但由于在开放的金融市场下,两种货币的利差是有限的,因此这种代价的数额也是有限的。

本 章 小 结

  1. 交易风险的管理方法主要包括:货币选择法、货币保值法、调整贸易条件法、提前推后法、金融交易法和BSI法与LSI法等。常见的货币保值条款有以下几种:"硬"货币保值条款、黄金保值条款、外汇保值条款、一揽子货币保值条款等。

  2. BSI法即借款-即期合同-投资法,公司在有应收外汇账款的情况下,为防止应收外币的汇价波动,首先借入与应收外汇相同数额的外币,即将借入的外币卖给银行换回本币,使外币与本币价值波动风险不复存在。LSI法即提早收付-即期合同-投资法,是具有应收外汇账款的公司,征得债务方的同意,请其提前支付货款,以后再通过即期合同,换成本币从而消除货币风险。公司为取得一定的利益,可将换回的本币再进行投资。

  3. 经济风险的管理方法包括:市场营销管理法、生产经营管理法、自然套期保值法等。折算风险的管理方法包括:缺口法、合约保值法、资产负债保值法和债务净额支付法等。缺口法是计算出风险资产和风险负债的大小并调整其差额使其变为零缺口,从而避免汇率风险所带来的损失。合约保值法是通过金融市场操作,利用外汇合约的盈亏来冲销折算盈亏。资产负债保值法是指通过调整短期资产负债结构,从而避免或减少外汇风险的方法。债务净额支付法是指公司在清偿其内部交易所产生的债权与债务关系,对各子公司、母公司与子公司之间的应付账款和应收账款进行划转与冲销时,仅定期对净额部分进行支付,以此减少风险性现金流动。

本章专业词汇

Borrow-spot-invest   Lead-spot-invest

思 考 题

  1. 简述交易风险管理的主要内容。
  2. 简述经济风险管理的主要内容。

3. 简述折算风险管理的主要内容。

练 习 题

1. 企业在签订贸易合同时,可供选择的防范汇率风险的措施有_____。
   A. 选择合同货币　　　　　　B. 金融交易
   C. 加列保值条款　　　　　　D. 调整合同价格
2. 一揽子货币的选择方法包括_____。
   A. 特别提款权　　　　　　　B. 欧洲货币单位
   C. 软硬货币搭配　　　　　　D. 储备头寸
3. 我国某进出口公司在5月6日与美国公司签订了进口成套设备的合同,约定3个月后用美元支付100万货款,另外该公司与德国签订出口一批服装,价值约100万欧元,3个月后收款。分析该公司是否存在汇率风险？如果存在,该公司应如何防范外汇风险？

参 考 文 献

1. 吕江林,《国际金融实务》,上海社会科学院出版社,1996年版。
2. 王政霞、张卫,《国际金融实务》,科学出版社,2006年版。
3. 刘玉操,《国际金融实务》,东北财经大学出版社,2001年版。
4. 路透,《债券市场导论》,北京大学出版社,2001年版。
5. 路透,《金融衍生工具导论》,北京大学出版社,2001年版。
6. 吴俊德、许强、何树勋,《外汇交易及资金管理:理论与实务》,中信出版社,1996年版。
7. 约翰·赫尔,《期权与期货市场基本原理》,机械工业出版社,2008年版。
8. 杰姆斯B·比德曼,《股票期权交易》,中国财政经济出版社,2008年版。
9. 洛伦兹·格利茨,《金融工程学》,经济科学出版社,1998年版。
10. 王爱俭,"金融互换市场的功能与发展趋势",《国际金融研究》,1997年第7期。